Nikolai Krogius

Schach für Aufsteiger
33 Lektionen

Sportverlag Berlin

Krogius, Schach für Aufsteiger – 33 Lektionen

Übersetzung aus dem Russischen:
Dirk Poldauf

Die Deutsche Bibliothek – CIP-Einheitsaufnahme
Krogius, Nikolaj V.:
Schach für Aufsteiger: 33 Lektionen/Nikolai Krogius (Übers. aus dem Russ. von Dirk Poldauf). – 3. Aufl. – Berlin:
SVB, Sportverl. 1998
ISBN 3-328-00765-2

Dritte Auflage

Die Abbildungen wurden dem Katalog zur Ausstellung »SCHACHSPIEGEL DER GESELLSCHAFT – Bilder, Objekte und Gedichte von Elke Rehder« entnommen, der im August 1992 im Schachverlag Arno Nickel Berlin erschien. Die Motive liegen auch als Postkarten vor und können bei der Künstlerin direkt bestellt werden: Elke Rehder, Blumenstraße 19, 22885 Barsbüttel
Umschlaggestaltung: Volkmar Schwengle/Buch und Werbung, Berlin
Titelfoto: BAVARIA
Satz: Fotosatz Meinecke, Groß Denkte
Druck und Bindung: Clausen & Bosse, Leck
Printed in Germany 1998
ISBN 3-328-00765-2
Gedruckt auf alterungsbeständigem Papier
mit chlorfrei gebleichtem Zellstoff

Inhalt

Vorwort

Dieses Buch ist an die Schachfreunde addressiert, die mit dem alten, weisen Schachspiel schon Bekanntschaft geschlossen haben. Unser Leser sollte schon in die grundlegenden Gesetze des Schachs eingeführt sein. Er sollte beispielsweise wissen, daß man in der Eröffnung eine schnelle Figurenentwicklung anstreben bzw. das Zentrum besetzen muß. Nützlich wären einige Erfahrungen im Spiel mit Freunden oder in Schachturnieren für Amateure. Doch wie soll es weitergehen? Wie vollzieht man den nächsten Schritt? Für viele Schachfreunde ist gerade diese Etappe am schwersten. Die Ursache liegt darin, daß die Schachliteratur in der Regel nur zwei Kategorien von Schachspielern anspricht: Die Anfänger und die Meister. Man kann konstatieren, daß es zwischen diesen beiden Polen eine relative Lücke gibt.

In dem vorliegenden Buch unternahm ich den Versuch, gerade die Schachspieler der mittleren Leistungsgruppe bei ihrer schachlichen Vervollkommnung zu unterstützen. Ich möchte den Leser nicht nur mit den allgemeinen Prinzipien der Schachtheorie bekanntmachen, sondern ihm hauptsächlich konkrete Spielmethoden in allen Stadien der Schachpartie nahebringen. Diese Überlegung diktierte die Auswahl der zu betrachtenden typischen Mittelspiel- bzw. Endspielpositionen sowie der Empfehlungen zum Eröffnungsrepertoire.

Natürlich ist kein Lehrbuch in der Lage, die ganze Vielfalt der auf dem Schachbrett möglichen Situationen zu erfassen. Es ist jedoch notwendig, den Schachspieler, der weitere Vervollkommnung anstrebt, mit Kenntnissen über Wege und Mittel der kreativen Arbeit am Schach, auszurüsten. Von diesem Ziel ließ ich mich im vorliegenden Buch leiten.

Und noch eine Anmerkung: Auf dem Schachbrett kämpfen Menschen gegeneinander, und nicht Holzfiguren. Deshalb ist für den Erfolg oder Mißerfolg nicht das Königsgambit oder die Zeitnot „verantwortlich“, sondern immer der Mensch, der das Gambit spielt bzw. in Zeitnot gerät. Deshalb wird in diesem Buch nicht nur die Schachtheorie selbst behandelt, sondern auch Aufmerksamkeit auf die psychologischen Faktoren beim Schach gerichtet: das Studium der eigenen Fehler, schwieriger Situationen sowie der starken Seiten des eigenen Spiels.

Nikolai Krogius

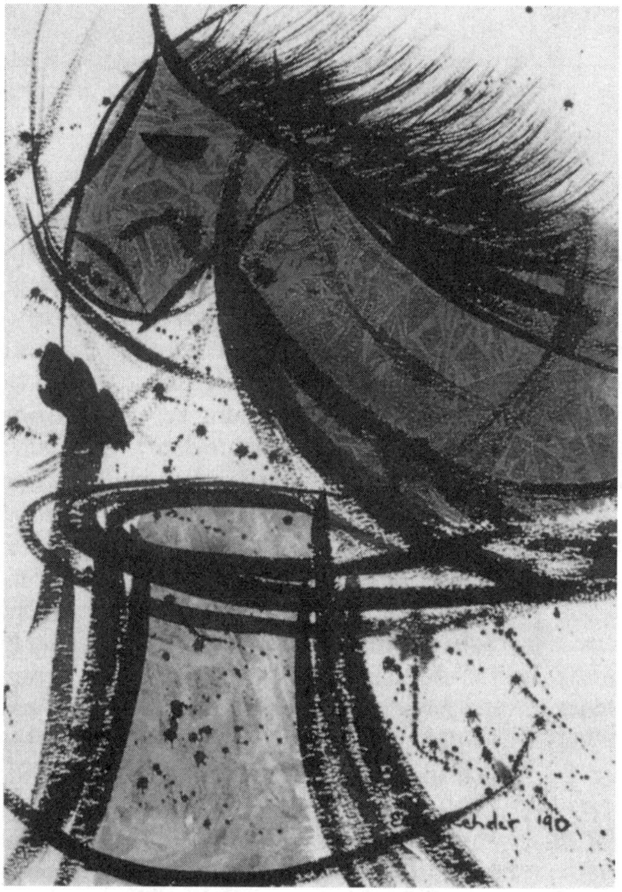

Springer schlägt Turm (1990)

I. Die Wahl des Zuges

Lektionen 1 bis 3

1. Lektion

Die Stellungseinschätzung

Schach – das ist eine unendliche Vielfalt an Zügen und Varianten. Um sich in dieser Vielfalt zurechtzufinden und den richtigen Plan zu wählen, braucht der Schachspieler eine gewisse zuverlässige Orientierung. Dem Leser ist, wahrscheinlich, die alte griechische Sage von Theseus geläufig, der mit Hilfe eines Fadenknäuels, das ihm die Tochter des krytischen Königs Ariadne mitgegeben hatte, aus dem Labyrinth herausfand.
Für den Schachspieler sind zwei Dinge mit dem Ariadnefaden vergleichbar: die objektive **Stellungseinschätzung** und die genaue **Variantenberechnung**. Die langjährige Erfahrung der Schachpraxis zeigt, daß folgerichtiges und starkes Spiel nur auf der Basis einer begründeten Einschätzung und einer richtigen Berechnung möglich ist. Der erste Weltmeister Wilhelm Steinitz verwies schon darauf: „Lege Dir einen Plan zurecht, der sich in Übereinstimmung mit der Stellung befindet“!
Aber was ist das denn überhaupt – Stellungseinschätzung? Wovon hängt denn die Wahl eines Planes ab, der den Erfordernissen der Position auf dem Schachbrett gerecht wird? Als Stellungseinschätzung bezeichnet man die allseitige Betrachtung der Besonderheiten der Figurenaufstellung mit dem Ziel, ihre Handlungsmöglichkeiten festzustellen und den Plan des weiteren Vorgehens zu bestimmen. Aus dieser ziemlich allgemeinen Definition ergeben sich zwei Schlußfolgerungen: erstens, daß sich die Stellungseinschätzung nicht nur auf das bloße Konstatieren von Vorzügen und Mängeln der entsprechenden Position beschränkt, sondern gleichzeitig auch die Prognose der bevorstehenden Veränderungen auf dem Brett beinhaltet, und zweitens, daß die Einschätzung den Kräftevergleich und die Möglichkeiten beider Seiten – Weiß und Schwarz – einschließt.
Die Stellungseinschätzung beruht auf einer Reihe von Merkmalen. Vor allem basiert die Einschätzung auf jenen Besonderheiten in der Anordnung der Figuren und Bauern, denen eine vergleichsweise hohe Beharrlichkeit und Stabilität eigen ist und die im Partieverlauf, im Vergleich mit anderen Faktoren, weniger Veränderungen unterworfen sind. Es handelt sich dabei um die sogenannten strategischen Elemente der Stellung, die in der Regel die Hauptfaktoren sind, was die Wahl des Planes sowie einzelner Züge betrifft. Die strategischen Hauptelemente sind folgende: 1) die Königsstellung; 2) das materielle Kräfteverhältnis; 3) die Bauernstruktur (Bauernphalanx, isolierte-, Frei- oder Doppelbauern, Bauernmajorität auf einem Flügel, schwache Felder usw.); 4) Raumvorteil (Besetzung des Zentrums, Beherrschung von offenen Linien und Diagonalen, räumliches Übergewicht auf einem Flügel usw.); 5) die Beweglichkeit von Figuren und Bauern (die Isolierung von Kräften, Läuferpaar gegen Springer und Läufer bzw. gegen Springerpaar, „gute“ und „schlechte“ Läufer, verbundene Freibauern usw.).

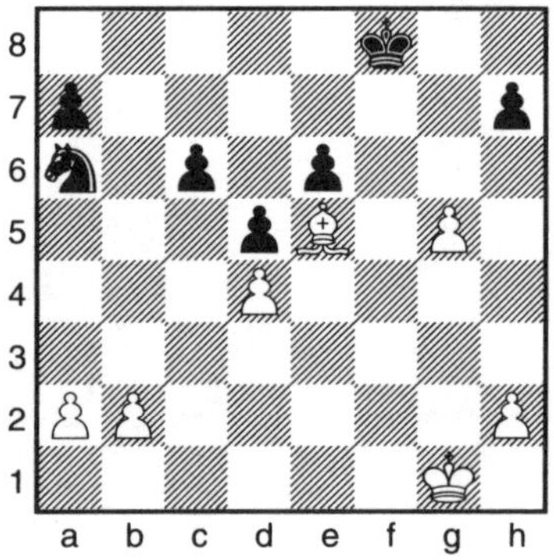

1

Versuchen wir mal eine Position zu bewerten, die sich in der Partie **Iwantschuk – Pomes (Terrassa, 1991)** ergab. Weiß ist am Zug.
Beide Seiten haben eine gesicherte Königsstellung. Das materielle Kräfteverhältnis ist ausgeglichen. Aber andere Faktoren erlauben es, die Position zu Gunsten von Weiß einzuschätzen: Weiß verfügt über Raumvorteil und (was besonders wichtig ist) über eine deutliche Überlegenheit seines beweglichen Läufers gegenüber dem schwarzen Randspringer. Ein anderer wesentlicher Umstand ist die günstigere Anordnung der weißen Bauern:

auf dem Königsflügel besteht die reale Aussicht, einen Freibauern zu bilden, während die schwarzen Bauern im Zentrum blockiert sind. Der Plan von Weiß muß, ausgehend von den oben angeführten Momenten, eine zweifache Aufgabe erfüllen: die Isolation des Springers fortsetzen und einen Freibauern am Königsflügel bilden.

In der Partie folgte:
1. h4 ♔f7
(1… ♘b4? 2.♗d6+)
2.♗d6!
Läßt den Springer nicht aus der Klemme.
2… ♔g6 3.♔f2 e5.
Auf der Suche nach Gegenchancen opfert Schwarz einen Bauern. Das natürlich scheinende 3… ♔f5 hätte schnell verloren, z. B., 4.b4 ♔g4 (4… ♔e4 5.h5) 5.a4 c5 6.b5! c4 7.ba c3 8.♔e3 ♔:h4 9.♗c5.
4.de ♔f5
Oder 4… c5 5.e6 ♘b4 6.h5+ ♔g7 7. h6+ ♔g6 8.e7 ♔f7 9.g6+ hg 10.h7, und einer der Bauern geht zur Dame.
5.b4 c5
Wenn 5… ♔e6, so 6.h5.
6.♗:c5 ♔:e5 7.a3 ♘c7 8.♗:a7 ♘b5 9.♗b8+ ♔e4 10.h5 ♘d4.
Es gibt eine lehrreiche Variante: 10… ♔f5 11.g6 hg ♔f6 13.♗e5+ mit Gewinn.
11.g6
Schwarz gab auf.

■ Aus der Analyse dieses Endspiels ist unschwer ersichtlich, daß sich die Stellungseinschätzung nicht auf das bloße Konstatieren von „Weiß steht besser“ oder „Weiß hat eine Gewinnstellung“ beschränkte, sondern auch Empfehlungen für die Planung des weiteren Spiels beinhaltete.
Ich möchte noch auf einen weiteren wesentlichen Umstand verweisen. In der Variante 3… ♔f5 4.b4 ♔g4 hätte Weiß von der beabsichtigten Bildung eines Freibauern absehen müssen, um konkret gegen den gegnerischen Springer vorzugehen. Das zeigt, daß sich die Position im Prozeß der Partie unweigerlich transformiert, was zu entsprechenden Ergänzungen und Korrekturen der Einschätzungen und Pläne führt.

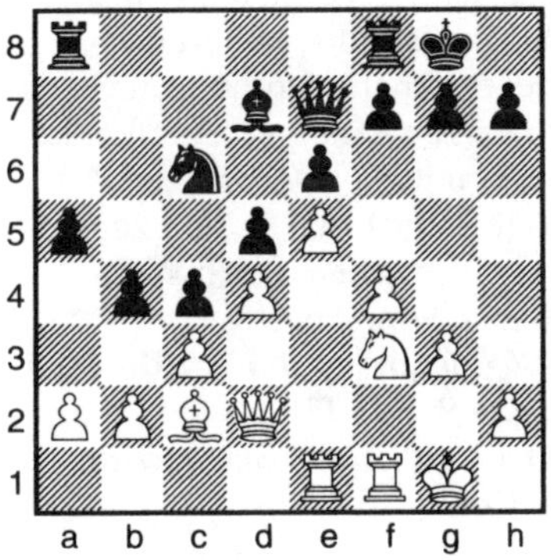

2

Im Vergleich zum vorhergehenden Beispiel ist die Position aus der Partie **Forgacs - Tartakower (St. Petersburg 1909)** schwerer einzuschätzen, da die Bewertungskriterien weniger stark ausgeprägt sind. Natürlich ist gleich zu erkennen, daß sich der Kampf auf zwei entgegengesetzten Flügeln entwickelt. Schwarz hat Raumvorteil auf dem Damenflügel. Er hofft, entweder auf der b-Linie (nach Abtausch auf c3) oder auf der a-Linie (nach Sprengung der weißen Bauernkette mittels a5-a4-a3), ins gegnerische Lager einzudringen. Weiß verfügt seinerseits über ein großes Terrain am Königsflügel. Alle seine Figuren stehen zu aktiven Handlungen auf diesem Brettabschnitt bereit – man muß lediglich die Angriffswege von eigenen Bauern befreien. Der Plan von Weiß besteht also in einer Attacke auf den König, der schwarze Plan sieht ein Vorgehen auf dem Damenflügel vor. Bei dieser Konstellation kommt es darauf an, unverzüglich zu handeln.

Es folgte:
1.f5! ef
Es drohte 2.f6 mit Zerstörung der schwarzen Königsstellung. Wenn 1… f6, so 2.fe ♗:e6 3.ef ♖:f6 4.♗:h7+ ♔:h7 5.♘g5+ mit Gewinn.
2.g4!
Das ist die beste und schönste Methode, den skizzierten Plan zu realisieren. Weiß öffnet die Magistralen für seine Angriffsfiguren.
2… fg
Wenn 2… f4, so ist sowohl 3.g5 (sichert starken Angriff) als auch 3.♕:f4 ♗e6 4.♘g5 h6 5.♘h7 ♖e8 6.g5 gut.
3.♘g5 g6
Auf 3… h6 würde 4.♘h7 mit den Drohungen 5.♘f6+ und 5.♖f6 folgen.
4.♖f6 ♔g7
Unternimmt etwas gegen das Manöver 5.♕f2 und 6.♕h4.
5.♖ef1 ♗e8 6.♕f4 ♘d8.
Schwarz kommt überhaupt nicht zum Spiel auf dem Damenflügel. Seine Kräfte sind an die Verteidigung des schwachen Bauern f7 gebunden. Scheinbar ist jetzt alles zuverlässig gedeckt, aber…
7.e6!
Räumt das Feld e5 für die Dame.
7… ♖a6 8.♕e5 ♔h6 9.♖1f5 fe
Es drohte 10.♘:f7+ und 11.♖h5+.
10.♘f7+
Trotzdem!
10… ♕:f7 11.♖h5+ ♔g7 12.♖:g6 Matt.
Obwohl die Stellungsbewertung in dieser Partie nicht so offensichtlich wie in Iwantschuk – Pomes war, erwies sie sich doch als nicht übermäßig schwierig. Das strategische Hauptmerkmal der Stellung – der

jeweilige Raumvorteil auf den Flanken – und die damit verbundenen Pläne unterlagen keinem Zweifel. In der Mehrzahl der Fälle jedoch ist die Frage, anhand welcher strategischen Elemente man sich in erster Linie orientieren sollte, schwer zu beantworten. Da es hierfür keine eindeutigen Kriterien gibt, treten bei der Wahl des Planes oft Fehler auf.

Es ist kein Geheimnis, daß das verlockendste Angriffsziel im Schach der gegnerische König ist. Aber oft werden die Chancen eines Königsangriffs sogar von erfahrenen Schachspielern überschätzt. Dabei wird der Hinweis von Wilhelm Steinitz vergessen, der schon vor 100 Jahren sagte, daß man einen Angriff nur dann beginnen sollte, wenn man bereits genügend „kleinste" Vorteile angehäuft hat. Zu diesen Vorteilen zählen z. B. die bessere Läuferstellung, die Beherrschung des Zentrums, die größere Beweglichkeit der Figuren usw. Wenden wir uns nun einer Stellung aus der Partie **Reicher – Boleslawski (Bukarest, 1953)** zu.

3

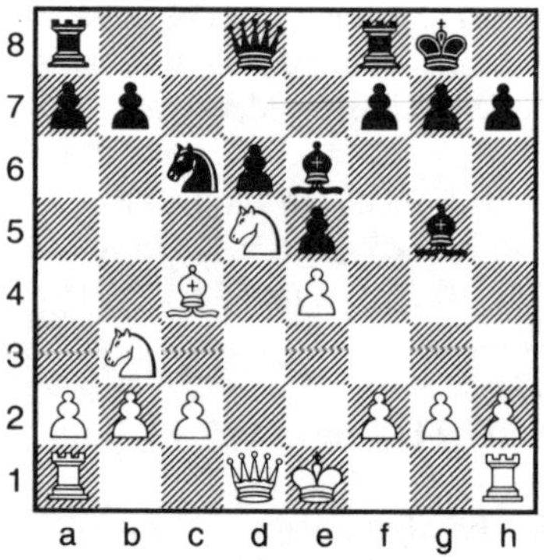

Schwarz hat den Kontrahenten in puncto Kräftemobilisierung überflügelt. Weiß mußte deshalb sofort die Figurenentwicklung abschließen (1.O-O) und sein Spiel danach gegen die geschwächte schwarze Bauernformation ausrichten (rückständiger Bauer d6). Stattdessen bricht Weiß einen Angriff auf dem Königsflügel vom Zaum, der von den eigenen Figuren nicht ausreichend unterstützt wird und einen eher abenteuerlichen Charakter trägt. Es folgte:

1.h4? ♗h6 2.g4 ♗f4 3.♕e2 ♖c8 4.c3 ♘e7

Weiß hat seine Figuren auf beiden Flügeln voneinander isoliert und keinerlei ernsthafte Drohungen gegen den schwarzen König geschaffen. Er sollte jetzt mittels 5.♘:e7+ ♕:e7 6.♗:e6 fe 7.♘c1 und 8.♘d3 zur Verteidigung übergehen. Doch Weiß träumt noch vom Angriff.

5.♖d1 ♘g6 6.h5?♘h4 7.♗d3 ♕g5 8.f3 ♗g3+ 9.♔f1 f5!

Jetzt attackiert bereits Schwarz den weißen König!

10.♖g1

Wenn 10.gf, so 10…♗:d5 11.ed ♘:f5 12.♗:f5 ♖:f5 13.♖d3 e4 14.♕:e4 ♖cf8 mit entscheidenden Drohungen.

10…♘:f3 11.♖:g3 fe 12.♔g2 ed 13.♖:d3 ♗:d5 14.♖:d5 ♕h4 15.♖:f3 ♕:g4+

Weiß gab auf.

Neben dem Königsangriff wird oft das Materialverhältnis als strategisches Hauptmerkmal der Stellung hervorgehoben. Ich möchte bemerken, daß ich keinesfalls die Bedeutung der Faktoren „Königsstellung" oder „Materialverhältnis" schmälern möchte. Unzweifelhaft sind sie erstrangige Kriterien der Positionseinschätzung im Schach, und die Analyse sollte man mit der Betrachtung dieser Faktoren beginnen. Man darf sie aber nicht verabsolutieren und dabei andere wesentliche Besonderheiten der Stellung vernachlässigen.

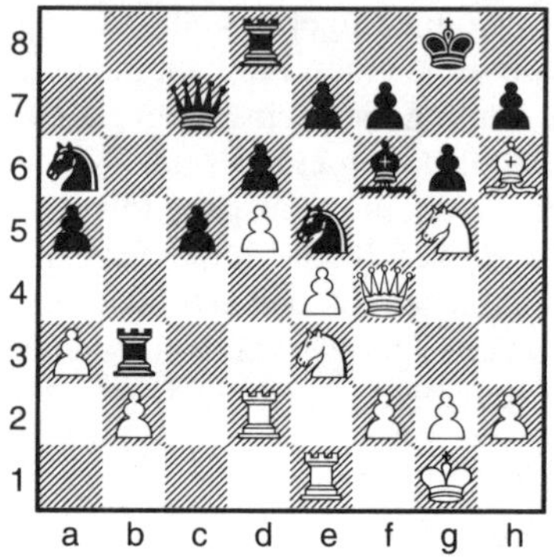

4

Diese Stellung entstand in der Partie **Fjodorow – Weingold (Hilnius 1970).** Schwarz steht aussichtsreicher. Der weiße Angriff am Königsflügel ist in eine Sackgasse geraten, während Schwarz über eine bedrohliche Initiative am Damenflügel verfügt. Der Springer e5 ist ausgezeichnet plaziert. Mittels 1… ♖db8 nebst c5-c4 und ♘a6-c5 hätte Schwarz den Druck verstärken können. Es folgte jedoch:

1… ♘d3?

Schwarz handelt unter der Devise: „Die Initiative kann verschwinden, aber das Material bleibt" und streicht die Qualität ein. Im vorliegenden Fall ist das Vorgehen des Nachziehenden das Resultat einer völlig falschen Einschätzung der Lage. Nun erwachen die weißen Figuren und schaffen gefährliche Drohungen gegen den schwarzen König. Letztendlich setzt sich der Angriff von Weiß gegen den Materialvorteil von Schwarz durch. Es geschah weiter:

2.♖:d3 ♖:d3 3.♘g4 ♗:g5

Sonst kommt 4.♘:f6+.

4.♗:g5 f6

Diese Schwächung ist unvermeidlich, obwohl auch sie Schwarz nicht rettet. Wenn 4… ♖f8, so 5.♘f6+ ♔h8 (5… ef 6.♗:f6 und 7.♕h6) 6.♕h4. Auf 4… ♔g7 entscheidet 5.♗f6+ ef 6.♕h6+ nebst ♘:f6.

5.♗:f6 h5
Nach 5… ef 6.♕:f6 gibt es keine Verteidigung gegen ♘h6.
6.♘h6+ ♔h7 7.♘f5 ef 8.♕h6+ ♔g8 9.♕:g6+ ♔h8 10.♕:f6 ♔h7 11.♘e7
Schwarz gab auf.
Ich habe schon gesagt, daß es falsch wäre, zwischen strategischen Elementen eine strenge Hierarchie konstruieren zu wollen, und daß bei der Stellungsbewertung und der Wahl des Planes verschiedene strategische Orientierungen Priorität besitzen. Aber dies bedeutet keineswegs, daß der Rückgriff auf dieses oder jenes strategische Element und die Wahl des Planes zufällig, d. h. ohne hinreichende Begründung erfolgt. Die Stellungseinschätzung kann sich nicht nur auf die Strategie beschränken, sondern muß auch taktische Besonderheiten der Situation sowie eine konkrete Variantenberechnung beinhalten. Die ausschließliche Berücksichtigung von strategischen Merkmalen führt zu einer statischen und – in der Regel – zu einer falschen Einschätzung.

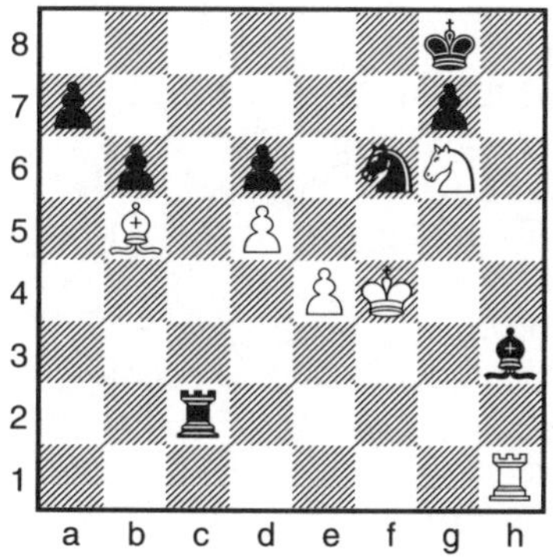

5

Wir haben eine Stellung aus der Partie **Bondarewski – Ufimzew (Leningrad 1936)** vor uns. Schwarz verfügt über zwei Mehrbauern und hat scheinbar keinerlei Schwierigkeiten, den Vorteil zu verwerten. Ausgehend von dieser allgemeinen und im Prinzip ja auch richtigen Einschätzung zog Schwarz unüberlegt
1… ♗g2??
(möchte noch den Bauern e4 einheimsen)
2.♖h8+ ♔f7 3.♗e8+ ♘:e8 4.♔g5, und Schwarz wird mattgesetzt.

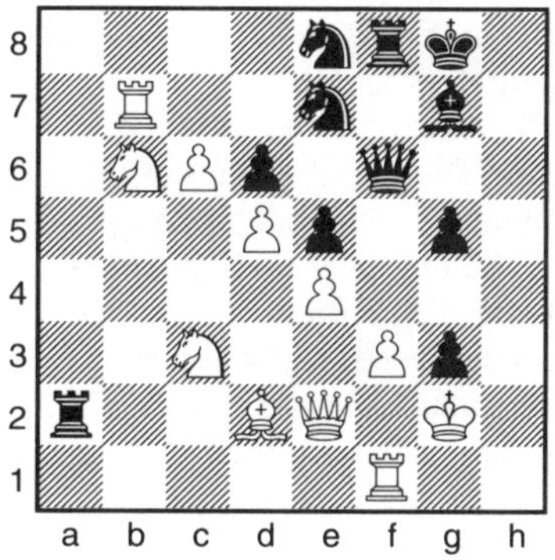

6

Betrachten wir nun die Position aus der Partie **Petrosjan – Panow (Moskau 1950).**
Wenn man nur den strategischen Elementen der Situation Aufmerksamkeit schenken würde, so müßte man die schwarze Lage als hoffnungslos bezeichnen. Weiß hat einen starken gedeckten Freibauern, einer der Springer greift den feindlichen Turm an, der andere steht zum tödlichen Doppelschlag auf d7 bereit. Dazu kommt noch, daß die schwarze Bauernstellung kompromittiert ist, der Läufer wenig aktiv steht, die Springer am Brettrand abgedrängt sind und keinerlei Objekte für den Gegenangriff auszumachen sind. Eine Analyse der taktischen Besonderheiten der Stellung zeigt jedoch, daß diese Lageeinschätzung formal ist und nicht dem Wesen der Stellung entspricht.
In der Partie folgte:
1… ♖:d2! 2.♕:d2 g4
Überraschend wird klar, daß nun der weiße König sehr gefährdet steht. Es droht nicht nur 3… gf+, sondern auch das Manöver ♘e7-g6-h4 (f4)+. Deshalb entschließt sich Weiß unverzüglich dazu, den Turm gegen den Springer zu geben.
3.♖:e7 ♕h4!
Ein Zwischenzug, der die weißen Hoffnungen auf Verteidigung zunichte macht.
4.♔g1
Wenn 4.♖:g7+, so 4…♔:g7 5.♔g1 gf 6.♖:f3 ♖:f3 mit den Drohungen 7… ♖f2 und 7…g2.
4… ♗h6 5.f4 ♕:e7 6.♘d7 ♗:f4 7.♕e2 ♕h4 8.♘d1
8.♘:f8 ♗e3+
8… g2 9.♕:g2 ♗h2+ 10.♕:h2 ♖:f1+
Weiß gab auf.
Im nächsten Beispiel gründete die Wahl des Planes auf sorgfältiger Berücksichtigung sowohl strategischer als auch taktischer Faktoren.

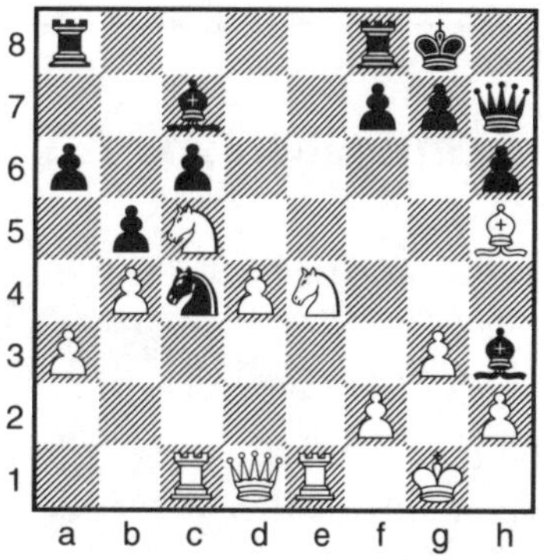

7

Wir haben eine Stellung aus der Partie **Karpow – Spasski (Leningrad 1974)** vor uns. Die schwarzen Kräfte sind gespalten und es gibt in der Bauernstellung des Nachziehenden die Bauernschwäche c6. Allerdings nimmt der Springer c4 eine aktive Position ein. Weiß kann entweder erst

den gegnerischen Springer mittels 1.♘d2 abtauschen, um dann ein Druckspiel gegen den Bauern c6 zu organisieren, oder er kann versuchen, die schlechte Koordination der schwarzen Figuren (Dame und Läufer) auszunutzen. Die konkrete Variantenberechnung führte Karpow dazu, den zweiten Weg zu wählen.
Es folgte:
1.♕f3
Droht den Läuferfang mittels g3-g4. ♕a 1… ♗c8 wegen 2.♘c3 schlecht ist, muß Schwarz das von Karpow mit 1.♕f3 angebotene Figurenopfer annehmen.
1… f5 2.♘c3 g6 3.♕:c6 gh
Weiß hat lediglich einen Bauern für den Läufer, aber die schwarzen Figuren wirken nach wie vor nicht zusammen und sind somit nicht in der Lage, dem gemeinsamen Vorgehen der gegnerischen Kräfte im Zentrum Paroli zu bieten. Wir sehen, daß der Springer auf c4 zwar „schön" postiert ist, aber nur eine Statistenrolle spielt.
4.♘d5! f4
Was tun?
5.♖e7 ♕f5 6.♖:c7 ♖ae8 7.♕:h6 ♖f7 8.♖:f7 ♔:f7 9.♕:f4 ♖e2 10.♕c7+ ♔f8 11.♘f4
Schwarz gab auf.
Das Einbeziehen der Resultate der konkreten Variantenberechnung in die Stellungseinschätzung erlaubt es, die Eigenheiten jeder zu betrachtenden Situation zu enträtseln und den entsprechenden strategischen Plan sowie die taktischen Mittel seiner Realisierung zu bestimmen. All das macht aus einer formalen, statischen Einschätzung eine wirksame und dynamische. Ich möchte dabei die enge Wechselwirkung von Strategie und Taktik im Prozeß der Stellungsbewertung unterstreichen. Die strategischen Besonderheiten der Position geben der Variantenberechnung eine bestimmte Richtung, sozusagen eine Suchzone. Die Resultate der Berechnungen ihrerseits bestimmen die relative Wertigkeit der strategischen Merkmale.
Das haben wir in der 1. Lektion behandelt:
□ die grundlegehden strategischen Elemente
Königsstellung, materielles Kräfteverhältnis, Bauernstruktur, Raumvorteil, Beweglichkeit der Figuren.

Übungsaufgaben zur 1. Lektion

In allen Aufgaben ist die Stellung zu bewerten und der Plan des weiteren Spiels zu zeigen!

Aufgabe 1:
Weiß: ♔e1, ♕d1, ♖a1, h1, ♗c3, g2, ♘d2, ♙a2, b3, c5, d4, e4, f2, g3, h2
Schwarz: ♔g8, ♕d8, ♖a8, f8, ♗a6, e7, ♘d7, ♙a7,b5, c6, d5, e6, f7, g7, h7
□ Schwarz am Zug.

Aufgabe 2:
Weiß: ♔g1, ♕d1, ♖a1, d1, ♗b2, f1, ♘c2, h2, ♙a2, b3, d3, e4, f2, g3, h3
Schwarz: ♔g8, ♕c8, ♖e7, e8, ♗a6, h6, ♘e5, f6, ♙a7, b6, c5, d4, f7, g6, h7
□ Schwarz am Zug.

Aufgabe 3:
Weiß: ♔g1, ♕c7, ♗c2, ♘d2, f1, ♙b3, c4, d5, e4, f3, g2, h2
Schwarz: ♔g8, ♕f6, ♗d7, ♘d8, f8, ♙b4, c5, d6, e5, f7, g6, h5
□ Weiß am Zug.

Aufgabe 4:
Weiß: ♔g1, ♕d3, ♖b1, e2, ♗f2, ♘d5, ♙a2, c4, e4, f3, g2, h2
Schwarz:♔g8, ♕a6, ♖a7, e8, ♗a4, g7, ♙c5, c7, d6, f7, g6, h7
□ Weiß am Zug.

Aufgabe 5:
Weiß: ♔g1, ♕e1, ♖a1, f1, ♗e3, ♘c3, ♙a2, b2, c2, e4, f5, g2, h2
Schwarz: ♔g8, ♕c4, ♖a8, f8, ♗e7, ♘f6, ♙a7, b7, d6, e5, f7, g7, h7
□ Weiß am Zug.

Aufgabe 6:
Weiß: ♔g1, ♕c2, ♖a1, f1, ♗c1, d3, ♙a3, c3, e4, f2, g2, h2
Schwarz: ♔g8, ♕e5, ♖a8, f8, ♗c8, ♘f6, ♙a7, b7, c5, f7, g7, h7
□ Schwarz am Zug.

2. Lektion

Die Variantenberechnung

Bei der Wahl des Zuges in der Schachpartie berücksichtigt der Spieler in seinen Überlegungen zwei miteinander verbundene Faktoren: die strategische Charakteristik der Stellung und die taktischen Besonderheiten der Situation. Diese taktischen Besonderheiten werden im Prozeß der konkreten Variantenberechnung erhellt, d. h. in der folgerichtigen Betrachtung sowohl der eigenen möglichen Züge als auch der Antworten des Gegners bezogen auf den nächsten Partieabschnitt.

Die Bedeutung der genauen Berechnung im schachlichen Kampf kann gar nicht hoch genug veranschlagt werden. Mit logischem und erfindungsreichem Spiel kann man eine aussichtsreiche Stellung aufbauen, aber ein einziger Fehler bei der Realisierung des beabsichtigten Planes reicht oft aus, um vielstündige Anstrengungen zunichte zu machen. Die Fähigkeit einer breitgefächerten (d. h. die Vielzahl von Fortsetzungen) und tiefen (d. h. möglichst viele Züge im voraus) Variantenberechnung bestimmt gemeinsam mit dem strategischen Verständnis die Spielstärke eines Schachspielers.
Aber was bedeutet „breitgefächerte“ und „tiefe“ Berechnung bezogen auf eine konkrete Position. Zwecks Beantwortung dieser Frage werden wir nun eine Stellung aus der Partie **Fischer – Benkö (Bled 1959)** behandeln. Schwarz ist am Zug.

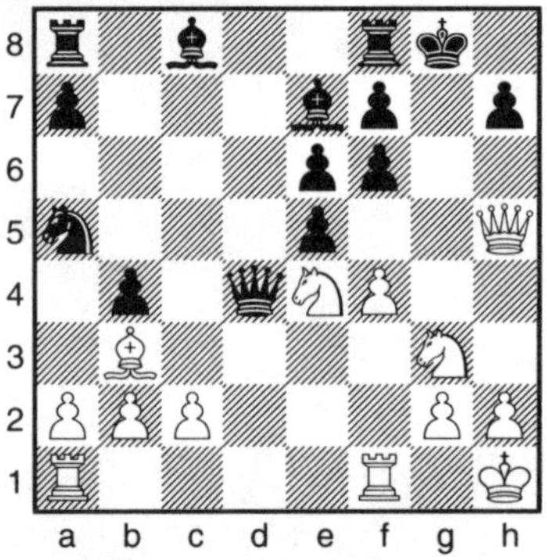

8

Es ist klar, daß sich hier alles um die Lage des schwarzen Königs dreht. Der Plan von Schwarz besteht darin, seinen Monarchen gegen feindliche Angriffe zu verteidigen. Eine einleitende Variantenberechnung unterstreicht die Richtigkeit des ersten Eindrucks. Z. B., 1… ♗b7 2.♕h6 ♗:e4 3.♘h5 oder 1… ♗a6 2.♕h6 ♗e2?! 3.♘:f6+ ♗:f6 4.♕:f5 mit entscheidenden Drohungen.
Deshalb muß Schwarz seine Aufmerksamkeit auf Fortsetzungen lenken, die unmittelbar mit der Verteidigung des Königs verbunden sind. Folgende Züge kommen in Betracht: 1… ♔h8; 1… ef;1… ♔g7 sowie 1… ♘:b3, um mittels eines Abtausches das Angriffspotential von Weiß zu schwächen. Berechnen wir nun diese Varianten:
a) 1… ♔h8 2.♕h6 ♖g8 (2… ef 3.♘h5) 3.♘:f6 ♖g7 4.♘gh5; b) 1… ef 2.♘f5! ef 3.♖:f4 ♕:e4 (sonst folgt 4.♖h4) 4.♖:e4 fe 5.♕:a5,; c) 1… ♔g7 2.♖ad1 ♕:b2 3.♕h4 ♗b7 4.♘:f6 ♗:f6 5.♘h5+. Bei all diesen Fortsetzungen gewinnt Weiß. Der Zug **1… ♘:b3** wurde in der Partie gespielt. Es folgte **2.♕h6 ef**. Wenn 2… f5, so 3.c3 bc 4.bc ♕b6 5.♘h5. **3.♘h5 f5 4.♖ad1 ♕e5 5.♘ef6+ ♗:f6 6.♘:f6+♕:f6 7.♕:f6 ♘c5 8.♕g5+ ♔h8 9.♕e7 ♗a6 10.♕:c5 ♗:f1 11.♖:f1+.** Schwarz gab auf.
Im folgenden Beispiel ist die Zahl der Varianten, die eine genauere Betrachtung erfordern, deutlich geringer. Allerdings ist die Variantentiefe größer (in der Hauptvariante 13 Züge!).

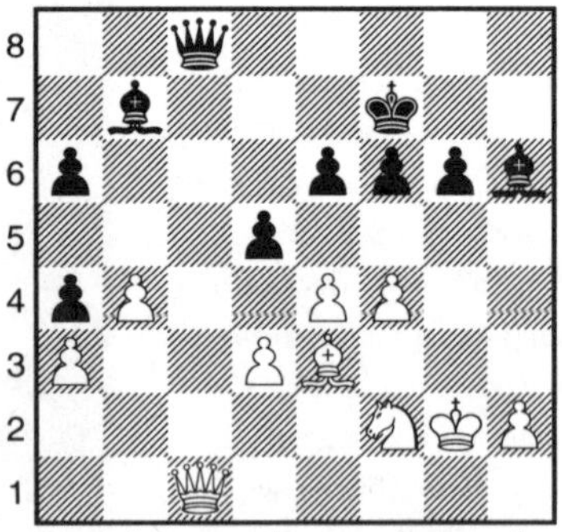

9

Suetin – Kotow (Riga 1958).
Schwarz verfügt über das Läuferpaar, und es drängt sich der Gedanke auf,

daß er daher die Stellung öffnen sollten. Eine Analyse zeigt, daß andere Pläne keinen Sinn haben. Kotow wählte diesen Weg. Er tauschte zuerst die Damen, um der Partie einen forcierten (und damit vorteilhaft berechenbaren) Charakter zu verleihen. Es folgte: **1… ♕:c1 2.♗:c1 de 3.de f5 4.♔f3 e5! 5.♗e3 fe+ 6.♘:e4 ef 7.♗:f4 g5!** Das ist die Pointe der Idee von Schwarz. Auf einen beliebigen Läuferrückzug (außer nach d2) folgt 8… g4+ mit Figurengewinn. **8.♗d2 ♔g6 9.♔e3.** Wiederum der einzige Zug wegen der Drohung 9… ♔f5. **9… g4+ 10.♔d4 ♗g7+.** Nichts brachte 10… ♗:d2 11.♘:d2 ♔g5 12.♔e3 **11.♔d3 ♗:e4+ 12.♔:e4 ♗b2 13.♔d3 ♔f5!** Dies ist die Stellung, die Schwarz 13 Züge im voraus berechnet hatte! Der letzte Königszug war im Gewinnsinne erzwungen. Nur zum Remis führte 13… ♗:a3 14.♔c2 ♔f5 15.♔b1 ♔e4 16.♔a2 ♔d3 17.♔:a3. Nach dem richtigen Textzug hingegen befindet sich Weiß im Zugzwang, da zwei Bauern – a3 und b2 – des Schutzes bedürfen.
Es folgte noch: **14.♔c4 ♗:a3 15.b5 ab+ 16.♔:b5 ♗d6 17.♔:a4 ♗:h2 18.♗a5 ♗f4 19.♔b3 g3 20.♔c2 ♔e4 21.♗b6 ♗e3 22.♗c7 g2 23.♗h2 ♔f3 24.♔d3 ♗b6.** Weiß gab auf. Der schwarze König gelangt nach f1, danach gewinnt der Zug ♗b6-c7.
Die Analyse der angeführten Beispiele zeigt, daß sowohl die Anzahl der zu betrachtenden Varianten, als auch die Rechentiefe nicht dem blinden Zufall überlassen bleibt.
■ Schematisch kann man folgende Denketappen bei der Variantenberechnung herausarbeiten:
1) das Erkennen des grundlegenden strategischen Faktors bzw. mehrerer Faktoren in der betreffenden Stellung;
2) die einleitende Variantenanalyse, die die Bestimmung des grundlegenden strategischen Faktors präzisiert;
3) die Auswahl der zu betrachtenden Varianten, auf der Basis von 1) und 2);
4) die Durchführung der Rechenoperationen;
5) der Abbruch der Berechnung bei Erhalt einer Position mit klarer Bewertung;
6) die Auswahl des Zuges auf der Grundlage des Vergleichs der Resultate der Variantenberechnung.

Es ist nützlich, dieses Schema im Hinterkopf zu behalten, doch man muß wissen, daß es in einer Reihe von Fällen im Partieverlauf nicht vollständig zu realisieren ist. So ist man beispielsweise in Zeitnot oft gezwungen, die Variantenberechnung einzuschränken und auf Erfahrungen zu bauen bzw. sogar auf gut Glück zu handeln.
Ich möchte weiterhin darauf verweisen, daß es oft ziemlich schwierig ist zu entscheiden, welches denn nun der grundlegende strategische Faktor der Stellung ist, welchen Plan man daher wählen soll und welcher Kreis von Varianten für die genauere Berechnung in Frage kommt. Diese Fragen stellen sich insbesondere dann, wenn zwei oder mehrere annähernd gleichwertige Fortsetzungen zur Wahl stehen.

10

Wir haben eine Position aus der Partie **Stein – Flohr (Kiew 1957)** vor uns. Die weißen Figuren sind besser entwickelt, und Weiß hat Raumvorteil. Der schwarze König steht noch in der Mitte. Doch wie muß Weiß spielen, um die Vorzüge seiner Stellung auszunutzen? Eine erste Einschätzung und Variantenanalyse zeigt, daß Weiß zwei Wege zur Verfügung stehen.
Der erste Weg ist auf den Ausbau des Raumvorteils gerichtet. Z. B., 1. ♘e4 ♘:e4 2.♕:e4 ♘f6 3.♕e2 ♕c7 4.♘e5. Im Falle der kurzen Rochade von Schwarz kann Weiß einen Flügelangriff mittels g2-g4, h2-h4 und g4-g5 vorbereiten. Die geschwächte schwarze Königsstellung (Bauer h6) bietet die Grundlage dafür.

Der riskantere zweite Plan zielt auf die sofortige Ausnutzung des Entwicklungsvorsprungs und ist mit materiellen Opfern verbunden. Dieser Weg beginnt mit dem Zug 1.♗b4. Die Variantenberechnung kann hier keine klare Anwort auf die Frage geben, welche der beiden Fortsetzungen besser ist. Die Entscheidung hängt in diesen Situationen ganz vom Stil des Schachspielers, seinem individuellen Geschmack und seinem Temperament ab.

Leonid Stein, ein Vertreter des scharfen Angriffsstils, bevorzugte den zweiten Weg. Es folgte:
1.♗b4!? c5
Schlecht ist 1… ♕:b4 wegen 2.♘:f7 ♔:f7 3.♕:e6+ ♔g6 4.♗d3+ ♔h5 5.♕h3 matt.
2.dc bc 3.♗:c5
Die logische Fortsetzung des gewählten Planes.
3… ♘:c5 4.♘e5 ♘fd7!
Gefährlich ist 4…hg wegen 5.♗b5+ ♘fd7 6.♘:d7 ♘:d7 7.♖:d7 ♕:d7 8.♗:d7+ ♔:d7 9.♖d1+ ♗d6

10.♕e5 ♗d5 11.♕:g7 mit weißem Angriff.
5.♘g:f7 ♘:e5 6.♘:e5 ♕g5+ 7.f4 ♕:f4+ 8.♔b1 ♗e4! 9.♕h5+ g6 10.♗b5+ ♔e7 11.♘:g6+ ♗:g6 12.♕:c5 ♔f7 13.♕c6 ♕e4 14.♕d7+ ♔g8 13.♗d3 ♕g4 16.h3 ♕g5 17.♕:e6+ ♗f7 18.♕c6 ♖b8 19.♕c7 ♖b6

Die Verteidigung von Schwarz war auf der Höhe. Es ist eine komplizierte Situation entstanden, in der die beiderseitigen Chancen ungefähr gleichwertig sind. Stein beging hier einen Fehler (20.♗c4? ♖h7!) und verlor die Partie. Dieser Ausgang ruft aber keine Zweifel an der Berechtigung seiner Entscheidung für 1.♗b4!? hervor.

■ Wenn er zwei Alternativen besitzt, ist der Schachspieler geradezu verpflichtet, seinem Schachverständnis und seinen Idealen zu folgen und danach zu streben, die starken Seiten seines Stils zu nutzen.

Rechenfehler, besonders bei unerfahrenen Spielern, treten häufig auf. Obwohl Großmeister Tartakower darauf verwies, daß man „im Schach nur aus Fehlern lernt", ziehen wir es doch vor, aus fremden Fehlern zu lernen und eigene zu vermeiden. Daher wenden wir uns jetzt den häufigsten Fehlerquellen bei der Variantenberechnung zu.

■ 1. Die formale Einschätzung der Endstellung

Der Schachspieler bricht die Berechnung einer Variante meist an dem Punkt ab, wenn Materialvorteil erzielt ist. Andere Besonderheiten der Stellung werden dabei nicht genügend berücksichtigt.

11

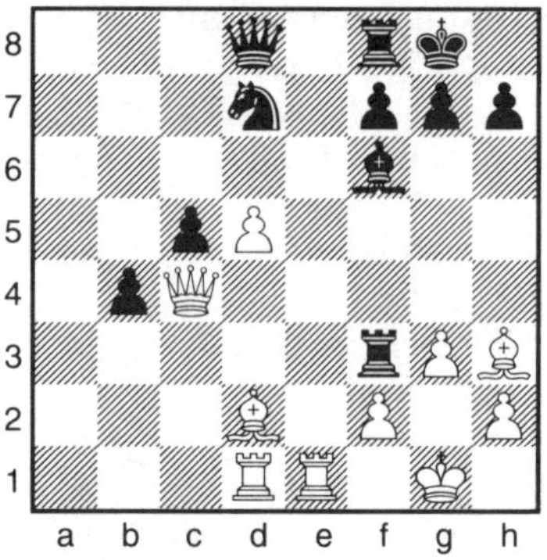

Wir haben eine Position aus der Partie Golowko – Awerbach (Moskau 1950) vor uns.

Weiß konnte hier nach 1.♗:d7 ♕:d7 2.♕:c5 b3 3.♕c6 die Chancen im Gleichgewicht halten, doch er spielte auf Figurengewinn. Es folgte:
1.♕g4! ♖d3 2.♕:d7 ♖:d5!
Des Pudels Kern! Der Anziehende muß jetzt die Damen tauschen, wonach er auf der d-Linie in eine Fesselung gerät.
3.♕:d8 ♖f:d8 4.♗g2
4.♗g4 ging wegen 4... h5 5.♗:h5 ♖:d2 nicht, da durch h7-h5 das Matt auf der Grundreihe aufgehoben wurde. Wahrscheinlich hatte Weiß diese Nuance nicht vorhergesehen.
4... ♖d3
Aber nicht 4... ♖d4 - 5.♗f3.
5.♗f1 ♖d4
Materialverlust ist für Weiß nun unvermeidlich. Nach
6.♗b4 ♖:d1 7. ♖:d1 ♖:d1 8.♗c5 ♗d4
realisierte Schwarz schrittweise seinen Vorteil.

■ 2. Die Bedeutung von Zwischenzügen

Bei der Variantenberechnung schleicht sich oft ein eigenartiger Automatismus ein, der darin besteht, daß auf das Schlagen einer Figur nur mit dem unverzüglichen Wiedernehmen durch den Gegner gerechnet wird. Analog wird auf die Bedrohung einer gegnerischen Figur nur deren Rückzug bzw. Deckung betrachtet. Manchmal bleibt allerdings die erwartete Reaktion der Gegenseite aus, und es folgt ein bei der Berechnung unvorhergesehener Zug. Diese Züge werden als **Zwischenzüge** bezeichnet.

Die psychologische Wirkung von Zwischenzügen ist gewöhnlich ziemlich bedeutend, da sie nicht nur den Kampfverlauf einschneidend verändern, sondern auch einem der Kontrahenten sichtbar das „Loch" in seinen Berechnungen vor Augen führen.

12

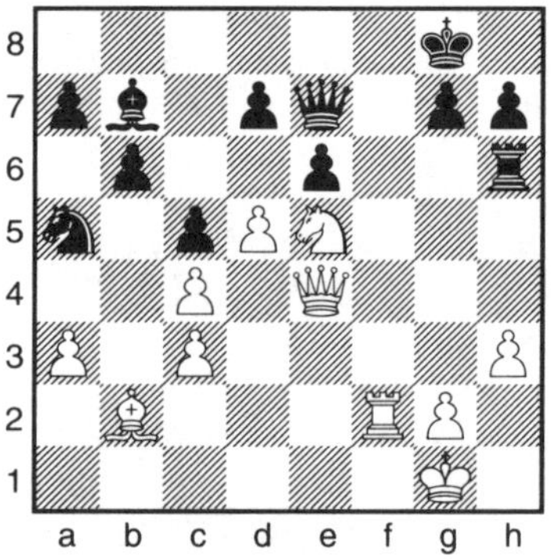

In der Partie **Wetger – Haimberg (Berlin 1956)** zog Schwarz
1... ed?
und rechnete nur mit der logischen Antwort 2.cd. Es folgte jedoch der niederschmetternde Zwischenzug
2.♘g6!!
der Schwarz zur sofortigen Aufgabe zwang. Auf 2... ♕:e4 kommt 3.♖f8 matt, und 2... ♕d8 scheitert an 3.♕e7 mit unparierbaren Drohungen.

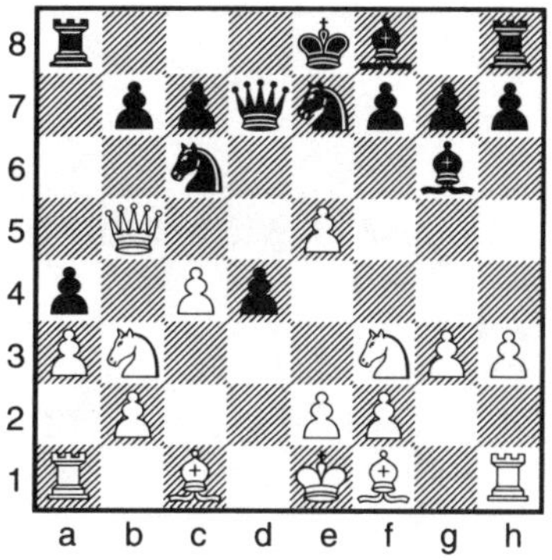

13

In Dus-Chotimirski – Marshall (Hamburg 1910) berechnete der Nachziehende eine lange Variante mit der Absicht, die weiße Dame zu fangen. Aber er traf auf eine unerwartete Erwiderung.

1.♘c5

Unbefriedigend ist 1.♘b:d4 wegen 1… ♖a5 2.♕:b7 ♘:d4 3.♕b8+ ♘c8 4.♘:d4 ♗e4 5.♘f3 ♗:f3 6.ef ♖:e5 mit starkem schwarzen Angriff.

1… ♕c8 2.♗d2 b6 3.♘:d4 bc 4.♘:c6 ♗e4 5.♘:e7+ ♔:e7 6.f3 ♔e6 7.fe c6 8.♕b6 ♖a6

Die Dame ist gefangen. Weiß hat jedoch einen unerwarteten Zwischenzug parat.

9.h4!

Schwarz ist verloren. Auf 9… f5 folgt 10.ef ♔:f6 11.♕d8+ ♕:d8 12.♗g5+.

9… ♖:b6 10.♗h3+ ♔:e5 11.♗:c8,

und Schwarz gab in wenigen Zügen auf.

■ 3. Die zu frühe Variantenberechnung

Damit ist der Fall gemeint, daß ein Spieler vorerst nicht einen erzwungenen Zug ausführt und stattdessen schon komplizierte Varianten berechnet, die weit voraus eilen. Hierbei steigt die Fehlerwahrscheinlichkeit, da der Spieler nicht die Ausgangsposition der Berechnung vor sich auf dem Brett hat, sondern die aktuelle Stellung (der erzwungene Zug ist noch nicht ausgeführt, so daß man quasi einen Zug weiter rechnen muß). Es gibt hier nur einen Rat – führen Sie zuerst den erzwungenen Zug aus, und denken sie danach an die bevorstehenden Züge.

■ 4. Das Fehlen einer systematischen Kontrolle

Dieses Problem entsteht in jenen Fällen, in denen der Spieler, nachdem er die Varianten berechnet hat, seine Arbeit für abgeschlossen hält und die geplanten Züge ohne Prüfung ausführt. Im Ergebnis tauchen Fehler auf, die durch Unvollständigkeit der einleitenden Variantenberechnung sowie durch neue Umstände hervorgerufen werden, die sich im Prozeß der Partie herausgebildet haben können. Capablanca schrieb: „Notwendig ist die Kontrolle jedes einzelnen Zuges, sei er auch noch so offensichtlich."

Die Ausführungen **Michail Botwinniks** über ein Fragment seiner Partie gegen **Smyslow (Groningen 1946)** sind in dieser Beziehung sehr lehrreich.

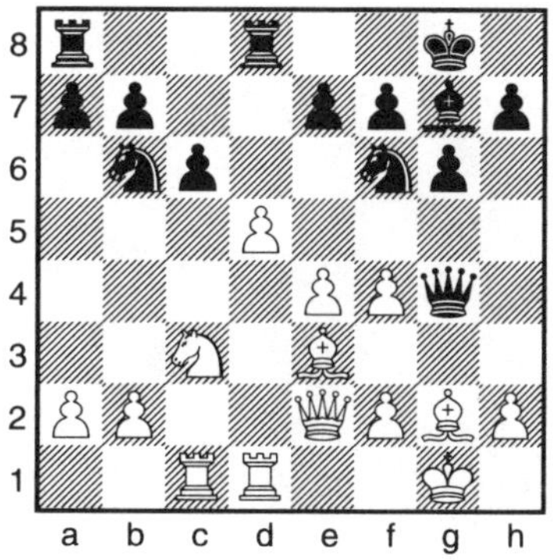

14

„Hier berechnete ich die folgende Variante und kam zu dem Schluß, daß sie zu einem gewonnenen Endspiel mit Mehrbauern führt. Ohne die Variante nach jedem Zug des Gegners noch einmal zu überprüfen spielte ich – eine unverzeihliche Nachlässigkeit – in schnellem Tempo die eingangs beabsichtigten Züge".

1.♕:g4 ♘:g4 2.♗:b6 ab 3.dc

Dieser Zug ist ungenau. Hier war die eingeleitete Variante mittels 3.e5 zu korrigieren, da Schwarz nach

… bc 4.e5

durch 4… ♖ac8 5.♗h3 h5 6.f3 ♘e3! Gegenspiel erhalten konnte (ohne Tausch auf c6 wäre dieser Springerausfall nicht möglich). Der Rechenfehler Botwinniks wurde dann aber nicht bestraft, denn Smyslow spielte fehlerhaft

4… ♘h6

und verlor schnell nach

5.♗:c6 ♖:d1+ 6.♖:d1 ♖c8 7.♘d5.

Das haben wir in der 2. Lektion behandelt:

- ☐ die formale Einschätzung der Endstellung
- ☐ die Bedeutung von Zwischenzügen
- ☐ zu frühe Variantenberechnung
- ☐ das Fehlen einer systematischen Kontrolle

Übungsaufgaben zur 2. Lektion

Aufgabe 7:
Weiß: ♔e1, ♕g4, ♖b1, h1, ♗d3, ♘f3, ♙c3, e5, f2, g2, h2
Schwarz: ♔g8, ♕e7, ♖a8, f8, ♗c8, ♘b8, ♙b2, b4, b7, d5, e6, f7, g7, h7
□ Weiß am Zug. Berechnen Sie die Folgen von 1.♗:h7+!

Aufgabe 8:
Weiß: ♔b1, ♕h4, ♖d1, h5, ♗b6, f1, ♘d5, ♙a2, c2, g2, f2
Schwarz: ♔e8, ♕d8, ♖b8, h8, ♗b2, e6, ♘c5, ♙a6, d6, e7, f7, h7
□ Weiß am Zug. Wie würden Sie spielen?

Aufgabe 9:
Weiß: ♔e1, ♕d1, ♖a1, h1, ♗c1, d3, ♘b1, f3, ♙a2, b3, c5, d4, e3, f2, g2, h2
Schwarz: ♔e8, ♕d8, ♖a8, h8, ♗c8, d6, ♘d7, f6, ♙a7, b7, c7, d5, e5, f7, g7, h7
□ Schwarz am Zug. Kann er sich auf die Variante 1… ♗:c5 2.dc e4? einlassen?

Aufgabe 10:
Weiß: ♔g1, ♕b3, ♖a1, d1, ♗c1, g2, ♘c3, e5, ♙a2, b2, e2, f2, g3, h2
Schwarz: ♔g8, ♕d8, ♖a8, f8, ♗b7, c5, ♘d7, f6, ♙a6, b5, e6, f7, g7, h7
□ Schwarz am Zug. Wie würden Sie spielen?

Aufgabe 11:
Weiß: ♔b1, ♕b6, ♖d1, h1, ♗d3, ♘c4, ♙b2, d5, g4, h4
Schwarz: ♔g8, ♕g2, ♖c5, f8, ♗g7, ♘e8, ♙a5, d6, h7
□ Schwarz am Zug. Wie würden Sie spielen?

3. Lektion

Der Kampf gegen Rechenfehler

Das Material der vorigen Lektion könnte leicht ergänzt werden, indem man vielzählige Beispiele von Verrechnungen aufführen würde, die in der Schachpraxis häufig vorkommen. Jedoch ist es ebenso wichtig, die Aufmerksamkeit des Lesers auf eine Reihe allgemeinerer Momente zu lenken, die das Auftreten bestimmter Rechenfehler in der Schachpartie bedingen.
Die Schachpartie besteht ungeachtet der Existenz vergleichsweise stabiler Elemente, der strategischen Merkmale der Position, aus einer Vielzahl sich voneinander unterscheidender und sich ständig verändernder konkreter Situationen auf dem Schachbrett. Das rechtzeitige Reagieren auf bereits geschehene oder sich abzeichnende Veränderungen in der Figurenaufstellung ist sehr wichtig. Oft sind Rechenfehler auf die Trägheit und die ungenügende Dynamik des schachlichen Denkens zurückzuführen. Es ist erwiesen, daß Fehler dieser Art ziemlich weit verbreitet sind. Selbst starke Großmeister sind dagegen nicht gefeit.
Die vom Autor dieser Zeilen durchgeführten Untersuchungen zeigen, daß die Trägheit des Denkens vorzugsweise auf zweierlei Art bei Schachspielern auftritt: als negatives Restabbild und als vorweggenommenes Abbild.

■ **Das negative Restabbild**
Darunter versteht man die gedankliche Übertragung des Abbilds einer vergangenen Stellung bzw. einzelner Elemente von ihr auf die neuentstandene Lage auf dem Brett.

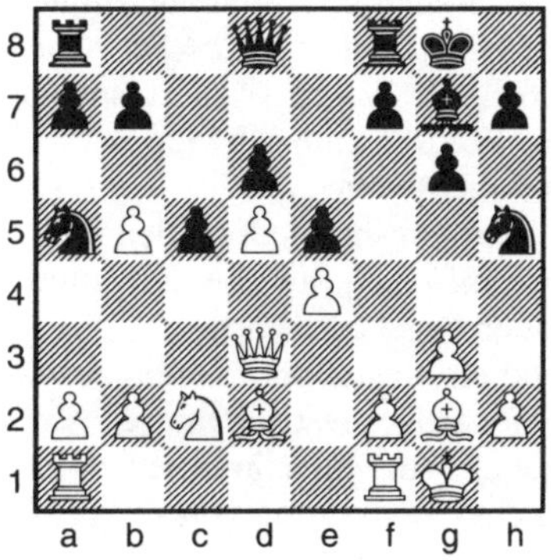

15

Wenden wir uns einer Position aus der Partie **Portisch – Tal (Moskau 1967)** zu. Die im Turniersaal anwesenden Zuschauer hatten den Eindruck, daß Tal mit dem Gang der Ereignisse in dieser Partie durchaus zufrieden sei. Nach zwei-minütiger Überlegung zog Tal
1… a6?
und stand auf. Portischs verständnisloser Blick irrte über das Brett, er zuckte mit den Schultern und spielte: **2.b6!,** und der schwarze Springer saß in der Falle. Nach
2… ♕:b6 3.♕c3 ♕b5 4.♕:a5 ♕:b2 5.♖fc1 b6 6.♕a4 ♕b5 7.♕:b5 ab 8.a3 ♖a4 9.♖ab1 ♘f6 10.f3 gab Schwarz die Partie auf. Auf die Frage, wie so etwas passieren konnte, antwortete Tal: „Ich sah die Drohung nicht, die mit dem Zug b5-b6 verbunden ist, da ich das Feld b6 als zuverlässig vom Bauern a7 verteidigt wähnte." Der Bauer a7 blieb also im Bewußtsein von Tal an seinem angestammten Platz, als ob es den Zug 1… a6 nie gegeben hätte.
Neben der „Unlust" die neuen Adressen der Figuren oder Bauern zur Kenntnis zu nehmen, sind Restabbilder oft mit wundersam ins Bewußtsein tretenden Luftspiegelungen verbunden. Plötzlich sind Abbilder von Figuren, die bereits das Brett verlassen haben und von Drohungen die schon liquidiert sind vorhanden.

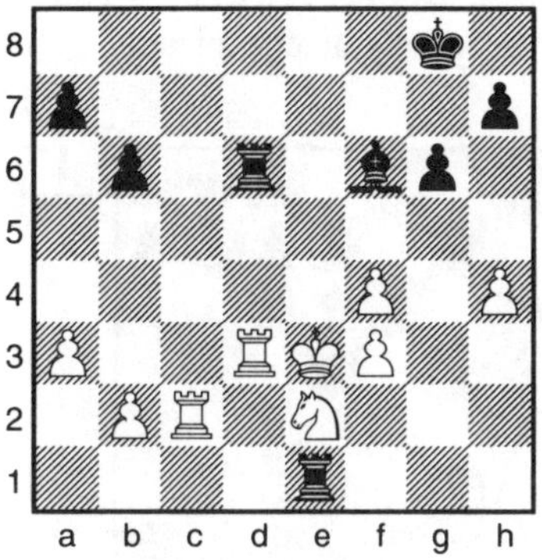

16

Nachdem der Nachziehende in der Partie **Darga – Lengyel (Amsterdam 1964)** eine Kombination mit

Qualitätsopfer verwirklicht hatte, gab Darga sofort auf, weil er glaubte, das der Verlust eines ganzen Turmes unvermeidlich sei. Aber es zeigte sich, daß beide Kontrahenten bei der Variantenberechnung Gespenster gesehen hatten. In der Partie geschah:

1... ♖e6+ 2.♔f2

und nun spielte Lengyel

2... ♖6:e2+,

wobei er annahm, daß Weiß nach

3.♖:e2 ♗:h4+

mit dem König nur nach g2 ausweichen könne. Der Gedankengang seines Gegners war ähnlich.

Warum haben beide Großmeister die Möglichkeit 4.♔e3 nicht wahrgenommen? Die Ursache der beiderseitigen Bewußtseinstrübung lag darin, daß sich vor beiden Spielern – einem bösen Geschick gleich – das Abbild des bereits nicht mehr vorhandenen Turmes e6 erhob. Sie glaubten, daß sich das Feld e3 weiterhin unter der Kontrolle eben dieses Turmes befand. Restabbilder können auch in allgemeinerer Form auftreten, beispielsweise bei der Bewertung der Postierung einer einzelnen Figur oder sogar bei der Einschätzung einer Stellung im ganzen. **Robert Fischer** berichtete von einer interessanten Episode.

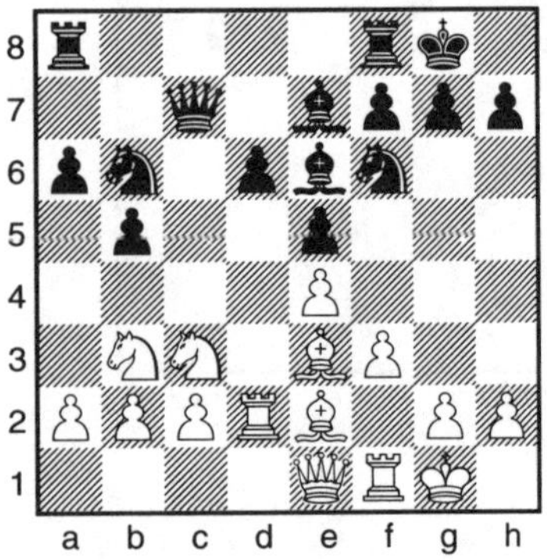

17

Ich möchte seine Kommentare zu einigen Zügen aus einer Partie gegen **Pilnik** in **Mar del Plata 1959** wiedergeben. (Fischer führte die schwarzen Steine):

14.♕f2

Ungenau gespielt. Notwendig war 14.♗:b6.

14... ♖ab8?

Ich ging davon aus, daß Weiß, wenn er den Springer schon im vorigen Zuge nicht geschlagen hat, dies auch jetzt nicht tun wird. Ich wollte den Druck noch mehr verstärken und mir die Möglichkeit belassen, den Springer gegebenenfalls nach a4 oder auch nach c4 zu führen. Notwendig war es, die Unterlassung von Weiß auszunutzen und 14... ♘c4 15.♗:c4 bc 16.♗b6 ♕c8 17.♘a5 ♘d7 zu spielen, was Weiß in eine schwierige Lage gebracht hätte ...

Pilnik nahm diesmal jedoch den Springer auf b6, verlor aber aufgrund ungenauen Spiels die Partie.

Während ein Restabbild Vergangenes in Gegenwärtiges transformiert, bedeutet ein vorweggenommenes Abbild die Übertragung von Zukünftigem in Gegenwärtiges.

■ Das vorweggenommene Abbild

Darunter versteht man die gedankliche Übertragung einer zukünftig möglichen Figurenstellung auf die aktuelle Situation. Dabei wird eine imaginäre Stellung vom Schachspieler als real existierend wahrgenommen. Zur Erklärung des Gesagten wenden wir uns nun den Beispielen zu.

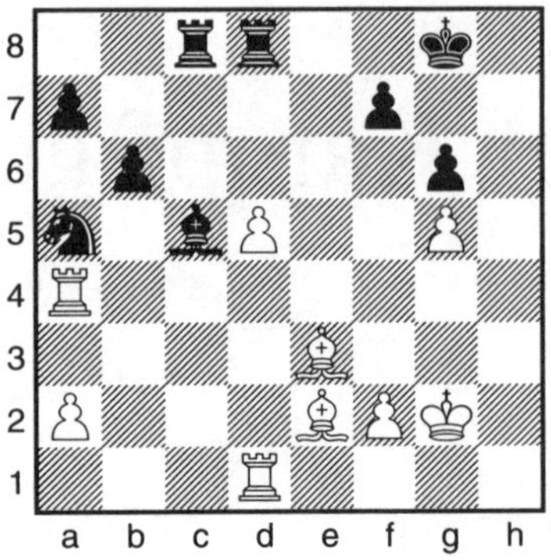

18

Diese Position entstand in der 9. Partie des WM-Kampfes **Karpow – Kasparow (New York 1990).** Hier geschah zum allgemeinen Unverständnis der Fachleute

1.♗d2?

Karpow, der nun durch

1... ♖:d5

einen Bauern einbüßte, forcierte unverzüglich das Remis:

2.♗f3 ♖dd8 3.♗:a5

Womit kann man den offensichtlichen Fehler von Weiß erklären? Die Antwort ist einfach: Karpow betrachtete einige Varianten, die unverändert alle mit ein und demselben Zugpaar begannen – 1.♗f4 ♗d6. Nach einigen Wiederholungen waren diese Züge gedanklich fest verankert, so daß die Variantenberechnung faktisch erst mit dem 2. Zug einsetzte (nach 1.♗f4 ♗d6). Karpow spielte 1.♗d2? in der festen Überzeugung, daß der gegnerische Läufer auf d6 postiert ist und der weiße Bauer d5 folglich nicht angegriffen sei.

Einen analogen Fall, daß ein optisches Trugbild die Wirklichkeit verdrängte, illustriert eine Episode aus der Partie **Petrosjan – Gligoric (Belgrad 1956).**

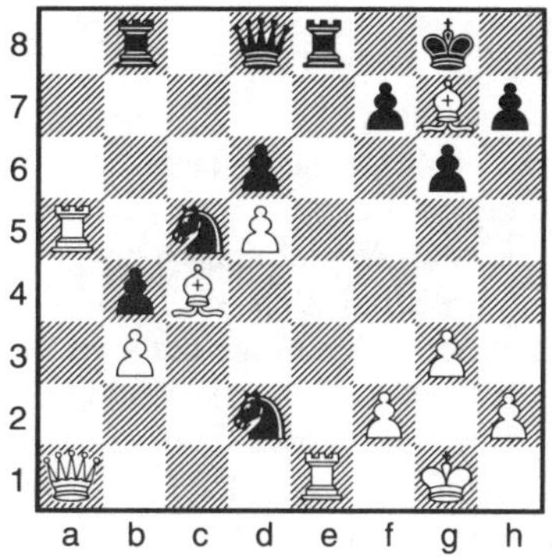

19

Der weiße Vorteil ist unbestreitbar. Nach 1.♖:e8+ ♕:e8 2.♗h6 ♘f3+ 3.♔g2 ♘e5 4.f4 wäre Materialverlust für Schwarz unvermeidlich. Petrosjan zog jedoch

1.♗h6??

und mußte nach

1... ♖:e1+

aufgeben. Petrosjan sagte später, daß er während der Partie die Variante mit 1.♖:e8+ einige Male geprüft hatte. Unter dem Einfluß der wahrgenommenen Schlußstellung der Variante übersprang Weiß die Zwischenglieder (wohl in der Annahme, daß der Turmtausch schon geschehen sei).

Ich habe bisher das ziemlich breite Fehlerspektrum bei der Variantenberechnung dargelegt und versucht, die Bedingungen zu bestimmen, die die Entstehung von Fehlern begünstigen. Im nächsten logischen Schritt werden nun Methoden gezeigt, die Rechenfehler überwinden helfen.

Vor allem muß man über die **Selbstkontrolle** während der Partie sprechen. Es ist nützlich, bei jedem Zug die Position von neuem einzuschätzen und noch einmal die Varianten durchzurechnen, selbst wenn dies zuvor ausreichend und ausführlich geschehen sein sollte.

Großmeister Kotow hat mit Recht auf folgenden Sachverhalt hingewiesen: „Die Tatsache, daß Sie eine bestimmte Position bereits einige Züge vor ihrem Entstehen auf dem Brett vor Ihrem geistigen Auge gehabt haben, hilft Ihnen natürlich bei weiteren Berechnungen, aber denken Sie daran, daß diese vergangene Berechnung keinesfalls die neuerliche Überprüfung der aktuellen Stellung ersetzt."

Wichtig ist auch die **Prozedur des Spiels.** Bevor Sie einen Zug auf dem Brett ausführen, ist es zweckmäßig, diesen Zug erst auf dem Parieformular zu notieren und nochmals zu überprüfen. Diese Regel befolgt nicht zufällig die überwältigende Mehrheit der Großmeister, da sie eine gute Versicherung gegen Fehler darstellt.

Kommen wir jetzt zu den **Trainingsmethoden**. Der Vervollkommnung der Fähigkeit Varianten zu berechnen, sollte eine besondere Aufmerksamkeit gewidmet werden. Trainingsgrundlage ist die selbständige Analyse von Meisterpartien, in denen der Kampfverlauf eine weitverzweigte und tiefe Variantenberechnung erforderte. Bei der Untersuchung dieser Stellungen erweist es sich als nützlich, das Buch von Zeit zu Zeit beiseite zu legen, und selbst zu versuchen, sich in den komplizierten Varianten zurechtzufinden. Die Resultate der eigenen Analyse sollte man schriftlich fixieren und danach mit dem Buchkommentar vergleichen. Seien Sie nicht verbittert, falls Sie anfangs geirrt haben und den Gedanken der Meister nicht auf die Spur gekommen sind. Bei hartnäckiger und systematischer Arbeit ist die Verbesserung Ihrer Fähigkeit Varianten zu berechnen, lediglich eine Frage der Zeit.

Sehr nützlich ist die Analyse der eigenen Partien. Sie können (und müssen) eine Zusammenstellung der Fehler durchführen, die Sie in Ihren Partien begangen haben. Besonderer Wert ist dabei aus sich wiederholende Fehlerarten zu legen. Leider mögen es die Schachspieler meist nicht, ernsthaft ihr eigenes Spiel und besonders ihre eigenen Mängel zu studieren. Aus dem Munde angesehener Großmeister kann man oft Worte über die Notwendigkeit der kritischen Analyse des eigenen Schaffens, speziell der eigenen Fehler hören. Doch nicht alle folgen diesen Aufrufen dann auch …

Als positives, nachahmenswertes Gegenbeispiel kann der deutsche Großmeister Robert Hübner gelten, der in Bezug auf eine kritische Selbstanalyse bedeutende Arbeit geleistet und ein Buch über die größten Fehler in seinen Partien geschrieben hat.

■ Das Blindspiel

Neben den herkömmlichen Trainingsmethoden zur Verbesserung der Fähigkeit zur Variantenberechnung möchte ich noch auf eine andere (wahrscheinlich wirksamste) Möglichkeit hinweisen – das Blindspiel.

Das Blindspiel, d. h. die Züge werden ohne Ansicht des Brettes aus dem Gedächtnis heraus gemacht, wird oft in Berichten über Phänomene der Entwicklung menschlicher Fähigkeiten erwähnt. Im Jahre 1757 bezeichneten Diderot und d' Alembert in ihrer „Enzyklopädie" die Fähigkeit Philidors, mit drei Gegnern gleichzeitig je eine Blindpartie zu spielen, als ein Wunder. Seit jener Zeit ist die Anzahl der Partien in Blindsimultan-Vorstellungen stetig gewachsen. Höhepunkt war der Auftritt des ungarischen Großmeisters Janos Flesch, der 1960 in Budapest gegen 52 Kontrahenten antrat. Nach 12 Stunden (!) erzielte Flesch 31 Siege und 18

Remis bei 3 Niederlagen.
In solchen Simultanvorstellungen liegt nichts Übernatürliches. Es ist selbstverständlich nicht leicht, so etwas durchzustehen. Die riesige physische und psychische Anstrengung erfordert einen hohen Grad an Professionalismus und eine sorgfältige spezielle Vorbereitung. Aber im Prinzip wäre jeder hochqualifizierte Schachspieler dazu in der Lage. Blindsimultan-Vorstellungen sind ein effektvolles Mittel zur Propagierung des Schachs.
Doch das Blindspiel erschöpft sich nicht in dem letztgenannten Vorzug. Die Erfahrungen der Schachausbildung zeigen, daß das Spiel ohne Ansicht des Brettes ein wertvoller Trainingsfaktor ist und besonderen Nutzen in der Entwicklung der Fähigkeit zur Variantenberechnung bringt. Das ist damit zu erklären, daß das Schachspiel – in mancherlei Beziehung – ein Blindspiel ist. „Der Schachspieler sieht immer nicht nur die Position, die gerade auf dem Brett ist, sondern auch jene, die nur in der Variante imaginär vorhanden ist", schrieb Michail Botwinnik. Die Analyse „im Geiste" ähnelt sehr dem Blindspiel. Unwillkürlich kommt mir dabei ein charakteristisches Bild in den Sinn: der vom Geschehen um ihn herum entrückte Turnierteilnehmer, der gerade eine Partie beendet hat und diese nun ohne Brett vor seinem geistigen Auge noch einmal Revue passieren läßt.
Die Untersuchungen zum Blindspiel zeugen davon, daß der Plan hier in der Partie gewöhnlich stärker auf der Variantenberechnung beruht, als in herkömmlichen Partien. Die Furcht vor Fehlern, ruft das Bedürfnis nach ständiger Kontrolle des beabsichtigten Zuges hervor und entwickelt beim Schachspieler eine nützliche Pedanterie sowie ein Gefühl der Selbstkontrolle.

■ **Ausgehend von den Resultaten der psychologisch-pädagogischen Untersuchungen des Blindspiels sowie den praktischen Erfahrungen können folgende Trainingsmethoden empfohlen werden:**

1. Die Lösung von Lehrbuchaufgaben, mit Brett, aber ohne die Figuren zu bewegen.
2. Das Studium der Schachliteratur ohne die Figuren auf dem Brett zu bewegen. Nimzowitsch verwies darauf, daß ihm die Gewohnheit, Schachbücher ohne Benutzung des Schachbretts durchzuarbeiten, bei der Ausprägung der Fähigkeit zugute kam, Varianten weit und korrekt zu berechnen. Petrosjan äußerte sich ähnlich: „Ich habe bei der Lektüre immer versucht, den Partieverlauf von einer Diagrammstellung bis zur nächsten mitzudenken."
3. Das Lösen von Studien, zuerst vom Brett (Ohne die Figuren zu ziehen), dann vom Blatt.
4. Das Blindspiel mit gleichwertigen Gegnern. Dabei hat der Spieler ein Schachbrett (aber ohne Figuren) vor sich und schreibt die Partie auf. Erforderlich ist die Langnotation, z. B. ♘c2-e3 statt einfach ♘e3, um den Fakt der Figurenbewegung und den Partieverlauf genauer im Bewußtsein festhalten zu können.
5. Das Blindspiel mit Brett und Kurznotation.
6. Das Blindspiel ohne Brett und Langnotation.
7. Das Blindspiel ohne Brett mit Kurznotation.
8. Das Blindspiel ohne Brett und ohne Notation.
9. Die Analyse komplizierter Positionen ohne Brett. Im Unterschied zu Lehrbeispielen und Studien ist das Ergebnis hier unbekannt und die Suche nach dem optimalen Weg daher mit größeren Schwierigkeiten verbunden.

Dies alles sind Empfehlungen zur Nutzung des Blindspiels als Trainingsmethode. Ich möchte betonen, daß diese Methode besonders nützlich bei der Vermeidung von Fehlern ist, die mit einer ungenügenden Dynamik des Denkens zusammenhängen. Ich rate davon ab, gegen Spieler die entweder deutlich schwächer oder deutlich stärker sind als man selbst zu spielen. Man sollte auch nicht zu schnell danach streben, mehrere Blindpartien gleichzeitig zu bestreiten, denn dafür bedarf es einer ausreichenden Qualifikation und Vorbereitung.

Das haben wir in der 3. Lektion behandelt:

□ das negative Restabbild
□ das vorweggenommene Abbild
□ das Blindspiel

Übungsaufgaben zur 3. Lektion

Aufgabe 12:
Weiß: ♔h1, ♕e1, ♖e2, f1, ♗b4, ♘f3, ♙a5, c2, d4, g2, h3
Schwarz: ♔c8, ♕b7, ♖g6, g8, ♗c6, e5, ♙a6, b5, d6, f5, h7
□ Schwarz am Zug. Antworten Sie, ohne die Figuren aufzustellen, auf folgende Frage: Ist es vorteilhaft für Schwarz, 1… ♖:g2 zu spielen?

Aufgabe 13:
Lesen Sie diese Zugfolge vom Blatt: 1.c4 e5 2.♘c3 ♘f6 3.♘f3 ♘c6 4.g3 ♗b4 5.♘d5 ♘:d5 6.cd e4 7.dc ef 8.♕b3. Schwarz gab auf. Bauen Sie die Endstellung auf!

Aufgabe 14:
Lösen Sie die folgende Studie vom Blatt!
Weiß: ♔d1, ♘e2, ♙h6
Schwarz: ♔d5, ♗a1, ♙d4
□ Weiß zieht und gewinnt.

Aufgabe 15:
Weiß: ♔c1, ♕e2, ♖d1, d5, ♗f4, ♘c3, f3, ♙a2, b2, c2, f2, g3, h2
Schwarz: ♔c8, ♕c6, ♖d8, h8, ♗c5, ♘d7, h6, ♙a7, b7, c4, f6, g6, g7
□ Weiß am Zug. Wie würden Sie spielen?
(Analysieren Sie blind!)

Aufgabe 16:
Weiß: ♔a3, ♖d7, ♘b4, ♙b3, c2, c6, h3
Schwarz: ♔b8, ♖c8, f2, ♙a7, c7, e3, f5, g6, h6
□ Weiß am Zug. Analysieren Sie blind! Wie würden Sie spielen? Geben Sie die Stellung nach dem 4. Zug in der Hauptvariante an!

Angriff der Bauern (1991

II. DAS MITTELSPIEL

Lektionen 4 bis 17

4. LEKTION

Typische Mittelspielpositionen.

Als Mittelspiel bezeichnet man das Stadium der Partie, das auf die Eröffnung folgt. In der Regel beginnt das Mittelspiel nach den ersten 12–15 Zügen, wenn die Gegner ihre Figurenentwicklung im Prinzip abgeschlossen haben und zu aktiven Handlungen übergehen. An diesen Handlungen kann sich eine vergleichsweise große Zahl von Kräften beider Seiten beteiligen.

Eine bedeutende Zahl von Kräften agiert auch in der Eröffnung, doch während der Spielgedanke dort hauptsächlich in der vollständigen Kräftemobilisierung besteht, so sind im Mittelspiel die beiderseitigen Pläne auf die Ausnutzung der Wirkungskraft der bereits entwickelten Figuren gerichtet, was das Spiel bereichert und verschärft. Im Mittelspiel geraten die Streitkräfte in unmittelbaren Kontakt und bedrohen einander.

Der König wird oft zur Zielscheibe feindlicher Bedrohungen. Im Mittelspiel nehmen die Könige gewöhnlich eine passive Stellung ein und bedürfen des ständigen Schutzes. In der verschiedenen Rolle der Könige liegt der Hauptunterschied zwischen Mittelspiel und Endspiel begründet. Aber selbstverständlich besteht zwischen dem Mittelspiel und anderen Partiestadien eine enge Wechselwirkung. Die Mittelspielpläne müssen logisch den Grundgedanken der Eröffnung weiterverfolgen, und die Figurenstellung im Endspiel ist meistens eine unmittelbare Folge von Ereignissen, die sich im Mittelspiel vollzogen haben.

Das Mittelspiel ist das am wenigsten erforschte Stadium der Schachpartie, das dem Schachspieler besonders vielfältige Möglichkeiten bietet, sein schöpferisches Talent zu entfalten. Das liegt ganz einfach daran, daß gerade im Mittelspiel die Mehrzahl der Figuren zum unmittelbaren Akteur wird (im Unterschied zur Eröffnung) und im Verbund mit Gruppen von Figuren agiert (im Unterschied zum Endspiel). Aufgrund der Vielfalt und Verschiedenartigkeit der Situationen entwickelt sich die Theorie des Mittelspiels vergleichsweise langsam und läuft im wesentlichen auf die Unterscheidung von sogenannten **typischen Positionen** hinaus.

Unter typischen Positionen des Mittelspiels versteht man Stellungen, die durch gemeinsame und klar definierbare strategische Merkmale charakterisiert sind. Die Mehrzahl der in der Theorie bekannten typischen Positionen ist durch eine bestimmte Bauernstruktur bedingt (z. B. die Position mit isoliertem Bauern oder mit einer Bauernmajorität an einem Flügel). Klassifizierbar sind auch Situationen, die eine spezielle Aktionsweise von Figuren widerspiegeln (z. B., das Spiel auf der langen Diagonalen, die Beherrschung von offenen Linien usw.). Doch hier sind die Verallgemeinerungen noch nicht so weit fortgeschritten.

Deshalb ist das Studium des Mittelspiels eine kreative Tätigkeit, bei der der Schachspieler oft auf unerforschten Pfaden wandelt. Als Orientierungsmarken dienen dabei bekannte strategische Merkmale der Stellungsbewertung, die Kenntnis taktischer Verfahren und typischer Positionen.

Ich möchte den Leser mit einigen typischen Mittelspielpositionen bekannt machen und dabei auch die Worte von Nimzowitsch berücksichtigen: „Das Studium irgendeiner auf dem Schachbrett vorhandenen typischen Stellung hat nicht nur das Ziel, genau diese eine Stellung zu untersuchen, sondern die Verbesserung des Positionsgefühls im ganzen zu erreichen.“

Betrachten wir jetzt eine Position mit einem isolierten Damenbauern (auf d4 oder d5). Diese Art von Stellung war fast in allen Matches um die Weltmeisterschaft anzutreffen, angefangen vom ersten (Steinitz – Zukertort, 1886) bis zu den aktuellen Zweikämpfen zwischen Kasparow und Karpow sowie in einer riesigen Anzahl von Turnierpartien. Dieser Stellungstyp entsteht oft in Eröffnungen wie Damengambit (abgelehntes sowie angenommenes), Nimzowitsch-

Verteidigung, Französische Verteidigung, Caro-Kann-Verteidigung, Sizilianische Verteidigung, Italienische und Spanische Partie sowie in weiteren Eröffnungen. Die Popularität dieses Stellungstyps mit dem isolierten Bauern ist darin begründet, daß der isolierte Bauer sowohl Stärken als auch Schwächen besitzt, was eine eindeutige Stellungseinschätzung, die allgemein gelten könnte, erschwert. Schachspieler unterschiedlichster Couleur haben jeweils ihre ganz individuelle Meinung zu diesem Thema.

■ Die Vorzüge des isolierten Zentralbauern sind folgende:

a) Er sichert Raumvorteil, was die Manövrierfähigkeit der eigenen Figuren erhöht, besonders im Hinblick aktive Handlungen gegen den gegnerischen König.

b) Der Bauer kann als „Mauerbrecher" zur Öffnung der gegnerischen Stellung eingesetzt werden.

c) Er kontrolliert Felder in des Gegners Bretthälfte, auf denen die eigenen Leichtfiguren (oft ein Springer) plaziert werden können. Dies wiederum schafft zusätzliche Voraussetzungen für einen Angriff.

■ Die Mängel des Isolani sind diese:

a) Er kann nicht von einem anderen Bauern geschützt werden, die Deckung durch Figuren erweist sich bei weitem nicht immer als zuverlässig.

b) Das Feld vor dem Bauern kann vom Gegner als Stützpunkt für seine Figuren ausgenutzt werden.

■ Aus dieser kurzen Beschreibung kann man unschwer schlußfolgern, daß der isolierte Bauer hauptsächlich im Mittelspiel stark ist, in Endspielstellungen dagegen zur Schwäche wird.

■ Die Seite, die den isolierten d-Bauern hat, verfügt über vier Grundpläne, die alle auf die Ausnutzung der Vorzüge des Bauern gerichtet sind:

1. Der Angriff am Königsflügel
2. Der Vormarsch des Bauern zwecks Öffnung der Stellung.
3. Der Vormarsch des Bauern zwecks Beschränkung der Beweglichkeit der gegnerischen Bauern, die sich auf den benachbarten Vertikalen befinden.
4. Die Festlegung eines gegnerischen Bauern auf dem Feld vor dem eigenen Bauern durch Figurentausch nebst Eindringen der eigenen Figuren auf der geöffneten benachbarten Linie. Wir werden diese Pläne der Reihe nach behandeln.

Ein Angriff auf dem Königsflügel erfordert in der Regel die Beteiligung fast aller Figuren. Oft nimmt ein Springer den Vorposten auf e5 ein (für Schwarz analog e4), der Turm wird über die dritte Reihe (bzw. sechste Reihe) auf den Königsflügel geworfen, Dame und Läufer sind bestrebt, die Kontrolle über die Diagonale b1-h7 (analog b8-h2) zu übernehmen. Viel hängt dabei vom anderen Läufer ab – wenn er bereits abgetauscht oder schlecht plaziert ist (z. B. auf b2, wo er durch den eigenen Bauern d4 behindert wird), wird dem Angriff viel an Stärke genommen.

Partie Nr. 1
Angenommenes Damengambit
Furman – Keres
Moskau 1955

1.d4 d5 2.c4 dc 3.♘f3 ♘f6 4.e3 c5 5.♗:c4 e6 6.0-0 a6 7.♕e2 ♘bd7 8.a4 cd 9.ed.

Da ist er also, der isolierte Bauer. Schwarz kann einstweilen keinen Druck gegen ihn aufbauen und strebt daher die Blockade des Bauern bzw. weitere Figurenentwicklung an.

9... ♘b6

Beugt d4-d5 vor.

10.♗b3 ♗e7 11.♘c3 0-0 12.♖d1 ♘bd5 13.♘e5 ♗d7 14.♗g5 ♗c6

Schwarz zieht zur Verstärkung der Blockade auf dem Punkt d5 den Läufer heran. Den Abtausch 15.♘:c6 braucht er nicht zu fürchten, da Weiß dabei erstens den Springer einbüßen würde, der doch eine so wichtige Rolle in den Angriffsplänen von Weiß spielt, und zweitens wäre der dann entstehende isolierte Bauer auf c6 leicht zu verteidigen. Außerdem würde Schwarz die halboffene b-Linie für ein Gegenspiel erhalten.

15.♖d3!

Der Turm wird in eine Kampfposition nach h3 oder g3 gebracht. Auf 15... ♘b4 folgt 16.♖g3 und 16... ♕:d4 scheitert an 17.♘:f7! Z. B. 17... ♔:f7 18.♕:e6+ ♔e8 19.♖e1 ♕d7 20.♖ge3 oder 17... ♖:f7 18.♕:e6 ♘bd5 19.♖d1.

15... ♕:d6 16.♖ad1 ♖fd8 17.♖h3 g6

Es drohte bereits 18.♘:d5 ♗:5 19.♗:f6 ♗:f6 20.♕h5. Auf 17... ♗e8 bringt 18.♘:d5! ed (18... ♘:d5 19.♗:d5 ed 20.♘c4 dc 21.♗:e7) 19.♗c2 Vorteil.

18.♗c1!

Eine interessante Idee. Nachdem der Läufer daran beteiligt war die schwarze Königsstellung zu schwächen, geht er zurück, um der weißen Dame den Vortritt zu lassen.

18... ♖ac8 19.♕d2 ♘h5?

Laut Karpow mußte sich Schwarz mittels 19... ♗f8 verteidigen. Es könnte folgen: 20.♕g5 ♗g7 (aber nicht 20... ♕b4 wegen 21.♗:d5 ♘:d5 22.♘:f7! ♔:f7 23.♖:h7+ ♗g7 24.♕e5 ♖g8 25.♗h6) 21.♕h4 ♘e7 24.g4 ♔f8, um auf 25.♗g5 oder 25.♗h6 die Antwort 25... ♘eg8 zu haben.

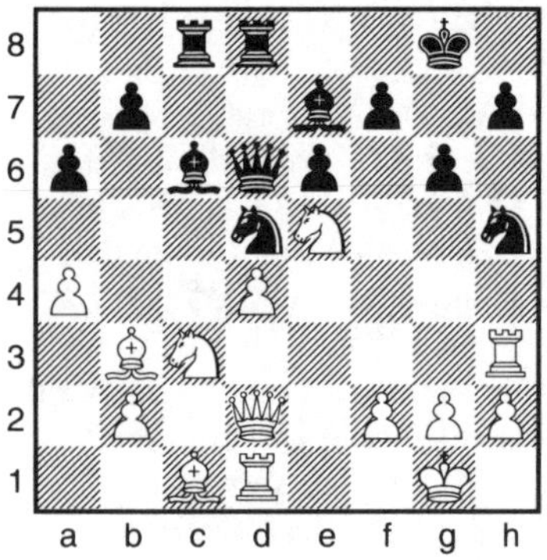

20

20.♖:h5!
Natürlich!
20… gh 21.♘e4 ♕b4 22.♕d3 h4
Es drohte 23.♕g3+.
23.♘g5 ♗:g5 24.♗:g5 f6
24… ♖:d6 25.♘:f7.
25.♗:d5 ♗:d5
Auf 25… ♖:d5 entschied 26.♗:f6 ♗:a4 27.♕h3! ♖:e5 28.♗:e5 ♗:d1 29.♕:e6+ ♔f8 30.♗d6+.
26.♗:f6 ♖f8
Jetzt hätte anstelle von 27.♗:h4?, wonach der Kampf mit neuer Kraft entbrannte,
27.♘g4
gewonnen. Es droht Matt in einem Zug. Schwarz wäre zu 27… ♖:f6 28.♘:f6+ ♔g7
gezwungen, was nach 29.♘:d5 ed 30.♕f5 zu einer leicht gewonnenen Stellung für Weiß führt. 30… ♕:d4 scheitert übrigens an 31.♕g5+ und 32.♖:d4.

Partie Nr. 2
Damengambit
Keene – Miles
Hastings 1975/76

1.♘f3 ♘f6 2.c4 c5 3.♘c3 ♘c6 4.e3 e6 4.d4 d5 6.cd ♘:d5 7.♗d3 cd 8.ed ♗e7 9.0-0 0-0 10.♖e1 ♘f6 11.♗g5 ♘b4?!

Eine Ungenauigkeit. Besser ist 11… b6. In der Partie Bobozow – Petrosjan (Moskau 1967) erzielte Schwarz nach 12.♕e2 ♗b7 13.♖ad1 ♘b4 14.♗b1 ♖c8 15.♘e5 ♘bd5 ein befriedigendes Spiel.
12.♗b1 b6
Wenn 12… ♘bd5, so 13.♕d3 g6 14.♘e5, und Schwarz hat Schwierigkeiten, da 14… b6 wegen 15.♘c6 schlecht ist.
13.♘e5 ♗b7 14.♖e3!
Dank des verfehlten Zuges 11… ♘b4 konnte Weiß ungestört nützliche Angriffszüge ausführen: 13.♘e5 und 14.♖e3.
14… g6 15.♖g3 ♖c8?
Leichtsinn. Notwendig war 15… ♘e8.
16.♗h6 ♖e8 17.a3 ♘c6
Auch 17… ♘bd5 half nicht, wegen 18.♘:g6.

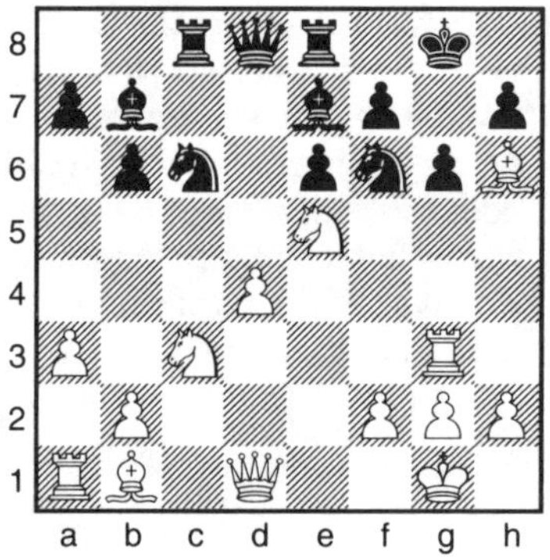

21

18.♘:g6! hg 19.♗:g6 fg
Auf 19… ♗d6 gewinnt Weiß durch 20.♗:f7+ ♔:f7 21.♖g7+ ♔f8 22.♕f3 ♗e7 23.♕g3.
20.♕b1 ♘e5 21.de ♘e4 22.♘:e4 ♔h7 23.♘f6+ ♗:f6 24.♕:g6+
Schwarz gab auf.
■ In den beiden eben angeführten Beispielen brachten die Springeropfer ♘:f7 und ♘:g6 die Entscheidung. Dies ist für diese Stellungsbilder typisch.

■ Der Vormarsch des Bauern zwecks Öffnung im Zentrum ist ebenfalls eine verbreitete strategische Methode in dem betrachteten Stellungstyp.
■ Die Befreiung des Zentrums von Bauern bezweckt in der Regel den Aufbau eines Königsangriffs oder den Erhalt einer aktiven Position im nachfolgenden Manövrierkampf.

Partie Nr. 3
Angenommenes Damengambit
Sasonow – Krupski
Minsk 1991

1.d4 d5 2.♘f3 ♘f6 3.c4 dc 4.e3 a6 5.♗:c4 e6 6.0-0 c5 7.♕e2 cd
Sicherer ist 7… b5 8.♗b3 ♗b7 und ♘bd7, ohne auf d4 zu tauschen. Nach dem Textzug muß Schwarz immer mit dem Vorstoß d4-d5 rechnen.
8.ed ♗e7 9.♘c3 b5 10.♗b3 ♗b7 11.♗g5 0-0 12.♖fe1
Droht 13.♗:e6 fe 14.♕:e6+ ♖f7 15.♘e5.
12… ♘bd7
Um auf 13.♗:e6 die Antwort 13… ♗:f3 zu haben. Aber jetzt war das sofortige 13.d5! sehr stark. Im Falle von 13… ♘:d5 kann Weiß schön gewinnen: 14.♗:d5 ♗:d5 15.♗:e7 ♗:f3 16.♗:d8 ♗:e2 17.♗e7! ♖fe8 18.♖:e2 ♖:e7 19.♘d5 ♖ee8 20.♘c7. Deshalb mußte Schwarz 12… b4 spielen, um erst auf 13.♘a4 zu 13… ♘bd7 zu greifen. So hätte er die Drohung d4-d5 abwenden können. Nach 14.♖ad1 ♕a5 15.♘e5 ♘:e5! 16.de ♖fe8 (17.ef ♕:g5) kann sich Schwarz verteidigen. 12… ♘c6 brachte Schwarz in einer Partie Boleslawski – Kotow (Zürich 1953) in eine schwierige Lage: 13.♖ad1 ♘a5 14.d5! ♘:b3 15.de ♕b6 16.ab fe 17.♘d4!
13.♖ad1 b4?

Hier ist bereits guter Rat teuer. Schlecht ist 13… ♘b6 wegen 14.d5! ♘b:d5 13.♘:d5 ♘:d5 16.♗:e7 ♕:e7 17.♗:d5. Es hätte 13… ♘d5 geschehen sollen, wonach sich Schwarz nach 14.♗:d5 ♗:d5 15.♗:e7 ♗:f3 16.♕:f3 ♕:e7 17.d5 mit der schlechteren Stellung abfinden muß.
Jetzt hingegen kommt es zum Zusammenbruch.

22

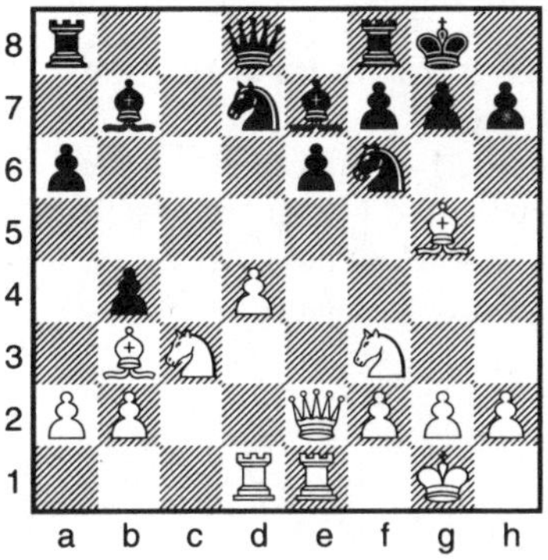

14.d5! bc
Interessante Verwicklungen entstehen bei 14… ♘:d5. Nach 15.♗:d5 ♗:d5 16.♘:d5 ♗:g5 17.♘:g5 ed! 18.♖:d5 ♖e8 19.♕:e8+ 20.♖:e8+ 21.♔f1 hat Weiß deutlichen Endspielvorteil. Noch stärker ist 15.♗:e7! ♘:e7 (15… ♘:c3 16.♗:d8 ♘:e2+ 17.♖:e2 ♖f:d8 18.♖ed2) 16.♘e5 ♘d5 17.♘:d5 ♘:e5 18.♘f4 ♘d7 19.♘:e6 fe 20.♕:e6+ ♔h8 21.♖:d7 ♕b8 22.♕e7 mit Gewinn.
15.de fe
Auf 15… cb folgt 16.♖:d7, und auf 15… ♗:f3 - 16.ef+ ♔h8 17.gf!
16.♕:e6+ ♔h8 17.♘e5!
Es droht 18.♖:d7 ♘:d7 19.♘g6+ hg 20.♕h3 matt.
17… ♕c8 18.♖:d7 ♗c5 19.♘g6+ hg 20.♗:f6 ♕:d7
Wenn 20… ♗:f2+, so 21.♔h1.
21.♕:d7 gf 22.bc ♖ab8 23.♕c7!
Schwarz gab auf.

Furman – Flohr
(Moskau 1955)

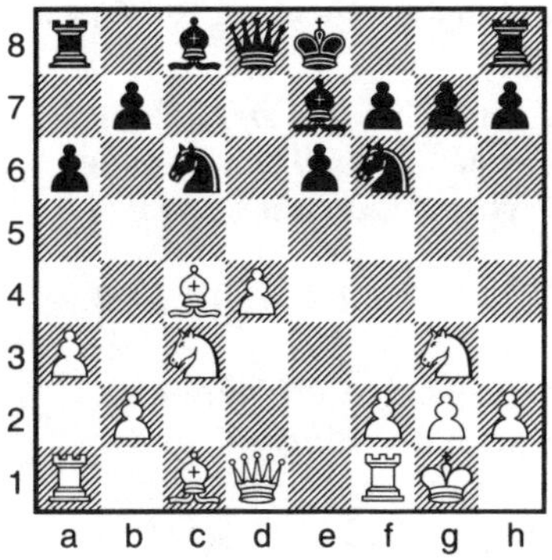

23

Auch hier erfolgte der Bauernvorstoß im Zentrum, doch mit einer anderen Zielstellung – Weiß möchte gestützt auf seine aktivere Figurenstellung ein Druckspiel am Damenflügel aufziehen.
1.d5 ed 2.♘:d5 ♘:d5 3.♗:d5 0-0 4.♕b3 ♕a5
Kaum die beste Lösung. Sicherer ist 4… ♗f6.
5.♗e3 ♕b5 6.♕:b5 ab 7.♖ac1 ♗d7 8.♖fd1 b4 9.a4
Bei 9.ab ♗:b4 10.♘g5 ♗f5 11.♗:c6 bc 12.♖:c6 ♖ab8 hat Schwarz Kompensation für den Bauern.
9… ♗f6
9… ♖:a4? 10.♗b3.
10.b3 ♗e6 11.♗:e6 fe 12.♘d4
Weiß hat das bessere Endspiel.
12… ♗:d4 13.♗:d4 ♖fd8 14.♗b6 ♖:d1+ 15.♖:d1 ♖a6 16.♗c7 ♘e7
Besser ist 16… ♔f8.
17.♖d7 ♘g6 18.g3 ♖c6 19.♗a5 ♖c3 20.♖:b7 ♖:b3 21.♗:b4 ♘e5 22.a5 ♘c6 23.a6 h5 24.♗c5.
Schwarz gab auf.
■ **In einer Reihe von Fällen rückt der isolierte Bauer vor, um die Beweglichkeit der gegnerischen Bauern, die sich auf den benachbarten Vertikalen befinden, einzuschränken.**

Nowotelnow – Bondarewski
(Moskau 1951)

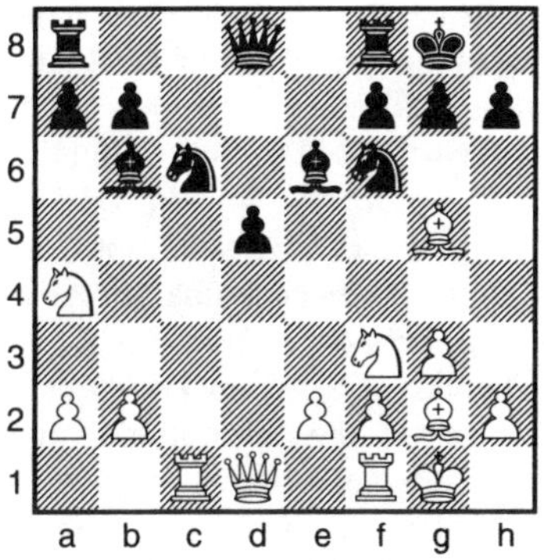

24

Weiß möchte den Isolani durch die Besetzung des Feldes d4 blockieren. Schwarz hat jedoch die Möglichkeit, diesen Bauern vorzurücken. Dadurch erhält er ein aussichtsreiches Druckspiel auf der e-Linie und sein Läufer wird aktiviert.
1… d4! 2.♘:b6 ab 3.a3 h6 4.♗f4
Weiß glaubt sich irrigerweise im Vorteil, doch er hätte mit 4.♗:f6 ♕:f6 5.♕d2 Ausgleich anstreben müssen.
4… ♗d5 5.♘e1? ♗:g2 6.♔:g2 ♖e8 7.♖c2 ♕d5+ 8.f3
Auf 8.♔g1 folgt 8… ♕h5 mit der Drohung 9… ♘g4.
8… ♖e7 9.♘d3 ♖ae8 10.♗c1 ♕b3 11.♖e1 ♘d5 12.♘f2 ♘e3+ 13.♗:e3 ♖:e3
Schwarz hat deutliches Übergewicht. Das ist die Folge der weißen Fehler im 4. und 5. Zug.
14.♖d2 ♕b5 15.♘d3 ♘a5 16.♔f2 ♘c4 17.♖c2 ♖3e7 18.♕c1 ♘e3 19.♖c8 ♕h5 20.♔g1 ♕h3 21.♖:e8+ ♖:e8 22.♘f4 ♕d7 23.♕d2?
Besser ist 23.♘g2.
23… g5 24.♘g2 ♘c4 25.♕c2 ♕e6 26.♔f2 b5 27.♖d1? ♕h3 28.♔g1 ♕:g2+
Weiß gab auf.

■ Befassen wir uns nun mit einem weiteren typischen Plan, nämlich mit der **Bildung eines isolierten Bauern beim Gegner, der sich auf dem Feld vor dem eigenen isolierten Zentralbauern befindet.**
Der gegnerische Bauer wird mittels Figurentausch dorthin gelenkt. Die Anwendung dieses Planes beruht gewöhnlich auf der vorteilhaften Ausnutzung der benachbarten offenen Linie. Die aktive Seite, spekuliert dabei oft darauf, die Partie in ein vorteilhaftes Endspiel zu transformieren. Als klassisches Beispiel für die Verwirklichung dieses Planes gilt die nachstehende Partie.

Botwinnik – Aljechin
(AVRO-Turnier, Holland 1938)

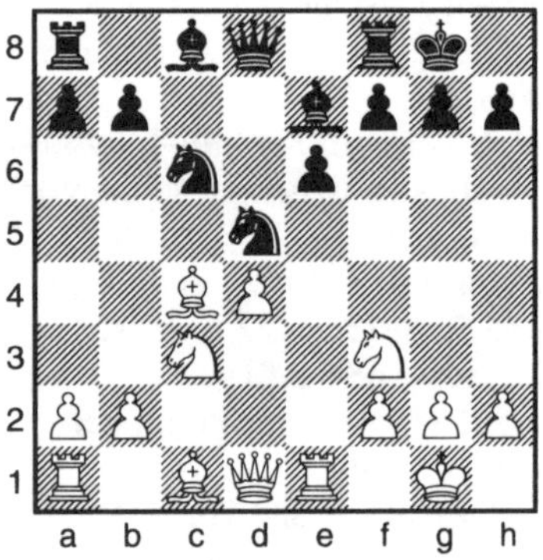

25

Aljechin spielte hier
1… b6?,
was sich als ernster Fehler erwies, da die schwarzen Figuren danach passiv bleiben, während sich die offenen Linien in der Hand von Weiß befinden. Angezeigt war 1… ♘:c3 2.bc und erst jetzt 2… b6.
2.♘:d5! ed 3.♗b5 ♗d7
Was sonst?
4.♕a4 ♘b8
Nach 4… ♖c8 hätte es keinen Sinn, sofort den Bauern zu gewinnen: 5.♗:c6 ♗:c6 6.♕:a7, wegen 6… ♗b4. Deutlich stärker wäre 5.♗d2, und Schwarz hat große Probleme.
5.♗f4 ♗:b5 6.♕:b5 7.♕a4 ♗d6 8.♗:d6
Schlechter ist 8.♘e5. Der Läufertausch gestattet Weiß den Einbruch seiner Schwerfiguren ins feindliche Lager.
8… ♕:d6 9.♖ac1 ♖a7 10.♕c2 ♖e7
Schwarz hat eine Linie verteidigt, aber er kann den Einstieg auf der anderen Linie nicht verhindern.
11.♖:e7 ♕:e7 12.♕c7 ♖:c7 13.♖:c7 f6
Weiß hat ein gewonnenes Endspiel erreicht. Trotz hartnäckigen Widerstandes kann Schwarz sich nicht retten.
14.♔f1 ♖f7 15.♖c8+ ♖f8 16.♖c3 g5 17.♘e1 h5
Oder 17… h6 18.♘c2 ♔f7 19.♘e3 ♔e6 20.g4 und 21.♘f5.
18.h4 ♘d7 19.♖c7 ♖f7 20.♘f3 g4 21.♘e1 f5 22.♘d3 f4 23.f3 gf 24.gf a5 25.a4 ♔f8 26.♖c6 ♔e7 27.♔f2 ♖f5 28.b3 ♔d8 29.♔e2 ♘b8 30.♖g6!
30.♖:b6 hätte Schwarz in Verbindung mit 30… ♔c7 und 31… ♘c6 Gegenspiel eingeräumt.
30… ♔c7 31.♘e5 ♘a6 32.♖g7+ ♔c8 33.♘c6 ♖f6 34.♘e7+ ♔b8 35.♘:d5 ♖d6 36.♖g5 ♘b4 37.♘:b4 ab 38.♖:h5 ♖c6 39.♖b5 ♔c7 40.♖:b4 ♖h6 41.♖b5 ♖:h4 42.♔d3
Schwarz gab auf.

■ Man muß sagen, daß sich besonders letztere Methode besonders bei unerfahrenen bzw. jungen Spielern keiner großen Popularität erfreut. Sie halten diese Spielweise in Positionen mit einem Isolani für zu eintönig und richten ihr Hauptaugenmerk auf einen Königsangriff oder auf einen Durchbruch im Zentrum.
Gegen aktives Spiel kann man natürlich nichts einwenden, doch wenn die objektive Bewertung der Stellung einen ruhigeren Weg bevorzugt, so wäre es falsch, das zu ignorieren. Ich verweise auch darauf, daß Koryphäen wie Aljechin, Kasparow und Karpow, die man ja wohl kaum als passive Spieler bezeichnen kann, den zuletzt gezeigten Plan mitunter gewählt haben.

Das haben wir in der 4. Lektion behandelt:
- □ typische Positionen
- □ Vorteile und Mängel des Isolanis
- □ das Vorrücken des Isolanis
- □ die Bildung eines Isolanis

Übungsaufgaben zur 4. Lektion

Aufgabe 17:
Weiß: ♔g1, ♕f3, ♖a1, e1, ♗a2, ♙a3, b2, d4, f2, g2, h2
Schwarz: ♔g8, ♕d7, ♖c8, d8, ♘c6, ♙a7, b6, f7, g7, h7
□ Weiß am Zug. Wie würden Sie spielen?

Aufgabe 18:
Weiß: ♔g1, ♕c2, ♖e1, h3, ♗c4, ♘g5, ♙a2, b2, d4, f2, h2
Schwarz: ♔g8, ♕d6, ♖a8, f8, ♗h5, ♘f6, ♙a7, b7, c6, f7, g7, h7
□ Schwarz am Zug. Wie würden Sie spielen?

Aufgabe 19:
Weiß: ♔g1, ♕e2, ♖a1, d1, ♗b3, c1, ♘c3, f3, ♙a2, b2, d4, f2, g2, h2
Schwarz: ♔e8, ♕d8, ♖a8, h8, ♗b7, f8, ♘b4, f6, ♙a6, b5, e6, f7, g7, h7
Weiß am Zug. Wie kann Weiß entscheidenden Vorteil erhalten?

Aufgabe 20:
Weiß: ♔g1, ♕d1, ♖a1, f1, ♗c1, g2, ♘c3, d4, ♙a2, b2, d5, e4, f2, g3, h2
Schwarz: ♔g8, ♕d8, ♖a8, f8, ♗c8, g7, ♘b6, b8, ♙a7, b7, c7, e6, f7, g6, h7
□ Schwarz am Zug. Wie würden Sie spielen?

Aufgabe 21:
Weiß: ♔g1, ♕d2, ♖c1, e1, ♗b3, ♘f4, g3, ♙a3, b2, d4, f2, g2, h4
Schwarz: ♔g7, ♕f8, ♖c8, e7, ♗d7, ♘e7, d5, ♙a5, b6, c6, f6, g6, h7
□ Weiß am Zug. Ist es zweckmäßig, auf d5 zu tauschen?

Das Spiel gegen den isolierten Bauern

Wir setzen die Betrachtung von Positionen mit dem isolierten Zentralbauern fort. Die Seite, die gegen diesen Bauern kämpft, hat ebenfalls vier Grundmethoden zur Verfügung, die auf die Ausnutzung der Schwächen des Isolanis gerichtet sind. Es handelt sich um folgende Pläne:

■ 1. Der direkte Angriff gegen den isolierten Bauern;
2. Die Blockade des Bauern mit dem Ziel, eine zweite Schwäche im Lager des Gegners zu schaffen;
3. Die Schaffung eines rückständigen Bauerns auf der Nebenvertikale des Isolanis und dessen Blockade;
4. Der Gegenangriff auf die feindliche Königsstellung.

Wir wollen diese Methoden der Reihe nach abhandeln.
Der direkte Angriff gegen den Isolani gelingt dann, wenn der Kontrahent aktive Fortsetzungen vernachlässigt, unbegründet zur Verteidigung übergeht und den Figurentausch zuläßt.

Partie Nr. 4
Damengambit
Ribli – Adorjan
Budapest 1979

1.c4 c5 2.♘f3 ♘f6 3.♘c3 e6 4.e3 ♘c6 5.d4 d5 6.cd ed 7.♗b5
Nach Zugumstellung hat sich eine Position aus der Tarrasch-Verteidigung des Damengambits ergeben. Der letzte Zug von Weiß ist unlogisch. Er plant ohnehin nicht, seinen Läufer gegen den Springer zu tauschen, und im Falle der Bildung eines schwarzen Isolanis auf d5 ist der beste Platz für den weißen Läufer das Feld e2.
7… ♗d6 8.dc ♗:c5 9.0-0 0-0 10.b3 ♗g4 11.♗b2 ♖c8
Kein gutes Manöver. Es sollte 11… ♕d6 erfolgen, um den Läufer via b6 nach c7 in eine Angriffsstellung zu beordern bzw. um 12… ♖ad8 mit der Idee d5-d4 vorzubereiten.
Sofortiges 11… d4 scheiterte übrigens an 12.♘a4.
12.♖c1 ♕d6 13.♗e2
Besser spät als niemals! Weiß korrigiert rechtzeitig seine Ungenauigkeit aus dem 7. Zug.
13… a6
Hier zeigt sich die Ungenauigkeit des 11. schwarzen Zuges. Wenn der Turm auf d8 stünde, wäre jetzt 13… ♘e4 möglich.
14.h3 ♗:f3?
Das spielt nur Weiß in die Hände. Besser ist 14… ♗h5 oder 14… ♗c6.
15.♗:f3 ♖fd8
Wiederum ging 15… d4 nicht, wegen 16.♘a4, und Weiß gewinnt einen Bauern.
16.♕c2 ♗a3
Das ist die Fortsetzung derselben passiven und fehlerhaften Strategie. Man hat den Eindruck, als ob sich der isolierte Bauer nicht auf Seiten von Schwarz, sondern beim Gegner befände, so zielstrebig tauscht der Nachziehende die Figuren ab. 16… ♘e5 war völlig zufriedenstellend für Schwarz. Z. B., 17.♗e2 d4 18.♖fd1 ♕b8 oder sogar 18… d3 (19.♕b1 ♗:e3?! 20.fe ♕b6). Wenn 18.♘e4, so folgt 18… ♘:e4 19.♕:e4 ♘c6 20.♖fd1 ♗a3 21.♗:a3 ♕:a3 22.ed ♕:a2 23.d5 ♖e8.
Doch jetzt baut Weiß einen effektiven Angriff gegen den Bauern d5 auf. 16… d4 geht übrigens immer noch nicht wegen 17.♘b5! ab 18.♕:c5 de 19.♕:b5, und Weiß hat dank seines Läuferpaares Stellungsvorteil.
17.♖fd1! ♗:b2?
Der entscheidende Fehler. Einzig 17… ♘e7 vermied Materialverlust.
18.♕:b2 ♕e5 19.♕d2 ♘e7
Möglicherweise hatte der Nachziehende 19… ♘e4 geplant, was aber durch 19.♘:e4 de 20.♖:c6! widerlegt wird.

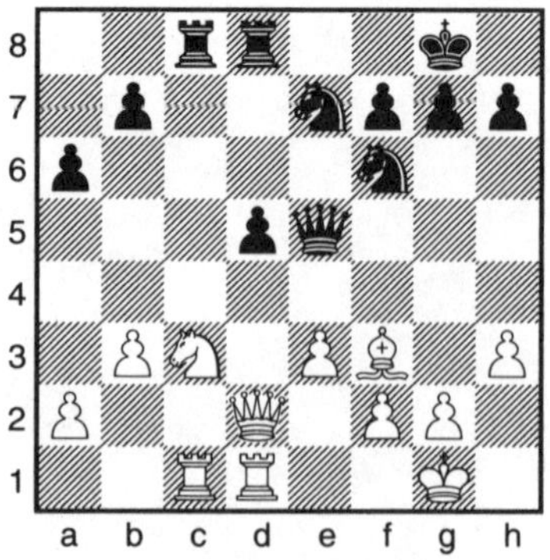

26

20.♘:d5! ♘e:d5 21.♖:c8 ♖:c8 22.♗:d5 ♘:d5 23.♕:d5 ♕:d5 24.♖:d5

Somit hat Weiß einen Bauern gewonnen. Schwarz hat keine realen Rettungsschancen, da sein Turm nicht auf die 2. Reihe gelangt. Es folgte noch:

24… ♔f8 25.♖d2! ♖c1+ 26.♔h2 h5 27.♔g3 ♔e7 28.♔f4 b5 29.♔e5 f6+ 30.♔f5 ♖c5+ 31.♔e4 g6 32.♔d3 ♖c1 33.♖c2 ♖d1+ 34.♔c3 a5 35.♖d2 ♖c1+ 36.♔b2 ♖g1 37.g3 ♔e6

Wenn 37… ♖h1, so 38.h4 g5 39.hg fg 40.♖d5 ♖h2 41.♖f5 ♔e6 42.e4 h4 43.gh gh 44.♔a3 b4+ 45.♔a4 h3 46.♔:a5 ♖g2 47.♔:b4 h2 48. ♖h5 mit Gewinn.

38.♔c3 ♔e5 39.♔d3 ♖h1 40.♖c2 ♔d5 41.e4+ ♔d6 42.h4 ♖e1 43.♔d4 ♖d1+ 44.♔e3 ♖a1 45.♔f4 ♔e6 46.f3 ♔d6 47.♖g2 ♔e6 48.♖d2 b4 49.♖c2 ♔d6 50.♖g2! ♖d1 51.g4 ♖h1 52.gh ♖:h4+ 53.♖g4 ♖:h5 54.♖:g6 ♔e6 55.♖g2 ♖h4+ 56.♔e3 ♖h1 57.♖c2 ♖e1+ 58.♔f4 ♖a1 59.♖h2 ♔f7 60.♔f5 ♖c1 61.♖h7+ ♔g8 62.♖a7

Schwarz gab auf.

In der Mehrzahl der Fälle gelingt es dem Kontrahenten jedoch, sich gegen den Direktangriff auf den Isolani zu verteidigen. Deshalb muß man beim Spiel gegen diesen Bauern flexibler vorgehen und den Bauern gezielt belagern, was in der Regel langwierige Manöver erfordert.

■ Der strategische Plan gliedert sich dabei gewöhnlich in einige Bestandteile, von denen ich folgende hervorheben möchte:

a) eine zuverlässige Blockade, um ein Vorrücken des isolierten Bauern zu verhindern;

b) der Abtausch der aktivsten Figuren des Gegners und die Bindung seiner Kräfte an die Verteidigung des Bauern;

c) die Schaffung einer zweiten, zusätzlichen Schwäche im Lager des Kontrahenten.

■ Aus dem Gesagten geht hervor, daß Figurenabtausch und besonders der Übergang ins Endspiel in der Regel die Seite begünstigen, die gegen den isolierten Bauern spielt. Natürlich gibt es immer Ausnahmen, denn, ich wiederhole es noch einmal, die Schachtheorie ist kein Dogma. Es gibt nicht nur allgemeine Prinzipien sondern auch die konkreten Besonderheiten jeder einzelnen Stellung.

■ Eine nähere Erläuterung erfordert das Wort von der zweiten Schwäche. Aber zuvor möchte ich etwas zum Begriff der „Schwäche“ im allgemeinen sagen. Unter diesem Begriff versteht man einen bestimmten Mangel der Stellung. Das kann beispielsweise ein isolierter Bauer, eine geschwächte Diagonale, eine beengte Figurenstellung o. a. sein. Die Notwendigkeit der Schaffung einer zweiten, zusätzlichen Schwäche ist genau dann gegeben, wenn das Vorhandensein einer einzigen Schwäche dem Gegner erlaubt, seine Stellung erfolgreich zu verteidigen. Nimzowitsch schrieb: „… zwei Schwächen, die an sich verteidigungsfähig sind, werden abwechselnd aufs Korn genommen, wobei die angreifende Seite ihren Raumvorteil, den besseren Zustand ihrer Kommunikationslinien ausspielt. Die Partie wird dadurch entschieden, daß der Verteidiger von einem bestimmten Moment an nicht mehr in der Lage ist, dem Gegner in punkto Schnelligkeit bei der Kräfteumgruppierung Paroli zu bieten.“

Natürlich wird der Verteidiger nicht freiwillig neue Schwächen in seinem Lager produzieren – dazu muß ihn der Gegner schon zwingen. Das geschieht dadurch, daß der Gegner an irgendeinem Brettabschnitt über mehr Handlungsfreiheit verfügt bzw. mehr Kräfte konzentriert hat. Dieser Kräfteüberschuß kann dadurch bedingt sein, daß die Figuren des Verteidigers mit dem Schutz der ersten Schwäche beschäftigt sind. Auf der Idee der Bildung und Ausnutzung zweier Schwächen beruhen viele Pläne, beispielsweise der Plan, den Angriff von einem Flügel auf den anderen zu verlegen, falls Raumvorteil vorhanden ist. Kehren wir vorerst zu Stellungen mit einem isolierten Bauern im Zentrum zurück.

Partie Nr. 5
Reti-Eröffnung
Botwinnik – Sagorjanski
Swerdlowsk 1943

1.♘f3 d5 2.c4 e6 3.b3 ♘f6 4.♗b2 ♗e7 5.e3 0-0 6.♘c3 c5 7.cd ♘:d5

Wenn Schwarz schon eine Position mit isoliertem Bauern spielen möchte, so hat der Zug 7… ed mehr Berechtigung, da er den Springer vor dem Abtausch bewahrt.

8.♘:d5 ed

Wenn 8… ♕:d5, so 9.♗c4 ♕d8 (9… ♕h5? 10.g4!) 10.0-0 ♘c6 11.d4 mit etwas Entwicklungsvorsprung.

9.d4

Strebt einen Isolani auf d5 an.

9…cd?

Schwarz kommt den Wünschen des Kontrahenten entgegen. Es sollte 9… ♘c6 gespielt werden, um auf 10.♗e2 mit 10…cd 11.♘:d4 ♗b4+ zu antworten. Im Falle von 10.dc ♗:c5 11.♕d2 ist die Folge 11…♗g4 12.♗e2 ♗:f3 13.♗:f3 ♗b4 14.♗c3 ♗:c3 15.♕:c3 d4! gut für Schwarz.

10.♕:d4 ♗f6 11.♕d2 ♘c6 12.♗e2 ♗e6

Hier war das von den Kommentatoren empfohlene Bauernopfer 12… ♗:b2 13.♕:b2 ♕a5+ 14.♕d2 ♕:d2+ 15.♔:d2 d4 nicht gut, denn Weiß spielt nicht 16.ed ♖d8 17.♔c3 ♗g4 18.♖hd1 ♖ac8, wonach Schwarz tatsächlich gute Gegenchancen hätte, sondern 16.♘:d4! ♘:d4 17.ed ♖d8 18.♗f3! ♖:d4 19.♔c3 ♖d8 20.♖hd1 mit deutlichem Endspielvorteil.

13.0-0 ♗:b2 14.♕:b2 ♕a5

Weiß kann mit dem Eröffnungsverlauf zufrieden sein: er hat ein Paar Leichtfiguren getauscht, der Bauer d5 ist zuverlässig blockiert und die schwarzen Figuren müssen sich bald voll und ganz um die Verteidigung des Isolanis kümmern.

15.♖fd1 ♖fd8 16.♖d2 ♖d7 17.♖ad1 ♖ad8 18.h3 h6 19.♘e5 ♘:e5 20.♕:e5 ♕c5 21.♗f3 b6 22.♕b2 ♖c8 23.♕e5 ♖cd8 24.♖d4 a5

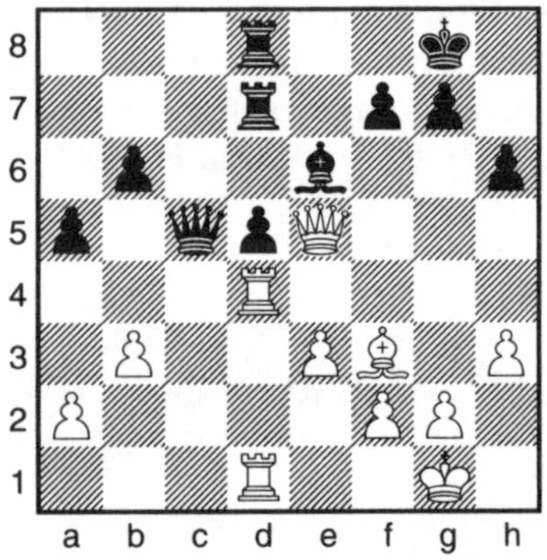

27

Die schwarzen Figuren sind an den Bauern d5 gebunden. Aber die Verteidigung ist noch sehr fest – der Vorstoß e3-e4 führt nur zu Abtausch und zu einer gleichen Stellung. Deshalb sucht Botwinnik ein Angriffsobjekt auf dem Königsflügel, wo er eine neue Schwäche schaffen möchte. Die Chancen dafür stehen günstig, da Weiß auf diesem Brettabschnitt ein deutliches Kräfteübergewicht hat.

25.g4! ♕c6 26.g5! hg 27.♕:g5 f6

Diese Schwächung des königlichen Bauernschutzes war im Hinblick auf die Drohung 28.♖h4 und 29.♕h5 unvermeidlich.

28.♕g6 ♗f7 29.♕g3

Beabsichtigt 30.♔h1 und ♖g1. 29… ♕d6 würde jetzt nach 30.♕:d6 ♖:d6 31.e4 einen Bauern kosten. Schwarz will den Turm in die Verteidigung des Königsflügels einbeziehen, aber das vermehrt die „Löcher" in seiner Bauernstellung.

29… f5 30.♕g5 ♕e6 31.♔h1 ♕e5 32.♖g1 ♖f8 33.♕h6 ♖b8 34.♖h4 ♔f8 35.♕h8+ ♗g8 36.♖f4 ♖bb7 37.♖g5 ♖f7 38.♕h5 ♕a1+ 39.♔h2 g6 40.♕:g6 ♗h7 41.♕d6+ ♖be7 42.♕d8+

Schwarz gab auf. Ein lehrreiches Finale, in dem der isolierte Bauer d5 perfekt ausgenutzt wurde.

Der folgende populäre Plan, einen isolierten Bauern zu bekämpfen, ist mit einer Transformation des Isolanis verbunden. Durch einen Abtausch bildet sich ein isoliertes Bauernpaar. Der Schlag wird jetzt gegen die „Nachhut" der neu entstandenen Bauernkonstruktion geführt – den rückständigen Bauern auf der c- oder e-Linie. Die erstrangige Aufgabe besteht darin, den rückständigen Bauern zuverlässig zu blockieren. Danach wird das direkte Spiel gegen diesen Bauern eingeleitet. Betrachten wir ein Beispiel dazu.

Partie Nr. 6
Nimzowitsch – Indische Verteidigung
Taimanow – Karpow
Moskau 1973

1.d4 ♘f6 2.c4 e6 3.♘c3 ♗b4 4.e3 c5 5.♗d3 0-0 6.♘f3 d5 7. 0-0 dc 8.♗:c4 cd 9.ed b6 10.♕e2.

Wir haben eine typische Situation mit einem isolierten Zentralbauern vor uns. Der letzte weiße Zug ist mit der meiner Ansicht nach nicht sehr begründeten Idee verbunden, am Damenflügel zu spielen. Es war besser, ein Spiel am Königsflügel vorzubereiten. Logisch sieht 10.♗g5 aus, um so mehr, als das der schwarze Läufer auf b4 z. Z. nicht die Fesselung auf der Diagonalen h4-d8 abdeckt.

10… ♗b7 11.♖d1 ♘bd7 12.♗d2?!

Warum nicht 12.♗g5 ♖c8 13.♘e5?

12… ♖c8 13.♗a6

Das ist die „Pointe" der Idee von Weiß. Aber um am Damenflügel ernste Drohungen zu schaffen, hat Weiß zu wenig Figuren dort versammelt. Schwarz pariert leicht den Einbruch auf das Feld a6.

13… ♗:a6! 14.♕:a6 ♗:c3!

Bildet ein isoliertes Bauernpaar. Weiß muß praktisch erzwungenermaßen mit dem Bauern auf c3 nehmen, da er bei 15.♗:c3 ohne jegliche Kompensation mit dem schwachen Bauern d4 verbleiben würde.

15.bc ♖c7 16.♖ac1 ♕c8 17.♕a4

Weiß möchte seinen rückständigen Bauern vorrücken und hält darum den Druck auf den Bauern a7 aufrecht. Tatsächlich hätte Weiß nach 17… ♕b7 18.c4 ♖fc8 19.♗f4 ♖c6 20.♕b3 a6 21.a4 eine aktive Stellung, und einen Angriff gegen die Bauern c4 und d4 zu organisieren, wäre eine unlösbare Aufgabe für Schwarz. Deshalb entschloß sich Karpow zu einem Bauernopfer zwecks Aufrechterhaltung der Blockade.

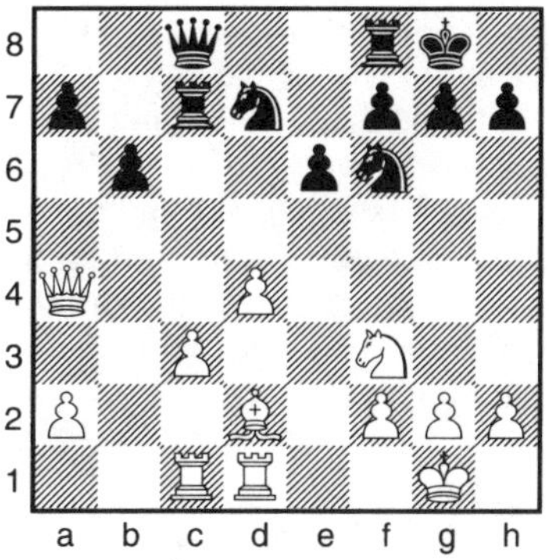

28

17… ♖c4! 18.♕:a7 ♕c6 19.♕a3
Es drohte 19… ♖a8.
19… ♖fc8 20.h3 h6 21.♖b1 ♖a4 22.♕b3 ♘d5 23.♖dc1 ♖c4 24.♖b2 f6!
Ein wichtiger Moment! Schwarz verschmäht den Rückgewinn des Bauern mit 24… ♘:c3 25.♗:c3 ♖:c3 26.♖:c3 ♕:c3 27.♕:c3 ♖:c3 28.♘e5, in der richtigen Annahme, daß es die Vereinfachungen Weiß erlauben, ein Remis zu erreichen. Die weitere Blockade ist vielversprechender. Mit 24… f6 schützt Karpow das Feld e5 und plant die Aktivierung des Springers d7 via f8-g6-f4, um auf dem Königsflügel im weißen Lager eine zweite Schwäche zu schaffen.
25.♖e1 ♔f7 26. ♖d1 ♘f8 27.♖b3 ♘g6 28.♕b1 ♖a8 29.♖e4 ♖ca4 30.♖b2
Weiß verteidigt sich genau. Die schwarzen Springer können nicht nach f4.
30… ♘f8 31.♕d3 ♖c4 32.♖e1 ♖a3
Eine zweite Schwäche konnte Schwarz zwar nicht schaffen, aber er handelt akkurat nach einem Rezept von Nimzowitsch, der sagte: „Man kann auch gegen eine Schwäche lavieren; in diesem Fall ist es notwendig, daß die Verschiedenartigkeit der Angriffsmittel (z. B., Frontal-, Flanken- oder Umgehungsangriff) das Fehlen der zweiten Schwäche ersetzt.“

33. ♕b1 ♘g6 34. ♖c1?
In schwieriger Lage begeht Taimanow einen ernsten Fehler. Mit 34.♕d3 konnte er sich noch halten, da 34… ♘:c3 durch die überraschende Replik 35.♖b3 (35… ♖:b3 36. ab) widerlegt wird.
34… ♘:c3! 35.♕d3
Wenn 35.♗:c3, so 35… ♖a:c3 36.♖:c3 ♖:c3 37.♔h2 (37.♖:b6? ♖c1+ 38.♔h2 ♕c7+) 37… ♕c7+ 38.g3 ♖:f3.
35… ♘e2+ 36.♕:e2 ♖:c1+ 37.♗:c1+ ♕:c1+ 38.♔h2 ♖:f3 39.gf ♘h4
Weiß überschritt hier die Bedenkzeit, aber es gab keine Rettung mehr, wovon man sich überzeugen kann.
■ Diese Partie demonstrierte die große Bedeutung der Blockade des rückständigen Bauern. Wenn diese Blokkade nicht gelingt, entfaltet das Bauernpaar oft eine verblüffende Aktivität.

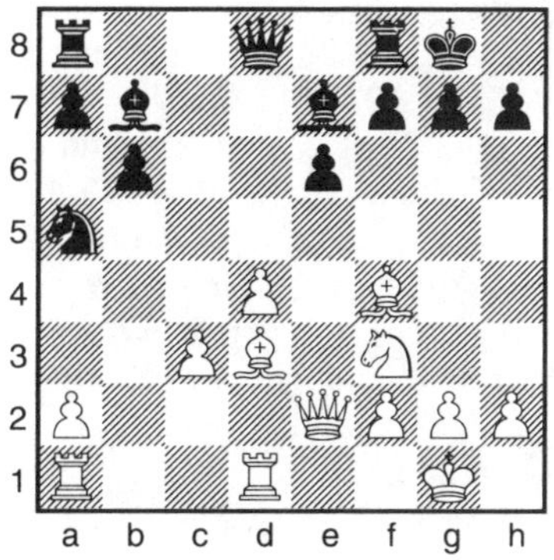

29

Stahlberg – Szabo
(Helsinki 1952)

Schwarz mußte hier 1… ♖c8 ziehen, um auf 2.c4 die Antwort 2… ♗:f3 zu haben. Auf 2.♖ac1 kann 2… ♗:f3 3.♕:f3 (3.gf ♗g5) 3… ♘c4 folgen. Stattdessen kam
1…♕d5?! 2.♖ab1! ♗c6

Jetzt ist auf 2… ♖ac8 der Zug 3.♖b5 stark. Aufmerksamkeit verdiente aber 2… ♕h5
3.♖b5 ♗:f3! 3.♗e5!
Schneidet die schwarze Dame vom Königsflügel ab.
3… ♗a4 4.c4! ♕d7
Im Falle von 4… ♗:d1 5.♗:h7+ ♔h8 6.♖:d1 hat Weiß entscheidenden Angriff. Z. B., 6… ♕:c4 7.♗d3 und 8.♘g5 oder 6… ♕d7 7.♗e4 f5 8.♗:a8 ♖:a8 9.d5.
5.♖d2 ♘c6 6.d5! ♘:e5 7.♘:e5 ♕d6 8.c5!
8… ♕:c5 scheitert jetzt an 9.♕e4!
8… bc 9.♘:f7! ♖:f7
auf 9… ♔:f7 folgt 10.de+ ♔f6 11.♕e4 oder 10… ♔g8 11.♕h5 h6 12.♕g6.
10.de ♔f8
10… ♖f6 11.♕e4.
11.ef ♖d8 12.♖e1 ♖d7
Es drohte 13.♗c4.
13.♕e4 ♕h6 14.♖b2
Schwarz gab auf.
Behandeln wir nun eine Methode, bei der die den Isolani bekämpfende Seite einen Gegenangriff auf die feindliche Königsstellung ausführt. Möglichkeiten dazu bieten sich gewöhnlich dann, wenn der Kontrahent seine Königsflügelbauern vorzieht bzw. seine Königsstellung auf andere Weise schwächt. Der grundlegende Mechanismus des Konterangriffs besteht dann meist in der Dame-Läufer-Batterie in der langen Diagonale (a1-h8 für Weiß bzw. a8-h1 für Schwarz).

Partie Nr. 7
Angenommenes Damengambit
Spasski – Flohr
Moskau 1955

1.d4 d5 2.c4 dc 3.♘f3 ♘f6 4.e3 c5 5.♗:c4 e6 6.0-0 cd 7.ed ♘c6 8.♘c3 a6 9.a3

Aussichtsreich ist 9.d5 ed 10.♘:d5 ♘:d5 11.♗:d5 ♗e7 12.♕b3 mit Raumvorteil.

9… ♗e7 10.♗g5 0-0 11.♕d3 h6?!

Ein riskanter Zug. Nach 12.♗e3, 13.♖ad1 und ♗c4-a2-b1 wird die schwarze Königstellung gefährlich ins Visier genommen, da der Zug g7-g6 nicht mehr spielbar ist. Außerdem liegt in vielen Varianten das Opfer ♗:h6 in der Luft.

12.♗h4?

Ein Fehler, der es Schwarz erlaubt, den für die Sicherung seiner Königsstellung sehr wichtigen Abtausch der schwarzfeldrigen Läufer zu verwirklichen.

12… ♘h5!

Es ist interessant, daß Karpow 26 Jahre später in der 9. Partie des WM-Matches gegen Kortschnoi mit Erfolg ein analoges Manöver anwandte.

13.♗:e7 ♘:e7!

Behält die notwendige Kontrolle über das Feld d5.

14.♘e5

Nach dem Läufertausch hat Weiß keine realen Angriffschancen mehr. Deshalb verdiente hier 14.d5 ed 15.♘:d5 ♘:d5 16.♕:d5 ♕:d5 17.♗:d5 ♘f6 Beachtung, was zu einem gleichen Endspiel führt.

14… ♘f6 15.♖ad1 b5 16.♗a2 ♗b7 17.f4

Verstärkt den Angriff nicht, sondern öffnet nur die eigene Königsstellung.

17… ♕b6 18.g4?

Das ist schon Hasard und erlaubt es Schwarz, auf der entblößten langen Diagonale einzusteigen.

18… ♖ad8

Wenn jetzt 19.g5, so 19… Sf5! 20.gf ♖:d4 mit Gewinn.

19.♗b1

30

Die schwarze Dame muß irgendwie auf die Diagonale a8-h1 gelangen. Schwarz nutzt dazu den Umstand aus, daß der Bauer d4 schwach ist.

19… ♘c6! 20.♘:c6

Auf 20.♘f3 ist 20… g6 gut. Nach 21.h3 ♖d7! und ♖fd8 bröckelt die weiße Stellung an allen Ecken und Enden.

20… ♕:c6 21.♕h3

21.d5 ed 22.g5 d4!

21… ♕b6!

Da in der Variante 21… ♘:g4 22.♕:g4 ♕h1+ 23.♔f2 ♕:h2+ 24.♔e1 ♕b2 25.♕g3 kein Gewinn in Sicht ist, zwingt Flohr seinen Gegner dazu, sich weiter mit Verteidigungsaufgaben zu befassen und versichert sich gleichzeitig gegen eventuelle Überraschungen auf dem Königsflügel.

22.♕d3 g6 23.g5

Was tun? Nach 23.h3 ist 23… ♖d7 und 24… ♖fd8 stark.

23… hg 24.fg ♘h5 25.♕c3 e5!

Vortrefflich! Jetzt wird der schwarze Turm in den Angriff einbezogen.

26.♕:e5 ♖fe8 27.♕c5 ♕e6 28.d5

Erzwungen, sollte Weiß aber auch nicht retten.

28… ♕g4+ 29.♔h1 ♖:d5?

Es gewann 29… ♘g3+ 30.hg ♕h3+ 31.♔g1 ♕:g3+ 32.♔h1 ♔g7! 33.♕d4+ ♖e5 mit der tödlichen Drohung 34… ♖h8+. Interessanterweise demonstrierte Flohr selbst diese Variante unmittelbar nach Partieende. Ja, die Wege des Schachspielers in Zeitnot sind unerforschlich! (Flohr befand sich bereits ab dem 26. Zug in starker Zeitnot und hatte bis zur Zeitkontrolle im 40. Zug nur noch zwei Minuten zur Verfügung.)

30.♖:d5!!

Aber nicht 30.♘:d5 wegen 30… ♘g3+ 31.hg ♕h3+ 32.♔g1 ♕:g3+ 33.♔h1 ♖e2.

30… ♘f4 31.♕g1!

Wiederum die beste Verteidigung.

31… ♕:g1+ 32.♔:g1 ♘:d5

33.♗a2! ♖e5

Natürlich nicht 33… ♘:c3 wegen 34.♗:f7+.

34.h4 ♔f8 35.♗:d5 ♗:d5 36.♖f4 ♗e6 37.♔f2 ♖c5 38.♖d4 ♔e7 39.♔e3 ♖c8 40.♔f4 ♖c5

Remis. Eine dramatische Partie. Trotz der Fehler (im Prinzip gerade ihretwegen) konnte der Leser in den Geist des Kampfverlaufes eindringen, wenn beide Seiten auf Angriff spielen.

Das haben wir in der 5. Lektion behandelt:

- ☐ Direktangriff auf den Isolani
- ☐ Blockade des Isolanis
- ☐ Schaffung eines rückständigen Bauerns
- ☐ Gegenangriff auf den König

Übungsaufgaben zur 5. Lektion

Aufgabe 22:
Weiß: ♔g1, ♕d1, ♖a1, f1, ♗g5, ♘f3, ♙a2, b2, c2, f2, g2, h2
Schwarz: ♔g8, ♕d8, ♖c8, f8, ♗c5, ♘f6, ♙a7, b7, d5, f7, g7, h7.
□ Weiß am Zug. Schlagen Sie einen Plan für Weiß vor!

Aufgabe 23:
Weiß: ♔g1, ♕a3, ♖d1, ♖e1, ♗d5, ♘c5, f3, ♙a5, b2, d4, f2, g3, h2
Schwarz: ♔g8, ♕c7, ♖d8, f8, ♗c8, ♘d6, a7, b7, c6, f7, g7, h7.
□ Schwarz am Zug. Wie würden Sie spielen? Umreißen Sie den weiteren Plan!

Aufgabe 24:
Weiß: ♔g1, ♕c1, ♖a1, e4, ♗b1, d2, ♘f3, ♙a2, c3, d4, f2, g2, h2
Schwarz: ♔g8, ♕f6, ♖c8, f8, ♗b7, ♘b4, d5, ♙b6, e6, f7, g7, h6
□ Schwarz am Zug. Wie würden Sie spielen?

Aufgabe 25:
Weiß: ♔g1, ♕e2, ♖e1, g3, ♗b1, h6, ♘f7, ♙a2, d4, f2, g2, h2
Schwarz: ♔g8, ♕d8, ♖c3, e8, ♗b7, e7, ♘f6, ♙a6, b4, e6, g6, h7
□ Schwarz am Zug. Schätzen Sie die Stellung ein! Wie würden Sie spielen?

6. LEKTION

Die Stärke der Bauernphalanx

Im alten Griechenland verstand man unter Phalanx eine geschlossene militärische Kampfformation von Infanteristen. Der bekannte deutsche Schachtheoretiker des 19. Jahrhunderts Max Lange übernahm den Terminus Phalanx in die Schachliteratur, wo er dann seine Verbreitung fand. Eine Phalanx im schachlichen Sinne ist eine Anordnung von Bauern (meistens zwei), die sich auf benachbarten Vertikalen und auf einer Horizontalen befinden. Das können beispielsweise die Bauern d4 und e4 oder c5 und d5 sein.

■ In der Schachliteratur trifft man jedoch auf zweierlei Arten von Phalanx. Das eine sind die sogenannten **hängenden Bauern**, d. h. zwei verbundene Bauern auf einer Horizontalen (gewöhnlich Zentral- und Läuferbauer), die nicht von anderen Bauern verteidigt werden. Das andere ist das **klassische Bauernzentrum**, daß durch die Bauern d4 und e4 bzw. d5 und e5 (für Schwarz) gebildet wird. Diese Herangehensweise ist legitim, aber ich denke, daß es im Prozeß der Schachlehre methodisch richtiger ist, zuerst die Bauernphalanx im ganzen zu betrachten, da die beiden Typen von Phalanx einen in vielerlei Beziehung strategisch ähnlichen bzw. identischen Charakter haben. Der Bauernphalanx ist eine Reihe von Vorteilen eigen: sie bietet eine lückenlose Kontrolle über den Felderkomplex, der sich vor den Bauern und auf den Nebenvertikalen befindet. Die Phalanx bietet in der Regel den eigenen Figuren viel Raum zum Manövrieren und erschwert gleichzeitig die Umgruppierungen beim Gegner. Betrachten wir die gebräuchlichsten strategischen Methoden, die die Kraft der Bauernphalanx demonstrieren. Die wohl verbreitetste Methode besteht im **Vorstoß des Zentralbauern zwecks Linienöffnung und der Organisation eines Königsangriffs.**

Keres – Taimanow
(Moskau 1951)

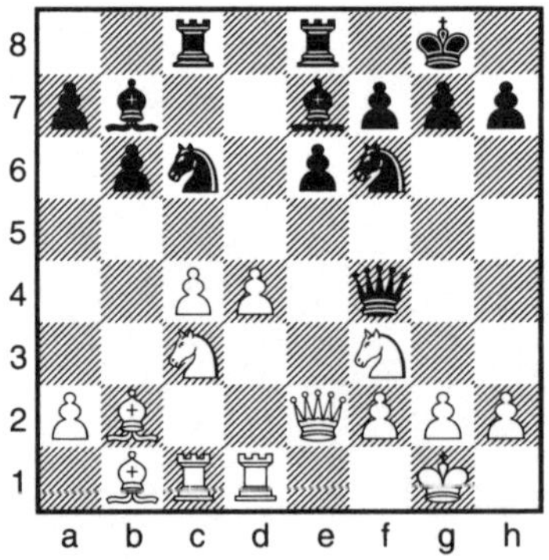

31

Weiß begann den Angriff mit
1.d5!
Das Angriffsobjekt ist der schwarze König.
1… ed 2.cd
Die Alternative war 2.♘:d5 ♘:d5 3.cd. Sehr komplizierte Varianten entstehen nach 3… ♗f6 4.dc! ♖:e2 5.cb. Ich schlage dem Leser vor, diese Position zu analysieren. Keres verwies darauf, daß 2.♘:d5 Weiß Vorteil gab, er jedoch wegen der Unmenge an Varianten den Textzug für zweckmäßiger hielt.
2… ♘b8 3.♖d4 ♕d6 4.♖cd1 ♗f8?
Notwendig war 4…♘bd7, um den Springer baldigst ins Spiel zu bringen. Nach 5.♘g5 ♘c5 behält Schwarz Verteidigungsschancen.
5.♘e4 ♘:e4 6.♖:e4 ♖:e4 7.♕:e4 ♕h6
Hartnäckiger war 7…g6, obwohl Schwarz nach 8.♘g5 ♗g7 9.♕h4 h6 10.♗:g7 ♔:g7 11.♕:h6+ wenig Anlaß zur Freude hat.
8.♘g5 ♗d6
8… g6 9.♘:f7
9.h4!
Natürlich war hier Bauerngewinn möglich, aber die Fortsetzung des Angriffs verspricht mehr.
9… ♘d7 10.♕f5 ♘f6 11.♗:f6
Schneller gewann 11.♘:f7.
11… gf
Wenn 11… ♕:f6, so 12.♕:h7+ ♔f8 13.♖e1 g6 14.♘:f7 ♕:f7 15.♕h8+ ♕g8 16.♕f6+ ♕f7 17.♕:d6.
12.♘:f7 ♕c1
12… ♔:f7 hätte schnell verloren, man siehe: 13.♕e6+ ♔g7 14.♕:d6, und wenn 14… ♖c1, so 15.♕e7+ ♔g8 16.♕:h7+ usw.
13.♕:h7+

Noch einfacher war 13.♘:d6 ♕:d1+ 14.♔h2 ♕:d5 15.♕:d5 ♗:d5 16.♘:c8.

13… ♔f8 14.♘:d6 ♕:d1+ 15.♔h2 ♕:d5 16.♘:b7 ♕e5+ 17.g3 ♖c7

Oder 17… ♕e1 18.♕f5 ♖c1 19.♗e4.

18.♕h8+ ♔f7 19.h5! ♖:b7 20.♕h7+ ♔e6 21.♕:b7 ♕:h5+ 22.♔g2

Schwarz gab auf.

Manchmal ist der Bauernvorstoß mit Opfern verbunden.

Partie Nr. 8

Damengambit

Polugajewski – Tal

Moskau 1969

1.d4 d5 2.c4 e6 3.♘c3 ♘f6 4.♘f3 c5 5.cd ♘:d5 6.e4 ♘:c3 7.bc cd 8.cd ♗b4+ 9.♗d2 ♗:d2+ 10.♕:d2 0-0 11.♗c4 ♘c6 12. 0-0 b6

Das ist eine der Hauptvarianten der verbesserten Tarrasch-Verteidigung. Die Bezeichnung „verbessert" rührt daher, daß Schwarz die Bildung eines isolierten Bauern vermieden hat (statt 5…ed spielte er 5… ♘:d5).

13.♖ad1

In der Match-Revanche zwischen Aljechin und Euwe (1937) geschah 13.♖fd1, und nach 13… ♗b7 14.♕f4 ♖c8 15.d5 ed 16.♗:d5 ♕e7 17.♘g5 ♘e5 18.♗:b7 ♘g6 19.♕f5 ♕:b7 20.♖d7 ♕a6 erhielt Schwarz Gegenchancen. Die Aufstellung der Türme auf d1 und e1 ist am logischsten, da sie dort maximal den Vorstoß d4-d5 unterstützen.

13… ♗b7 14.♖fe1 ♘a5

Bislang haben sich die Ereignisse genau wie in der 5.WM-Partie zwischen Spasski und Petrosjan entwickelt (1969). Petrosjan zog 14… ♖c8 und nach 15.d5 ed 16.♗:d5 ♘a5 17.♕f4 ♕c7 18.♕f5 ♗:d5 19.ed sicherte der Freibauer d5 Weiß großen Vorteil. Dieses System mit der Aufstellung der Türme auf d1 und e1 hatte Spasski bei der Vorbereitung auf sein Match gegen Petrosjan vorbereitet. Er hatte auch schon die schöne Attacke im Auge, die Polugajewski in vorliegender Partie verwirklichte.

15.♗d3 ♖c8 16.d5 ed 17.e5!

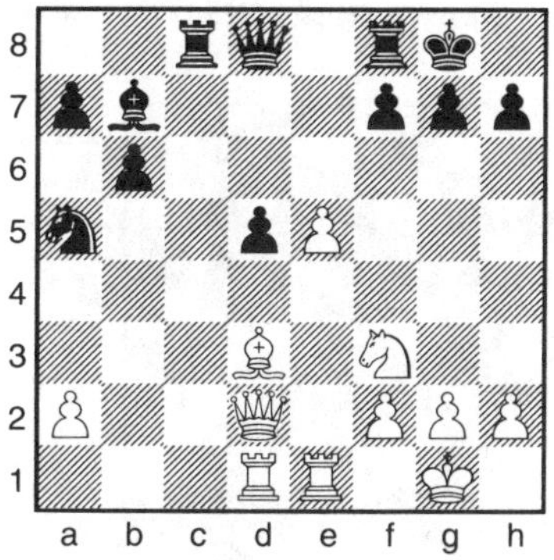

32

Ein lehrreicher Moment. Unter Bauernopfer hat Weiß den gegnerischen Figuren das Feld d5 genommen. Der Vormarsch des Nebenbauern öffnet nun die Angriffswege. Jetzt ist 17… d4 wegen 18.♘:d4 ♕d5 19.♕g5 schlecht, und die weißen Drohungen wiegen schwerer.

17… ♘c4 18.♕f4 ♘b2

Es scheint, als ob Schwarz sich verteidigt hat, aber…

19.♗:h7+ ♔:h7 20.♘g5+ ♔g6

Auf 20… ♔g8 folgt 21.♕h4 ♖e8 22.e6.

21.h4!

Der Schlüsselzug des weißen Angriffs. Es droht 22.h5+ ♔:h5 23.g4+ ♔g6 24.♕f5+ ♔h6 25.♕h5+ ♔f4 26.♕f5 matt.

21… ♖c4 22.h5+ ♔h6

Schlecht ist 22… ♔:h5 wegen 23.g4+ ♔h6 (23… ♔g6 24.♕f5+) 24.♕h2+ ♔g5 25.♕h5+ ♔f4 26.♕f5 matt.

23.♘:f7+ ♔h7 24.♕f5+ ♔g8 25.e6! ♕f6

Was sonst? Auf 25… ♗c8 ist 26.h6 ♗:e6 27.h7 matt pikant.

26.♕:f6 gf 27.♖d2

Noch stärker war 27.♘d6. Z. B. 27… ♘:d1 28.e7 ♖c1 29.h6 ♘c3 30.h7+.

27… ♖c6 28.♖:b2 ♖e8

Zäher ist 28… ♗c8.

29.♘h6+ ♔h7 30.♘f5 ♖c:e6 31.♖:e6 ♖:e6 32.♖c2! ♖c6 33.♖e2 ♗c8 34.♖e7+ ♔h8 35.♘h4 f5 36.♘g6+ ♔g8 37.♖:a7

Schwarz gab auf.

■ Der **Vorstoß eines Phalanxbauern** führt oft zur **Freibauernbildung.** Im Mittelspiel ist so ein Freibauer in der Regel sehr stark, da er die Kräfte des Gegners desorganisiert. Das hat ein Fragment aus der Partie Spasski – Petrosjan überzeugend bekräftigt, das wir weiter oben aufgeführt hatten. Aufschlußreich ist eine Analyse von Petrosjan (diesmals aus dem Blickwinkel der Stärke der Bauernphalanx). Wenn Schwarz (es geht um die Partie Polugajewski – Tal) anstelle von 14… ♖c8 bzw. 14… ♘a5 den Zug

14… ♘e7

gespielt hätte, wäre Weiß auf folgende Weise in Vorteil gekommen:

15.d5 ed 16.ed ♘f5 17.♘e5 ♘d6.

Blockade? – Nein, nur für einen Augenblick.

18.♘c6! ♗:c6

Auf 18… ♘:c4 folgt 19.♘:d8 ♘:d2 20.♘:b7 ♖ab8 21.♖e7 ♘c4 22.d6 ♘a5 23.♘:a5 ba 24.♖:a7 mit Mehrbauern. Die relativ beste Antwort ist 18… ♕f6, aber auch hier hat Weiß nach 19.♗b3 Vorteil.

19.dc ♘:c4 20.♕f4 ♘d6 21.♖:d6 ♕c7 22.g3

Weiß hat klares Übergewicht.

Jetzt machen wir Sie noch mit einer Partie bekannt, die die Stärke eines Freibauern nachdrücklich unter Beweis stellt.

Partie Nr. 9
Damengambit
Hort – Timman
Wijk aan Zee 1972

1.d4 ♘f6 2.c4 e6 3.♘f3 d5 4.♘c3 c5 5.cd ♘:d5 6.e4 ♘:c3 7.bc cd 8.cd ♗b4+ 9.♗d2 ♗:d2+ 10.♕:d2 0-0 11.♗c4 b6 12.0-0 ♗b7 13.d5! ed 14.♗:d5 ♗:d5 15.ed ♘d7 16.♖fe1 ♘f6 17.d6 ♖c8 18.♖ad1 ♖e8 19.♖:e8+ ♕:e8 20.♕d4
Es verbietet sich 20.d7? wegen 20… ♕:d7 21.♕:d7 ♘:d7 22.♖:d7? ♖c1+.
20… ♖c5 21.h3 ♕a8
Auf 21… ♖d5 ist 22.♕:d5 ♘:d5 23.♖:d5 ♕d7 24.♘e5 stark.
22.d7!

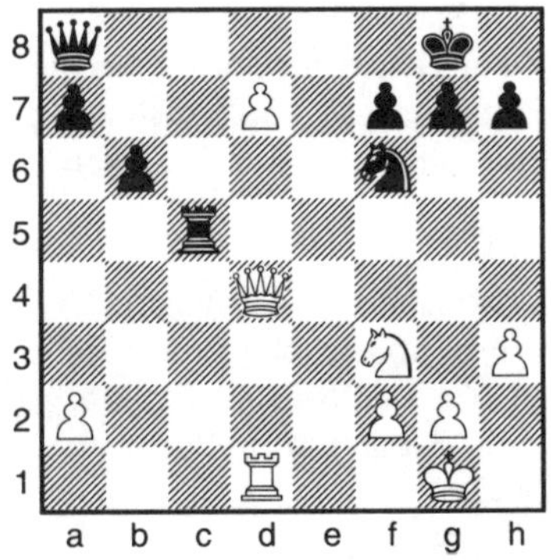
33

Es zeigt sich, daß 22… ♖d5 wiederum an 23.♕:d5! ♘:d5 24.♘e5 scheitert, da es keine Verteidigung gegen ♘c6 gibt. Auf 24… ♕d8 geht 25.♖:d5 oder sogar 25.♘c6 ♕:d7 26.♖:d5!
22… ♕d8 23.♘e5 h6 24.♕d6
Wenn 24… ♖c7, so 25.♕:c7.
Schwarz gab auf.
Aber bei weitem nicht immer ist der Vormarsch eines Bauern mit einem Königsangriff oder mit der Bildung eines Freibauern verbunden. In vielen Fällen verfolgt ein solcher Vorstoß das Ziel, die Beweglichkeit der gegnerischen Figuren einzuschränken und einen positionellen Druck auf die gegnerische Stellung auszuüben.

Barzca – Panno
(Amsterdam 1954)

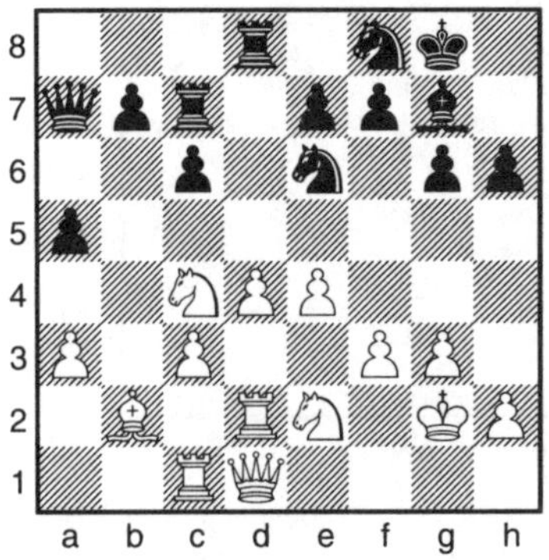
34

Weiß spielte
1.♗c3!, was **1… b6** erzwingt und gleichzeitig den Punkt c6 schwächt. Ein Bauerndurchbruch nutzt diese Schwächung aus.
2.d5! cd 3.ed ♘c5 4.♗:g7 ♔:g7 5.♘c3 ♕b7 6.♘e5!
Der Springer strebt nach c6.
6… b5 7.♘c6 ♖a8 8.♘e2 ♕b6 9.♕c2 ♘b7 10.♕c3+ f6
Noch eine Schwächung, die allerdings praktisch erzwungen ist, da 10… ♔g8 nach 11.♕e5 ♖e8 (11… e6 12.♘ed4) 12.♕f4 ♔g7 13.♘d8! zum Zusammenbruch geführt hätte.
11.♘f4 ♘d6 12.♕d3 ♖e8 13.♖e1
Den Druck auf der e-Linie auszuhalten und den Bauern g6 zu verteidigen (in Anbetracht von h2-h4-h5) ist kaum möglich. Deshalb startet Panno einen verzweifelten Befreiungsversuch, der seine Stellung jedoch nicht verbessert.
13… e5 14.de ♖:c6 15.e7 ♘f5
Aber nicht 15… ♘h7 wegen 16.♕:g6+.
16.ef♕+ ♖:f8 17.♕d7+ ♖f7 18.♘e6+?
Sofort gewann 18.♕:f7+ ♔:f7 19.♖d7+ ♔f8 20.♘:g6+ ♔g8 21.♖e8 matt.
18… ♖:e6 19.♕:e6 ♕c7 20.♖ed1 ♖e7 21.♖d7 ♕c2+ 22.♔h3
Umgeht die Falle 22.♔h1? ♕:d1+.
22… ♕:d1 23.♕:e7+ ♘:e7 24.♖d1 ♔f7 25.♖d6 ♘f5 26.♖d5 b4 27.♖:a5
Schwarz gab auf.

Fischer – Unzicker
(Siegen 1970)

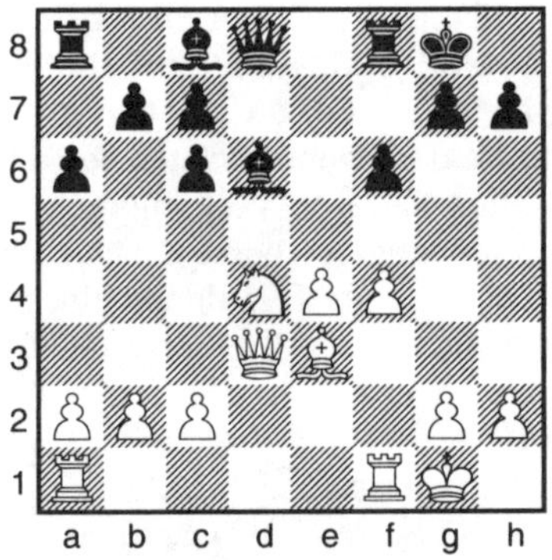
35

Weiß machte den scheinbar antipositionellen Zug
1.f5
Tatsächlich, Weiß hat jetzt auf e4 einen rückständigen Bauern. Dieser Nachteil wird jedoch vollauf dadurch ausgeglichen, daß die Beweglichkeit des Läufers c8 stark eingeschränkt wurde. Der Besitz des Blockadefeldes e5 bringt Schwarz nur wenig ein, da er keinen Springer mehr hat, und der Läufer sich auf e5 nicht lange halten

kann. Ich möchte darauf hinweisen, daß es einen analogen Fall der Einschränkung einer gegnerischen Figur durch die Bauernphalanx in der berühmten Partie Lasker – Capablanca (St. Petersburg 1914) gegeben hat.

1… ♕e7 2.♗f4 ♗:f4

Besser ist 2… ♗c5, um ungleichfarbige Läufer anzustreben.

3.♖:f4 ♗d7 4.♖e1 ♕c5 5.c3 ♖ae8 6.g4!

Nicht zum Angriffszwecke gespielt, sondern zur Deckung des Bauern f5 angesichts des geplanten Durchbruchs e4-e5.

6… ♕d6 7.♕g3 ♖e7 8.♘f3 c5 9.e5!

Schafft den Durchbruch, bevor der Läufer aktiviert wird.

9… fe 10.♖fe4 ♗c6 11.♖:e5 ♖fe8 12.♖:e7 ♖:e7 13.♘e5

Weiß hat klaren Vorteil: Die Bauernmajorität auf dem Königsflügel und die Vorherrschaft im Zentrum.

Es folgte noch:

13… h6 14.h4 ♗d7 15.♕f4 ♕f6 16.♖e2! ♗c8

Wenn 16… ♕:h4, so 17.♘g6. Auf 16… h5 ist 17.♘:d7 und 18.g5 gut.

17.♕c4+ ♔h7 18.♘g6 ♖:e2 19.♕:e2 ♗d7 20.♕e7!

Forciert den Übergang in ein gewonnenes Endspiel.

20… ♕:e7 21.♘:e7 g5 22.hg hg 23.♘d5 ♗c6 24.♘:c7 ♗f3 25.♘e8 ♔h6 26.♘f6 ♔g7 27.♔f2 ♗d1 28.♘d7!

Eine abschließende Feinheit. Auf 28… ♗:g4 entscheidet 29.f6+ ♔g8 30.f7+ ♔:f7 31.♘e5+.

28… c4 29.♔g3

Schwarz gab auf.

■ Es gibt ebenfalls den typischen strategischen Plan, bei dem sich kein einziger Phalanxbauer nach vorn bewegt, da **unter dem Schutz der Bauern Umgruppierungen der Figuren** vorgenommen werden, die auf einen Königsangriff oder auf andere aktive Unternehmungen hinauslaufen.

Botwinnik – Tschechower (Moskau 1935)

36

Die Stellung ist günstig für Weiß, da Schwarz keinen ernsthaften Druck auf die Bauernphalanx ausüben kann. Der weiße Plan besteht in einem Königsangriff. Die Idee f4-f5 ist offensichtlich. Außerdem kann unter dem Schutz der Zentralbauern und des Springers e5 die Überführung von Springer und Dame auf die andere Bretthälfte vorbereitet werden. Gegebenenfalls steht das Vorprellen des g-Bauern zur Verfügung.

Es folgte:

1.♕e2 ♘f8

Beachten Sie die unglückliche Plazierung des Springers d7. Stünde er auf c6, wäre der Kampf evtl. anders ausgegangen.

2.♘d1 ♖a7?

Ein schwer verständlicher Zug. Es sollte 2… ♘g6 geschehen, mit der Idee, auf 3.♕e3 mit 3… b5!? einen Bauern zu opfern. Nach 4.cb ab 5.♗:b5 ♘d5 hat Schwarz einen Stützpunkt auf d5 und gewisse Aussichten auf Gegenspiel.

3.♘f2 ♕b8

Wieder war b6-b5 zu erwägen.

4.♘h3 h6 5.♘g5! hg 6.fg ♘8d7

Der weiße Angriff entwickelt sich ungestört, alle Figuren stehen richtig.

7.♘:f7! ♔:f7 8.g6+ ♔g8

8… ♔e8 9.♕:e6 ♘f8 10.♕f7+ ♔d7 11.♗f5+.

9.♕:e6+ ♔h8 10.♕h3+ ♔g8 11.♗f5 ♘f8 12.♗e6+ ♘:e6 13.♕:e6 ♔h8 14.♕h3+ ♔g8 15.♖:f6! ♗:f6 16.♕h7+ ♔f8 17.♖e1 ♗e5 18.♕h8+ ♔e7 19.♕g7+ ♔d6 20.♕:e5+ ♔d7 21.♕f5+ ♔c6 22.d5+ ♔c5 23.♗a3+ ♔:c4 24.♕e4+ ♔c3 25.♗b4+ ♔b2 26.♕b1 matt.

Das haben wir in der 6. Lektion behandelt:

- ☐ die Bauernphalanx
- ☐ hängende Bauern
- ☐ das klassische Bauernzentrum

Übungsaufgaben zur 6. Lektion

Aufgabe 26:
Weiß: ♔g1, ♕c3, ♖c1, d1, ♗b2, d3, ♘d2, f3, ♙a2, b3, e3, f2, g2, h2
Schwarz: ♔g8, ♕e7, ♖d8, e8, ♗b7, d6, ♘d7, f6, ♙a7, c5, d5, f7, g7, h7
□ Schwarz am Zug. Beschreiben Sie den Plan von Schwarz!

Aufgabe 27:
Weiß: ♔g1, ♕e2, ♖d1, f1, ♗b2, d3, ♘f3, ♙a2, d4, e4, f2, g2, h2
Schwarz: ♔g8, ♕d8, ♖c8, f8, ♗b4, b7, ♘a5, ♙a7, b6, e6, f7, g7, h7
□ Weiß am Zug. Wie würden Sie spielen?

Aufgabe 28:
Weiß: ♔g1, ♕d1, ♖c1, f1, ♗g3, ♘c3, f3, ♙a2, b2, d4, e4, f2, g2, h3
Schwarz: ♔c8, ♕d7, ♖d8, h8, ♗e6, d6, ♘g6, ♙a6, b7, c6, c7, f6, g7, h7
□ Weiß am Zug. Welcher Plan ist für Weiß am zweckmäßigsten?

Aufgabe 29.
Weiß: ♔e1, ♕c2, ♖a1, h1, ♗c1, d3, ♘f3, ♙a2, c3, d4, e4, f2, g2, h2
Schwarz: ♔g8, ♕d8, ♖a8, f8, ♗b7, e7, ♘b8, ♙a7, b6, c6, e6, f7, g7, h7
□ Weiß am Zug. Kann Weiß einen Königsangriff beginnen?

7. LEKTION

Der Kampf gegen die Bauernphalanx

■ Es lassen sich drei allgemeine Formen des Kampfes gegen eine Bauernphalanx herauskristallisieren:
a) der Direktangriff auf die Bauernphalanx, mit dem Ziel der Eroberung eines der Bauern;
b) der Angriff auf die Phalanx, um einen der Bauern zum Vorrücken zu zwingen; Danach wird das Bauernpaar zuverlässig blockiert. Der Hauptschlag gilt dann dem rückständigen Bauern.
c) der Abtausch eines der Phalanxbauern; Der beim Gegner verbleibende isolierte Bauer bedarf dann der ständigen Verteidigung.
■ Zur Realisierung der genannten Ziele gibt es einige typische Methoden, die wir im folgenden schrittweise abhandeln wollen. Aus didaktischen Gründen unterteile ich sie in Methoden der **Figureneinwirkung** und der **Bauerneinwirkung** auf die Phalanx.
In der folgenden Kurzpartie gelang Weiß ein erfolgreicher direkter Figurenangriff auf die Phalanx, der zu Materialvorteil führte.

Partie Nr. 10
Damenindische – Verteidigung
Spasski – Kortschnoi
Moskau 1964

1.d4 ♘f6 2.c4 e6 3.♘f3 b6 4.g3 ♗b7 5.♗g2 ♗e7 6.0-0 0-0 7.♘c3 d5
Üblicher ist 7... ♘e4, was die Bauernstellung im Zentrum einstweilen in der Schwebe hält.
8.cd ed 9.♘e5 ♕c8
Auf 9... ♘bd7 ist 10.♕a4 stark. Möglich war 9... c6.
10.♗g5 ♕e6 11.♖c1 c5?
Das Streben nach einer Bauernphalanx ist hier unangebracht, da Schwarz in der Entwicklung zurückgeblieben ist und seine Zentralbauern sehr verwundbar sind. Den Vorzug verdiente 11... c6. Aber auch in diesem Falle wäre die Aktivität der weißen Figuren nach 12.f4 mit der Idee f4-f5 oder e2-e4 ziemlich gefährlich.

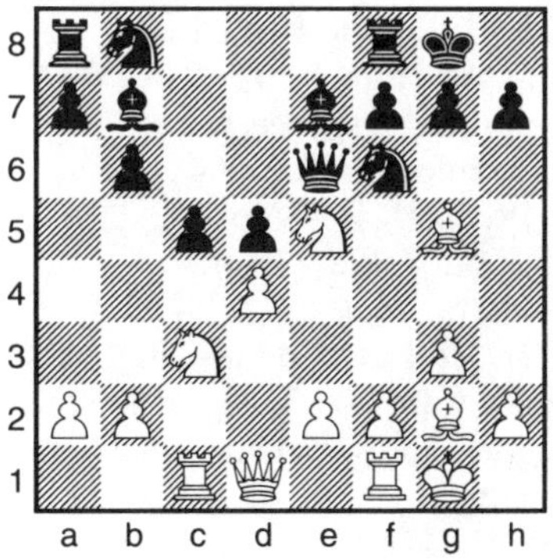
37

12.♘d3! Der Punkt d5 – der Stützpfeiler der schwarzen Stellung – kann nicht mehr gehalten werden. Weiß steht auf Gewinn.
12... cd 13.♗:f6 ♗:f6.
Schlecht ist 13... dc 14.♗:c3 ♗d6 (Wehrt die Drohung 15.♘f4 ab) 15.♘b4 ♗:b4 16.♗:b4 ♖e8 17.♖c7 ♗c6 18.♕d4. Wenn 18... ♕:e2?, so 19.♗c3 f6 20.♖:g7+.
14.♘:d5!
Des Pudels Kern! Schwarz kann große materielle Verluste nicht mehr vermeiden.
14... ♗:d5 15.♘f4 ♕d6
Auf 15... ♗:g2 16.♘:e6 ♗:f1 17.♘:f8 ♗h3 gewinnt am einfachsten 18.♕d3 ♔:f8 19.♕f3.
16.♘:d5 ♗g5 17.f4 ♗d8 18.♘c3 ♘a6 19.♗:a8 ♕b8 20.♘d5 ♕:a8 21.♕:d4 ♘c5 22.b4 ♘e6 23.♕d3 ♖e8 24.e4
Schwarz gab auf.
■ Ein Direktangriff auf die Phalanx, der auch gleich zu Materialgewinn führt, gelingt selten, da die gegnerische Seite gewöhnlich über eine Vielzahl verborgener taktischer Ressourcen verfügt, die Bauern zu verteidigen. Ich möchte den Leser vor einem typischen Fehler warnen:
1.d4 ♘f6 2.c4 e6 3.♘f3 b6 4.♘c3 ♗b7 5.e3 ♗e7
Aufmerksamkeit verdient 5... ♗b4, was im Kampf um den Punkt e4 nützlicher ist.
6.♗d3 0-0 7.0-0 d5 8.b3 c5 9.♗b2 ♘c6 10.♕e2 cd 11.ed dc?!
Dies erlaubt es Weiß, zukünftig den Vorstoß d4-d5 ins Auge zu fassen und den Läufer b2 in den Angriff einzubeziehen. Besser ist 11... ♖e8, mit der Absicht ♗f8, g6 und ♗g7.

12.bc ♘:d4?
Das also schwebte Schwarz vor. Richtig war 12… ♘b4 13.♗b1 ♖c8, um auf 14.a3 ♘c6 15.♗d3 ♘a5 auch das Feld b3 für den Springer zu haben.
13.♘:d4 ♕:d4 14.♘d5!
Die Rechnung von Schwarz wäre bei 14.♘e4 aufgegangen.
14… ♕c5 15.♗:f6! gf
Wenn 15… ♗:f6, so 16.♕e4.
16.♕g4+ ♔h8 17.♕h4 f5 18.♘:e7, und Weiß gewinnt. Z. B., 18… ♕e5 19.♖ae1 ♕g7 20.g3 ♖ae8 21.c5 bc 22.♗b5 ♖d8 23.♘c6.
In den meisten Fällen provoziert der Figurendruck auf die Phalanx das Vorrücken eines der Bauern. Betrachten wir ein Fragment aus der Partie **Euwe – Reschewski (AVRO-Turnier, Holland 1938):**
1.d4 ♘f6 2.c4 g6 3.f3 d5 4.cd ♘:d5 5.e4 ♘b6 6.♘c3 ♗g7 7.♗e3 0-0 8.f4 ♘c6!
Schwarz provoziert den Vorstoß des d-Bauern. Auf 9.♘f3 könnte 9…♗g4 folgen, und der Bauer d4 bleibt bedroht.
9.d5 ♘b6 10.♘f3 c6!
Nachdem Schwarz diesen Bauern vorgelockt hat, tauscht er ihn jetzt ab und zerstört damit die Bauerphalanx im Zentrum.
11.♕b3
Beachtung verdiente 11.dc ♘:c6 12.♕:d8 ♖:d8 13.♖c1, denn nach dem Textzug erhält Weiß eine arg kompromittierte Bauernstruktur.
11... cd 12.♘:d5 ♘4:d5 13.ed ♘d7 14.♗e2 ♕a5+ 15.♗d2 ♕b6! 16.♗c3
Unerfreulich ist auch 16.♕:b6 ♘:b6 oder 16.0-0-0 ♕:b3 17.ab ♘c5 18.♗c4 b5 19.♗:b5 ♘:b3+ 20.♔c2 ♖b8.
16… ♗:c3+ 17.bc
Wenn 17.♕:c3, so 17… ♘f6 18.♖d1 ♖d8 19.♗c4 ♗g4 mit deutlichem schwarzen Vorteil.
17… ♕e3! 18.c4
Auf 18.g3 ist 18… ♘c5 19.♕c2 ♘e4 sehr stark.
18… ♕:f4
Schwarz hat einen Mehrbauern bei guter Stellung. Da uns an dieser Stelle in erster Linie die Besonderheiten des Spiels gegen eine Phalanx interessieren, lasse ich den restlichen Teil der Partie weg und sage nur, daß Schwarz seinen Materialvorteil ohne sonderliche Mühe realisierte.
■ Ein effektives Verfahren ist der Abtausch des vorgerückten Bauern. Oft wird es mit einer grundlegenden Methode des Spiels gegen ein Bauernpaar – der Blockade – verknüpft.

Partie Nr. 11
Damenindische Verteidigung
Krogius – Matanovic
Le Havre 1966

1.d4 ♘f6 2.c4 e6 3.♘f3 b6 4.g3 ♗b7 5.♗g2 ♗e7 6.0-0 0-0 7.♘c3 ♘e4 8.♘:e4 ♗:e4 9.♘e1 ♗:g2 10.♘:g2 d5 11.♕a4 c5 12.♗e3 ♕d7 13.♕:d7 ♘:d7 14.cd ed 15.♘f4 ♘f6 16.dc bc 17.♖ac1 d4?!
Es bringt nichts ein, den Bauern sofort festzulegen. Besser war 17… ♖ac8. Wenn 18.♖c2, so 18… ♖c7 19.♖fc1 ♖fc8 20.b4?! c4 oder 20.♗d4 ♗d6 21.♗:f6 ♗:f4 22.gf gf.
18.♗d2 ♖fb8 19.♘d3 h6 20.♖c2!
Ein Fehler wäre 20.b3 wegen 20… a5 nebst a5-a4. Schwarz hätte prächtiges Gegenspiel.
20… a5 21.♖fc1
Die Blockade ist geschafft. Nun beabsichtigt Weiß, den Springer nach c4 zu führen: 22.♘e5 und 23.♘c4. Schwarz sollte jetzt 21… ♗d6 antworten. Stattdessen zieht er jedoch den Springer zurück, was Weiß neue Möglichkeiten einräumt.
21… ♘d7

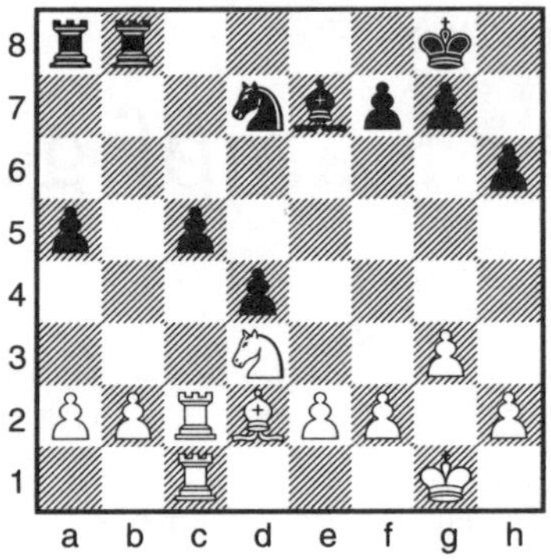

38

22.e3!
Im richtigen Moment gespielt. Schwarz verbleibt mit einem schwachen isolierten Bauern auf c5.
22… de 23.♗:e3 a4 24.♖d1 ♖b7 25.♔g2 ♖a5 26.♖e1 ♗f6 27.♖ee2!
Es ist schwer für Schwarz, sich zu verteidigen, da Weiß ohne Hast mittels ♖c4, ♖ec2 und ♗d2 seine Stellung verstärken kann. Anstatt 26… ♗f6 wäre 26… ♗f8 in Betracht gekommen.
27… ♖ab5 28.♖c4 ♘e5
Zäher war 28… ♗:b2, obwohl Weiß nach 29.♖:a4 über klaren Vorteil verfügt.
29.♘:e5 ♗:e5 30.♖:a4 ♗:b2 31.♖a8+ ♖b8.
Auf 31… ♔h7 ist 32.a4 stark.
32.♖:b8 ♖:b8 33.♗:c5, und Weiß realisierte bald seinen Mehrbauern.

■ Natürlich muß die Blockade des Bauernpaares zuverlässig sein. Andernfalls wird der vorgerückte feindliche Bauer nicht zur Schwäche, sondern zur Stärke.

Bertok – Fischer
(Stockholm 1962)

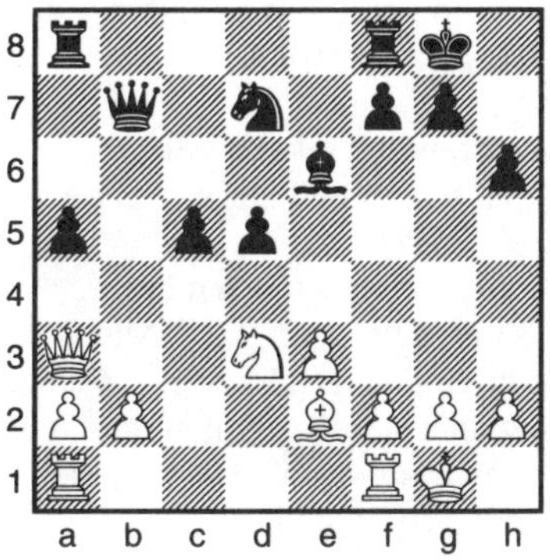

39

Weiß zwingt den Gegner zum Vorrücken des c-Bauern. Doch Fischer hatte diesen Bauernschritt selbst angestrebt. Eine Analyse der Stellung zeigt, daß Weiß von einem Druckspiel gegen das Bauernpaar oder von dessen Blockade einstweilen noch nicht einmal träumen kann. Schwarz hat eine aktive Figurenstellung, Druck auf der b-Linie und – allgemein gesagt – klaren Vorteil.
Es folgte:

1… c4! 2.♘f4 ♖fb8 3.♖ab1?

Offensichtlich der entscheidende Fehler. Gegenchancen bot lediglich 3.♘:e6 fe 4.♗g4 ♖a6 5.b3! Fischer wies darauf hin, daß 5… cb 6.ab ♕:b3 7.♕e7 ♘f8 8.♖a8 Weiß Hoffnungen auf eine Rettung belassen hätte.

3… ♗f5! 4.♖bd1 ♘f6 5.♖d2

Auch 5.♗f3 ♕:b2 6.♕:b2 ♖:b2 7.♘:d5 ♘:d5 8.♗:d5 ♖c8 entledigte Weiß nicht seiner Probleme.

5… g5! 6.♘:d5!?

6.♘h5 ♘e4 7.♖c2 ♕b4.

6… ♘:d5 7.♗:c4 ♗e6 8.♖fd1 ♘:e3! 9.♕:e3 ♗:c4 10.h4 ♖e8 11.♕g3 ♕e7 12.b3 ♗e6 13.f4 g4 14.h5 ♕c5+ 15.♖f2 ♗f5

Weiß gab auf.

Kommen wir nun zur Betrachtung der **Bauern-Einwirkung auf die Phalanx.** Das Ziel einer solchen Vorgehensweise ist vergleichsweise trivial – anstatt eines Abtausches, der dem Gegner einen schwachen isolierten Bauern beschert, wird ein Phalanxbauer zum Vorrücken gezwungen. Die Folge davon sind Lücken in der gegnerischen Bauernstruktur.

Gligoric – Smyslow
(Kiew 1959)

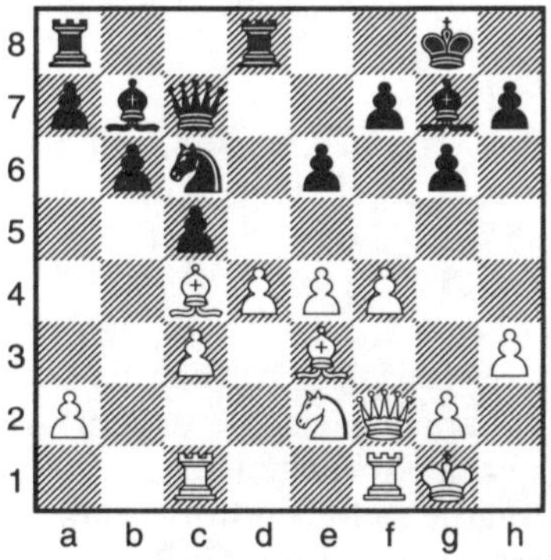

40

Die weiße Phalanx wirkt ziemlich bedrohlich. Der Angriffszug f4-f5 liegt in der Luft. Doch Schwarz ist am Zug, und er unternimmt dringende Maßnahmen, um die gegnerische Phalanx zu zerstören.

1… ♘a5 2.♗d3 f5!

Dieser Sprengungszug nimmt dem weißen Zentrum die Elastizität. Außerdem kann der Anziehende nun den geplanten Angriff mit f4-f5 vergessen.

3.e5?!

Unbefriedigend war auch 3.ef ef, aber richtig war 3.♘g3. Da hierauf 3… fe wegen der Schwäche e6 für Schwarz unvorteilhaft wäre, hätte Weiß – zumindest zeitweilig – seine Zentrumsstellung verteidigt. Nach dem Textzug jedoch ist Schwarz Herr im Hause.

3… c4! 4.♗c2 ♘c6.

Nach den Regeln der Blockade gespielt. Der Springer wird von e7 aus das Schlüsselfeld d5 kontrollieren.

5.g4

Dieser aktive Ausfall ändert nichts.

5… ♘e7! 6.♔h2 ♕c6 7.♘g3 b5

Schwarz nutzt den Umstand aus, daß die gegnerischen Figuren am Königsflügel beschäftigt sind und eröffnet einen Angriff am anderen Brettrand, wo er die Bauernmajorität hat. Das Zentrum ist ja zuverlässig blockiert.

8.a4 a6 9.♖b1 ♖ab8 10.♗d2 ba 11.♖a1 ♗a8

Räumt die Linie für den Turm.

12.♗:a4 ♕c7 13.♖a2 ♖b6 14.gf ef 15.♗c1 ♘d5 16.♘e2 a5 17.♗c2

Besser ist 17.♗a3, um die schwarzfeldrigen Läufer abzutauschen. Jetzt folgt ein sehr starkes Qualitätsopfer, das Schwarz nicht nur einen gefährlichen Freibauern sondern auch das wichtige Feld c4 verschafft.

17… ♖b3! 18.♗:b3 cb 19.♖a4 ♗f8 20.♗b2

Wenn 20.c4, so 20… ♘b6 21.♖:a5 ♘:c4 22.♖b5 b2 23.♗:b2 ♘d2 mit gewinnbringendem Angriff

20… ♘e3! 21.♖fa1

21.♕:e3 ♕c6!

21… ♘c4 22.♘g3 ♗e7 23.♘f1 ♕c6 24.♖:c4 ♕h1+ 25.♔g3 h5!

Gegen das Matt gibt es keine Verteidigung. Wenn 26.♕e2, so 26… ♕g1+. Weiß gab auf.

Uhlmann – Kottnauer
(Tel Aviv 1964)

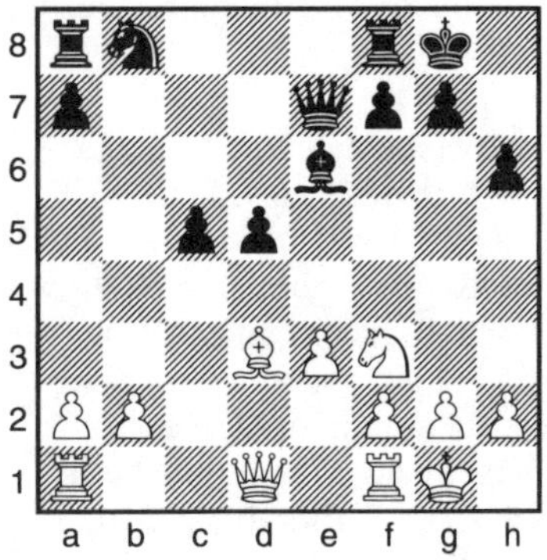

41

Wie auch im vorgehenden Beispiel attackiert Weiß die gegnerische Phalanx mit einem Bauernschritt.

1.e4! d4? Besser war 1… ♖d8, was einen isolierten Bauern auf c5 in Kauf nimmt. Jetzt hingegen wird die schwarze Bauernkonfiguration paralysiert.

2.♘d2 ♘d7 3.f4 f6 4.♕f3 ♖fc8 5.e5 fe

Es verbietet sich 5… c4 wegen 6.♘:c4.

6.♕e4 ♘f6 7.♕:e5

Schwarz hat keine realen Gegenchancen, da seine Bauern blockiert sind. Weiß spielt nicht nur gegen den Bauern c5, sondern auch auf dem Königsflügel, wo er dank der Bauernmajorität über glänzende Aussichten verfügt. Es ist interessant, daß der Kampfverlauf in dieser Partie starke Parallelen zu der 6. Partie des WM-Matches Fischer – Spasski (Reykjavik 1972) aufweist, die der Amerikaner Bobby Fischer in beeindruckendem Stil gewann.

7… ♕f7 8.b3 ♘g4 9.♕e4 ♘f6

Man hätte nach Konterchancen in den Verwicklungen 9… ♘e3 10.♕h7+ ♔f8 11.f5 ♗d5 12.♖f2 (12.f6 gf 13.♕:h6+ ♔e7) 12… ♔e7 13.♘e4 Ausschau halten sollen.

10.♕f3 ♗d5 11.♕g3 ♔h8 12.♖ae1 a5 13.♘c4 ♗:c4

Man muß den Läufer tauschen, da anderenfalls der Einstieg des weißen Springers in das schwarze Lager den Ausgang des Kampfes schnell besiegelt hätte.

14.♗:c4 Df8 15.♖e5 a4 16.♕g6 ab 17.ab ♖c7 18.g4!

Ein gerechtfertigter Angriff. Schwarz schafft es nicht, Drohungen gegen den weißen König aufzustellen.

18… ♕c8 19.♖e6 ♖c6 20.f5

Aber nicht 20.♖:c6 ♕:c6 21.g5 wegen 21… ♕e4.

20… ♖a2.

Wenn 20… ♖:e6 21.fe ♕d8, so 22.♗d3 ♖a7 23.♖:f6 gf 24.e7 ♖a1+ 25.♔g2 ♕d5+ 26.♗e4.

21.♖e7 ♕f8 22.♖fe1

Schwarz gab auf.

Ein anderes Beispiel einer kunstvollen Spielführung gegen die Bauernphalanx ist der Schlußteil der 18.WM-Partie zwischen **Botwinnik** und **Petrosjan (Moskau 1963).**

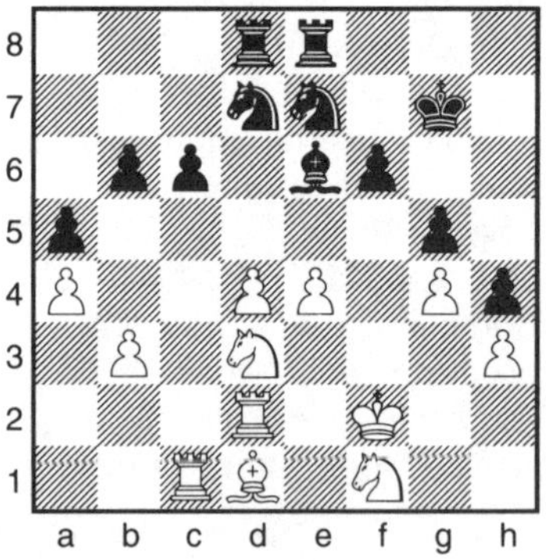

42

Schwarz muß die weiße Zentrumsbastion sprengen. Deshalb bereitet er den Vorstoß c6-c5 vor.

1… ♘f8 2.♘e1 ♘fg6 3.♘g2 ♖d7 4.♗c2 ♗f7

Damit der Läufer nach d4-d5 nicht angegriffen ist.

5.♘fe3?!

Ein schlechter Zug. Zuerst sollten der Bauer d4 und der Turm d2 durch 5.♖cd1 gedeckt werden.

5… c5!

Petrosjan erzwingt d4-d5. Auf 6.♖cd1 ist 6… ♖ed8 stark.

6.d5 ♘e5 7.♖f1

Mehr Verteidigungschancen bot 7.♘c4 ♘:c4 8.bc ♗g6 9.e5! Allerdings kann Schwarz stärker 8… ♘c8 spielen, wonach 9.e5 schon nicht mehr so reiches Gegenspiel versprach.

7… ♗g6 8.♔e1 ♘c8!

Verwirklicht die klassische Blockade durch die Springer auf d6 und e5.

9.♖df2 ♖f7 10.♔d2 ♘d6 11.♘f5+ ♗:f5 12.ef.

Jetzt ist die Zeit für den entscheidenden Angriff gekommen.

12… c4! 13.♖b1 b5! 14.b4 c3+ 15.♔:c3 ♖c7+ 16.♔d2 ♘ec4+ 17.♔d1 ♘a3 18.♖b2

Wenn 18.♖b3, so 18… ♘:c2 19.♖:c2 20.♔:c2 ♖e2+.

18… ♘dc4 19.♖a2 ab 20.ab ♘:b5 21.♖a6 ♘c3+ 22.♔c1 ♘:d5 23.♗a4 ♖ec8 24.♘e1 ♘f4

Weiß gab auf.

Ein Flankenbauer spielte auch in der Partie **Lau – Hort (München 1991)** eine wichtige Rolle bei der Sprengung der weißen Stellung.

43

Weiß hatte gerade 1.b2-b4? gespielt. Es wäre notwendig gewesen, diesen Bauern auf seinem Platz zu belassen, um auf b7-b5 immer die Antwort b2-b3 parat zu haben. Jetzt hingegen folgt der uns schon bekannte Plan einer Sprengung der Bauernphalanx und die Inbesitznahme des Feldes d5.
1… b5! 2.c5 ♗e7 3.♗d2 ♘d5 4.♖he1 ♗f6 5.♖e4 ♖e7 6.♖de1 ♖de8 7.♕b3 ♖b8 8.♔c2 ♕c8 9.♖1e2 a5! 10.ba b4 11.♔d1
Auf 11.a3 folgt 11… ba 12.♕:a3 ♕a6 und ♖eb7.
11… ♖a7 12.♕c4 ♖:a5 13.♘e1 ♕a6 14.♕:a6+ ♖:a6 15.♔c2 b3+!
Es sind bis zum Ende Aufmerksamkeit und Genauigkeit geboten. Das schablonenhafte 15… ♖:a2+ 16.♔b3 ♖a3+ 17.♔b2 nebst 18.♘c2 hätte den Kampf hinausgezogen.
16.ab ♖a2+
Weiß gab auf. Auf 17.♔b1 folgt 17… ♖:d2 18.♖:d2 ♘c3+, und nach 17.♔c1 ♖:b3 gibt es ebenfalls keine Rettung für Weiß.

Das haben wir in der 7. Lektion behandelt:
- ☐ Angriffsarten gegen die Bauernphalanx
- ☐ Angriff durch Figuren
- ☐ Angriff durch Bauern

Übungsaufgaben zur 7. Lektion

Aufgabe 30:
Weiß: ♔g1, ♖c1, d1, ♗e3, f1, ♘c3, e2, ♙a2, b3, d4, e4, f4, g4, h3
Schwarz: ♔g8, ♖c8, d8, ♗d7, g7, ♘b6, e6, ♙a7, b7, c6, e7, f7, g6, h6
☐ Schwarz am Zug. Schlagen Sie einen Plan für Schwarz vor!

Aufgabe 31:
Weiß: ♔g1, ♕c2, ♖c1, d1, ♘c3, g3, ♙a2, b2, e3, f2, g2, h2
Schwarz: ♔g8, ♕e7, ♖c8, f8, ♘b6, f6, ♙a7, c5, d5, f7, g6, h6
☐ Weiß am Zug. Lohnt sich 1.e4?

Aufgabe 32:
Weiß: ♔e1, ♕e2, ♖a1, h1, ♗c3, ♘f3, ♙a2, b2, c4, d4, f2, g2, h5
Schwarz: ♔g8, ♕d6, ♖a8, f8, ♘d7, f6, ♙a7, b7, c6, e6, f7, g7, h6
☐ Schwarz am Zug. Wie würden Sie spielen?

Aufgabe 33:
Weiß: ♔f1, ♖a1, d2, ♗f3, ♙a2, d4, e4, f2, g2, h2
Schwarz: ♔g7, ♖c8, d8, ♘a5, ♙a7, b7, e6, f7, g6, h7
☐ Schwarz am Zug. Wie würden Sie spielen?

8. LEKTION

„Das häßliche Entlein“ im Schach

Ein **Doppelbauer** ist wahrscheinlich der unglücklichste Akteur der Schachliteratur. Gewöhnlich ruft sein Erscheinen auf dem Schachbrett nur spöttisches Gelächter oder bestenfalls Mitleid hervor. Dem Doppelbauern wird angekreidet, daß er sich nicht selbst verteidigen bzw. den Gegner nicht angreifen kann. Tatsächlich wirkt ein Doppelbauer unbeholfen und zieht wie ein Magnet feindliche Attacken auf sich. Damit sind noch nicht alle „Sünden“ genannt.
Es ist jedoch nicht gerechtfertigt, nur in düsteren Tönen vom Doppelbauern zu sprechen. Sein Schicksal fügt sich oftmals zum besseren und erinnert dann an die Verwandlung des häßlichen Entleins zum wunderschönen Schwan wie in einem berühmten Märchen von Hans Christian Andersen.
Die positiven Eigenschaften des Doppelbauern bestehen weniger in seiner selbständigen Rolle, als vielmehr in der Unterstützung die er den anderen Figuren im Kampf um die Beherrschung offener Linien und Diagonalen, um Stützpunkte und um die Kontrolle über wichtige Felder erweist.
■ Man unterscheidet **isolierte** und **kompakte Doppelbauern.**
Letztere sind Doppelbauern, die benachbarte Bauern der eigenen Farbe besitzen. Ein kompakter Doppelbauer erhöht in der Regel die Festigkeit des gesamten Bauernkomplexes auf dem betreffenden Brettabschnitt. Dieser Umstand besitzt besonders bei der Verteidigung eine große Bedeutung. Betrachten wir einige Beispiele.

Smyslow – Antoschin (Sotschi 1963)

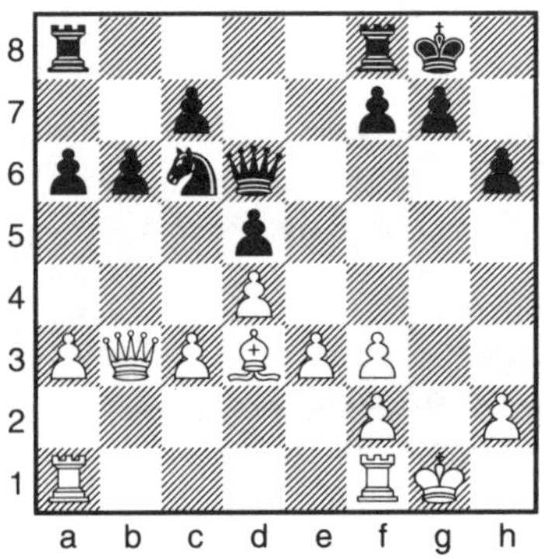

44

Schwarz hat gerade seinen Läufer gegen den gegnerischen Springer auf f3 getauscht und somit einen weißen Doppelbauern geschaffen. Dieser Abtausch muß als verfehlt bezeichnet werden, da Schwarz die Bauern f2 und f3 nicht attackieren kann, während Weiß die offene g-Linie mit Angriffschancen gegen den schwarzen König erhielt.
Es folgte:
1.♔h1 ♘a5 2.♕a2 c5 3.♖g1 cd 4.cd ♖fc8 5.♖g3 ♖c3 6.♖ag1!
Das Läuferopfer ist korrekt. Auf 6… ♖:d3 folgt 7.♖:g7+ ♔h8 8.♕b1 ♕:a3 9.♕:b6 mit der tödlichen Drohung 10.♕:h6 matt.
6… g5 7.♕e2 ♘b3
Etwas anderes ist nicht in Sicht. Im Falle von 7… ♕:a3 8.f4 ♖:d3 9.fg ♔f8 10.gh ♔e7 11.h7 ♖h8 12.♕h5 ♕d6 13.♖g8 ♕f6 14.♖:h8 ♕:h8 15.♕e5+ gewinnt Weiß.
8.♗b1 ♘c1 9.♕d1 ♕:a3 10.f4!
Man darf nicht zögern.
10… ♕b2
Schlecht ist 11.♗:d3 ♖:d3 12.♕h5.
11.♕h5!
Nur so. Jetzt ist sowohl 11… ♘e2 12.♕:h6 ♘:g3+ 13.hg ♖a7 14.♗h7+ ♔h8 15.♗e4+ ♔g8 16.f5 de 17.f6, als auch 11… ♕:b1 12.♕:h6 hoffnungslos für Schwarz.
11… ♖c6 12.fg ♕:b1 13.gh+ ♔h8
13… ♖g6 14.♖:g6+ fg 15.♕:d5+ und 16.♕:a8.
14.♕:f7 ♕h7 15.♖g7
Schwarz gab auf.

■ In diesem Beispiel hat die dem Doppelbauer benachbarte offene Linie dem Weißen zum Königsangriff verholfen.

Im nächsten Partiefragment bewirkt der Tausch der wichtigsten schwarzen Verteidigungsfigur die Bildung eines Doppelbauern und ermöglicht den weißen Figuren das Eindringen auf der zentralen Vertikale.

Botwinnik – Sorokin
(Moskau 1931)

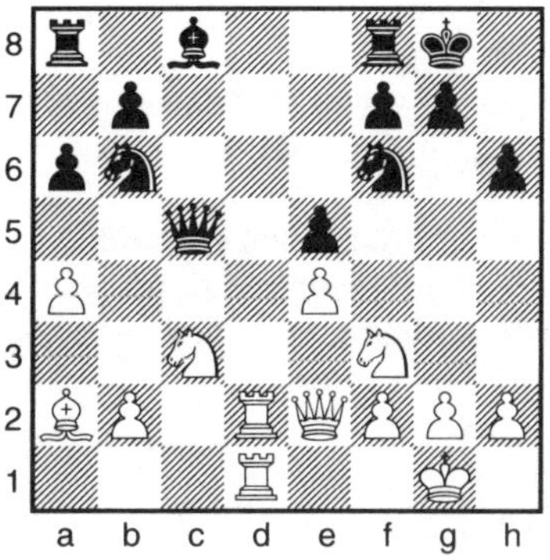

45

Es folgte
1.♕e3!
Botwinnik schrieb dazu: „Dieser verblüffende Zug ist der stärkste. Nach dem Damentausch, dem Schwarz nicht ausweichen kann (1… ♕c7 2.♘:e5), treten die Defekte der schwarzen Stellung deutlich zutage. Es wird noch schwerer, dem Druck auf der d-Linie etwas entgegenzusetzen, der Bauer e5 wird schwach, ja, und der Punkt f7 muß verteidigt werden. In den sieben Jahren, die ich bis dahin schon Schach gespielt hatte, war dies wohl mein positionell feinster Zug.“
1… ♕:e3 2.fe ♗g4 3.a5 ♘c8 4.♖c1 ♗:f3 5.gf ♘e7 6.♘d5 ♘c6
Oder 6… ♘f:d5 7.♗:d5! ♘:d5 8.♖:d5. Schlechter ist 7.ed wegen 7… ♘f5 8.e4 ♘d6 mit Blockade.
7.♘:f6+ gf 8.♖d7 ♖ab8 9.♔f2 ♘:a5 10.♖cc7 ♖cb8 11.♖:f7 ♖:c7 12.♖:c7+ ♔h8 13.♗d5
Die weißen Figuren dominieren klar. Es folgte noch:
13… b5 14.b3 ♖d8 15.♔g3 f5 16.♔h4 fe 17.fe ♖d6 18.♔h5 ♖f6 19.h3 ♖d6 20.h4 ♖b6 21.♔g4 ♖f6 22.♖a7 ♖b6 23.♖e7 ♖d6 24.♖c7 ♖f6 25.♖a7 ♖b6 26.♖c7 ♖f6 27.♔h5 ♖d6 28.♗f7!
Weiß hat das Gewinnmanöver gefunden.
28… ♖f6 29.♗g6 ♘:b3 30.♔:h6 ♖f8 31.♖h7+ ♔g8 32.♖g7+ ♔h8 33.♗f7 ♖:f7 34.♖:f7 ♔g8 35.♔g6 ♘d2 36.♖d7
Schwarz gab auf.

Partie Nr. 12
Spanische Partie
Fischer – Cholmow
Havanna 1965

1.e4 e5 2.♘f3 ♘c6 3.♗b5 a6 4.♗a4 ♘f6 5.0-0 ♗e7 7.♖e1 b5 7.♗b3 d6 8.c3 0-0 9.h3 ♘a5 10.♗c2 c5 11.d4 ♕c7
Das sogenannte Tschigorin-System.
12.♘bd2 ♘c6 13.dc.
Weiß möchte mit dem Springer nach d5 oder f5, um einen Königsangriff vorzubereiten.
13… dc 14.♘f1 ♗e6 15.♘e3 ♖ad8 16.♕e2 c4!
Der Beginn eines interessanten Gegenplanes.
17.♘g5
Besser ist 17.♘f5.
17… h6!
Die Pointe der Idee von Schwarz. Der isolierte schwarze Doppelbauer ist keine Schwäche, sondern in dieser Position eine Stärke, da er alle Schlüsselfelder kontrolliert. Deutlich schwächer ist 17… ♗c8 wegen 18.♘d5! ♘:d5 19.ed ♗:g5 20.♗:g5 ♖:d5 21.♕e4 oder 17… ♗c5 18.♘d5.
18.♘:e6 fe 19.b4?
Besser ist 19.a4 oder 19.b3, was zu einem Kampf mit ungefähr gleichen Chancen führt. Z. B., 19.b3 ♗c5 20.♖d1 ♘d4 21.cd ed 22.♘:c4 bc 23.bc d3 24.♖:d3 ♘g4, Suetin – Nei, Vilnius 1967.

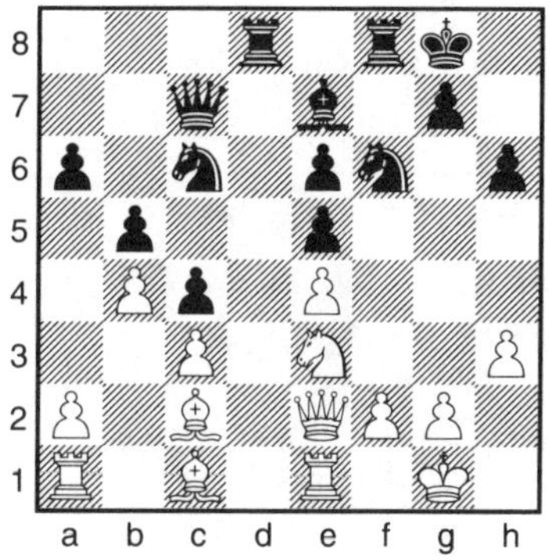

46

19… ♘d4!
Schwarz nutzt den Doppelbauern zur Schaffung einer Bauernarmada im Zentrum.
20.cd ed 21.a3
Es ging nicht 21.e5 wegen 21… d3! (21… ♕:e5? 22.♘f5) 22.ef ♗:f6 23.♕g4 ♗:a1 24.♕:e6+ ♕f7 25.♕:f7+ ♔:f7 26.♗d1 d2 27.♗:d2 ♖:d2 28.♗h5+ g6 29.♖:a1 gh, und Schwarz gewinnt.
21… d3 22.♗:d3 ♖:d3! 23.♘g4 ♔h7 24.e5 ♘:g4 25.♕e4+ g6 26.♕:g4 ♖f5
Schwarz hat unbestreitbaren Vorteil. Die weißen Figuren sind passiv, und der Bauer e5 bedarf der Verteidigung.
27.♕e4 ♕d7 28.♗e3 ♕d5 29.♕:d5 ♖:d5
Einfacher ist 29… ed. Z. B., 30.♗c5 ♖f7 31.♖ad1 ♖:d1 32.♖:d1 ♗:c5 33.bc c3!
30.f4 g5 31.g3 gf 32.gf ♖f8 33.♔g2 ♔g6 34.♖g1 ♖d3 35.♔f3 ♔f5 36.♖g7 ♗d8 37.♖b7 ♖g8 38.♖b8 ♖g7 39.a4 h5 40.ab ab 41.♖:b5 ♗h4 42.♔e2 ♖g2+ 43.♔f1 ♖h2 44.♔g1 ♖e2 45.♗b6 c3 46.♔f1 ♖h2
Weiß gab auf.
■ Außer bei der Unterstützung eines direkten Angriffs werden die Doppelbauern oft als Basis für Stützpunkte auf offenen Linien eingesetzt.

Jimenez – Larsen
(Palma de Mallorca 1967)

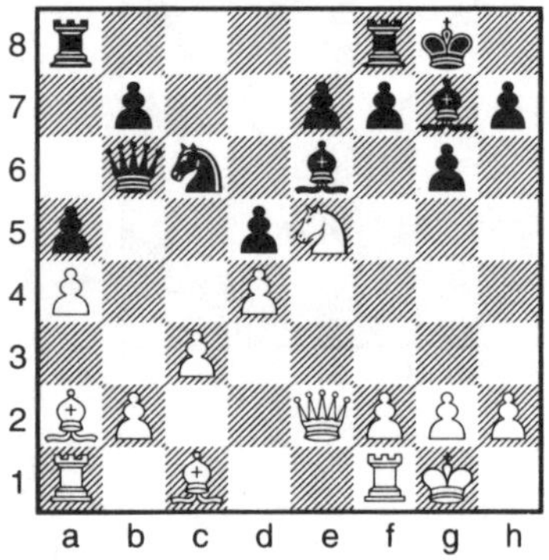

47

In den nächsten Zügen tauscht Schwarz seine beiden Läufer ab (scheinbar der Stolz seiner Stellung) und handelt sich einen Doppelbauern ein. Diese paradoxe Entscheidung ist jedoch vollauf gerechtfertigt. Schwarz erhält nämlich die Möglichkeit, einen starken Vorposten im Zentrum zu bilden, um somit die Mobilität der weißen Figuren wesentlich einzuschränken.

1… ♗:e5 2.de d4! 3.♗h6 ♖fd8 4.♗:e6 fe 5.♖fe1 ♖d5!

Der Vorposten geht in Stellung.

6.♗f4 ♖f8 7.g3

Im Falle von 7.♗g3 müßte man mit dem Vorstoß des d-Bauern rechnen.

7… ♖f5 8.♖ad1?

Mehr Gegenchancen versprach 8.h4 d3 9.♕d2.

8… ♕b3! 9.h4 ♕:a4 10.♕e4 ♕b3 11.cd ♕:b2 12.♖b1

Etwas besser ist 12.♗e3.

12… ♕:d4 13.♖:b7 ♖d:e5!

Schwächer ist natürlich 13… ♕:e4, da Weiß im Endspiel Remischancen hätte.

14.♕b1

14.♗:e5 ist wegen 14… ♕:f2+ 15.♔h1 ♖:e5 nicht spielbar.

14… ♖:e1+ 15.♕:e1 ♕d5 16.♕c1 ♘d4 17.♖b8+ ♖f8 18.♖:f8+ ♔:f8 19.♗h6+ ♔e8

Oft läßt in Gewinnstellungen die Konzentration nach. Das sich anbietende 19… ♔f7 hätte nach 20.♕c8 zum Unentschieden geführt. Doch Larsen bleibt akurat.

20.♕c8+ ♕d8 21.♕c4 ♘f5 22.♗f4 ♔f7 23.♗e5 ♕d1+ 24.♔h2 ♕d2 25.♕c5 a4 26.♗c3 ♕c2 27.♔g1 ♕d1+ 28.♔h2 ♕d5 29.♕b4 ♕f3 30.♔g1 a3

Auf 31.♕:a3 folgt 31… ♘d4 32.♗b4 ♘e2+ 33.♔f1 ♘:g3+. Weiß gab auf.

■ Die Fähigkeit der Doppelbauern, einen wichtigen Felderkomplex lückenlos zu kontrollieren, keine feindlichen Figuren dorthin vorrücken zu lassen und gleichzeitig die Aktivierung der eigenen Figuren zu unterstützen, illustriert die folgende Partie sehr gut.

Partie Nr. 13
Spanische Partie
Aronin – Suetin
Saratow 1953

1.e4 e5 2.♘f3 ♘c6 3.♗b5 a6 4.♗a4 d6 5.♗:c6+ bc

Diese Variante trägt den Namen des ersten Weltmeisters Steinitz.

6.d4 ♘f6

Es wird auch 6… ed gespielt, was das Zentrum aufgibt, aber auf die potentielle Kraft des Läuferpaares vertraut sowie 6… f6, was den Kampf um das Zentrum um den Preis einer Schwächung der Bauernstellung am Königsflügel fortsetzt.

7.♘c3

Auf 7.de folgt 7… ♘:e4 8.♕e2 d5 mit freiem Spiel für Schwarz.

7… ♘d7

Ein originelles Verteidigungssystem. Schwarz läßt die weitere Schwächung seiner Bauernstruktur zu, um die Beweglichkeit der gegnerischen Springer einzuschränken und um die Aktivität seiner Figuren im Mittelspiel zu erhöhen.

8.♗e3 ♗e7 9.de de 10.0-0 0-0 11.♕d3 ♗d6 12.♖fd1 ♕e7 13.♕c4 ♗b7

Schwarz beschränkt sich einstweilen auf die Verteidigung, allerdings wirkt die weiße Initiative nicht bedrohlich, da Weiß keine echten Angriffsobjekte vor sich hat.

14.♘a4

Es war nicht nötig, den Springer an den Brettrand zu führen. Aufmerksamkeit verdiente 14.b4!? (wenn 14… ♗:b4, so 15.♖:d7) und erst danach ♘c3-a4.

14… c5 14.♗g5 ♕e8 16.♘h4?

Jetzt steht auch der andere Springer im Abseits. Besser war 16.♘c3.

16… ♕e6! 17.♕:e6 fe.

48

Wir haben ein ungewöhnliches Mittelspiel ohne Damen vor uns. Die schwarzen Bauern sind nur auf den ersten Blick eine Gruppe von Invaliden. In Wirklichkeit durchkreuzen sie die aktiven Absichten der weißen Figuren. Schwarz beginnt nun seinerseits, seine Kräfte zu entfalten. Das erste Ziel ist die Überführung des Springers nach d4.

18.♘c3 ♘b8! 19.♘f3 ♘c6 20.♘d2 ♘d4 21.♖ac1 ♖f7 22.♘c4 a5
Verhindert 23.♘a5.
23.♖d2 a4 24.b3 ♗a6 25.♗e3 ab 26.cb ♗:c4 27.bc c6!
Eine verblüffende Stellung. Jetzt muß sich Weiß um den Schutz seiner Bauern kümmern.
28.♖b2 ♖fa7 29.a4 ♗c7 30.♖a1 ♗a5 31.♘d1 ♗b4 32.♗:d4 ed 33.♖ba2 d3! 34.a5 ♖d8
Der Abtausch von vier Türmen (nach 34… ♖:a5) hätte für Weiß die Rettung aufgrund von f2-f3 und der Königswanderung zum Bauern d3 bedeutet.
35.f3 ♖d4 36.♘e3 ♗c3 37.♖b1 ♖:a5
Schwarz hat einen Bauern gewonnen, und Weiß ist in einer kritischen Lage. Die Betrachtung dieses Endspiels gehört hier nicht zu unserer Aufgabe, deshalb wollen wir die Partie abbrechen. Ich möchte nur erwähnen, daß Schwarz nach einem langwierigen Kampf den Sieg davontrug.
Doppelbauern erfüllen in Verbindung mit benachbarten Bauern sehr gut Verteidigungsfunktionen. Wenn einige Bauern nebeneinander aufgereiht sind, schafft das einen für gegnerische Figuren undurchdringlichen Verteidigungswall.

Bronstein – Botwinnik
(6. WM-Partie Moskau 1951)

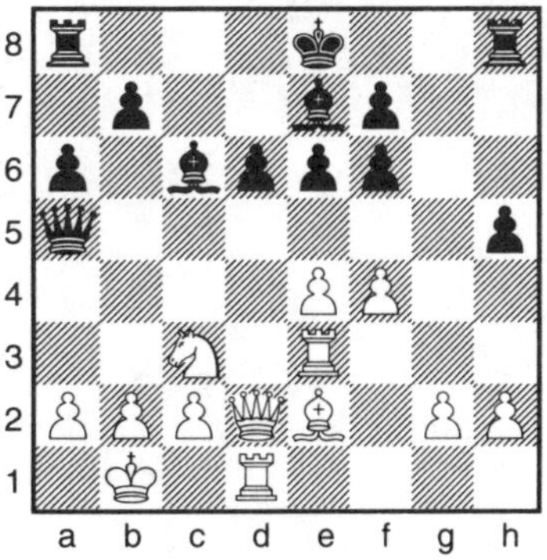

49

Die Bauern verteidigen die schwarze Stellung zuverlässig. Es folgte:
1.♗f3 0-0-0 2.♕d3
Der Ausfall 2.♘d5 brachte wegen 2… ♕:d2 3.♘:e7+ ♔d7 4.♖:d2 ♔:e7 mit gutem Endspiel für Schwarz nichts ein.
2… ♖d7 3.h4 ♔b8 4.a3 ♗d8 5.♔a2 ♕c5 6.♖e2 a5
Plant b7-b5-b4. Weiß ist zu seinem nächsten Zug gezwungen.
7.a4 ♗b6 8.b3 ♖c8 9.♕c4
Dieser Abtausch ist praktisch notwendig. Im Falle von 9.♘d5 ed 10.ed ♗:a4 11.ba ♖dc7 wäre die Initiative auf Seiten von Schwarz.
9… ♕:c4 10.bc ♖h8 11.♔b3 ♖7d8 12.♖d3 ♗g1 13.♖ed2 ♔c7 14.♘e2 ♗f2
Die Chancen sind ungefähr ausgeglichen. Die Partie mußte eigentlich remis ausgehen, doch Weiß unterliefen im Endspiel noch einige Ungenauigkeiten, die schließlich zum Verlust führten.

In diesem Beispiel erwies sich der Umstand als wesentlich, das der Bauernaufbau d6, e6, f6 unzerstörbar blieb. Wenn es Weiß gelungen wäre, den Vorstoß e6-e5 oder f6-f5 (mit Abtausch auf f5) zu provozieren, hätten sich in der schwarzen Stellung verwundbare Punkte gebildet, in erster Linie das Feld d5. Diese Überlegung sollte in einer Partie immer eine Rolle spielen.

■ Zum Abschluß dieses Abschnitts möchte ich von einem weiteren Vorzug des Doppelbauern sprechen. Oft ist einer der verdoppelten Bauern bereit, sein Leben für die Aktivierung der eigenen Figuren bzw. für die Einengung der gegnerischen Stellung hinzugeben.

Partie Nr. 14
Spanische Partie
Werlinski – Aljechin
St. Petersburg 1909

1.e4 e5 2.♘f3 ♘c6 3.♗b5 a6 4.♗:c6 dc 5.d4 ed 6.♕:d4 ♕:d4 7.♘:d4
In dieser Variante setzt Weiß auf den Mehrbauern am Königsflügel, und Schwarz auf die Aktivierung des Läuferpaares. Während Weiß das Spiel geschlossen halten will, strebt Schwarz die Öffnung der Stellung an.
7… c5 8.♘e2 ♗d7 9.b3?!
Besser ist 9.♘bc3 oder 9.♗f4, um die Berührung der Bauern zu vermeiden.
9… c4!
Ein Opfer für Initiative. Weiß ist verpflichtet anzunehmen, da ansonsten sein Haupttrumpf – die Bauernmehrheit am Königsflügel – an Bedeutung verliert.
10.bc ♗a4 11.c3 0-0-0 12.♘bd2 ♗c2 13.f3 ♗c5!
Die Läufer spielen überall. Es verbietet sich nun 14.♘d4 wegen 14… ♖:d4!
14.a4 ♘f6 15.♗a3 ♗e3 16.♘f1 ♗a7 17.a5 ♖d3 18.c5
Ein Läufer ist blockiert, doch ist der schwarze Entwicklungsvorsprung schon zu groß.
18… ♖hd8 19.♔f2
Hartnäckiger ist 19.♗b4.
19… ♘d7 20.♘e3

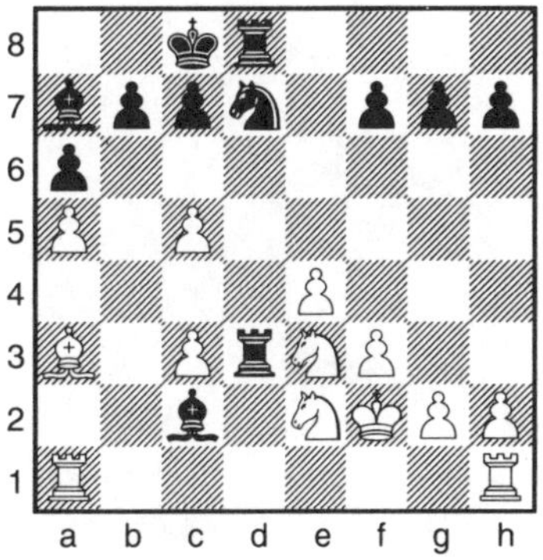

50

20… ♘:c5!
Auf 21.♘:c2 folgt ein Matt in fünf Zügen: 21… ♘:e4+ 22.♔e1 ♖d1+ 23.♖:d1 ♗f2+ 24.♔f1 ♖:d1+ 25.♘e1 ♖:e1 Matt.
21.♘d4 ♗b3 22.♔e2 ♖:c3 23.♗b2
23.♘df5 hätte den Widerstand verlängert.
23… ♖:e3+ 24.♔:e3 ♘e6 25.♖a3 ♘:d4 26.♔f4 ♗c5 27.♖aa1 ♘e2+ 28.♔g4 ♗e6+
Weiß gab auf.

Das haben wir in der 8. Lektion behandelt:

- ☐ die Stärken von Doppelbauern
- ☐ kompakte Doppelbauern
- ☐ isolierte Doppelbauern

Übungsaufgaben zur 8. Lektion

Aufgabe 34:
Weiß: ♔g1, ♕c2, ♖a1, b5, ♗a3, d3, ♙a4, e3, f2, f3, h2
Schwarz: ♔g8, ♕c7, ♖a8, e8, ♘c6, f6, ♙a6, b7, f7, g7, h7
☐ Weiß am Zug. Welcher Plan ist am zweckmäßigsten?

Aufgabe 35:
Weiß: ♔g1, ♕e4, ♖e1, f1, ♗f3, ♙a2, c3, c4, d4, e3, f2, g2, h2
Schwarz: ♔g8, ♕f6, ♖a8, e8, ♘c6, ♙a7, b7, c5, d6, e5, f7, g7, h6
☐ Weiß am Zug. Welcher Plan ist am zweckmäßigsten?

Aufgabe 36:
Weiß: ♔g1, ♕e3, ♖b1, e1, ♗g2, ♘a4, f3, ♙a2, b2, c4, e4, f2, g3, h4
Schwarz: ♔g8, ♕a7, ♖a8, e8, ♗c8, f8, ♘h5, ♙a5, c5, c6, e5, f7, g6, h7
☐ Schwarz am Zug. Umreißen Sie den Plan von Schwarz!

Aufgabe 37:
Weiß: ♔g1, ♕e2, ♖f1, f2, ♗d3, g5, ♘e3, ♙a4, c3, c4, d4, e4, g2, h2
Schwarz: ♔g8, ♕e7, ♖a8, f8, ♗d7, ♘a5, f6, ♙a7, b6, c6, d6, e5, g7, h7
☐ Weiß am Zug. Wie würden Sie spielen?

Das Spiel gegen Doppelbauern

Der Gerechtigkeit halber muß man auch über die Schwächen sprechen, die den Doppelbauern eigen sind. Bei weitem nicht immer wird aus dem häßlichen Entlein ein stolzer Schwan. In vielen Fällen erweisen sich Doppelbauern als chronische Schwäche und erfordern ständige Aufmerksamkeit.

■ Die Schwäche der Doppelbauern wächst in der Regel, je näher das Endspielstadium der Partie rückt. Das ist dadurch bedingt, daß Doppelbauern bei bedeutender Figurenkonzentration auf dem Brett Helferfunktionen übernehmen, indem sie den eigenen Figuren günstige Plätze für Angriffs- oder Verteidigungszwecke einräumen. Im Endspiel hingegen – bei geringer Figurenkonzentration – wächst die Rolle des Bauern als selbständiger Kampfeinheit. Gerade hier aber offenbaren sich die Nachteile von Doppelbauern: geringe Beweglichkeit und schlechte Verteidigungsqualitäten. Man sollte die Bauern zum Vorrücken zwingen. Besonders wirkungsvoll ist dieser Plan bei kompakten Doppelbauern. Durch das Vorrücken eines Bauern dieses Komplexes entstehen Lücken für das Eindringen der gegnerischen Figuren.

Kasparow – Popovic (Belgrad 1989)

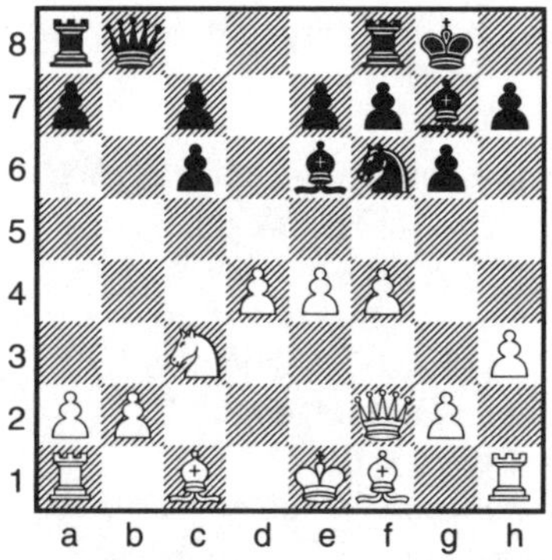

51

Schwarz hat einen isolierten Doppelbauern. Seine Gegenchancen beruhen auf taktischen Drohungen auf den halboffenen Linien. Doch Kasparow ist aufmerksam. Er beendet erst die Figurenentwicklung und stürzt sich dann auf die gegnerischen Bauernschwächen.
Es folgte:

1.♗d3 ♖d8 2.♗e3 ♕b4
2… c5 3.d5 c6 4.de ♖:d3 5.ef+ ist günstig für Weiß.

3.0-0 ♖ab8 4.♖ab1 ♘e8
Schwarz hätte auch nach 4… ♗c4 5.♗:c4 ♕:c4 6.♖fc1 ♕a6 Schwierigkeiten gehabt, doch war dies der relativ bessere Ausweg gewesen.

5.e5 f5
Das ist wegen der Drohung f4-f5 erzwungen.

6.♖fc1 ♗f8 7.b3 ♘g7 8.♘a4
Weiß übt direkten Druck auf den Doppelbauern aus. Schwarz ist in die Defensive gedrängt und geht langsam an Raummangel zugrunde.

8… ♗d5 9.♘c5 ♕b6
Nebenbei drohte 10.♘a6.

10.b4 e6
10… ♘e6 scheiterte an 11.♘:e6 ♗:e6 12.d5. Man kann konstatieren, daß Schwarz nicht einmal den Hauch eines Gegenspieles hat. Er muß passiv abwarten, was der Gegner unternimmt.

11.♘a6 ♖bc8 12.a4 ♕b7 13.♕f1 ♕a8 14.♗c4
Der Läufer d5 ist der Hauptverteidiger der schwarzen Stellung, deshalb will Weiß ihn abtauschen. Natürlich muß Schwarz dem ausweichen, da nach dem Tausch seine Bauern schutzlos wären.

14… ♗e4 15.♖b2 ♔h8 16.♗d3 ♗d5 17.♔h2 ♗e7 18.♖bc2 ♖d7 19.b5!
Der entscheidende Durchbruch.

19… cb 20.♘:c7 ♕b7
Schlecht ist 20… ♖d:c7 21.♖:c7 ♖:c7 22.♖:c7 ba wegen 23.♗a6 ♗b7 24.♕b5.

21.♘:d5 ♖:c2 22.♖:c2 ♖:d5 23.♗:b5 ♖d8 24.♕c1 ♕e4 25.♖c3 h6 26.♗c6
Schwarz gab auf.

Im Kampf gegen kompakte Doppelbauern ist es wichtig, das Vorrücken eines der Bauern zu provozieren. Ich hatte bereits darauf hingewiesen. Bildlich gesprochen ist es so, als ob man einen Soldaten aus dem Schützengraben locken würde.

Krogius – Geller (Leningrad 1960)

52

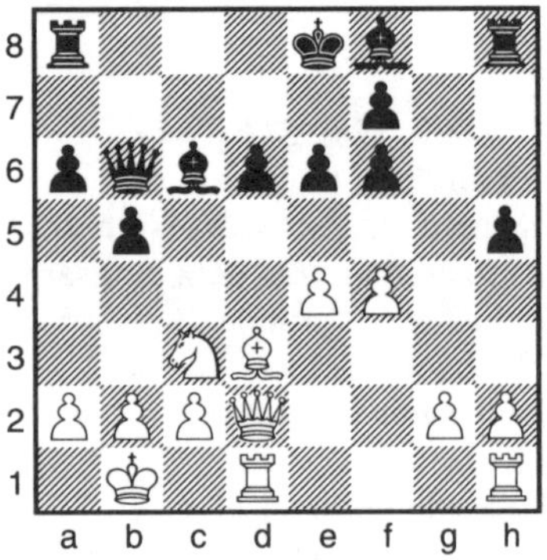

Die schwarzen Bauern d6, e6 und f6 bilden eine Phalanx und behindern die Aktivierung der weißen Figuren. Es ist unumgänglich, eine Bresche in diesen Wall zu schlagen. Am aussichtsreichen für Weiß wäre der Vorstoß e6-e5, was wichtige Stützpunkte auf d5 und f5 schaffen würde. Aber wie kann man das provozieren? Man kann den Bauern e6 mittels f4-f5 angreifen, was ein typisches Verfahren für den Kampf gegen eine Bauernphalanx ist. In der Partie verfolgte ich diesen Plan.

1.♖hf1 0-0-0?

Schwarz sollte den König besser in der Mitte belassen (wo er sicherer postiert ist) und prophylaktische Maßnahmen gegen den skizzierten Vorstoß f4-f5 unternehmen, z. B. 1… ♗e7 und 2… ♕c5, um nach f4-f5 das Feld e5 mit der Dame zu besetzen.

2.f5 b4

Wozu? Besser ist 2… ♗e7.

3.♘e2 ♗h6

Schwarz hat bereits ernste Schwierigkeiten. Es drohte 4.fe und 5.♖:f6. Wenn 3… ♗e7, so 4.fe fe 5.♘f4 ♗d7 6.♗c4 (Dieser Zug ist nur dank des fehlerhaften 2… b4 möglich.), und der Bauer e6 ist nicht zu verteidigen. 6… e5 verliert wegen 7.♘d5 sofort.

4.♕e1 e5

Erzwungen. Auf 4… d5 ist 5.ed ♗:d5 6.♘f4 stark. Nach 6… ♗:f4 7.♖:f4 gerät der schwarze König in einen starken Angriff. Nebenbei wird die Drohung 8.fe aufrechterhalten.

5.♘c1

Bereitet die Überführung des Läufers nach c4 vor.

5… a5?

Der letzte Fehler. Schlecht war auch 5… ♗:c1 6.♖:c1 d5 wegen 7.c3 b3 8.ab, aber 5… d5 hätte den Widerstand etwas verlängert, z. B. 6.ed ♗:d5 7.♕e2 ♗b7 8.♗c4 mit vielzähligen Drohungen.

6.♗c4 ♖d7 7.♗d5

Der Anziehende hat die gegnerische Bauernformation erfolgreich desorganisiert. Jetzt geht er zum Königsangriff über.

7… ♗b5 8.♖f3 ♖c7 9.♘b3

Nicht so klar ist 9.a3 wegen 9… ♕c5.

9… ♔b8

Dies läßt einen effektvollen taktischen Schlag zu, aber es gab ohnehin keine Rettung mehr. Auf 9… a4 wäre es wie folgt weitergegangen: 10.♕:b4 ab 11.c4 (11.♖:b3 ♕c5) 11… ba+ (11… ♕a7 12.♖:b3) 12.♔a1 ♕c5 13.♕:c5 ♖:c5 14.b4 ♖c7 (14… ♖:c4 15.♗:c4 ♗:c4 16.♖c3) 15. cb mit Gewinnstellung für Weiß.

10.♘:a5!

Wenn 10… ♕:a5, so 11.♖a3 ♗a4 12.♗b3! (nach 12.b3 entstünden unklare Verwicklungen – 12… ♕c5 13.♖:a4 ♕:c2+ 14.♔a1 ♔c8! und 15.♖a8+ ♔d7 16.♖:h8 ist gefährlich wegen 16… ♖a7 17.♗c6+! ♔c7 18.♗a4 (18.a4 ba 19.♖b1 ♗d2 18… ♖:a4 19.ba ♗e3) 12… ♗:b3 13.♖:a5 ♗:c2+ 14.♔a1 ♗:d1 15.♕:b4+ ♔c8 16.a3! Schwarz hat keine annehmbaren Fortsetzungen. Z. B., 16… ♖d8 17.♕b5! Auf 17… ♖b7 entscheidet 18.♖a8+ ♔c7 19.♕a5+. Auch 10… ♕c5 (anstatt 10… ♕:a5) wird widerlegt, man siehe: 11.c4 ♗a6 12.♖b3 ♕:a5 13.♖:b4+ ♔a7 14.♖b7+.

10… ♖hc8 11.♕:b4 ♖:c2 12.a3 ♔a7

Auf 12… ♕c5 ist 13.♖b3 am einfachsten.

13.♖b3 ♔a6 14.♗b7+

Schwarz gab auf.

Polugajewski – Asmaiparaschwili (Reykjavik 1990)

53

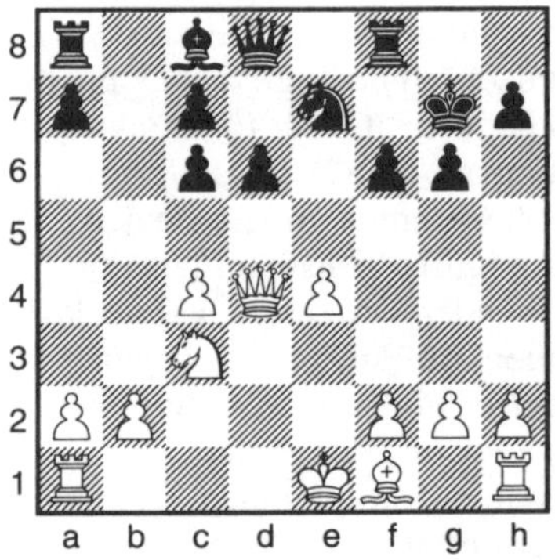

Hier muß Weiß den Kampf gegen ein „Bauerndreieck“ führen (c6, c7 und d6). Auch im vorliegenden Fall besteht der richtige Plan darin, einen der feindlichen Bauern vorzulocken. Es erhebt sich jedoch die Frage, welchen Vorstoß – c6-c5 oder d6-d5 – man zweckmäßigerweise provozieren sollte. Man muß vor allem berücksichtigen, daß die Befolgung allgemeiner Regeln immer auf der konkreten Analyse der Situation auf dem

Brett basieren muß.
Diese Analyse zeigt, daß der Zug c6-c5 nicht nur annehmbar für Schwarz, sondern sogar gefährlich für Weiß ist. Z. B., 1.♗e2 c5 2.♕d2 ♘c6. Es droht dann ♘c6-d4, während das Manöver ♘c3-d5 durch ♗c8-e6:d5 bzw. durch c7-c6 pariert wird. In den entstehenden möglichen Varianten wird keinerlei Nachteil des Doppelbauern offenbar, eher ist das Gegenteil der Fall.
Deshalb muß Weiß d6-d5 erzwingen. Dazu ist es notwendig, den Bauern d6 zu attackieren. Außerdem ist c6-c5 zu unterbinden. Ausgehend von dem eben Gesagten gibt es nur einen logischen Zug, der leicht zu finden ist.
1.c5!
Ich möchte den Leser noch einmal daran erinnern, daß dies ein typisches Verfahren im Spiel gegen eine Bauernphalanx ist.
1… dc?!
Eine strittige Entscheidung. Prinzipiell war 1… d5 2.0-0-0 ♗e6. In diesem Falle würde Weiß mit ♗e2, f2-f4 und g2-g4 oder h2-h4 fortsetzen, um den schwarzen König anzugreifen.
2.♕:c5 ♕d6 3.♕:d6! cd 4.0-0-0
Obwohl er den Doppelbauern aufgelöst hat, hat Schwarz klaren Nachteil. Er krankt an der Bauernschwäche d6.
4… d5
Die passive Verteidigung 4… ♖d8 5.♗c4 ♗b7 6.♖d2 ♖d7 7.♖hd1 ♖ad8 war wegen 8.♗e6 kein Ausweg. Wenn man die nun entstandene Lage mit der Ausgangssituation vergleicht (vor 1.c5), so fällt auf, daß faktisch der Bauer c4 gegen den Bauern c7 getauscht wurde. Im vorliegenden konkreten Partiebeispiel hat dieser Umstand die Schwierigkeiten von Schwarz vertieft. Hier trifft ein Ausspruch von Nimzowitsch zu: „Man braucht die Auflösung eines gegnerischen Doppelbauern nicht unbedingt zu fürchten. Ein Teil der Schwäche verschwindet zwar, aber es bleibt ja noch die ‚andere Hälfte'."
5.♗e2
Es machte keinen Sinn, das Bauernopfer anzunehmen. Nach 5.ed cd 6.♘:d5 ♘:d5 7.♖:d5 ♗f5 oder 7… ♗e6 hätte Schwarz in Verbindung mit ♖f8-c8+ gute Gegenchancen.
5… ♗e6 6.♗f3 ♖fd8 7.ed ♘:d5 8.♗:d5! cd
■ Ein weiterer, auf den ersten Blick unscheinbarer, aber ernster Fehler. In der Position mit einem isolierten Bauern auf d5 ist der weiße Springer dem schwarzen Läufer überlegen. Es hätte 8… ♗:d5 geschehen sollen, obwohl Weiß nach 9.♘:d5 cd 10.♖d4 oder 9… ♖:d5 10.♖:d5 cd 11.♔d2 im Turmendspiel deutlichen Vorteil hat.
9.♖d4 ♖ac8 10.♔d2 ♖c4 11.♘e2 ♖e8 12.b3 ♖c7 13.♖a4 ♗f7 14.♘d4
Das Mittelspiel, d. h. der Kampf gegen den Doppelbauern, ist in ein für Weiß vorteilhaftes Endspiel eingemündet. Eine ausführliche Betrachtung dieses Endspiels würde den Rahmen des hier zu betrachtenden Themas sprengen. Deshalb sage ich nur, daß Polugajewski nach **14… ♖ec8 15.♖e1 g5 16.♖e6! ♗:e6 17.♘:e6+ ♔g6 18.♘:c7 ♖:c7 19.♖a5 ♖d7 20.g4! h5 21.h3 h4 22.b4 ♔f7 23.♖a6 ♖c7 24.b5 d4 25.a4 ♔e7** seinen Vorteil nach Hause brachte.
■ In der modernen Schachpraxis kommt es oft zum Kampf gegen Doppelbauern, die dem Gegner zum Königsangriff verhelfen.

Partie Nr. 15
Nimzowitsch – Indische Verteidigung
Geller – Smyslow
Zürich 1953

1.d4 ♘f6 2.c4 e6 3.♘c3 ♗b4 4.e3 c5 5.♗d3 0-0 6.a3 ♗:c3+ 7.bc ♘c6 8.♘e2 b6 9.0-0
Die beiderseitigen Pläne sind vorgezeichnet. Weiß bereitet mittels e3-e4, f2-f4 und (wenn möglich) f4-f5 einen Angriff am Königsflügel vor. Die Grundlage dafür ist die mächtige Bauernphalanx im Zentrum, derentwegen Weiß die Verdoppelung seiner Bauern in der c-Linie in Kauf nahm. Natürlich ist der Doppelbauer potentiell schwach, aber der Anziehende möchte den Ausgang des Kampfes entweder schnell durch einen Sturmlauf auf dem Königsflügel entscheiden oder sogar den Bauern c4 zwecks Ablenkung der gegnerischen Kräfte opfern.
Schwarz muß seinerseits eine zweifache Aufgabe lösen: erstens muß er ein Druckspiel gegen den Doppelbauern aufziehen und zweitens den gegnerischen Angriffsfiguren am Königsflügel Steine in den Weg legen. Eine wichtige Rolle spielt dabei der Hemmungszug f7-f5.
Es folgte:
9… ♗a6 10.e4 ♘e8
Um auf 11.f4 die Antwort 11… f5 zu haben.
11.♕a4.
Inkonsequent. Weiß möchte gleichzeitig auf zwei Stühlen sitzen, d. h. den Bauern c4 verteidigen und am anderen Brettrand angreifen. Da kann nichts Gutes herauskommen. Die Dame mußte den Königsangriff unterstützen. Logischer war 11.f4 f5 12.♘g3 mit der Absicht, d4-d5 und e4-e5 zu spielen. In diesem Falle hätte sich ein scharfer Kampf mit beiderseitigen Chancen ergeben. Z. B., 12… g6 13.d5 ♘a5 14.e5!? ♗:c4 15.d6.
11… ♕c8
Schlechter ist 11… ♘a5 wegen 12.dc

bc 13.♗e3 d6 14.e5. Auf 12.dc ist 12… ♘e5 gut.
12.♗e3 d6 13.♖ad1
Warum nicht 13.f4 f5 14.d5? Weiß spielt seine Trümpfe nicht aus.
13… ♘a5 14.dc?
Geller war zu 14.d5 nebst f2-f4 verpflichtet, denn jetzt werden seine schwachen Bauern festgelegt und Schwarz übernimmt die Initiative.
14… dc 15.e5 ♕c6! 16.♕c2
Ein Damentausch wäre natürlich unerfreulich für Weiß.
16… f5!
Dieser Zug durchkreuzt die weißen Angriffshoffnungen. Nach 17.ef ♘:f6 18.♗g5 ♗:c4 19.♗:f6 ♗:d3 20.♖:d3 ♖:f6 hätte Schwarz einen Mehrbauern.
17.♕a2
Weiß hat auf passive Verteidigung umgeschaltet, was ein Eingeständnis dafür ist, daß seine Pläne gescheitert

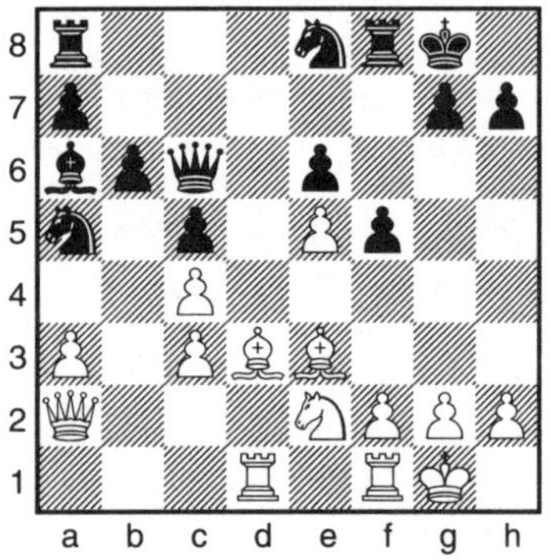
54

sind.

17… ♕a4 18.♘f4 ♘c7 19.♗c2 ♕e8!
Nach 19… ♕:c4 20.♕a1 erhält Weiß wegen der Drohung 21.♗d3 mit nachfolgendem ♖d6 noch einige Gegenchancen. Der Textzug ist vor allem deswegen stark, weil er Zeit für die Vertreibung der aktivsten weißen Figur – des Springers auf f4 – gewinnt.
20.♗b3 g5 21.♘h3 h6 22.f3 ♕e7 23.♘f2
Auf 23.♖d6 folgt 23… ♖fd8 24.♖fd1 ♘e8, was zu weiterem Abtausch führt.
23… ♖ad8 24.♘d3 ♕g7 25.f4
Dieser Vorstoß kommt 15 Züge zu spät und dient hier nur Verteidigungszwecken (gegen f5-f4).
25… ♖d7 26.♘c1 ♖fd8 27.♖:d7 ♖:d7 28.♕e2
Auch zu spät. Es gibt keinen Königsangriff. Schwarz steuert nun ein gewonnenes Endspiel an.
Es folgt noch:
28… ♘d5 29.♗d2 ♘:f4 30.♗:f4 gf 31.♖:f4 ♕g5 32.g3 ♔h7 33.♔f2 ♕d8 34.♕h5 ♖g7 35.♕e2 ♖d7
Schwarz wiederholt in Zeitnot die Züge.
36.♕h5 ♕g5 37.♕e8 ♕e7 38.♕:e7+ ♖:e7 39.♗a2 ♖d7 40.♔e2 ♗b7 41.♗b1 ♔g8 42.g4 fg 43.♖:g4+ ♖g7 44.♖h4 ♖g1 45.♔d2 ♔g7 46.♗d3 ♗f3 47.♖f4 ♗h5 48.♘e2 ♖g2 49.♔e3 ♖g5 50.h4 ♖:e5+ 51.♔d2 ♘b3+ 52.♔d1 ♖e3 53.♔c2 e5 54.♖f2 e4
Weiß gab auf.
Wenden wir uns jetzt einer weiteren interessanten strategischen Methode zu.
■ Manchmal forciert man die Bildung von Doppelbauern im Lager es Gegners, um einem Angriff vorzubeugen.
Betrachten wir das folgende Beispiel.

Partie Nr. 16
Königsindische-Verteidigung
Liptai – Spasski
Marienbad 1962

1.d4 ♘f6 2.c4 g6 3.♘c3 ♗g7 4.e4 d6 5.f4 0-0 6.♘f3 c5 7.d5 e6 8.♗e2 ed 9.ed
Wir haben den sogenannten Vierbauern-Angriff vor uns. Weiß beabsichtigt, nach der Rochade mittels ♗d3 und f4-f5 am ♔önigsflügel aktiv zu werden. Dabei fällt dem Läufer c1 und dem Springer c3 eine wichtige Rolle zu.
9… ♘h5
Ein interessantes Manöver, das gegen den skizzierten Plan gerichtet ist.
10.0-0 ♖e8 11.♗d3 ♗:c3! 12.bc
Der Abtausch auf c3, der eine sehr verpflichtende Entscheidung war, besitzt eine ernsthafte Begründung: der schwarzfeldrige Läufer von Weiß ist aufgrund des eigenen Bauern auf c3 sowie des feindlichen auf c5 in seinem Handlungsspielraum eingeschränkt. Er kann nicht auf die Diagonale a1-h8 gelangen. Desweiteren ist der Springer c3 beseitigt, der via e4 oder e2 in einen weißen Angriff am Königsflügel hätte einbezogen werden können. Allerdings fehlt Schwarz auch der Läufer g7.
Aber wenn Weiß keinen Angriff erhält, hat sich die Tauschaktion vollauf rentiert.
12… ♘g7

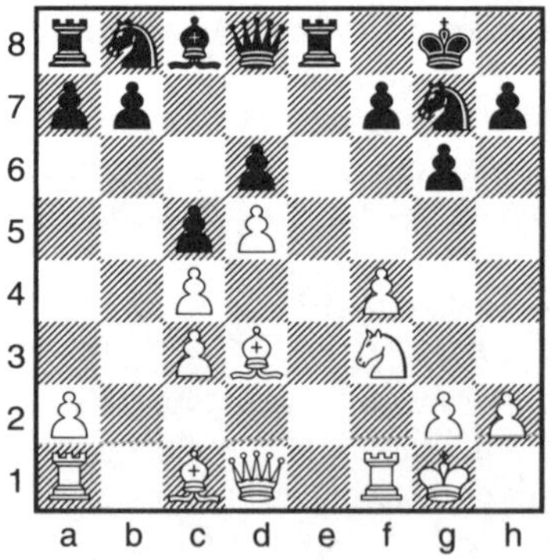
55

Schwarz möchte das Feld f5 blockieren, um dem Läufer c1 jegliche Perspektive zu nehmen.
13.♖b1 b6 14.f5!?
Ein Versuch, um den Preis eines

Bauerns den Läufer zu aktivieren.
14… ♗:f5 15.♗:f5 ♘:f5 16.♘g5
Dieser Ausfall erweist sich als ungenügend. Besser ist 16.♗f4, aber auch danach sind die Chancen des Nachziehenden bei 16… ♘d7 17.♕d2 (17.g4 Se3) 17… ♘e5 überhaupt nicht schlechter.
16… ♕e7 17.♘:h7?
Eine Verrechnung. Nach 17.♘:f7 ♔:f7! 18.g4 ♕e2 19.gf ♕:d1 20.fg++ ♔:g6 21.♖:d1 ♘d7 22.♗f4 ♘e5 23.♔h1 ♔f5! 24.♖f1 ♔e4 hat Schwarz ein günstiges Endspiel. Gut ist auch 21… ♖e4.
17… ♔:h7 18.♖:f5 gf 19.♕h5+ ♔g8 20.♗g5
Hatte Weiß etwa auf 20… f6?? 21.♕g6+ mit Gewinn gehofft?
20… ♕e2.
Weiß gab auf.

Das haben wir in der 9. Lektion behandelt:

- ☐ die Schwächen des Doppelbauern
- ☐ Kampfmethoden gegen Doppelbauern
- ☐ der Doppelbauer im Endspiel

Übungsaufgaben zur 9. Lektion

Aufgabe 38:
Weiß: ♔c1, ♖d1, h1, ♗e3, f1, ♙a3, c3, c4, e4, f3, g2, h2
Schwarz: ♔e7, ♖a8, h8, ♗e6, ♘d7, ♙a7, b7, c6, e5, f7, g7, h7
☐ Schwarz am Zug. Welchen Plan würden Sie Schwarz empfehlen?

Aufgabe 39:
Weiß: ♔g1, ♕c3, ♖a1, d1, ♗e2, ♙a4, b3, c4, e5, e3, f2, g2, h2
Schwarz: ♔g8, ♕e7, ♖a8, d8, ♗b7, ♙a7, b6, c6, e4, e6, f5, g7, h7
☐ Weiß am Zug. Wie würden Sie spielen?

Aufgabe 40:
Weiß: ♔g1, ♕d1, ♖a1, f1, ♗c1, a4, ♘c3, ♙a2, b2, c4, e4, f2, g2, h2
Schwarz: ♔e8, ♕d8, ♖a8, h8, ♗d7, g7, ♘e7, ♙a6, c6, c7, d6, f7, g6, h7
☐ Weiß am Zug. Wie würden Sie spielen?

Aufgabe 41:
Weiß: ♔e1, ♕a4, ♖a1, h1, ♗d3, e3, ♘h3, ♙a3, c3, c4, e5, f3, g2, h2
Schwarz: ♔g8, ♕c8, ♖a8, f8, ♗a6, ♘a5, e8, ♙a7, b6, c7, d7, e6, g7, h6
☐ Schwarz am Zug. Wie würden Sie spielen? Schätzen Sie die Stellung ein!

10. LEKTION

Der Kampf gegen die Bauernkette

Unter den typischen Mittelspielstellungen, die durch Bauernformationen bestimmt sind, nehmen Positionen mit Bauernketten einen wichtigen Platz ein. Ich erinnere daran, daß man unter dem Terminus „Bauernkette" Bauern versteht, die sich auf einer Diagonale befinden und somit einander decken, z. B. die weißen Bauern c3, d4, und e5. In diesem Falle würde der Bauer c3 als „Basis" der Kette bezeichnet werden, die Bauern d4 und e5 wären „Glieder" der Kette.

■ Weite Verbreitung fand die folgende Empfehlung der Schachtheorie: eine Bauernkette muß an ihrer Basis attackiert werden, da diese im Unterschied zu ihren Gliedern nicht durch einen Bauern verteidigt ist.

Die Ausführungen von Nimzowitsch in seinem berühmten Werk „Mein System" gelten als klassisch: „Das Streben nach Zerstörung der gegnerischen Bauernkette, die die Beweglichkeit unserer Figuren einschränkt, ist vollauf verständlich …

Den Kampf sollte man folgendermaßen führen: der Angriff muß sich vor allem gegen die Basis der Bauernkette richten, die wir mit einem Bauern attackieren. Alle unsere Anstrengungen müssen darauf gerichtet sein, den Basisbauern zu vernichten bzw. von seinem Standort zu vertreiben. Danach schreiten wir zum Angriff auf den nächsten Bauern der Kette, d. h. auf die neugebildete Basis … Nach 1.e4 e6 2.d4 d5 3.e5 … sollte Schwarz unverzüglich den Angriff auf die weiße Bauernkette beginnen, und zwar mit dem Zug 3… c5 und keinesfalls mittels f7-f6, da das Kettenglied e5 lediglich der architektonische Schmuck des Bauwerkes ist. Das Fundament hingegen, das ist der Bauer d4. Wenn man ein Gebäude einreißen will, empfiehlt es sich, das Fundament zu sprengen – dann fällt der Rest von ganz allein zusammen". Nach diesem Nimzowitsch-Rezept entwickelten sich viele Partien. Beispielsweise auch die folgende.

Partie Nr. 17
Königsindische – Verteidigung
Gligoric – Quinteros
Linares 1981

1.d4 ♘f6 2.c4 g6 3.♘c3 ♗g7 4.e4 d6 5.♘f3 0-0 6.♗e2 e5 7.0-0 ♘c6 8.d5 ♘e7 9.♗d2 ♘d7 10.b4 h6 11.♕b3 ♔h8 12.♖ac1 f5 13.♘e1 ♘f6 14.f3 f4.

Hier verfügen beide Seiten über Bauernketten. Gemäß den theoretischen Regeln versucht Weiß, bis zum Basisbauern c7vorzudringen, während Schwarz die Attacke gegen die Bauern g2 und f3 plant. Abstrakt gesprochen ist der schwarze Angriff gefährlicher, da sein Angriffsobjekt der König ist. Bei konkreterer Betrachtung der Position wird indessen deutlich, daß Weiß über mehr Raum zum Manövrieren verfügt und seine Figuren besser mobilisiert sind. Deshalb hat Weiß Chancen, den Gegner bei der Realisierung der Pläne zu überflügeln.

15.c5 g5 16.♘b5 ♘e8 17.♘d3 h5 18.♘f2 ♘g8

Der Springer wird nach h6 gebracht, um den Durchbruch g5-g4 zu unterstützen.

19.♖c2 ♘h6 20.h3 ♖f7 21.♖fc1 a6 22.♘a3 ♗f8 23.♘c4

Droht 24.cd cd 25.♘b6.

23… ♗d7 24.a4

Das ist die logische Fortsetzung des gewählten Planes. Weiß beabsichtigt 25.b5 mit nachfolgendem b5-b6 was die gegnerische Befestigung sprengen würde. Schwarz darf deshalb nicht zögern: er opfert für Gegenchancen am Königsflügel einen Bauern.

24… g4 25.fg hg 26.hg ♖h7?

Ein Fehler. Schwarz schafft zwar die Drohung ♕d8-h4, aber sie wird leicht pariert. Bei weitem gefährlicher für Weiß war 26… ♖g7.

27.♗e1! ♖b8

Beugt dem Manöver 28.cd cd 29.a5 nebst 30.♘b6 vor, aber Weiß hat eine andere Einbruchsmöglichkeit.

28.b5 ab 29.ab b6

Ansonsten spielt Weiß 30.b6 und ruiniert nach 30… cb 31.cd die schwarze Bastion.

30.c6! ♗c8 31.♕a3 ♖g7

Jetzt ist auf 32.♕a7 der Zug 32… ♗:g4 befriedigend, aber gegen eine andere Drohung gibt es keine Verteidigung.

32.♘:e5 ♘f6 33.♘d7! ♘:d7 34.cd ♖:d7 35.♗c3+ ♔g8 36.♕a7 ♗b7 37.g5 c5

Verzweiflung.

38.bc ♖a8 39.♕:a8 ♗:a8 40.cd ♕:g5 41.♗d4 ♗b7 42.♖c8 ♘f7 43.♘g4

Schwarz gab auf.

Im wesentlichen erschöpfen sich damit (Angriff auf die Basis) die Empfehlungen der Schachtheorie, in Bezug auf das Spiel gegen eine Bauernkette.

■ Die Schachpraxis bietet jedoch eine Fülle an Beispielen, in denen eine Bauernkette mit anderen Mitteln bekämpft wird. Diese Fälle widerlegen jedoch überhaupt nicht die Ideen von Nimzowitsch, sondern ergänzen sie nur. In vielen Positionen ist die Attacke auf die Basis eine irreale Aufgabe, weshalb es dort zweckmäßiger ist, den Angriff auf eines der Kettenglieder zu führen (meistens auf den am weitesten vorgerückten Bauern). Dieser Fall tritt gewöhnlich dann ein, wenn Raummangel einen Angriff auf die Basis nicht zuläßt oder wenn von den vorgerückten Kettengliedern unmittelbare Gefahr ausgeht.

Kan – Boleslawski
(Moskau 1952)

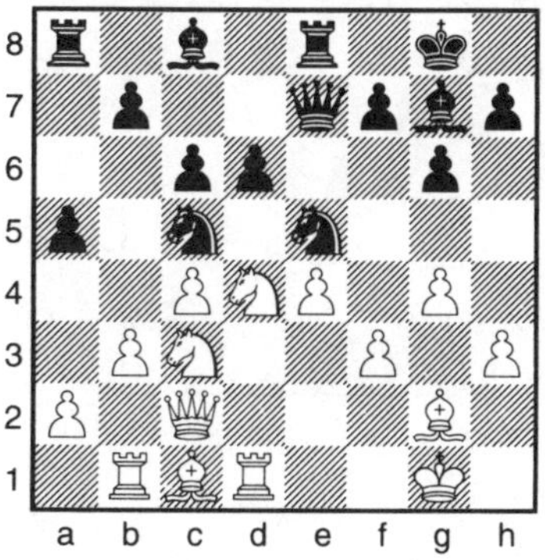

56

Wenn in dieser Position Weiß am Zuge wäre, könnte er mittels 1.f4 ♘ed7 2.♗e3 das Zentrum stärken, da 2… ♘f6 3.♗f2 ♘f:e4? wegen 4.♘:e4 ♘:e4 5.♗:e4 ♕:e4 6.♖e1 für Weiß günstig ist. Schwarz begegnet jedoch dieser Drohung und fügt der weißen Bauernformation einen Schlag zu.

1… f5! 2.ef?

Eine falsche Reaktion. Zweifelhaft wirkt auch 2.f4 fg 3.fe de 4.♘de2 gh 5.♗f3 ♘e6, denn Schwarz hat starke Drohungen. Relativ am besten war 2.♗e3 fe 3.♘:e4 ♘:e4 4.fe, obwohl Schwarz, dank des isolierten Bauern auf e4, über Vorteil verfügt.

2… gf 3.gf

Wenn 3.♘:f5, so 3… ♗:f5 4.♕:f5 ♖f8 5.♕g5 ♕:g5 6.♗:g5 ♘:f3+ 7.♗:f3 ♖:f3 8.♘e2 ♘e4 mit entscheidendem Vorteil für Schwarz.

3… ♘ed3! 4.♖:d3

Schlecht ist sowohl 4.♘de2 ♗:f5 als auch 4.♘ce2 ♘e1 5.♖:e1 ♗:d4+ 6.♔f1 ♕h4.

4… ♘:d3 5.♕:d3 ♕e1+ 6.♗f1

6.♔h2 ♕e5+ 7.f4 ♕:d4.

6… ♕g3+ 7.♔h1 ♖e1! 8.♗e3

Wenn 8.♗f4, so 8… ♕:h3+ 9.♗h2 ♗e5.

8… ♕:h3+ 9.♔g1 ♕g3+ 10.♔h1 ♕h4+ 11.♔g2 ♖:e3 12.♕:e3 ♗:d4 13.♕e8+ ♔g7 14.f6+ ♗:f6 15.♕e4 ♕g5+

Weiß gab auf.

Geller – Larsen
(Monaco 1967)

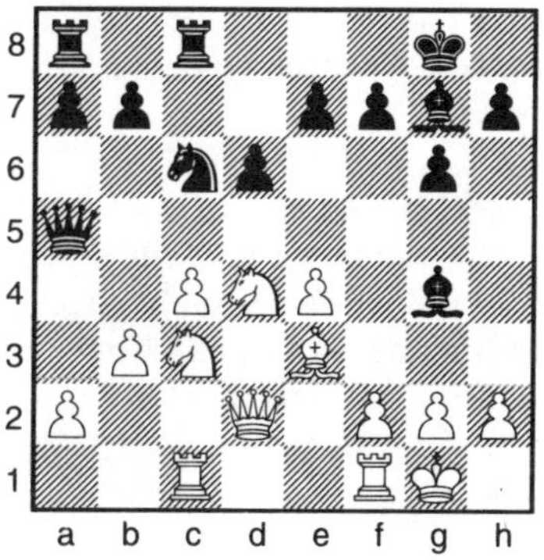

57

Weiß ist im Besitz des Zentrums. Die Anstrengungen von Schwarz sind darauf gerichtet, am Damenflügel Gegenspiel zu erhalten. Dazu muß in erster Linie der gegnerische Bauer c4 beseitigt werden.

Es folgte:

1… a6 2.♖c2

Die Alternative dazu bestand in einem Spiel am Königsflügel – 2.f4. Aber nach der erzwungenen Antwort 2… ♗d7 ist es für den Anziehenden nicht leicht, dort Drohungen zu schaffen, während 2… ♗d7 zusätzlich b7-b5 unterstützt.

2… b5!

Nur so! Auf 3.cb kann Schwarz entweder unter Bauernopfer kompliziertes Spiel anstreben – 3… ab 4.♘d:b5 (4.♘c:b5 ♘:d4 5.♘:d4 ♖:c2 6.♕:c2 ♕:a2) 4… ♘b4 5.♖b2 ♗d7 oder sich mit der Fortsetzung 3… ♗:d4 4.♗:d4 ab mit Ausgleich bescheiden.

3.♘d5 ♕:d2 4.♖:d2 ♗:d4 5.♗:d4 ♖ab8

Schwarz konzentriert seine Kräfte für die bevorstehenden Operationen auf der b- und c-Linie. Wie Larsen zeigte, hat Schwarz im Falle von 6.c5 ♗e6! 7.cd ♗:d5 8.ed ♘:d4 9.♖:d4 ed wegen der Kontrolle der c-Linie Endspielvorteil.

6.♖c1 ♔f8 7.♗b2
Genauer ist 7.♗e3, was das Feld b6 unter Kontrolle nimmt. Nach 7.♗e3 bc 8.♘b6 ♖d8 9.♖:c4 ♘e5 10.♖c7 ♘d7 sind die Chancen ungefähr ausgeglichen.
7… bc 8.♖:c4 ♔e8 9.♖dc2 ♔d7 10.f3 ♗e6 11.♖d2 a5
Schwarz hat die Initiative: sein König ist schon im Zentrum, es droht gegebenenfalls a5-a4, was das nächste Kettenglied – den Bauern b3 – attackiert. Außerdem muß Weiß ständig mit dem Tausch auf d5 rechnen.
12.h4
Wozu?
12… ♖b5 13.♖a4 f6 14.♔h2
Notwendig war 14.♗a3 mit der Drohung 15.♘:f6+. Nach 14… ♗f7 15.♔f2 f5! führt der neuerliche Schlag gegen die Spitze einer Bauernkette zur Isolierung des Bauern e4. Weiß sollte das in Kauf nehmen, denn im Partieverlauf forciert Schwarz den Übergang in ein deutlich besseres Turmendspiel.
14… ♗:d5! 15.♖:d5 ♖:d5 16.ed ♘b4 17.♖:a5 ♖c2 18.a3
Auf 18.♗a3 ist 18… ♘d3 stark und auf 18.♗d4 – 18… ♖:a2.
18… ♖:b2 19.ab ♖:b3 20.♖a7+ ♔e8 21.♖a8+ ♔f7 22.♖b8
Der Vorteil von Schwarz besteht in der aktiveren Turmstellung und in der kompakten Bauernmasse. Die weißen Bauern b4 und d5 sind schwach. Larsen bereitet nun den Einbruch des Königs vor. Ich werde den weiteren Gang der Ereignisse in dieser Partie nicht ausführlich kommentieren und lediglich sagen, daß beiderseitig erfindungsreiches Spiel letztlich Schwarz den Sieg brachte.
22… ♖d3 23.♖b5 ♖d4 24.♔g3 g5! 25.hg fg 26.♔f2 ♖d2+ 27.♔g3 h5 28.♔h3 ♖d3 29.♔g3 ♔f6 30.♔f2 ♖d2+ 31.♔g3 ♖d4 32.♔h3 g4+ 33.fg ♖:g4 34.♖b8 ♖d4 35.♖b5 ♖e4 36.♖b8 ♖e5 37.♖b5
37.b5? ♖:d5 38.b6 ♖b5 39.b7 ♔e6 und 40… ♔d7 mit Gewinn.
37… e6 38.♖b8 ♖:d5 39.b5 ♖d4 40.♖h8 ♖b4 41.♖h6+ ♔f7 42.♖:h5 ♔g6 43.g4 d5 44.♖e5 ♔f7 45.♔h4 ♖:b5 46.♖e1 d4 47.♖a1 ♔f6 48.♖a8 ♖d5 49.♔g3 d3 50.♖a1 ♔e5 51.♔f2 ♔d4 52.♖a7 e5 53.g5 e4 54.♖a4+ ♔e5
Weiß gab auf.
Eine interessante Position entstand in der Partie **Petrosjan – Pilnik (Amsterdam 1956).**

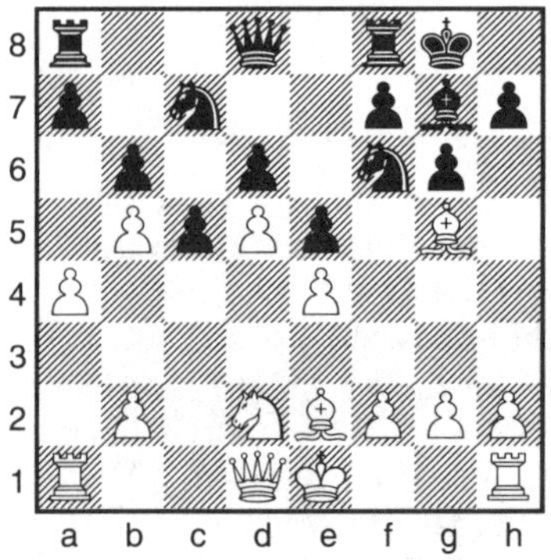

58

Gemäß den strategischen Grundsätzen müßte Petrosjan hier eigentlich mit a4-a5 die schwarze Bauernstellung am Damenflügel aufrollen. Allerdings würde in diesem Fall der Bauer b5 geschwächt werden. Weiß trifft eine andere, hier optimale, Entscheidung und richtet den Schlag gegen die Spitze der gegnerischen Bauernkette.
1.b4!
Was soll Schwarz tun? Er hat drei Möglichkeiten: nehmen auf b4, den Abtausch auf c5 zulassen, um dann mit bc oder dc zu antworten. In der ersten Variante könnte Weiß auf der c-Linie eindringen, wo er schon über den Stützpunkt c6 verfügt. Das Nehmen bc erlaubt Weiß durch a4-a5 und b5-b6 die Bildung eines Freibauern. Nach dc hingegen bringt Weiß den Springer nach c4, wo er nicht nur die Drohung d5-d6 unterstützt, sondern auch die klassische Belagerung der schwarzen Bauernkette mit a4-a5. All diese Überlegungen unterstreichen die große Stärke des Zuges 1.b4!
Es folgte:
1… h6 2.♗:f6 ♕:f6 3.0-0 ♖fd8 4.♘c4 ♗f8 5.g3 cb
Schwarz wählt also die erstere Variante.
6.♕b3 ♔g7 7.♖fc1
Auf sofortiges 7.♕:b4 kann 7… ♘e6 8.de d5 mit Verwicklungen folgen.
7… h5 8.♘e3 ♘e8 9.♕:b4 ♖dc8 10.♖c6 ♕d8 11.♖ac1 ♘f6 12.♗f1!
Um auf 12… ♘d7 mit 13.♗h3 und 14.♗:d7 zu antworten, was Schwarz einen schlechten Läufer gegen den Springer beläßt.
12… ♖cb8 13.♗h3 a6 14.♖e1
Eine prophylaktische Verteidigung des Bauern e4.
14… ab 15.ab ♘h7 16.♘c4 ♖a2 17.♗g2 ♕f6 18.♖f1 ♘g5 19.♕b3 ♖ba8 20.h4 ♘h7 21.♖:b6 ♖a1 22.♖c6 ♖8a2 23.♕e3 ♕d8
Die Drohungen von Schwarz sind abgewehrt und Weiß gewann bald.

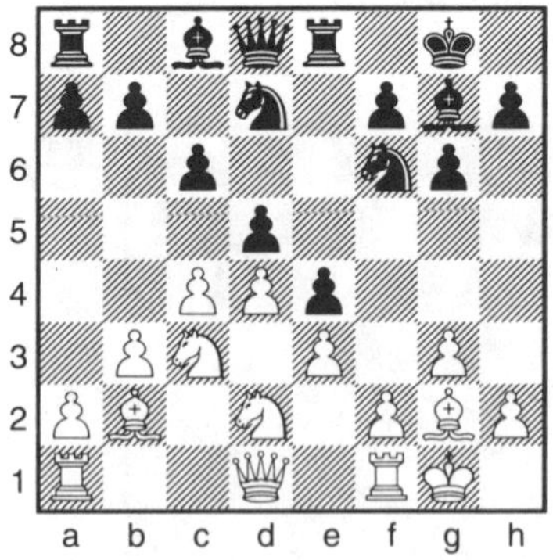

59

Wir haben hier eine Stellung vor uns, die aus der Königsindischen-Verteidigung hervorgegangen ist. Es ist klar ersichtlich, daß die Bauernkette b7-c6-d5-e4 die Beweglichkeit der weißen Figuren wesentlich einschränkt. Weiß muß versuchen, die gegnerischen Befestigungen zu schwächen bzw. zu zerschlagen. Dafür bieten sich zwei Pläne an.
Der erste ist mit der Absicht verbunden, die Bauernkette von der Basis her anzugreifen. Dafür eignet sich b3-b4-b5, ♕b3 und ♖c1. Schwarz wird dann seinerseits bestrebt sein, mittels ♘f8, ♗f5 und h7-h5-h4 seine Kräfte für den Angriff auf den feindlichen König zu mobilisieren.
Der zweite Plan ist auf die Attacke der „Vorhut" von Schwarz – den Bauern e4 – gerichtet. Das geht nur mit dem Sprengungszug f2-f3. Im zweiten Fall würde Weiß selbst auf dem Königsflügel aktiv werden, aber seine Zentralbauern wären Zielscheibe des schwarzen Spiels.
Die Praxis zeigte, daß Weiß zur Durchführung des ersten Planes gewöhnlich Durchschlagskraft und Zeit fehlt. Der schwarze Gegenangriff am anderen Brettabschnitt erwies sich zumeist als gefährlicher. Betrachten wir also den anderen Plan.

1.f3 ef

Verfehlt ist 1… ♗h6 wegen 2.fe! ♗:e3+ 3.♔h1 ♗:d4 4.ed cd 5.♘f3! mit sehr gefährlichem weißen Angriff. Z. B., 5… ♗:c3?! 6.♗:c3 dc 7.bc ♕c7 8.♕d4.

2.♕:f3

Jetzt scheitert 2… ♘f8 an 3.cd ♗g4 4.♕f4 cd 5.♘:d5 ♘:d5 6.♕:f7+ ♔h8 7.♗:d5. In einigen Partien spielte Schwarz

2… ♘b6

Jedoch erhielt weder **Boleslawski** gegen **Tscherepkow (Swerdlowsk 1951)** nach **3.c5 ♗g4 4.♕f4 ♘bd7 5.e4 ♗e6 6.ed cd 7.♖ae1 ♘h5 8.♕f2 ♘df6 9.h3** noch **Najdorf** gegen **R. Garcia (Mar del Plata 1969)** nach
3.c5 ♗g4 4.♕f2 ♘c8 5.e4
eine befriedigende Position. Die Eröffnungswerke beziehen sich auf eine Partie **Sak – Simagin (Sotschi 1952)** und empfehlen

2…dc

als Allheilmittel. In der genannten Partie folgte darauf
3.♘:c4 ♘b6 4.♘e5 ♗e6 5.♖ad1 ♕e7 6.e4 ♖ad8 7.♘e2 ♘d7
Das weiße Zentrum ist instabil, und die schwarze Position verdient den Vorzug. Diese Einschätzung ist gerechtfertigt. Es entsteht aber die Frage, warum Weiß

3.♘:c4

spielte. Ist denn nicht

3.♘de4

besser? Weiß hat interessante Angriffsmöglichkeiten. Ich möchte dem Leser raten, diese Position selbständig zu analysieren. Zur Information führe ich die Züge an, die zu der Schlüsselstellung führen:
1.d4 ♘f6 2.c4 g6 3.♘c3 ♗g7 4.g3 0-0 5.♗g2 d6 6.♘f3 ♘bd7 7.0-0 e5 8.e3 ♖e8 9.b3 c6 10.♗b2 e4 11.♘d2 d5 12.f3 ef 13.♕:f3 dc 14.bc!

■ Dieses Beispiel lenkt unsere Aufmerksamkeit auf zwei Dinge: erstens auf den „Frontalangriff" auf die Bauernkette (statt der Attacke auf die Basis), zweitens, daß die Eröffnungstheorie nicht immer der absoluten Wahrheit entspricht. Theorieempfehlungen sollten immer geprüft werden, denn sie werden von Menschen gegeben, die irren können. Oft sind Präzisierungen, Ergänzungen oder gar neue Bewertungen notwendig!

■ Wenn man über Bekämpfungsmethoden von Bauernketten spricht, muß man auch die **Zerstörungsopfer** erwähnen.

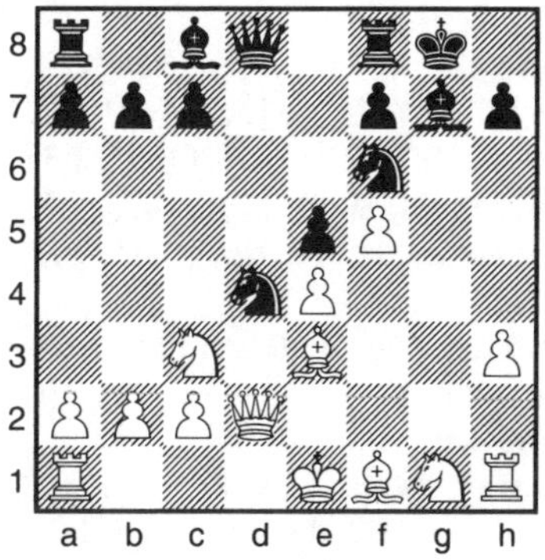

60

In der Partie **Hebell – Dornieden (München 1976)** zerstörte Schwarz die gegnerische Bauernkette durch ein Springeropfer.

1… ♘:e4! 2.♘:e4 ♗:f5

3.♗g2 wäre jetzt wegen 3… ♗:e4 4.♗:e4 ♕h4+ schlecht. Der Springer muß zurückweichen.

3.♘g3 ♘:c2+ 4.♔e2 ♗g6!

Natürlich lohnte sich die Variante 4… ♘:a1 5.♕:d8 ♖a:d8 6.♘:f5 für Schwarz nicht, da die weißen Figuren starke Positionen einnehmen und die schwarzen Bauern blockieren.

5.♖c1 ♘:e3 6.♕:e3 f5

Der Vormarsch der Bauern entscheidet den Ausgang des Kampfes.
7.♕b3+ ♔h8 8.♗g2 ♕g5 9.♖c3 f4 10.h4 ♕g4+ 11.♗f3 ♕:g3 12.♗:b7 ♗h5+ 13.♔f1 f3 14.♘:f3 e4 15.♗:e4 ♖ae8
Auf den Rückzug des Läufers folgt 16… ♖e1 matt. Weiß gab auf.

Das haben wir in der 10. Lektion behandelt:

- ☐ die Bauernkette
- ☐ Basis, Glieder, Spitze
- ☐ das Nimzowitsch-Konzept
- ☐ Zerstörungsopfer

Übungsaufgaben zur 10. Lektion

Aufgabe 42:
Weiß: ♔h2, ♕e2, ♖a1, f1, ♗c1, g2, ♘d1, ♙a2, b2, c2, d3, e4, f4, g3, h3
Schwarz: ♔g8, ♕d8, ♖a8, f8, ♗e7, ♘e7, e8, ♙a7, b5, c6, d5, e6, f5, g7, h7
□ Weiß am Zug. Welchen Plan würden Sie wählen?

Aufgabe 43:
Weiß: ♔g1, ♕b3, ♖c1, f1, ♗f4, g2, ♘c3, f3, ♙a2, b2, d3, e2, f2, g3, h2
Schwarz: ♔g8, ♕d7, ♖a8, f8, ♗e7, f5, ♘c6, f6, ♙a7, b7, d5, e6, f7, g7, h7
□ Weiß am Zug. Wie würden Sie spielen?

Aufgabe 44:
Weiß: ♔g1, ♕d2, ♖c1, f1, ♗b4, g2, ♘c3, ♙a5, b3, d5, f2, g3, h3
Schwarz: ♔g8, ♕d8, ♖c8, c7, ♗g7, ♘d6, e7, ♙a7, b7, e4, f5, g6, h7
□ Weiß am Zug. Wählen Sie einen Plan für Weiß!

Aufgabe 45:
Weiß: ♔c1, ♕e2, ♖d2, h1, ♗a2, ♘f3, ♙a3, b2, c2, e5, f4, g2, h2
Schwarz: ♔g8, ♕a7, ♖a8, c8, ♗b7, ♘f5, ♙a4, b5, e6, f7, g7, h6
□ Schwarz am Zug. Wie würden Sie spielen?

Aufgabe 46:
Weiß: ♔e1, ♕h2, ♖a1, h1, ♗c2, e3, ♘g3, h3, ♙a2, b2, d5, e4, f3, g4
Schwarz: ♔g8, ♕e7, ♖b8, f8, ♗c8, g7, ♘b6, f6, ♙a5, c4, d6, e5, g6, h7
□ Schwarz gab auf. Wie würden Sie spielen?

11. Lektion

Das strategische Opfer

Es ist schwer, materielle und strategische Faktoren miteinander zu verbinden, weshalb man sich beim strategischen Opfer in vielem auf die Intuition verlassen muß. Dies wiederum bedingt ein erhöhtes Risiko.

■ Die Seite, die sich zu einem **strategischen Opfer** entschließt, übernimmt die Verpflichtung, mit besonderer Verantwortung, energisch und ohne Zeitverlust zu spielen. Es reicht schon, die Initiative aus der Hand zu geben oder etwas zu zögern, damit der Materialvorteil des Gegners entscheidend für den Ausgang der Partie wird.

■ Die Größe eines strategischen Opfers ist in der Regel geringer als die eines taktischen Opfers. Sie weicht nicht sehr von der Skala der absoluten Wertigkeit der Schachfiguren ab. Wenn in der Taktik beispielsweise „reine" Figurenopfer bzw. Turm- oder Damenopfer für ein geringes Äquivalent keine Seltenheit sind, so ist dies bei strategischen Opfern ganz anders. Es ist tatsächlich nur schwer vorstellbar, daß z. B. ein Läufer einer Dame im Manövrierkampf erfolgreich Paroli bieten könnte (wie in der Partie Jung – Sabodosz gesehen).

■ Befassen wir uns nun mit dem **strategischen Bauernopfer.** Das ist die verbreitetste Art strategischer Opfer. Ich möchte einige typische Beispiele vorstellen.

Boleslawski – Lissizyn (Leningrad 1956)

62

Schwarz steht zum befreienden Vorstoß d6-d5 bereit. Wenig verspricht Weiß jetzt 1.♘c3 wegen 1… ♕a5. Boleslawski fand jedoch eine unerwartete und effektvolle Ressource, die die schwarzen Pläne zunichte machte:

1.c4! ♗:c4

Das Opfer muß angenommen werden, da Schwarz sonst bei materiellem Ausgleich auch Probleme hat.

2.♘c3 ♕b3 3.♗:c4 ♕:c4 4.♗g5!

Ein wichtiger Bestandteil des weißen Planes – eine weitere den Punkt d5 kontrollierende Figur wird abgetauscht.

4… ♕e6 5.♗:f6 ♕:f6 6.♘d5

Man kann eine erste Bilanz ziehen: der Springer hat eine dominierende Zentralstellung bezogen, der schwarze Läufer ist in seiner Handlungsfähigkeit eingeschränkt und auch die übrigen schwarzen Figuren stehen passiv. Weiß hat einen klaren Plan – die Attacke auf dem Königsflügel. Nebenbei ist die Drohung ♖c1-c7 zu beachten.

6… ♕h4 7.♕e2 ♗f8

Auf 7… f5 könnte 8.g3 ♕h3 9.♖c1 folgen.

8.♕f1

Verhindert nach g2-g3 die Möglichkeit ♕h4-h3.

8… ♖ac8 9.g3 ♕g5 10.h4! ♕h6

Wenn 10… ♕:g3, so 11.♖h3.

11.g4 g5

Es drohte 12.g5 nebst h4-h5 und ♘f6.

12.hg ♕:g5 13.♖h5 ♕g6 14.g5 h6 15.♖:h6

Der Turm ist wegen des Schachs auf e7 nicht zu nehmen.

15… ♕:g5 16.♖h5

Auf 16… ♕g7 spielt Weiß 17.♕h1 mit der unparierbaren Drohung ♖g1. Schwarz gab auf. Im gezeigten Beispiel wurde der Bauer zwecks Beherrschung eines Stützpunktes im Zentrum geopfert. Der „ewige" Springer auf d5 begrenzte die Beweglichkeit der meisten schwarzen Figuren.

■ Im nächsten Beispiel wurde die Blockade um den Preis eines Bauern ebenfalls auf sehr lehrreiche Weise verwirklicht.

Kotow – Gligoric
(Zürich 1953)

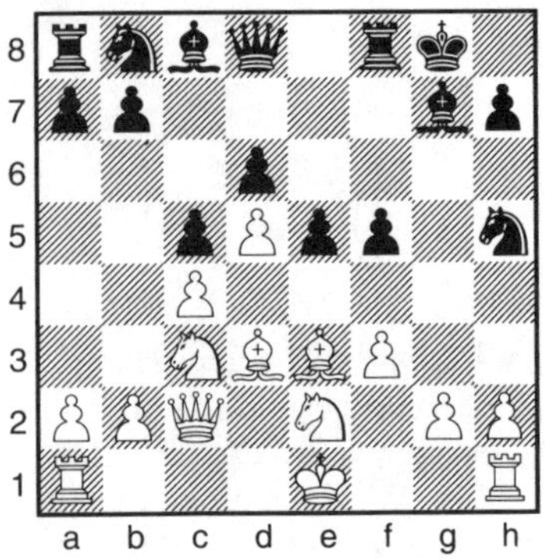

63

1… e4!
Damit wird der weiße Bauer nach e4 gelenkt, wo er das Zusammenwirken der eigenen Figuren stört. Schwarz hingegen erhält den wichtigen Stützpunkt e5 sowie die Diagonale a1-h8.
2.fe f4!
Die logische Fortsetzung des Blockadeplanes.
3.♗f2 ♘d7
Der Springer strebt nach e5. Weiß forciert den Abtausch dieses Springers, der auf e5 sowohl einen gefährlichen Angriff auf dem Damenflügel (mit a7-a6 und b7-b5) als auch auf dem Königsflügel (f4-f3 und ♕d8-g5) unterstützen könnte. Natürlich konnte die Folge 4.e5 ♘:e5 5.♗:h7+ ♔h8 Weiß nicht zufriedenstellen, da die schwarzen Drohungen kaum zu neutralisieren sind.
4.♘g1 ♕g5 5.♗f1 ♘e5 6.♘f3 ♕e7 7.♘:e5 ♕:e5 8.0-0-0 ♘f6
Weiß hat einen Springer abgetauscht, da strebt schon der zweite (über d7 oder g4) auf das Schlüsselfeld e5. Weiß muß dringend Maßnahmen einleiten.
9.h3 ♗d7
Das ist zu langsam. Beachtung verdiente 9… a6 10.♗d3 b5!, und im Falle von 11.cb ab 12.♗:b5 ♗a6 hat Schwarz auf den Linien „a“ und „b“ sowie auf der langen Diagonalen einen bedrohlichen Angriff. Als er 9… ♗d7 zog, hatte Gligoric wahrscheinlich die großartige weiße Verteidigungsressource im 11. Zug übersehen.
10.♗d3 a6 11.♘b1!
Auf 11… b5 folgt 12.♘d2 mit nachfolgendem ♘f3. Da dies zu einer Unterminierung der schwarzen Blockadestellung führen würde, entschließt sich Gligoric dazu, einen zweiten Bauern zu opfern, um die weißen Figuren nicht aktiv werden zu lassen.
11… f3! 12.gf ♘h5!
Der Springer wird jetzt auf f4 gebraucht.
13.♘d2 ♘f4
Die schwarze Position ist trotz zweier Minusbauern aussichtsreicher. Der Nachziehende verfügt über starke Drohungen auf der Diagonalen a1-h8. Energisches Handeln ist gefragt!
14.♗f1 b5 15.h4 ♔h8 16.♖g1 ♗f6
Beugt einem möglichen Turmopfer gegen den Läufer vor. Der Läufer g7 ist die Seele der schwarzen Stellung.
17.♘b3 ♖ab8?!
Stärker ist 17… b4 18.♘a5 ♗a4, was den Schwächungszug 19.b3 hervorruft. Jetzt erhält Weiß eine Atempause.
18.♗e1 b4
Ansonsten folgt 19.♗c3.
19.♔b1 ♖a8 20.♗g3 ♖g8 21.♕h2 ♖:g3 22.♖:g3 ♘e2
Schwarz mußte sich auf diese Abtauschoperation einlassen, um die Blockade aufrechtzuerhalten. Allerdings erleichtert jeder Abtausch Weiß die Verteidigung.
23.♕:e2 ♕:g3 24.♘c1 a5 25.♘d3 ♗d4
Ansonsten verschließt Weiß mit 26.e5 die Diagonale.
26.h5 ♕h4 27.♗g2 ♖g8 28.♖h1 ♕g3 29.♗f1 a4 30.♔c2 a3
Noch konnte man auf Angriff spielen: 30… b3+ 31.ab ab+ 32.♔:b3 ♕g7 33.♔c2 ♖b8 mit der Drohung 34… ♗a4+ und ♕b7.
31.b3
Seine starke Figurenstellung gibt Schwarz ausreichende Gegenchancen. Wenn der Kampf fortgesetzt worden wäre, hätten sicherlich interessante Verwicklungen ins Haus gestanden, doch die Kontrahenten einigten sich in dieser Stellung auf ein Remis. Wenn Weiß sich passiv verhält, ist nicht zu sehen, wie Schwarz seine Stellung entscheidend verstärken kann.
■ In der nächsten Partie führte ein Bauernopfer zur Öffnung der langen Diagonalen und zur Aktivierung des Läufers.

Makogonow – Botwinnik
(Moskau 1940)

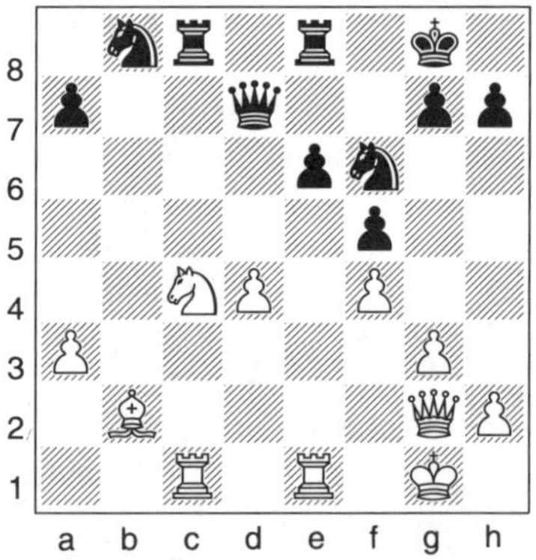

64

Der Bauer d4 hält den eigenen Läufer im Zaume, deshalb will Weiß sich des Bauerns im geeigneten Moment mit d4-d5 entledigen. Es folgte:
1.♘e3 ♘c6?
Schwarz mußte den Bauern d4 mittels 1… ♘d5 blockieren.
2.d5! ♘:d5 3.♘c4

Der Läufer b2 ist an die Freiheit gelangt, aber die schwarze Position ist bislang ausreichend befestigt, weshalb es auch noch keinen Grund gibt, von weißem Vorteil zu sprechen.

3… ♖b8 4.♖c2 ♖b3 5.♖d2 ♖eb8 6.♕e2 ♘d8?!

Schwarz unterschätzt die Drohungen auf der Diagonalen. Angezeigt war 6… ♖e8 bzw. 6… ♘ce7, um unter Rückgabe des Bauern ein remisliches Endspiel anzustreben.

7.♕e5 ♖8b5?

Notwendig war 7… h5, um 8.g4 zu verhindern.

8.g4! ♖c5

Wenn 8… fg, so 9.f5 mit unabwendbaren Drohungen (9… ef 10.♕e8+ ♕:e8 11.♖:e8+ ♔f7 12.♘d6+ usw.).

9.gf?

Jetzt greift auch Weiß daneben. Es gewann 9.♘d6! fg 10.f5.

9… ♖:c4 10.fe ♘:e6 11.♖:d5 ♕f7 12.f5 ♘f8

Die richtige Verteidigung war 12… ♖g4+! 13.♔h1 ♘f8.

13.♗d4!

Schneidet den Turm ab.

13… ♖d3

Rettungsschancen beließ 13… ♖c8.

14.♖d8 ♖d2

Oder 14… ♖c2 15.♕e6! ♖dd2 16.♖b1 ♖g2+ 17.♔f1 und ♖:f8+.

15.♖:f8+ ♕:f8 16.♕d5+ ♔h8 17.♕:c4 ♕d8 18.f6 ♖:d4 19.f7

Schwarz gab auf.

■ Ein Bauernopfer schuf im nächsten Beispiel Raum für das Läuferpaar.

Boleslawski – Tal
(Moskau 1957)

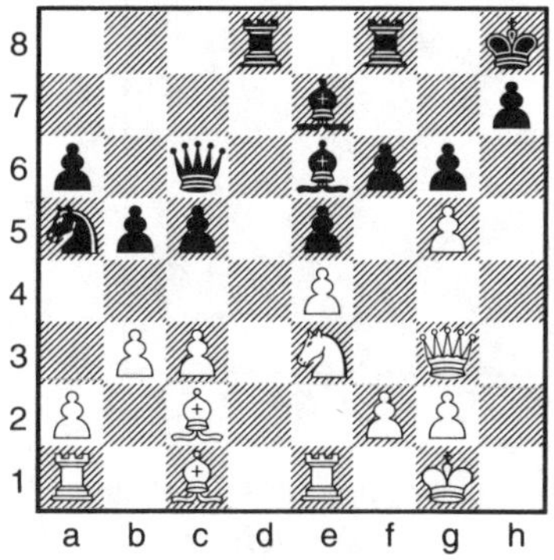

65

1.♘d5!

Durch dieses korrekte strategische Opfer wird der Läufer c2 in die aktiven Handlungen einbezogen. Außerdem bekommt der Springer a5 (wie wir bald sehen werden) Probleme, vom Brettrand ins Spiel zurückzufinden.

1… ♗:d5 2.ed ♕:d5 3.gf ♗:f6 4.♗h6 ♖fe8 5.♗e4 ♕e6 6.♕f3!

Verhindert 6… ♘c6.

6… ♕e7

Schwarz hat kein Gegenspiel und muß passiv abwarten, was Weiß unternimmt.

7.♖ad1 ♗g7 8.♗e3

Die weißen Läufer haben die gegnerischen Figuren gebunden. Es ist offensichtlich, daß Weiß für den geopferten Bauern mindestens asureichende Kompensation besitzt.

8… ♖f8 9.♕h3 ♔g8 10.♕g4 ♗f6

Weiß hat die Initiative fest in der Hand. Aber wie soll es weitergehen? Da der Einstieg auf d5 dem Nachziehenden Gegenchancen verspricht (11.♗d5+ ♔h8 12.c4 bc 13.bc ♖c8 mit der Idee ♘c6), überführt Weiß die Partie ins Endspiel, wo der Bauer c5 zum Angriffsobjekt wird.

11.♖:d8 ♖:d8 12.♖d1 ♘b7

Endlich hat sich der Springer aus seinem Käfig befreit. Aber jetzt folgt ein forciertes Manöver, das Weiß Endspielvorteil sichert.

13.♗:b7! ♖:d1+ 14.♕:d1 ♕:b7 15.♕d6!

Die Pointe der Idee von Weiß. Nichts brachte 15.♗:c5 wegen 15… ♕c6 16.♕d6 ♕:d6 17.♗:d6 e4.

15… ♔f7 16.♗:c5 h5 17.c4!

Der c-Bauer ist der Trumpf von Weiß.

17… bc 18.bc ♕b1+?!

Besser war 18… e4.

19.♔h2 ♕b7

Schlecht ist 19… ♕:a2 wegen 20.♕f8+ ♔e6 21.♕e8+ ♔f5 22.♕c8+ ♔e4 23.♕c6+ ♔f5 24.♕d7+ ♔e4 25.f3+ ♔f4 26.♕f7.

20.♗e3

Energischer ist 20.♕f8+ ♔e6 21.♕e8+.

20… e4 21.c5 ♗e7 22.♕b6 ♕d5 23.c6 ♗d6+ 24.g3 h4! 25.c7 hg+ 26.♔g2 ♕d1

Wiederum die beste Antwort. Nach 26… gf 27.c8♕ f1♕+ 28.♔:f1 ♕d1+ 29.♔f2 ♕f3+ 30.♔e1 entkommt der weiße König den Schachgeboten.

27.♕:d6! ♕:d6 28.c8♕ gf 29.♕b7+ ♔e6 30.♕:e4+ ♔d7 31.♕b7+ ♔e6 32.♕b3+ ♔d7

Wenn 32… ♕d5+, so natürlich 33.♔:f2 (33.♕:d5? ♔:d5 führt zu einer theoretischen Remisstellung, da Weiß den „falschen" Läufer hat.)

33.♔:f2

Trotz offener Königsstellung und der Gefahr des Damentausches gewann Weiß die Partie, indem er Angriff und Vormarsch des a-Bauern geschickt kombinierte.

■ Ein gebräuchliches strategisches Verfahren ist das Bauernopfer zwecks Raumgewinn auf einem Flügel.

Partie Nr. 18
Wolga-Gambit
Ehlvest – Fedorowicz
NewYork 1989

1.d4 ♘f6 2.c4 c5 3.d5 b5 4.cb a6 5.ba g6 6.♘c3 ♗:a6 7.g3 d6 8.♗g2 ♗g7 9.♘f3 ♘bd7 10.0-0 ♘b6
Schwarz erhielt für den geopferten Bauern Handlungsfreiheit auf dem Damenflügel. Der Läufer g7 übt einen starken Druck aus. Weiß muß die Bauern auf seiner linken Brettseite verteidigen (besonders Bauer b2). Das Gegenspiel von Weiß ist mit der Vorbereitung des Bauernvormarsches e2-e4-e5 verbunden.
11.♘e1
Wenn 11.♕c2, so 11… ♘f:d5 12.♘:d5 ♘:d5 mit gutem Spiel für Schwarz.
11… ♘c4 12.♘d3 ♘d7 13.♕c2 0-0 14.h4?
Ein planloser Zug. Schlecht war 14.b3 wegen 14… ♕a5, Beachtung verdiente aber 14.♖b1.
14… ♕a5 15.a3
Auf 15.♖b1 ist 15… ♘a3 unangenehm.
15… ♖ab8 16.♖a2 ♘ce5 17.♘:e5 ♘:e5 18.h5
Der Druck auf der a- und b-Linie kompensiert Schwarz den Minusbauern überreichlich. Weiß sollte versuchen, die Lage mittels 18.b4! ♕c7 19.bc ♕:c5 20.♘e4 zu entschärfen, aber er setzt den verfehlten Marsch des Randbauern fort.
18… ♕b6 19.♕e4 ♕b3 20.♖a1 ♕c4!

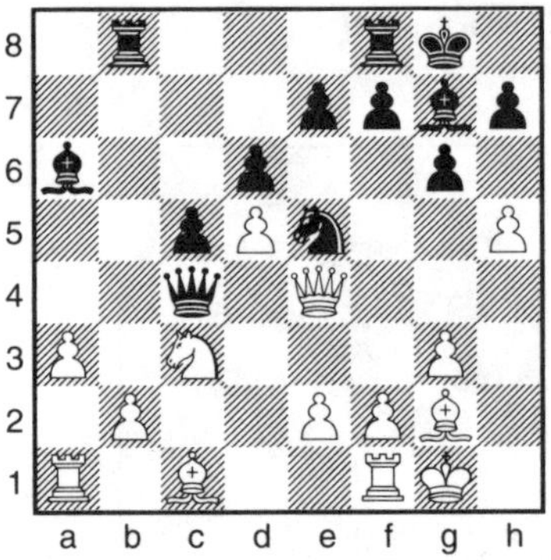

66

Schwarz strebt zurecht den Damentausch an, da sein Vorteil im Endspiel noch größer wäre. Nebenbei wird die Drohung 21.♕h4 abgewehrt.
21.♕c2 ♖b3 22.hg hg 23.f4
Diese impulsive Reaktion in schwieriger Stellung verschlechtert die weißen Chancen noch mehr.
23… ♘g4 24.♗f3 ♗d4+ 25.♔g2 ♘f6 26.♕d1 ♖fb8
Schwarz konnte den Bauern zurückgewinnen, aber er hofft (nicht unberechtigt) auf mehr.
27.♖h1 ♖:b2! 28.♗:b2 ♖:b2 29.♘a4 ♖b8 30.♖b1
Aussichtslos ist auch 30.♖c1 ♕a2 31.♘c3 ♕:a3 32.♖a1 ♕:c3 33.♖:a6 ♕e3 34.♕f1 ♔g7 und ♖b2, aber dennoch war dies die beste Chance. In der Partie verliert Weiß schneller.
30… ♖:b1 31.♕:b1 ♕:a4 32.f5 g5 33.♕c1 ♘h7 34.♕b1 ♗f6 35.♕b8+ ♘f8 36.g4 c4 37.♖b1 c3 38.♕d8 ♕c2
Weiß gab auf.

■ Im nächsten Beispiel macht ein Bauernopfer den Figuren den Weg zum Königsangriff frei.

Tal – Mohrlok
(Warna 1962)

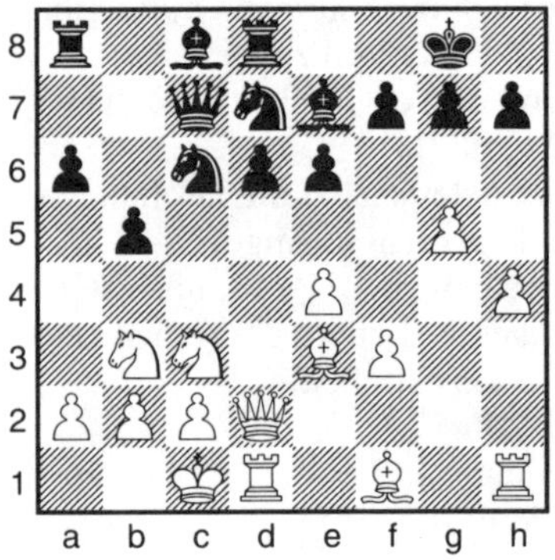

67

1.g6! fg
Nach 1… hg 2.h5gh 3.♖:h5 ♘f6 4.♖h1 d5 5.e5 ♘:e5 6.♗f4 ♗d6 7.♕h2 ♔f8 hätte Weiß starken Angriff.
2.h5 gh
Auf 2… b4 ist 3.♘d5! ed 4.♕:d5+ ♔h8 5.hg h6 6.♖:h6+ gh 7.♕f7 gut.
3.♖:h5
Unter Bauernopfer hat Weiß zwei Linien geöffnet.
3… ♘f6 4.♖g5 ♘e5?!
Stärker ist 4… b4 mit Verteidigungschancen.
5.♕g2 ♗f8 6.♗e2 ♘c4 7.♗:c4 bc 8.♘d4 ♖b8 9.♖h1 ♖b7 10.♖h6!
Die konsequenteste Methode, den Angriff fortzusetzen. Auf 10… g6 entscheidet jetzt 11.♖g:g6+ hg 12.♖:g6+ ♔f7 13.♕g5 ♘h7 14.♕h5 ♘f6 15.♖:f6+ ♔:f6 16.♘f5 mit der unparierbaren Drohung ♗g5+.
10… ♔f7 11.♖h4 ♕b6 12.♘d1 ♕c7 13.f4 h6 14.♖g6 ♖e8 15.f5 e5 16.♘c3 ♕d8 17.♘c6
Auf 17… ♕c7 folgt 18.♖:f6+.
Schwarz gab auf.

Das haben wir in der 11. Lektion behandelt:

- □ das strategische Bauernopfer
- □ Bauernopfer öffnet Diagonale
- □ Bauernopfer zwecks Raumgewinn
- □ Bauernopfer zwecks Königsangriff

Übungsaufgaben zur 11. Lektion

Aufgabe 47:
Weiß: ♔g1, ♕a4, ♖a1, f1, ♗c1, ♘f3, ♙a2, b2, c2, e5, f2, g2, h2
Schwarz: ♔e8, ♕d7, ♖a8, h8, ♗e4, f8, ♙a6, c6, d5, e7, f7, g7, h7
□ Weiß am Zug. Wie würden Sie spielen?

Aufgabe 48:
Weiß: ♔g1, ♕e2, ♖d1, f1, ♗c2, c3, ♙a2, b2, c4, d5, f3, g2, h2
Schwarz: ♔g8, ♕e7, ♖a8, f8, ♗f6, ♘d7, ♙a4, c5, d6, e5, f5, g6, h7
□ Schwarz am Zug. Wie würden Sie spielen?

Aufgabe 49:
Weiß: ♔e1, ♕d2, ♖a1, h1, ♗e3, f1, ♘c3, g1, ♙a2, b2, c5, e4, f3, g2, h2
Schwarz: ♔g8, ♕e7, ♖a8, f8, ♗c8, g7, ♘b8, f6, ♙a7, c6, d6, e5, f7, g6, h7
□ Schwarz am Zug. Wie würden Sie spielen?

Aufgabe 50:
Weiß: ♔g1, ♕e6, ♖d1, ♗h3, ♙e4, f2, g3, h4
Schwarz: ♔g7, ♕a7, ♖f8, ♘e5, ♙c6, d6, f6, g6, h5
□ Schwarz am Zug. Welchen Plan würden Sie für Schwarz wählen?

Kompensation für materielles Ungleichgewicht

Wir werden in diesem Kapitel die Erörterung strategischer Opfer fortsetzen und uns dabei auf den Tausch eines Läufers, Springers, Turmes oder Dame gegen eine weniger wertige Kampfeinheit konzentrieren.

■ Das **Qualitätsopfer,** d. h. der Tausch eines Turmes gegen eine Leichfigur (Läufer oder Springer) hat in der Schachpraxis eine besondere Verbreitung gefunden.
Das Qualitätsopfer ist meistens in Positionen mit großer Figurenanzahl anzutreffen, besonders dann, wenn vergleichsweise wenige offene Linien vorhanden sind, und die Türme somit nicht ihre volle Kraft ausspielen können. Machen wir uns mit einigen typischen Beispielen bekannt.

Damjanovic – Stein
(Tallinn 1968)

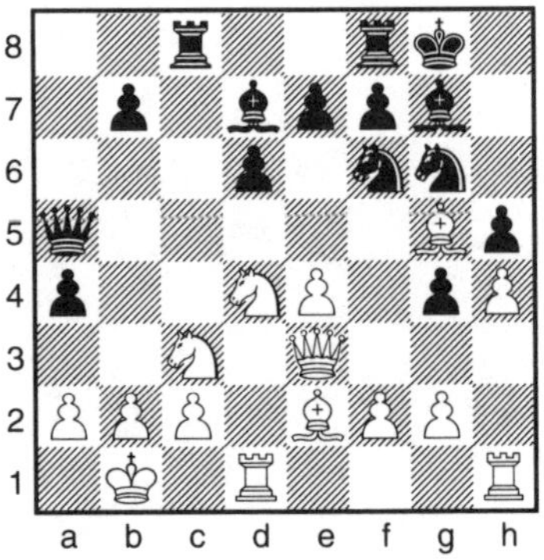

68

Weiß zog
1.♗:f6,
um nach 1... ♗:f6 2.♘d5 ♗g7 (2... ♗e5 3.f4) 3.♘f5 ernste Drohungen gegen den schwarzen König zu schaffen. Schwarz hatte jedoch einen starken Zwischenzug in petto.
1... ♖:c3! 2.♕:c3
Im Falle von 2.bc ♗:f6 und ♖c8 ist es schon Schwarz, der einen gefährlichen Königsangriff startet.
2... ♕:c3 3.bc
Ein interessanter Kampf zweier Türme gegen die Dame würde in der Variante 3.♗:g7 ♕b4 4.a3 ♕b6 5.♗:f8 ♔:f8 entstehen. In Verbindung mit der Drohung e7-e5 sind die schwarzen Chancen allerdings vorzuziehen.
3... ♗:f6 4.g3 ♖c8 5.♔b2 ♘e5
Man kann eine erste Bilanz ziehen: Schwarz hat durch das Qualitätsopfer die gegnerische Bauernkonfiguration zerstört, seine Figuren nehmen aktive Zentralpositionen ein, und die weißen Türme, die von den eigenen Figuren behindert werden, sind faktisch nicht am Geschehen beteiligt.
6.a3 Vcrhindert a4-a3+.
6... ♖c5 7.♖he1 ♔f8 8.♗f1 e6
Nimmt den weißen Figuren die Felder d5 und f5 und bereitet die Annäherung des Königs vor
9.♖e3 ♔e7 10.♔a2 ♗g7 11.♖b1 ♗c8 12.♘b5 ♗h6 13.♖ee1 ♗d7 14.♖ed1?
Unumgänglich war 14.♘d4, da 14... ♗d2 15.♖ed1 ♗:c3 16.♖:b7 ♗:d4 17.♖:d4 ♖:c2+ 18.♖b2 gut für Weiß ist. Schwarz müßte seine Chancen in der Variante 14... ♗c8 15.♘b5 ♘f3 16.♖ed1 ♘d2 suchen, aber nach 17.♖b4 kann sich Weiß noch halten, obwohl 17... e5 Schwarz natürlich Vorteil sichert.
14... ♗c6! 15.♖b4
Wenn 15.♘:d6, so 15... ♖:c3 16.♘:b7 ♖:c2+ 17.♔a1 ♗d2.
15... ♘f3 16.♘:d6 ♖:c3 17.♖c4 ♖:c4 18.♗:c4 ♘d2! 19.e5 ♗f3 20.♖:d2
Auf 20.♖e1 gewinnt 20... ♘:c4 21.♘:c4 ♗d5.
20... ♗:d2 21.♗d3 ♗e1
Weiß gab auf.

■ Neben der **Zerstörung der Bauernstruktur** des Gegners ist das Qualitätsopfer oft ein Mittel zur **Eroberung der langen Diagonale** mit nachfolgendem Königsangriff.

Smyslow – Kasparow
(Moskau 1981)

69

Weiß konnte hier mittels 1.d5 die Qualität zurückopfern und mit der etwas besseren Stellung verbleiben. Aber Smyslow hielt die Drohungen von Schwarz auf der Diagonalen a8–h1 für nicht so gefährlich und beschloß, die materielle Beute zu behaupten.

1.♖d2 f5!

Dies erschwert maximal den Vorstoß e3-e4, den Weiß dringend zur Verteidigung braucht. Schwarz beabsichtigt, als nächstes seine Dame auf den Königsflügel zu bringen.

2.♖e1 ♕c8!

Auf 2… ♕a8 kann Weiß mit 3.dc bc 4.b4 cb 5.c5 d5 (5… dc 6.♕d7) 6.♕d4 ♗f6 7.♕f4 ♗:b2 8.♖:b2 ein starkes Gegenspiel aufbauen.

3.♕c3?

Jetzt mußte man nach 3.dc bc 4.b4 cb 5.c5 mit 5… ♕:c5 rechnen. Aber besser war 3.e4 fe 4.♖:e4 ♗g5 5.♖e3! (5.♖de2 e5 mit der Drohung 6… ♕h3) 5… ♗:e3 6.fe d5 7.♖f2, und Weiß kann sich verteidigen.

3… ♖f6 4.a3

Wozu? Die letzte Chance bestand in 4.dc bc 5.♕d3 e5 6.b4.

4… ♕e8 5.dc ♕h5 6.h4

6.♕d3 ♕:h2+.

6… ♕g4 7.♔h2 bc

Auch das sofortige 7… ♖g6 ist gut, auf 8.cd oder 8.♖:d6 folgt 8…♗:h4.

8.♖h1 ♖g6 9.♔g1 ♗:h4 10.♕a5 h6

Weiß gab auf.

■ Gewöhnlich entschließt man sich dann mit weit weniger Zweifeln zu einem Qualitätsopfer, wenn bei der Aktion noch ein Mehrbauer herausspringt. In solchen Situationen ist die Kompensation in der Regel nicht so klar zu definieren wie in den gerade betrachteten Beispielen. Oft besteht sie lediglich in der aktiveren Figurenaufstellung, in der Beherrschung von Blockadefeldern usw.

Liebert – Krogius
(Sotschi 1967)

70

Ich opferte an dieser Stelle ohne zu zögern die Qualität (obwohl auch 1… e5 spielbar war), da ich dem Läuferpaar und dem Vormarsch des e- und f-Bauern vertraute.

1… 0-0! 2.♗d6 ♕d8 3.♖ad1 f5 4.♗:f8 ♕b6+ 5.♔h1 ♘:f8 6.♘d6

Besser war 6.♘g5 h6 7.♘f3.

6… ♗c6 7.♖d2 ♖d8 8.♖fd1 ♗f6 9.♕g3 h5 10.h3 h4 11.♕e1 ♗a8 12.♕e2 ♗e7 13.♕e5 ♕c6

Jetzt sind die weißen Figuren zum Massenrückzug gezwungen.

14.♕h2 b4 15.♘e2 ♗g5 16.♖d3 ♕:c2 17.♘d4 ♕f2 18.♘f3 ♗f6 19.♕g1 ♕:g1+ 20.♔:g1 ♗:b2 21.♘c4 ♖:d3 22. ♖:d3 ♗f6 23.♖d6 ♗b7 24.♔f1 g5 25.♖b6 ♗d6 26.♖:b4 ♘d7 27.♘e3 ♗e4 28.♔e2 ♔f7 29.♖c4 ♔e7 30.♖c7 ♔d8 31.♖c4 ♘b6 32.♖:e4

Auch 32.♖b4 ♔c7 oder 32.♖c1 ♘d5 33.♘:d5 ♗:d5 34.♖b1 g4 ist hoffnungslos.

32… fe, und Schwarz gewann bald.

Spasski – Fischer
(Reykjavik 1972, 17. WM-Partie)

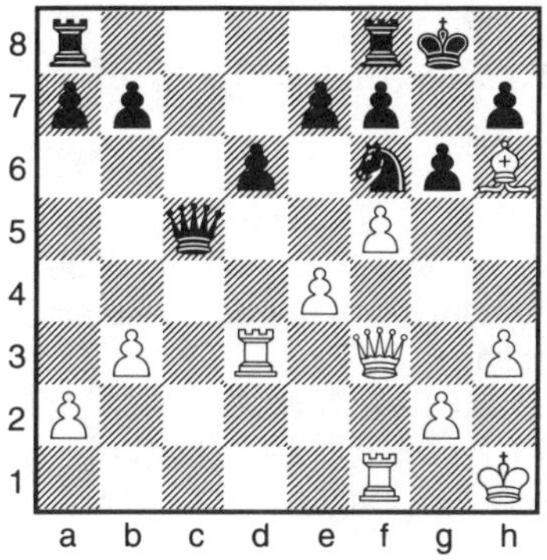

71

Schwarz hat einen Mehrbauern, aber ein Turmwegzug würde die Position seines Königs gefährden, z. B.: 1… ♖fc8 2.fg hg (2… fg? 3.g4 ♕e5 4.g5 ♘:e4 5.♖e3 d5 6.♕f7+ ♔h8 7.♖ef3) 3.g4 ♔h7 4.♗e3 ♕c2 5.♗d4 ♖f8 6.♗:f6 ef 7.♖:d6 und 8.♖:f6. Deshalb entschließt sich Fischer dazu, eine Qualität zu opfern. Ich möchte hier Tarrasch zitieren: „Im Mittelspiel ist ein Springer, der im Zentrum steht, plus ein Bauer nicht schlechter als ein Turm.“ Im vorliegenden Partiebeispiel wurde diese Überzeugung bestätigt.

1… ♕e5! 2.♗:f8 ♖:f8 3.♖e3 ♖c8 4.fg hg 5.♕f4

Sonst wird der Einstieg des schwarzen Turmes auf c2 unangenehm.

5… ♕:f4

Beachtung verdiente 5… ♕e6 nebst ♖c5. In diesem Falle würde Weiß eine nicht einfache Verteidigung bevorstehen. Jetzt hingegen entsteht ein etwa gleiches Endspiel, in dem Schwarz zielstrebig dem Turmtausch ausweicht.

6.♖:f4 ♘d7

Wenn 6… ♖c2, so 7.e5! ♘d5? 8.ed ♘:e3 9.de ♖c8 10.♖d4 mit der unabwendbaren Drohung ♖d8. Schwarz handelt vorbildlich – er bringt den Springer auf eine unangreifbare Zentralposition.

7.♖f2 ♘e5 8.♔h2 ♖c1 9.♖ee2 ♘c6

Beugt 10.♖c2 vor. Im Falle von 9… ♔g7? 10.♖c2 ♖:c2 11.♖:c2 ♘c6 bekäme Weiß nach a3 und b4 Chancen, mit dem Turm auf die 7. Reihe einzubrechen.

10.♖c2 ♖e1 11.♖fe2 ♖a1 12.♔g3 ♔g7 13.♖cd2 ♖f1 14.♖f2 ♖e1 15.♖fe2 ♖f1 16.♖e3 a6 17.♖ec3 ♖e1 18.♖c4 ♖f1 19.♖dc2 ♖a1 20.♖f2 ♖e1 21.♖fc2 g5 22.♖c1 ♖e2 23.♖1c2 ♖e1 24.♖c1 ♖e2 25.♖1c2

Remis.

■ **Strategische Leichtfigurenopfer** sind seltener als Qualitätsopfer und sind riskanter, da eine Fehleinschätzung der Folgen gewöhnlich strenger bestraft wird.

■ Unter den vielzähligen Motiven für Leichfigurenopfer sind zwei am populärsten: die Bildung von Freibauern und der Königsangriff.

Tal-Ghitescu
(Miskolc 1963)

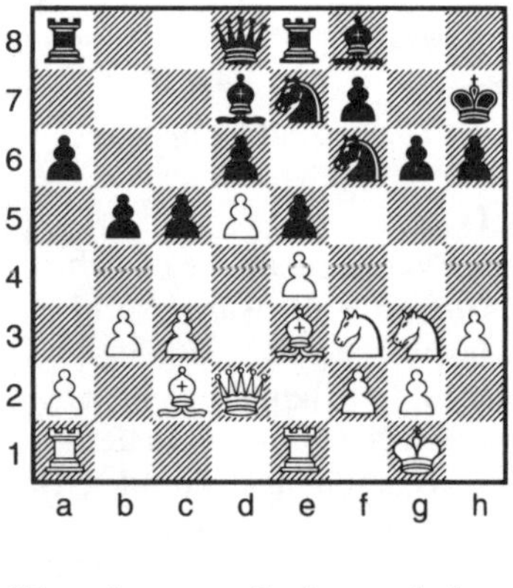

72

Die schwarzen Springer sind ungünstig plaziert. Dieser Umstand erlaubt es Weiß, ein Figurenopfer zu verwirklichen, nach dem er einen mächtigen Bauernwall im Zentrum erhält.

1.♗:c5 dc 2.♘:e5 ♘c8 3.f4

Aber nicht 3.♘:f7 wegen 3… ♕e7, und der Springer sitzt in der Falle.

3… ♕e7 4.c4 ♗g7 5.♘f3

Genauer ist 5.♖ad1 ♘d6 6.♗d3 und erst danach ♘f3. Jetzt gelingt es Schwarz, die weiße Bauernarmada durch ein Figurenrückopfer zu zerschlagen. Weiß behauptet allerdings Vorteil.

5… bc

5… ♘h5 ist wegen 6.♘:h5 ♗:a1 7.e5! mit siegreichem Angriff schlechter.

6.bc ♘d6 7.e5

Unbefriedigend ist 7.♗d3 wegen 7… ♘f:e4.

7… ♘:c4 8.♕c3 ♗b5 9. ♖ad1 ♖ad8 10.d6 ♘:d6 11.ed ♕b7

Hartnäckiger ist 11… ♕f8. Nach 12.♕:c5 ♖:e1+ 13.♘:e1 ist es noch ein weiter Weg bis zum weißen Sieg.

12.♘e5! ♘d7 13.♘h5! ♗h8 14.♕g3

Der Punkt g6 kracht bald aus allen Fugen.

14… ♘:e5 15.fe ♕d7 16.♘f4 ♗:e5 17.♗:g6+ ♔h8

Falls 17… fg, so entscheidet 18.♕:g6+ ♔h8 19.♖:e5 ♖:e5 20.♕f6+.

18.♗:f7 ♗d4+ 19.♖:d4 ♖:e1+ 20.♕:e1 ♕:f7

Falls 20… cd, so 21.♕e5+ ♔h7 22.♕e4 ♔h8 23.♕g6 ♕:d6 24.♘e6.

21.♕e5+ ♕g7 22.♕:c5 ♗c6 23.♖d2

Schwarz gab auf.

Die folgende Partie zeichnet sich durch ein großartiges Springeropfer aus.

Miles – Beljawski
(Tilburg 1986)

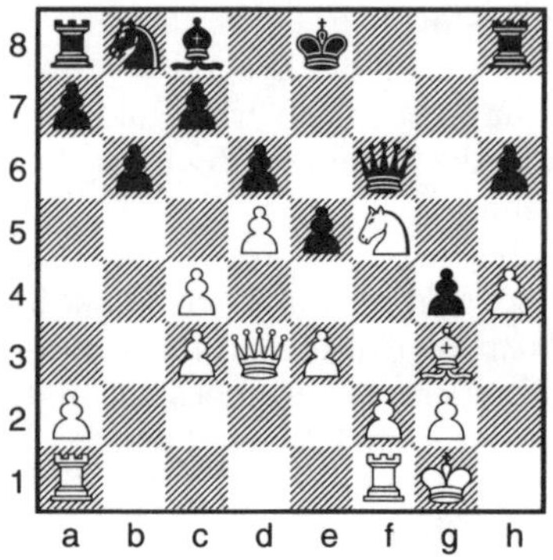

73

Schwarz erwartete die Antwort 1.♘d4, wonach eine ziemlich unklare Stellung entstanden wäre. Doch Miles behandelt die folgende Partiephase weitaus effektvoller und effektiver.

1.f4!! ♕:f5

Schlecht ist 1… ♗:f5 wegen 2.e4 ♘d7 3.fe ♘:e5 4.♗:e5 ♕:e5 5.♖:f5 oder 2… ♗h7 3.fe ♕g6 4.♖f6 ♕:e4 5.♕:e4 ♗:e4 6.♖e1. Verhältnismäßig besser ist 1… gf. Trotzdem wird der weiße Angriff auch danach sehr gefährlich. Z. B., 2.♖:f3 ♘d7 3.♘e7 ♕:e7 4.♕g6+ ♔d8 5.♖f7 ♕e8 6.h5 oder 2… ♗:f5 3.♖:f5 ♕g7 4.♗:e5 de 5.d6 ♘c6 6.♕d5 ♕d7 7.♖:e5+ ♘:e5 8.♕:e5+ ♔f7 9.♖f1+ ♔g8 10.♖f6.

2.e4 ♕h5 3.fe fe 4.c5

Es entsteht der Eindruck, daß die weißen Bauern den Gegner regelrecht in Zugzwang gebracht haben. Hoffnungslos ist sowohl 4… ♘d7 (5.♖f5) als auch 4… ♗d7 wegen 5.c6.

4… ♔d8 5.d6 ♕e8 6.dc+ ♔c7 7.♕d5 ♘c6 8.♖f7+ ♗d7 9.♖af1

Droht 10.♖:d7 + und 11.♖f7.

9… ♖d8 10.♖1f6 ♔c8 11.cb ab 12.♕b5

Schwarz gab auf. Ein schrecklicher Zusammenbruch. In der Schlußstel-

lung hat Schwarz nach 12… ♘b8 13.♕:b6 keinerlei Züge.
In den zwei zuletzt angeführten Beispielen begannen Tal und Miles die Schlacht zwecks Erhalt einer Bauernphalanx im Zentrum und schlossen die Partie mit einem Königsangriff ab. In der nun folgenden Partie entwickelten sich die Dinge in umgekehrter Reihenfolge: der Sturm auf die Königsfestung wurde durch den Bauernkampf abgelöst.

Stein – Furman
(Moskau 1969)

74

Weiß bringt ein Figurenopfer, das heutzutage in jedem Lehrbuch zu finden ist. Für die Figur erhält Weiß einstweilen nur einen Bauern, aber dafür findet der gegnerische König die ganze Partie über keinen sicheren Unterschlupf.

1.♘d5! ed

Im Falle von 1… ♘:d5 2.ed e5 3.a5 hat Weiß klaren Vorteil.

2.ed+ ♔d8 3.♗g5 ♘bd7

3… ♗e7 scheiterte an 4.♘f5 ♖e8 5.♘:g7 ♖g8 6.♕d4.

4.♕e2

Mit der Drohung 5.♕e8 matt.

4… ♔c8 5.c3!

Strebt Linienöffnung an.

5… b3 6.♘c6 ♗:c6 7.dc ♘e5 8.♖a3!

Jetzt verbietet sich 8… ♘:c6 wegen 9.♗:f6 gf 10.♕e8+ ♔b7 11.♖:b3+.

8… d5 9.♖:b3 ♗d6 10.♗:f6 gf 11.♗:d5 ♘:c6

Das ist wegen der Drohung 12.♖b7 erzwungen.

12.♕g4+ ♕d7 13.♕:d7+ ♔:d7 14.♖b7+ ♗c7 15.♗g2!

Hervorragend! Die Drohung ♖d1+ ist nicht zu parieren.

15… ♖ad8 16.♗h3+!

Aber nicht gleich 16.♖d1+ wegen 16… ♔c8.

16… ♔d6 17.♖d1+ ♔c5 18.b4+ ♔c4 19.♗f1+! ♔b3

19… ♔:c3 20.♖c1+

20.♖:c7 ♖:d1 21.♖:c6 ♔:a4

Das Handgemenge ist vorüber. Das Endspiel ist unerfreulich für Schwarz – seine Bauern sind schwach und werden nacheinander verloren gehen.

22.♔g2!

Nimmt Schwarz alle Hoffnungen. Z. B. diese: 22.♖:a6+ ♔b3 23.♖:f6 ♔:c3 24.b5 ♖e8 25.♔g2 ♖ee1.

22… a5 23.ba ♖hd8 24.♖:f6 ♖8d7 25.a6 ♖c1 26.♗d3 ♖:c3

26… ♖:d3 27.a7!

27.♗:h7 ♔b4 28.♗e4 ♖a3 29.♗b7 ♔c5 30.h4 ♔d4 31.♖f5 ♖e7 32.h5 ♖e5 33.♖f4+ ♔c5 34.h6

Schwarz gab auf. Auf 34… ♖h5 würde 35.♖h4 folgen.

■ Ein strategisches Damenopfer ist nur in Positionen zweckmäßig, in denen ein hoher Grad des Zusammenwirkens der verbleibenden Figuren hergestellt werden kann. Anderenfalls wird die Dame der anderen Seite mit den „Feinden" in der Regel allein fertig. Am häufigsten ist in der Turnierpraxis das Damenopfer für Turm und Leichtfigur anzutreffen. Die grundlegenden Motive bestehen dabei in der Ausnutzung der Schwächen der gegnerischen Königsstellung und in der Besetzung von Stützpunkten. Dem letzteren Umstand kommt häufig bei der Verteidigung besondere Bedeutung zu.
Befassen wir uns nun mit einer Position aus der Fernpartie **Estrin – Simagin.** Ich möchte die Gelegenheit nutzen, um auf den nützlichen Beitrag des Fernschachs in der Entwicklung der analytischen Fähigkeiten des Schachspielers sowie der Fähigkeit zur selbständigen Arbeit zu verweisen. Bekannte Großmeister des Nahschachs wie Tschigorin, Aljechin, Keres, Bondarewski, Ragosin, O`Kelly, Schmid, Simagin u. a. nahmen an Fernturnieren teil. Die Abwesenheit des „leibhaftigen" Gegners sowie eine ganz andere Regelung der Bedenkzeit bedingt den Unterschied des Fernschachs zum Normalschach auch in psychologischer Hinsicht. Deshalb kann das Fernschach nicht als grundlegende Methode der Vorbereitung auf das Nahschach bezeichnet werden.
Kehren wir jedoch zur Partie zurück.

Estrin – Simagin
(Halbfinale der Fernschach-WM 1967-68)

75

Schwarz zog unerwartet

1… ♘:f4!?

Nach
2.♖:d8+ ♗:d8
entstand eine Stellung, die Schwarz als aussichtsreich für sich eingeschätzt hatte. Er hat für die Dame nur Turm und Läufer, aber die weiße Königsstellung ist anfällig. Außerdem ist Weiß auf den schwarzen Feldern verletzbar, denn hier dominiert der gegnerische Läufer. Doch man sollte die Rechnung nicht ohne die Dame machen. Hat Simagin die Folgen des Opfers korrekt eingeschätzt?
3.♘e2
Der Springertausch verstärkt die Monopolstellung des Läufers d8. Besser war 3.♘e4 0-0 4.c4, aber auch danach hat Schwarz bei 4… ♗e7 (droht a6-a5) gewisse Angriffschancen.
3… ♘:e2+ 4.♗:e2 0-0 5.♔f1 ♗f6 6.h4!
Weiß muß ein Gegenspiel organisieren, ansonsten verliert er.
6… ♖ac8 7.g4 ♗d5 8.♕g3 ♗c3
Eine Ungenauigkeit. Schwarz konnte mit 8… b5 9.g5 ♗c3 10.gh a5! gefährlichere Drohungen schaffen.
9.♖h3! h5
Auf jetziges 9… b5 folgt 10.f4 und auf 10… a5 führt 11.♕:c3! ♖:c3 12.♖:c3 zu einem besseren Endspiel für Weiß. In dieser Variante wird die Idee von 9.♖h3 deutlich.
10.gh b5 11.f4 ♗f4 ♗f6 12.♕e1
Verhindert wiederum a6-a5.
12… ♖c6 13.h6 ♖fc8 14.♗d3 ♖c3 15.♖g3
Nun droht 16.♖:g7+ ♗:g7 17.♕g1. Nach 15… g6 16.♗:g6 fg 17.♖:g6+ ♔f7 18.♖:f6+ ♔:f6 19.♕e5+ ♔e7 hat Weiß Dauerschach. Simagin unternimmt einen Gewinnversuch, indem er noch eine Qualität ins Geschäft steckt!
15… ♖:a3 16.♗:h7+ ♔:h7 17.♖:a3 ♔:h6
Eine verblüffende Stellung: Schwarz hat nur zwei Läufer für die Dame, aber es ist Weiß, der ums Remis kämpfen muß! Das zeigt, wie stark die schwarzen Figuren postiert sind. Es folgte noch:
18.♖:a6 ♖c3 19.f5 ♖h3 20.fe fe 21.♕d2+ ♔g6 22.c3 ♖:c3 23.♕e2 ♖c4 24.♖:e6! ♖:b4+ 25.♔c1 ♖c4+ 26.♔b1 ♗:e6 27.♕:e6 ♖:h4 28.♕e8+ ♔h6 29.♕:b5 g5 30.♕f5
Remis. Eine Kampfpartie!

Das haben wir in der 12. Lektion behandelt:
- ☐ das strategische Qualitätsopfer
- ☐ das strategische Leichfigurenopfer
- ☐ typische Springeropfer
- ☐ das strategische Damenopfer

Übungsaufgaben zur 12. Lektion

Aufgabe 51:
Weiß: ♔g1, ♖c6, f1, ♗g2, ♘f3, e4, ♙a3, b4, d3, e2, f2, g3, h2
Schwarz: ♔g8, ♖c8, f8, ♗d7, e7, ♘d5 ♙a7, b6, c7, d4, f6, g7, h7
☐ Weiß am Zug. Wie würden Sie spielen?

Aufgabe 52:
Weiß: ♔g1, ♕c2, ♖a1, d1, ♗e3, ♘c3, ♙a2, b3, c4, e4, f3, g2, h2
Schwarz: ♔g8, ♕e7, ♖b8, d8, ♗a6, c7, ♙a5, c5, c6, e5, f7, g6, h7
☐ Schwarz am Zug. Wie würden Sie spielen?

Aufgabe 53:
Weiß: ♔b1, ♕d2, ♖d1, h1, ♗f1, e3, ♘b3, c3, ♙a2, b2, c2, e4, f3, g4, h4
Schwarz: ♔g8, ♕d8, ♖c8, f8, ♗b7, g7, ♘d7, f6, ♙a6, b5, d6, e7, f7, g6, h7
☐ Schwarz gab auf. Wie würden Sie spielen?

Aufgabe 54:
Weiß: ♔g1, ♕b1, ♖a1, ♗b2, d3, ♘c3, e5, ♙b4, c5, d4, e3, f4, g2, h3
Schwarz: ♔g8, ♕c8, ♖a8, ♗b7, g7, ♘d7, f8, ♙b5, c6, d5, e6, f5, g6, h7
☐ Weiß am Zug. Beschreiben Sie den weißen Plan!

Aufgabe 55:
Weiß: ♔g1, ♕d2, ♖d1, e1, ♗b2, c2, ♘f3, f5, ♙a4, b3, c4, e4, f2, g2, h3
Schwarz: ♔g8, ♕c7, ♖a8, e8, ♗b7, f8, ♘b8, f6, ♙a6, b4, c5, e5, f7, g7, h6
☐ Weiß am Zug. Wählen Sie einen Plan für Weiß!

Aufgabe 56:
Weiß: ♔g1, ♕f3, ♖a1, d1, ♗b5, g5, ♘b1, a4, b2, c3, e4, f2, g2, h2
Schwarz: ♔g8, ♕d8, ♖a8, f8, ♗b6, c8, ♘f6, ♙a5, b7, c7, e5, f7, g7, h6
☐ Schwarz am Zug. Schätzen Sie die Folgen von 1… hg ein!

13. Lektion

Isolierte Figuren

Das Sprichwort, „Einer allein im Felde ist noch kein Krieger“ ist nicht nur auf Bauern, sondern auch auf andere Akteure des schachlichen Kampfes anwendbar.
Wie wir wissen, hängt der Ausgang der Schachpartie in bedeutendem Maße vom Grad des Zusammenwirkens der Figuren ab. Wenn auch nur eine einzelne Figur für einen bestimmten Zeitraum vom Spielgeschehen ausgeschlossen ist, so führt das in der Regel zu schwerwiegenden Konsequenzen.

■ Die Isolierung von Figuren verschafft einer Seite auf einem bestimmten Brettabschnitt einen materiellen Vorteil. Es ist klar, daß beide Seiten danach streben, die gegnerischen Kräfte zu zersplittern und einen Teil von ihnen – sei es auch nur eine einzelne Figur – vom Kampfschauplatz abzuspalten. Es gibt eine Reihe typischer Methoden, die auf die Isolierung gegnerischer Figuren gerichtet sind. Ich möchte Ihnen die wichtigsten davon vorstellen.

■ Die Isolierung eines Springers im Mittelspiel wird in der Regel von Bauern übernommen. Im Endspiel sind dafür schon eher Läufer oder Turm zuständig.

Partie Nr. 19
Königsindische Verteidigung
Botwinnik – Geller
Moskau 1952

1.d4 ♘f6 2.c4 g6 3.g3 ♗g7 4.♗g2 0-0 5.♘c3 d6 6.♘f3 ♘c6 7.d5 ♘a5 8.♘d2 c5 9.♕c2 a6 10.0-0 ♗f5
Die Bewertung dieser Stellung sowie der bevorstehenden Ereignisse hängt vom Schicksal des Springers a5 ab. Wenn es Schwarz gelingt, ein ernsthaftes Druckspiel auf dem Damenflügel in Gang zu bringen (auf der b-Linie und gegen den Bauern c4), so wird sich die Überführung des Springers auf die Randstellung a5 im nachhinein als gerechtfertigt erweisen. Wenn Weiß aber die schwarzen Drohungen am Damenflügel neutralisieren kann, bleibt der Springer a5 außer Spiel und fehlt im Zentrum. Deshalb ist der letzte schwarze Zug verfehlt, er fördert nur die Festigung des weißen Bauernzentrums. Besser ist 10… ♖b8 mit der Idee b7-b5 bzw. 10… ♗d7.
11.e4 ♗d7 12.b3 b5 13.♗b2 bc 14.bc! ♖b8 15.♖ab1 ♖b4 16.a3 ♖b8?
Da Schwarz zuvor 15… ♖b4 gezogen hatte, wäre ein Qualitätsopfer konsequent gewesen: 16… ♖:c4 17.♘:c4 ♘:c4 18.♗c1 ♕a5. Schwarz hat dann die Initiative und einen hervorragend plazierten Springer auf c4, was ihm die geringfügige materielle Einbuße ganz unzweifelhaft kompensieren würde.
17.♘d1!
Beabsichtigt eine Umgruppierung – der Springer soll nach e3 und der Läufer nach c3. So bliebe der schwarze Randspringer im Abseits.
17… ♕c7 18.♘e3 ♖b7 19.♗c3
Der Turmtausch ist für Weiß vorteilhaft, da dem Gegner das Gegenspiel auf der b-Linie genommen wird.
19.♖fb8 20.h3 ♖:b1 21. ♖b1 ♖:b1+ 22.♘:b1 ♕b6 23.♘d2 ♘e8.
Dies erleichert Weiß das Vorgehen im Zentrum. Aber auch bei 23… e5 24.de ♗:e6 25.♘d5 ♗:d5 26.cd ist die Verteidigung nicht leicht für Schwarz. Weiß könnte dann mittels ♗f1 den Druck am Damenflügel verstärken oder den Vorstoß e4-e5 vorbereiten.
24.♗:g7 ♘:g7 25.♔h2 ♘e8

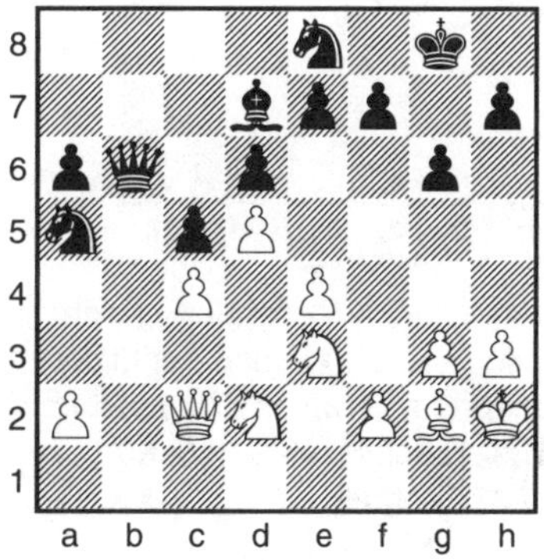

76

Der Springer a5 ist nach wie vor der Fluch der schwarzen Stellung. Weiß ist zum entscheidenden Sturm bereit.

26.f4 ♘f6 27.e5 ♘e8 28.♕c3 f6

Auf 28… ♗a4 ist 29.♘g4 stark.

29.e6 ♗a4 30.♗e4 ♘g7

Schlecht ist 30… ♘b3 wegen 31.♕b2! mit der Drohung 32.♗c2. Wenn 31… ♕a5, so 32.♘:b3 ♕e1 33.♕d2.

31.♗d3 ♘h5 32.♗e2 ♘g7 33.h4 ♘e8 34.♗d3 ♘g7 35.f5! ♘b3

Das verliert sofort. Aber die schwarze Stellung ist auch bei anderen Fortsetzungen hoffnungslos.

36.♕b2 ♕a5 37.♘:b3 ♕e1

Schlecht ist 37… ♕b6 wegen 38.♗c2.

38.♘g2 ♕d1 39.♘c1 gf 40.♗e2 ♕d4 41.♕:d4. Schwarz gab auf.

Im folgenden Beispiel ist es diesmal Geller, der auf die Isolierung des gegnerischen Springers spielt.

Geller – Michaltschischin
(Tiblissi 1978)

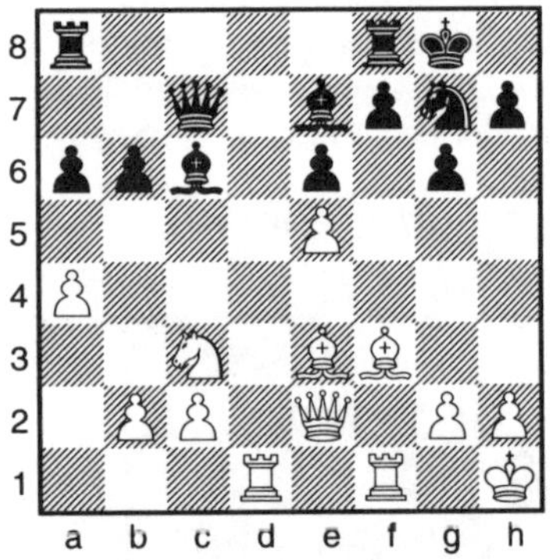

77

Weiß forciert den Materialabtausch, um danach gezielt auf den unglücklich postierten Springer g7 zu spielen:

1.♕c4! ♖fc8 2.♕:c6 ♕:c6 3.♗:c6 ♖:c6 4.♖d7 ♖e8

Wenn 4… ♔f8, so 5.♗h6 ♖e8 6.♘e4.

5.g4!

Hierin gipfelt die Idee der weißen Spielführung. Der schwarze Springer bleibt jetzt außer Gefecht.

5… h5 6.h3 hg 7.hg b5 8.ab ab 9.♘e4

Die Drohung 10.♘f6+ ist nicht abzuwenden.

9… ♖:c2 10.♘f6+ ♗:f6 11.ef ♖:b2 12.fg f5 13.♖f3

Mit der Idee 14.♖h3.

13… fg 14.♖f4 ♖c8 15.♗c5!

Jetzt ist gegen 16.♖f8+ mit Matt in wenigen Zügen kein Kraut gewachsen. Schwarz gab auf. Meistens ist die Isolierung eines Läufers ebenfalls durch Bauern bedingt. Dabei befinden sich die Bauern – sowohl die eigenen als auch die gegnerischen – auf den Feldern der Farbe des Läufers.

■ Als klassisches Beispiel des Spiels gegen einen Läufer, der von eigenen Bauern eingeengt ist, gilt die folgende Partie.

Partie Nr. 20
Holländische Verteidigung
Schlechter – John
Barmen 1905

1.d4 d5 2.c4 e6 3.♘c3 f5 4.♘f3 c6

Dieses System wird als „Steinwall" bezeichnet. Seine Idee besteht darin, das Feld e4 mit dem Springer zu besetzen und dann (oft mittels g7-g5) einen Königsangriff folgen zu lassen. Ein ernstes Manko dieses Planes ist die passive Rolle, die dem Läufer c8 oft beschieden ist. Er ist von seiner eigenen Bauernkette in seiner Handlungsfreiheit eingeschränkt.

5.♗f4 ♗d6

Ein zweifelhafter Zug. Der Tausch der schwarzfeldrigen Läufer ist nur für Weiß von Vorteil, da er leichter Zugang zum Feld e5 erhält. Daher verdiente aus schwarzer Sicht 5… ♗e7 den Vorzug. Der Nachziehende rechnete jedoch damit, nach dem logisch erscheinenden 6.♗:d6 ♕:d6 mittels ♘b8-d7 über den Befreiungszug e6-e5 zu verfügen. Aber …

6.e3! ♘f6

Nach 6… ♗:f4 7.ef könnte Schwarz das geplante e6-e5 für immer vergessen.

7.♗d3 ♕c7 8.g3!

Das ist die logische Konsequenz des Zuges 6.e3

8… 0-0 9.0-0 ♘e4 10.♕b3 ♔h8

Es drohte 11.cd ed 12.♘:e4 fe 13.♗:e4. Deshalb geht der König aus der Schußrichtung der Dame.

11.♖ac1 ♗:f4?

Aufgrund der Drohung 12.cd ed 13.♘b5 entschließt sich Schwarz nun doch zum Tausch auf f4. Allerdings erhält Weiß jetzt klaren Positionsvorteil, da er das Feld e5 beherrscht. Schwarz hat hingegen weder Angriffschancen noch Hoffnungen auf das Springerfeld e4, da früher oder später f2-f3 geschehen kann. Außerdem ist der Läufer c8 nun endgültig zum passiven Dahinvegetieren verurteilt. Aus dem gesagten kann man folgern, daß Schwarz 11… ♕e7 nebst ♘d7 und gegebenenfalls g7-g5 spielen mußte.

12.ef ♕f7 13.♘e5 ♕e7 14.♗:e4

Auch 14.f3 ist möglich. Aber der Textzug ist stärker, da der f-Bauer „entdoppelt" wird.

14… fe 15.f3! ef 16.♖ce1 ♕c7 17.♕a3 ♔g8 18.♖:f3 ♘a6

Nach dem Tausch auf f4 sind die Probleme von Schwarz beträchtlich gewachsen. Der Läufer c8 spielt eine Statistenrolle. 18… ♘d7 wäre wegen 19.♕e7 gefährlich gewesen.

19.b3 ♕d8 20.c5

Ein wichtiger Moment. Weiß plant einen Königsangriff, aber um die Verteidigungskraft des Gegners weiter zu zermürben, droht er zunächst mit einem Vormarsch seiner Damenflügelbauern.

20… ♘c7 21.♕b2 ♗d7 22.♕c2 ♕e7 23.♖ef1 ♖ae8 24.g4 ♗c8 25.♖h3

Erzwingt die Schwächung der Felder f6 und h6.

25… g6 26.b4 ♕f6 27.♖hf3 ♖e7 28.a4 a6 29.♘d1

Auf 29.♕b3 mit der Absicht 30.b5 kann sich Schwarz mittels 30… ♗d7 noch halten, da der Abtausch 30.♘:d7 seine Lage erleichtern würde. Weiß überführt deshalb seinen Springer nach e3 und später (nach g4-g5) auf das Feld g4. An diesem Brettabschnitt kann der schwarze Läufer die Verteidigung kaum unterstützen.

29… ♖g7 30.♘e3 ♕e7 31.g5 ♗d7 32.♘3g4 ♗e8 33.♘h6+ ♔h8

78

Schlechter bereitet jetzt den Einstieg seines Springers auf das andere verwundbare Feld im schwarzen Lager vor – auf das Feld f6.

34.♕e2 ♕d8 35.♘eg4 ♗d7 36.♕e5 ♘e8 37.♖h3 ♕c7

Wenn 37… ♕e7, so 38.♕b8, und der Bauer b7 ist nicht mehr zu verteidigen.

38.♘f6! ♕:e5

Erzwungen. Auf 38… ♕d8 entschied 39.♘:h7 ♔:h7 40.♘f7+.

39.fe ♖e7 40.♖hf3 ♘:f6

Sonst kommt 41.♘:d7 ♖:f3 42.♖:f3 ♖:d7 43.♖f8+ und 44.♖g8 matt.

41.♖:f6 ♖:f6 42.ef ♖e8 43.♘f7+ ♔g8 44.♘e5

Die weiße Strategie hat triumphiert. Einen besonders traurigen Eindruck hinterläßt der Läufer, der in dieser Partie eine für Schwarz so verhängnisvolle Rolle gespielt hat.
Es folgte noch:

44… ♖d8 45.♔g2 ♔f8 46.h4 ♗e8 47.♔f3 ♗f7 48.♔f4 ♔e8 49.♖b1 ♔f8 50.b5

Schwarz gab auf. Nach 50… ab 51.ab ♗e8 52.bc ♗:c6 53.♘:c6 bc gewinnt 54.♔e5.

Balaschow – Gulko
(Leningrad 1978)

79

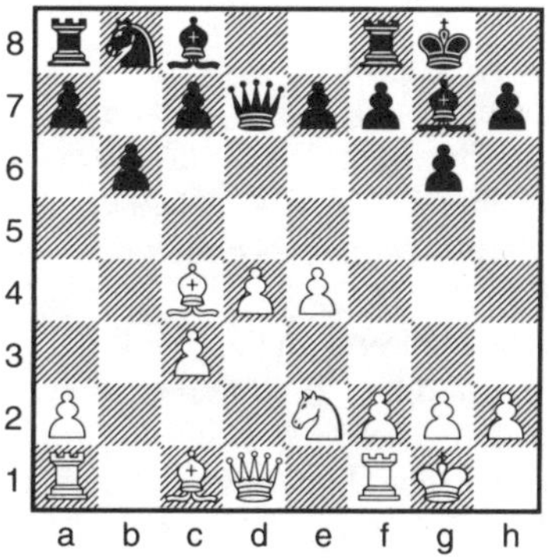

Der Plan von Schwarz sieht vor, das weiße Zentrum mittels c7-c5, ♗b7 und ♘c6 anzugreifen. Eine wichtige Rolle kommt dabei dem Läufer auf g7 zu. Weiß stellt diesem Läufer seine Bauernkette c3, d4, e5 entgegen, um ihn vom Spielgeschehen zu isolieren.
Die Entscheidung von Weiß ist ziemlich verpflichtend, da sie dem Gegner eine dauerhafte Kontrolle über den Punkt d5 überläßt.

1.e5! ♗b7?!

Beachtung verdiente 1… ♗a6, da ein Läufertausch dem Nachziehenden die Kontrolle über d5 sowie den etwaigen Sprengungszug f7-f6 erleichtern würde.

2.♘f4 e6

Es drohte 3.e6.

3.♕g4 c5 4.♗e3.

4.♘:e6 scheiterte an 4… ♖e8.

4… ♘c6 5.♖ad1 cd 6.cd ♖fd8?!

Notwendig war 6… ♘e7 (7.♘:e6? ♘d5) und 7… ♗d5 bzw. 7… ♘d5, um die Aktivität der weißen Figuren zu neutralisieren.

7.h4! ♖ac8?

Angezeigt war 7… ♘e7. Nach 8.h5 ♘d5 9.hg hg 10.♘h3 hat Schwarz zwar die schlechtere, aber noch verteidigungsfähige Stellung.

8.h5 ♘b4 9.♗b3 ♗e4

Es drohte 10.hg hg 11.♘:g6 fg 12.♗:e6+. Schwarz hatte sich hier wohl Chancen ausgerechnet, mit 10… ♗c2 die Initiative zu übernehmen, dabei jedoch die überraschende Antwort des Gegners übersehen.

10.h6! ♗f5 11.♕g3 ♗h8.

11… ♗:h6 verliert wegen 12.♘h5! ♗g7 13.♗h6 oder 13.♘:g7 ♔:g7 14.♗g5. Schlecht ist auch 11… ♗f8. Nach 12.♘h5 ♗e7 (12… ♕c6 13.♗g5) 13.♗g5 steigt Weiß auf f6 ein. Der schwarze Läufer muß also wohl oder übel in den Kerker auf h8. Die einzige Hoffnung auf seine Befreiung besteht in der Sprengung f7-f6. Doch die ist nicht zu verwirklichen.

12.♘h5 ♔f8 13.♘f4 ♗c2 14.♗d2 a5 15.♗:b4+ ab 16.♗:c2 ♖:c2 17.♕b3 ♕c7 18.♕:b4+ ♔g8 19.a4 ♖c4 20.♕b5 ♔f8 21.♘e2 ♖d5 22.♕b3

Schwarz spielt faktisch mit einer Minusfigur. 22… f6 bringt wegen 23.f4 nichts.

22… ♔e8 23.♖b1 ♖d8 24.♖fd1 ♖c2 25.♖bc1 ♖c8 26.♖:c2 ♕:c2 27.♕b5+

Schwarz gab auf. Nach 27… ♕c6 (27… ♔e7 28.♖c1) 28.♖c1! ♕:b5 29.♖:c8+ ♔d7 30.ab ♔:c8 31.f4 gewinnt Weiß problemlos.

■ Es ist nicht selten der Fall, daß die Isolierung einer einzelnen Figur von der Isolierung einer zweiten begleitet wird, ja mitunter kommt es auch bald zu einer Kräftedesorganisation größeren Ausmaßes.
Diese Situationen sind psychologisch zu erklären: Ein Schachspieler, dem eine Figur in Bedrängnis geraten ist, möchte diese so schnell wie möglich wieder befreien oder zumindest irgendeine Kompensation dafür erhalten. Zu scharfes Spiel führt dabei meist zu einem negativen Resultat.

Keres – Unzicker
(Hamburg 1956)

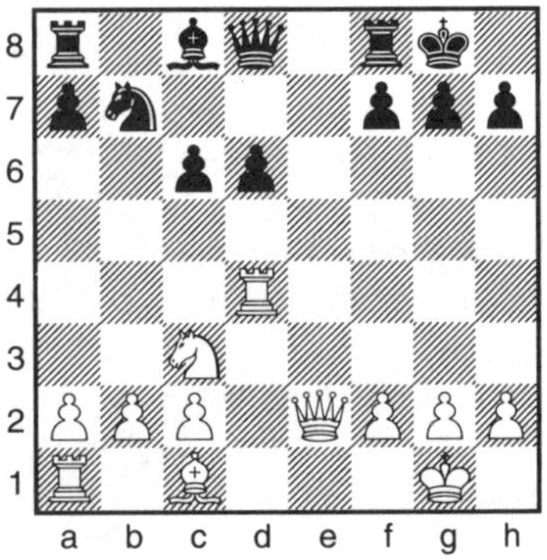

80

Die weißen Figuren sind aktiver postiert. Doch wenn es Schwarz gelingt, seinen Springer ins Zentrum zu führen (sagen wir, nach e6), dann bleibt vom weißen Vorteil keine Spur. Keres strebt deshalb die Isolierung des gegnerischen Springers an.
1.b4! ♖e8 2.♗e3 ♗e6 3.♕f3 ♕d7?!
Besser war 3… d5. Im Falle von 4.b5 c5 5.♖dd1 d4! 6.♕:b7 ♕a5 hätte eine scharfe Stellung entstehen können. Schwarz gewinnt die Figur zurück und hat offensichtlich genügend Gegenchancen. Der Verzicht Unzickers auf 3… d5 ist wahrscheinlich damit zu begründen, daß sich Weiß durch das ruhige 4.♗f4 ♘d6 5.♗:d6 ♕:d6 dank seiner Kontrolle über die schwarzen Zentralfelder einen geringen Positionsvorteil hätte sichern können. Trotzdem hätte sich Schwarz auf diese Variante einlassen sollen. Stattdessen leitete er mit dem Textzug 3… ♕d7 einen Plan ein, der auf eine Widerlegung trifft.
4.♘e4 ♗f5?
Relativ besser war 4… ♗d5, obwohl Weiß nach 5.c4! ♗:e4 6.♖:e4 deutliches Übergewicht hat. Jetzt hingegen gerät der schwarze Läufer (trotz Bauerngewinns) ins Abseits, und Weiß erhält Angriffschancen.
5.♘g3! ♗:c2
5… ♗g6
6.h4! 6.♖c1 ♗a4
Der Läufer gesellt sich zum bereits untätigen Springer. Weiß startet seinerseits eine gefährliche Attacke gegen den schwarzen König.
7.♘h5 f5 8.♖f4 ♖e7
8… ♖f8 scheiterte an 9.♗d4 ♖f7 10.♗:g7, und 8… ♕e6 taugte wegen 9.♖:f5 ♖f8 10.♘:g7 ♔:g7 11.♕g4+ nebst Damengewinn nichts.
9.♖:f5 ♖f7
Die Hoffnung auf Turmtausch wird sich nicht erfüllen. Nebenbei möchte ich den Leser auf folgendes Moment aufmerksam machen: In den vorangegangenen Beispielen wurde gezeigt, wie ein Läufer von eigenen Bauern zur Wirkungslosigkeit verurteilt sein kann. Im vorliegenden Fall hingegen ist der Läufer zwar nicht durch Bauern blockiert, aber trotzdem schlecht. Die Sache ist die, daß er auf einer „leeren" Diagonale steht, die keine Verbindung zu den Hauptereignissen am Königsflügel zuläßt. Diese Verschiedenartigkeit der Isolation eines Läufers ist es, die ich Ihnen mit diesem Beispiel vor Augen führen wollte.
10.♘:g7 ♖:g7
10… ♔:g7 verliert wegen 11.♗h6+ oder 11.♕g4+ schnell. Wenn 10… ♖af8, so 11.♘e6 ♖:f5 12.♕g4+ ♔h8 13.♘:f8 oder 11… ♕e6 12.♕g4+ ♕g6 13.♖g5 mit Gewinn.
11.♗h6 ♕e7
Auch andere Fortsetzungen retten nichts: a) 11… ♖f7 12.♖g5+; b) 11… ♖e8 12.h4 und 13.♗:g7.
12.♗:g7 ♕:g7
Wenn 12… ♔:g7, so 13.♕c3+ ♔g8 14.♖f3 mit den Drohungen ♖g3+ und Te1.
13.h4 h6
Oder 13… ♖f8 14.♖:f8+ ♕:f8 15.♕g4+ ♔h8 16.♕d4+ ♕g7 17.♕:a7.
14.♖c4!
Schwarz gab auf.
Die Isolierung eines Turmes kommt vergleichsweise selten vor und geht meistens mit der Blockade des Turmes durch eine Leichtfigur einher.

Aronson – Tal
(Moskau 1957)

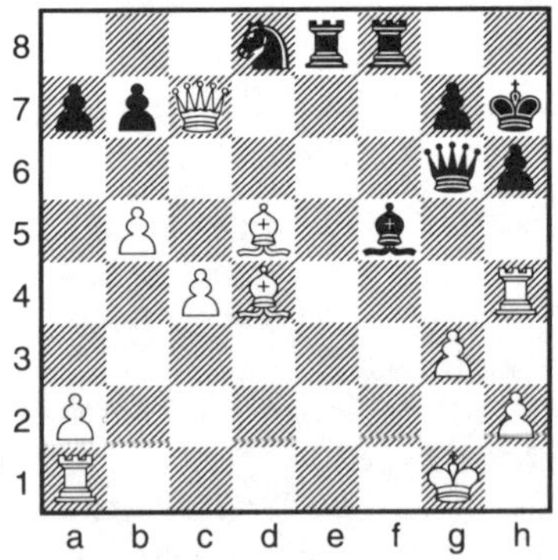

81

Weiß hat einen Mehrbauern und zwei aktive Läufer, allerdings ist seine Grundreihe ungenügend verteidigt. Schwarz nutzt diesen Umstand kunstvoll aus.
1… ♗b1!

Schneidet den Turm ab und stellt die tödliche Drohung 2… ♖e1+ auf.
2.♗e5 ♘e6 3.♕d6
Schlecht ist 3.♗:e6 ♖:e6, und Weiß kann den Läufer nicht auf e5 halten. Z. B., 4.♖d4 ♖fe8 5.♖d6 ♖:d6 6.♕:d6 ♕e4.
3… ♕f5 4.♗f4 ♘g5 5.♕b4
Der Turm war drei Züge lang eingeschlossen, in dieser Zeit hat Schwarz entscheidende Drohungen aufgebaut.
5… ♗e4 6.♗:e4 ♖:e4 7.♖f1
Wenn 7.♗:g5, so 7… ♕f2+ 8.♔h1 ♖e2 9.♕b1+ ♔g8 10.♕g1 ♕f3+.
7… ♖e2 8.♕d6
Auf 8… ♕e4 soll 9.♕d5 folgen, aber Schwarz bricht auf der 2. Reihe herein.
8… ♖:a2 9.♕d5
Bisher war nur davon die Rede, daß der Turm auf a1 außer Spiel ist. Aber jetzt ist auch der Turm h4 isoliert, woran Weiß selbst Schuld hat.
9… ♕c2 10.c5 ♖d8 11.♗d6
Oder 11.♕:b7 ♖d7 12.♕c6 ♖d1.
11… ♖e8
Es droht 12… Te2. Schlecht ist 12.♕f5+ wegen 12… ♕:f5 13.♖:f5 ♖e1+ 14.♖f1 ♘f3+. Das Opfer auf h6 geht nicht.
Weiß gab auf.

■ Die Isolation der Dame führt in der Regel sofort zur Krisis der Partie. Die Gegenseite greift dabei meistens zu taktischen Verfahren wie Ablenkung bzw. Hinlenkung und schreckt auch vor Opfern nicht zurück.
Die folgende Kurzpartie illustriert das Gesagte sehr gut.

Partie Nr. 21
Damengambit
Kramer – Herrmann
Berlin 1930

1.d4 d5 2.c4 c6 3.♘f3 ♘f6 4.cd cd 5.♘c3 ♘c6 6.♗f4 e6 7.e3 ♕a5
Ein ungerechtfertigter Damenausfall. Gebräuchlich ist 7… ♗d6 oder 7… ♗e7, um schnellstens zu rochieren.
8.♘d2
Logischer und besser ist 8.♗d3. Z. B., 8… ♘e4 9.♕b3 ♗b4 10.♖c1 ♘:c3 11.bc ♗e7 12.0-0 0-0 13.c4 mit weißem Übergewicht.
8…♗b4 9.♖c1!?
Sicherer ist 9.♕b3.
9… ♗:c3 10.♖:c3 ♕:a2 11.♕c1 ♕a5
Es drohte 12.♖a3. Jetzt mußte Weiß 12.♗d6 spielen, um die schwarze Rochade zu verhindern. In diesem Falle hätte er genügend Kompensation für den geopferten Bauern. Stattdessen jagt der Anziehende aber weiterem Materialgewinn nach, wobei seine Dame auf Abwege gerät.
12.♖:c6? bc 13.♕:c6+ ♗d7!
14.♕:a8+ ♔e7 15.♕:h8
Weiß hat nun einen riesigen Materialvorteil, ist aber in der Entwicklung katastrophal zurückgeblieben. Die Dame schafft es nicht mehr, ihrem eigenen König zu Hilfe zu kommen.
15… ♕a1+
Aber nicht 15… ♘e4 wegen 16.♗g5+.
16.♔e2 ♗b5+
Weiß gab auf. Nach 17.♔f3 ♕d1+ 18.♔g3 ♕g4 oder 17.♘c4 ♗:c4+ 18.♔d2 ♕:b2+ 19.♔d1 ♗b3+ 20.♔e1 ♕c1+ 21.♔e2 ♕d1 wird er mattgesetzt.

■ Es gibt auch nicht wenige Beispiele dafür, daß die Dame aufgrund eines fehlerhaften strategischen Planes oder wegen notwendiger Deckungsaufgaben für Figuren oder Bauern in Bedrängnis gerät.

Gufeld – Krogius
(Moskau 1967)

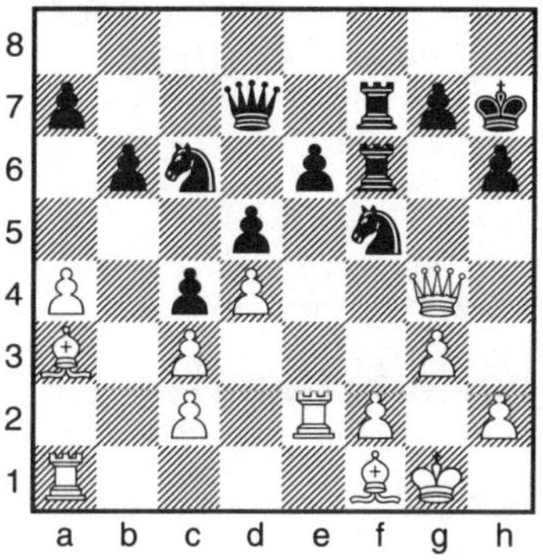

82

Schwarz hat einen rückständigen Bauern auf e6, was aber wegen der Zersplitterung der weißen Kräfte noch keine große Bedeutung hat. Die weiße Dame auf g4 ist zwar äußerlich aktiv, aber doch schlecht plaziert, da sie sich einer Reihe von Drohungen ausgesetzt sieht. Deshalb wäre es die vorrangige Aufgabe von Weiß gewesen, die Koordination seiner Figuren zu verbessern. Diesem Zweck diente 1.♗g2 und 2.♖ae1. Auf 1… Tg6 könnte die Dame dann auf den sicheren Standort h3 ausweichen. Stattdessen aber rückt Gufeld seinen f-Bauern vor und schwächt damit empfindlich seine Königsstellung.
1.f4? ♖g6 2.♕h5
Besser ist 2.♕h3.
2… ♘ce7 3.a5?
Notwendig war 3.♗:e7. Der Läufer a3 gerät nun zum Statisten.
3… ♘g8 4.ab ab 5.♖ae1 ♘f6
Jetzt wird klar, warum die Dame im 2. Zug besser nach h3 gegangen wäre.
6.♕f3 ♘h4 7.♕h1
7.♕e3? ♘g4, und es gibt nichts gegen 8… ♘f3+.
7… ♘h5 8.♗g2
Die tragikomische Damenstellung ist eine gesetzmäßige Folge der Fehler in

den ersten drei Zügen. Jetzt entscheidet Schwarz die Partie im Direktangriff.

8… ♘:f4 9.gf ♖:f4 10.♖f1 ♖fg4 11.♖ff2 ♕a4 12.♗e7 ♖:g2+

13.♕:g2

13.♖:g2 ♕a1+.

13… ♘:g2 14.♖:g2 ♕a1+ 15.♔f2 ♕:c3

Weiß gab auf.

Das haben wir in der 13. Lektion behandelt:

- ☐ die Isolierung des Springers
- ☐ der schlechte Läufer
- ☐ Desorganisation der Kräfte
- ☐ Isolierung von Turm, Dame – die Hinlenkung

Übungsaufgaben zur 13. Lektion

Aufgabe 57:

Weiß: ♔e1, ♕d1, ♖a1, h1, ♗e3, ♘c3, d2, ♙a2, b2, c4, d5, e4, f2, g2, h2

Schwarz: ♔e8, ♕d7, ♖a8, h8, ♗g7, ♘a5, e7, ♙a6, b7, c5, d6, e5, f6, g6, h7

☐ Weiß am Zug. Wie würden Sie spielen?

Aufgabe 58:

Weiß: ♔g1, ♕e4, ♖a1, d1, ♗g2, ♘f3, ♙a2, b3, c4, d4, f2, g3, h2

Schwarz: ♔g8, ♕d6, ♖c8, f8, ♗b7, ♘d7, ♙a7, b6, c6, e6, f7, g7, h7

☐ Weiß am Zug. Beschreiben Sie den weißen Plan!

Aufgabe 59:

Weiß: ♔b3, ♗d8, g4, ♙a4, c4, d5

Schwarz: ♔f7, ♗b4, ♘b6, ♙a5, c5, d6

☐ Schwarz am Zug. Wie würden Sie spielen?

Aufgabe 60:

Weiß: ♔e1, ♕d1, ♖a1, h1, ♗e2, e3, ♘c3, ♙a2, b2, c4, f2, f5, g2, h2

Schwarz: ♔g8, ♕d8, ♖a8, f8, ♗c8, d4, ♘c6, h6, ♙a7, b7, d7, e7, g6, h7

☐ Weiß am Zug. Wie würden Sie spielen?

Aufgabe 61:

Weiß: ♔a6, ♖b8, ♙a5, c6

Schwarz: ♔d6, ♖a8, ♘b6, ♙a7

Studie von Kljatzkin.

☐ Weiß zieht und gewinnt.

Aufgabe 62:

Weiß: ♔g1, ♕d1, ♖c1, f1, ♗d3, e3, ♘c3, ♙a3, b2, c4, e4, f4, g2, h2

Schwarz: ♔e8, ♕a5, ♖c8, h8, ♗b7, g7, ♘e6, ♙a7, b6, d6, e7, f7, g6, h7

☐ Weiß am Zug. Bewerten Sie die Folgen von 1.f5!

Die Isolierung der Flanken

Die Beispiele, die wir in der 13 .Lektion betrachtet haben, demonstrierten die negativen Folgen der Isolation einer einzelnen Figur. Logischerweise fällt es noch mehr ins Gewicht, wenn es gelingt, gleich mehrere Figuren von aktiven Handlungen auszuschließen.

Furman – Polugajewski (Moskau 1969)

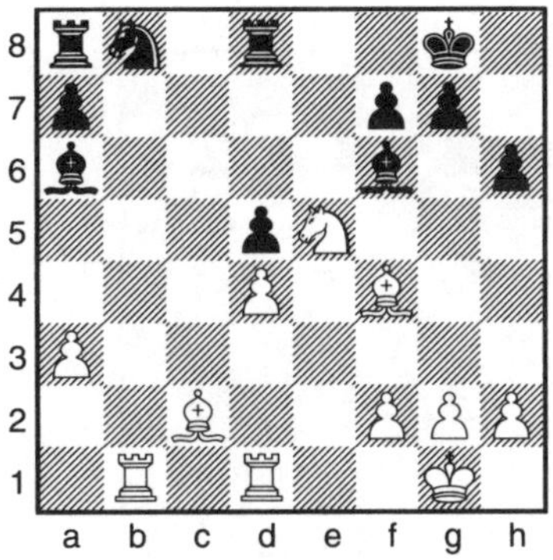

83

Die weißen Figuren sind besser entwickelt, aber Schwarz braucht nur noch seinen Springer ins Gefecht zu führen und schon hätte er diesen kleinen weißen Vorteil ausgeglichen. Deshalb unternimmt Furman Sofortmaßnahmen, um den gegnerischen Springer zu isolieren.

1.♗a4! ♗e7

Andere Varianten, die Springerentwicklung zu sichern sind noch aussichtsloser. Z. B., 1… ♗:e5 2.♗:e5 ♘d7 3.♗c7 ♖dc8 4.♗c6! oder 1… ♗c8 2.♘c6 ♗d7 3.♘:d8 ♗:a4 4.♖dc1 ♘d7 (4… ♗:d8 5.♖c8) 5.♘c6.

2.♖b3 g5 3.♗g3 f6 4.♘g6 ♗d6 5.♗:d6 ♖:d6 6.♘e7+ ♔f7 7.♘f5 ♖e6 8.♖c1!

Nach 8.♘:h6+ ♔g6 9.♘g4 ♘c6 könnte Schwarz seine Figuren koordinieren und Gegenspiel erhalten. Die Blockade verspricht mehr. Die Tragödie von Schwarz besteht darin, daß der „Arrest“ des Springers auch den Turm a8 zum Nichtstun verurteilt.

8… h5 9.h3 h4

Wenn 9… ♔g6, so 10.g4 mit der Drohung 11.♖c7. Schwarz ist im Zugzwang.

10.♖c7+ ♔f8 11.♖e3!

Tauscht den Hauptverteidiger ab. 11… ♖b6 scheitert an 12.♖e8 matt.

11… ♖:e3 12.♘:e3.

Schwarz gab auf.

Natürlich kommen Beispiele einer nahezu vollständigen Paralyse der Figuren relativ selten in der Praxis vor. Sie sind in der Regel auf eine grobe Vernachlässigung der Figurenentwicklung zurückzuführen. Häufiger kommt es hingegen zu Positionen, in denen die Koordination zwischen Figurengruppen auf verschiedenen Flügeln gestört ist. Diese Verminderung des Zusammenwirkens der Figuren wird als Isolierung der Flanken bezeichnet. Um eine Isolierung der Flanken in der gegnerischen Stellung zu erreichen, muß man sehr energisch im Zentrum zu Werke gehen. Nur so kann die Kommunikation im Lager des Gegners unterbrochen bzw. blockiert werden.

■ Die Isolierung der Flanken gelingt oft dadurch, daß man den gegnerischen König an der Rochade hindert. Der Monarch verbleibt somit im Zentrum, wo er einem Angriff ausgesetzt ist. Die an den Flügeln versammelten Figuren können ihm dann oft nicht mehr rechtzeitig zu Hilfe kommen.

Tal – Donner (Beverwijk 1968)

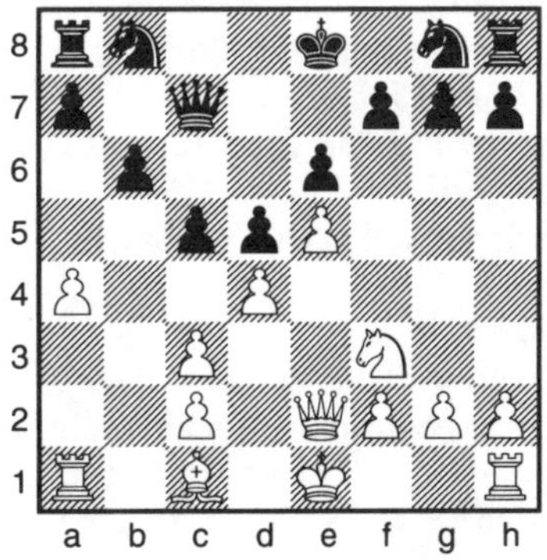

84

Weiß verhindert die schwarze Rochade und zerstört gleichzeitig die Koordination der schwarzen Kräfte.

1.a5! ba

Wenn 1… cd, so 2.0-0 und 3.♗a3, und der weiße Läufer wird zum Hauptakteur.

2.♗a3 ♘d7?
Ein ernster Fehler. Unumgänglich war 2… ♘e7!, um auf 3.♗:c5 mit 3… ♘d7 4.♗:e7 (oder 4.♗a3) 4… ♕:c3+ fortzufahren. Wenn 4.♕b5, so 4… ♖b8 5.♕a4 ♕c6 6.♕:a5 ♘:c5 7.♕:c5 ♕:c5 8.dc ♘c6 9.♔d2 ♔d7 10.♘d4 ♖b7 mit ungefähr gleichem Endspiel, trotz des Minusbauern.
3.dc ♘e7 4.c6!
Der Besitz der Diagonale a3-f8 ist wichtiger als Bauern.
4… ♕:c6 5.0-0 ♕:c3 6.♖df1 ♘c6 7.♗d6
neutralisiert den Zug ♘b4 und deckt den Bauern e5. Man beachte die Qualitäten des Läufers d6. Er verhindert nicht nur die schwarze Rochade, sondern kontrolliert auch das Feld b8.
7… ♕c4 8.♕e3 ♕e4 9.♕b3 ♘b6 10.c4!
Dieses Bauernopfer öffnet Linien. Jetzt ist 10… ♘:c4 wegen 11.♕b7 schlecht. Gleiches trifft auf 10… dc wegen 11.♕b5 ♖c8 12.♖:a5 zu. Wenn 10… a4, so 11.♖:a4 dc 12.♕:b6 ab 13.♖:a8+ ♘d8 14.♖c8 mit den unabwendbaren Drohungen 15.♖c7 und 15.♗c7.
10… ♕:c4 11.♕a3 ♕a6 12.♖ac1 ♖c8 13.♘d2
Der Springer soll nach c5 gebracht werden.
13… f6
Dieser verzweifelte Versuch, die Figuren zu koordinieren, rettet nicht. Zäher war 13… ♘d4 14.♔h1! ♘f5. Aber nach 15.♖:c8+ ♕:c8 16.♖c1 ♕d8 17.♗c5 f6 18.♕:a5 fe 19.♕:a7 ist der weiße Angriff sehr stark.
14.ef gf 15.♕f3 ♔d7
Oder 15… ♔f7 16.♕h5+ ♔g7 17.♖c3.
16.♕:f6 ♖he8
Wenn 16… ♔:d6, so 17.♘e4+ ♔c7 18.♘c5 ♕e2 19.♕g7+ ♔d6 20.♘b7 matt.
17.♘e4 ♘e7 18.♘c5+ ♖:c5 19.♗:c5 ♘c4 20.♗:e7
Auf 20… ♖:e7 folgt 21.♖:d5+. Schwarz gab auf.
Neben einem Läufer auf d6 (d3) erfüllt oft ein Springer – auch auf den Feldern d6 (d3) – wichtige Angriffsfunktionen.

Partie Nr. 22
Englische Eröffnung
Mikenas – Goldenow
Tiblissi 1976

1.c4 ♘f6 2.♘c3 d5 3.cd ♘:d5 4.e4 ♘b4 5.♗c4 ♗e6!?
Ein interessanter Plan. Schwarz nimmt die Verdoppelung der Bauern in Kauf und erhält dafür einen starken Springer auf d3, außerdem wird Weiß an der Rochade gehindert.
6.♗:e6 fe 7.♘ge2
Wenn 7.d4, so 7… ♕:d4 8.♕:d4 ♘c2+.
7… ♘d3+ 8.♔f1 ♘c6 9.♕b3 ♕d7 10.♕:b7?
Besser ist 10.g3 und 11.♔g2.
10… ♖b8 11.♕a6

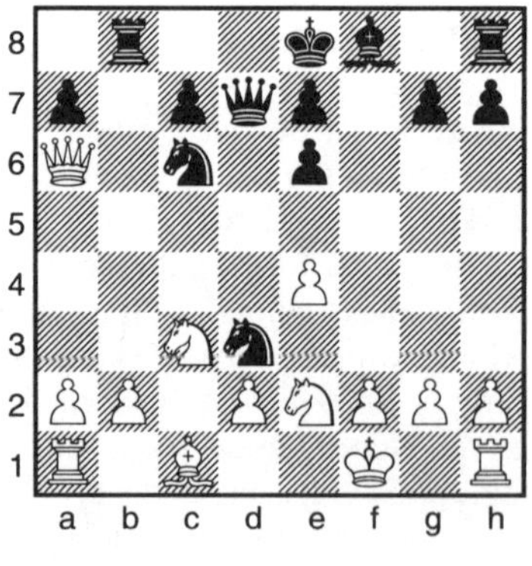

85

Weiß hat einen Bauern gewonnen, aber dabei Zeit verloren. Der schwarze Angriff ist bereits zu stark.
11… g6 12.h4 ♖b6 13.♕a4 ♗g7 14.♖h3 0-0 15.♘d1 ♖b4 16.♖:d3 ♕:d3 17.♕:c6 ♖:e4 18.♘e3 ♖:e3!
Weiß gab auf.
Der Amerikaner Bobby Fischer befand sich mehrfach in Positionen mit isolierten Flanken in der undankbaren Rolle des Verteidigers. Der Grund dafür – Fischer ging oft schon in der Eröffnung auf Bauernraub aus, was zu Tempoverlusten führte.

Partie Nr. 23
Sizilianische Verteidigung
Fischer – Matulovic
Palma de Mallorca 1970

1.e4 c5 2.♘f3 ♘c6 3.♗b5 g6 4.c3 ♘f6 5.♕e2 ♗g7 6.e5 ♘d5 7.♕c4? ♘c7! 8.♗:c6 dc 9.♕:c5 ♕d3! 10.♕e3 ♗f5 11.♕:d3 ♗:d3

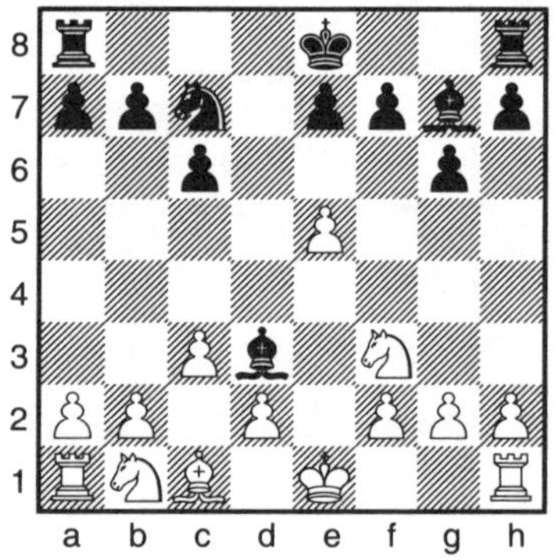

86

Dic weiße Stellung ist einfach deprimierend. Es bedurfte schon der taktischen Kunstfertigkeit eines Bobby Fischer und der „Unterstützung“ des Gegners, um diese Position noch zu retten.
12.♔d1 ♘e6 13.♘e1 ♘f4 14.♘:d3
Wenn 14.g3, so 14… ♗e2+ 15.♔c2 ♘h3 16.f4 ♘f2 mit den Drohungen 17… ♗d1 matt und 17… ♘:h1.

14… ♘:d3 15.f4!
Eine geistreiche Verteidigung. Nach 15… ♘f2+ 16.♔e2 ♘:h1 17.d4 baut Weiß einen Bauernwall auf, holt sich dann den Springer auf h1 ab und hat genügend Kompensation für die Qualität.
15… ♗h6?
Ungenügend ist 15… ♘:f4 wegen 16.d4 ♘:g2? 17.h4!, und der Springer ist in Bedrängnis.
Besser war 15… 0-0-0, was die Blockade beibehält.
16.♔c2 ♘:c1
Besser war hier 16… 0-0-0 17.g3 c5.
17.♖e1!
Wiederum eine beachtliche Verteidigungsressource. Schwarz rechnete nur mit 17.♖:c1 ♗:f4 18.♖e1 ♗:h2 mit gewonnenem Endspiel. Aber der unerwartete Zwischenzug Fischers machte die Idee von Matulovic zunichte.
17… 0-0-0 18.♔:c1 ♗:f4 19.g3 ♗h6 20.♔c2 ♖d5
Die Stellung ist etwa ausgeglichen. Die Partie endete nach weiteren 40 Zügen remis. Ich möchte es aber bei dem Fragment belassen, da der Partieverlauf keinen Bezug zu unserem Thema hat.
■ Die Isolierung der Flanken ist aber nicht nur dadurch gekennzeichnet, daß sich der König in der Mitte des Brettes befindet. Auch das Zusammenwirken der Figuren, die sich auf den entgegengesetzten Flügeln aufhalten, kann (bei rochierten Königen) unterbrochen werden. Dies geschieht (analog zu den zuletzt betrachteten Beispielen) dann, wenn die aktive Seite im Zentrum vorgeht. Als verbreitete strategische Methode gilt dabei der Marsch eines Zentralbauern auf die sechste (bzw. dritte) Reihe. Es bildet sich ein sogenannter **Bauernkeil,** der die gegnerischen Kräfte in einzelne Gruppen aufsplittert.

Euwe – Najdorf
(Zürich 1953)

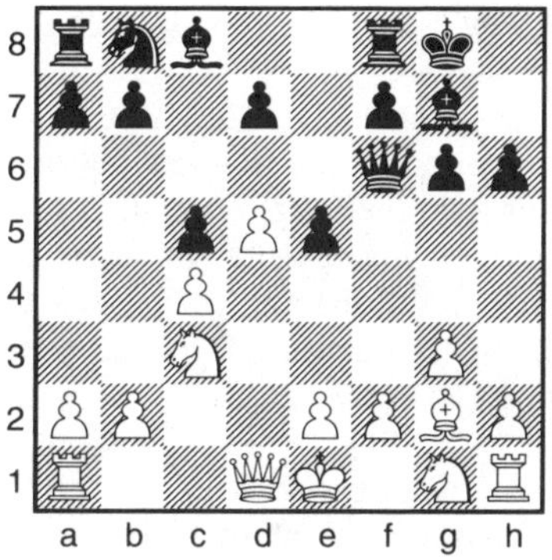
87

Weiß schickt nun seinen d-Bauern nach vorn, in dem Wissen, daß dieser evtl. verloren gehen kann. Aber dieser Vorstoß bringt die Abstimmung der gegnerischen Figuren durcheinander und behindert deren Entwicklung.
1.d6! ♘c6 2.e3 b6 3.♗d5 ♔h8 4.♘e4 ♕d8 5.h4 f5 6.♘g5 ♗b7 7.g4
Weiß spielt richtigerweise auf Angriff. Der Qualitätsgewinn nach 7.♘f7+ ♖:f7 8.♗:f7 ♘b4 9.♖h2 ♕f6 10.♗d5 ♗:d5 11.cd e4 hätte die Initiative Schwarz überlassen.
7… e4?
Besser ist 7… ♕f6.
8.♘e2 ♗:b2 9.♘f4 ♕f6 10.gf ♗:a1
Riskant. Aber bei 10… gf 11.♖b1 ♗e5 12.♘h5 ♕g6 13.♖g1 hg 14.♖:g5 ♕e8 15.♘g7 sind die weißen Drohungen sehr gefährlich.
11.♘:g6+ ♔g7 12.♘:e4 ♗c3+ 13.♔f1 ♕:f5 14.♘f4! ♔h8
Versuche, den Läufer zu retten, wären nicht erfolgreich gewesen. Z. B., 14… ♗e5 15.♘g3 ♕h7 16.♕g4+ ♔h8 17.♘g6+ oder 14… ♗f6 15.♘g3 ♕e5 16.♕g4+.
15.♘:c3 ♖ae8 16.♘ce2 ♖g8 17.h5 ♖g5 18.♘g3 ♖:g3 19.fg ♖:e3 20.♔f2
Die schwarze Stellung bleibt trotz einer Reihe von Abtauschen schwierig. Springer und Läufer sind nach wie vor außer Spiel, und der König steht unsicher.
20… ♖e8 21.♖e1 ♖:e1 22.♕:e1 ♔g7
Wenn 22… ♘e5, so 23.♕:e5+ ♕:e5 24.♘g6+.
23.♕e8 ♕c2+ 24.♔g1 ♕d1+ 25.♔h2 ♕c2+ 26.♘g2 ♕f5 27.♕g8+ ♔f6 28.♕h8+ ♔g5 29.♕g7+
Schwarz gab auf.

Timman – Hübner
(Sarajevo 1991)

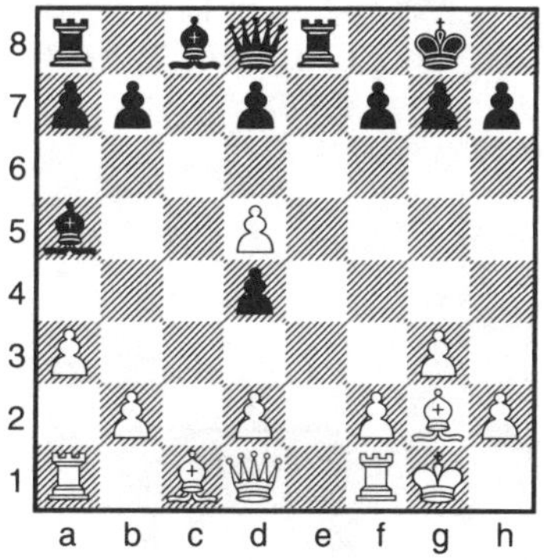
88

Weiß bringt ein Bauernopfer mit dem Ziel, die Koordination der schwarzen Figuren zu zerstören.
1.d6! ♕f6
Wenn 1… ♖e6, so 2.b4 ♗b6 3.d3 ♖:d6 4.♗f4 ♖e6 5.♗d5, und Schwarz muß mit 5… d6 die Qualität opfern, da 5… ♖e8 wegen 6.♕b3 ♕f6 7.♖fe1 ♖f8 8.h4 h6 9.♗e5 ♕g6 10.h5 ♕:h5 11.♗d6 ♖d8 12.♖e7 unerfreulich wäre. Auf 12… ♖f8 gewinnt 13.♖e5.
2.d3 ♕:d6 3.♗f4 ♕a6
Nach 3… ♕f6 4.♕a4 ♗b6 5.♖fe1 ♖f8 6.♗e5 ♕g6 7.♗:d4 ♗:d4 8.♕:d4 d6 9.♖e7 hätte Weiß deutlichen Vorteil.

4.b4
Aber nicht 4.♕a4 b5! 5.♕:d4 ♗b7 mit Ausgleich.
4… ♗d8 5.♖e1 ♖f8
Auf 5… ♖e6 ist 6.♗d5 d6 7.♕b3 gut.
6.♕h5 d6
6… ♗f6 7.♗d5 d6 8.♖e8!
7.♗d5
Auch 7.♕d5 ist möglich.
7… ♗d7
Wenn 7… g6, so 8.♗:f7+ ♖:f7 9.♖e8+ ♖f8 10.♕d5+ ♔g7 11.♖:f8 ♔:f8 12.♗h6+ ♔e7 13.♖e1+ ♔d7 14.b5 ♕:a3 15.♕f7+.
8.a4 ♖c8 9.♗e4 g6 10.♕f3 ♖c7 11.b5 ♕b6 12.♗h6 a6
Wenn 12… ♖e8, so 13.♗d5.
13.♗d5 ♗f5 14.g4 ♗c8 15.♖e2 ab.
Nach 16.♖ae1 gibt es keine Verteidigung gegen die Drohung ♖e8.
Schwarz gab auf.

Tal – Benkö
(Bled 1959)

89

Der weiße Bauernkeil hat die schwarze Stellung förmlich in zwei Hälften geteilt. Weiß beginnt mit dem Königsangriff. Die schwarzen Figuren stehen im Abseits.
1.♖h4 ♗:b2 2.♗f8! ♖:f8 3.♕h6 ♖f7 4.ef+ ♔:f7 5.♕:h7+ ♗g7.
Schlecht ist 5… ♔e8 wegen 6.♕:g6+ ♔d7 7.♕:f5+ e6 8.♖h7+ ♔c8 9.♗:a6+ ♘:a6 10.de.
6.♖h6 ♕g8 7.♕:g6+ ♔f8 8.♘g5 ♕:d5 9.♖h8+.
Schwarz gab auf.

■ Die Isolierung der Flanken gelingt nicht nur mit einem Bauernkeil. Oft stellt sich ein analoger Effekt auch durch eine zentralisierte Figur ein. Betrachten wir dazu das folgende berühmte Beispiel.

Karpow – Kasparow
(16. WM-Partie Moskau 1985)

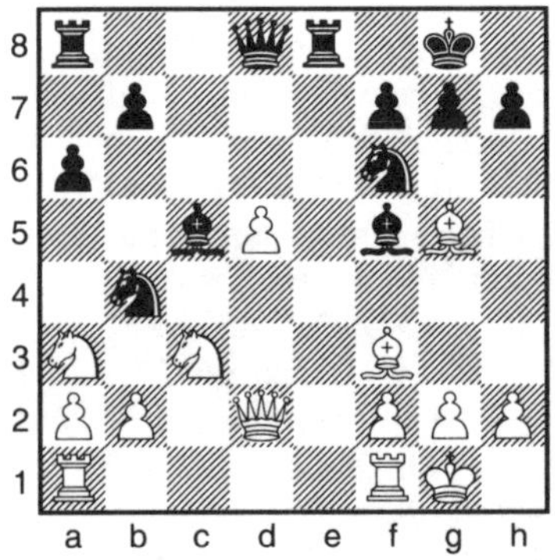

90

Schwarz hat einen Bauern geopfert, um die weiße Stellung zu desorganisieren. Zuerst wird der Springer a3 kaltgestellt, dann ein Vorposten auf d3 installiert.
1… b5 2.♖ad1
Auch der Übergang ins Endspiel befreit Weiß nicht von den Problemen: 2.♕f4 ♗g6 3.♗:f6 ♕:f6 4.♕:f6 gf 5.h4 h6, und es ist nicht zu sehen, wie Weiß fortfahren soll.
2… ♘d3!
Dieser Rösselsprung verstärkt das Chaos in der weißen Stellung. Die schwarzen Figuren handeln dagegen sehr harmonisch.
3.♘ab1
Besser ist 3.d6 ♖a7 4.♘d5 mit Verteidigungschancen.
3… h6 4.♗h4 b4 5.♘a4
Nun gerät auch dieser Springer aufs Abstellgleis.
5… ♗d6 6.♗g3 ♖c8 7.b3 g5!
Verhindert das Befreiungsmanöver 8.♘b2, worauf jetzt 8… ♘:b2 9.♕:b2 g4 10.♗e2 ♖c2 folgen würde.
8.♗:d6 ♕:d6 9.g3
Es sind zwar viele Figuren auf dem Brett, aber Weiß hat kaum Züge! 9.♗e2 wäre wegen 9… ♘f4 10.♗c4 ♘g4 11.g3 ♖:c4 12.bc ♖e2 13.c5 (13.♕d4 ♗e4) 13… ♕g6 14.gf ♕h5 schlecht gewesen.
9… ♘d7! 10.♗g2
Wenn 10.♘b2, so 10… ♕f6! 11.♘:d3 ♗:d3 12.♕:d3 ♘e5 mit Damenfang im Zentrum des Brettes!
10… ♕f6 11.a3 a5 12.ab ab 13.♕a2 ♗g6 14.d6
Wenn 14.♘d2, so 14… ♖e2.
14… g4! 15.♕d2 ♔g7
Schwarz beherrscht die Szenerie vollständig.
16.f3 ♕:d6 17.fg ♕d4+ 18.♔h1 ♘f6 19.♖f4 ♘e4 20.♕:d3 ♘f2+ 21.♖:f2 ♗:d3 22.♖fd2 ♕e3! 23.♖:d3 ♖c1 24.♘b2 ♕f2 25.♘d2 ♖:d1+ 26.♘:d1 ♖e1+
Weiß gab auf.

Das haben wir in der 14. Lektion behandelt:
- ☐ die Isolierung der Flanken
- ☐ der König im Zentrum
- ☐ der Bauernkeil
- ☐ der Figurenkeil

Übungsaufgaben zur 14. Lektion

Aufgabe 63:
Weiß: ♔c1, ♕e2, ♖d1, h1, ♗c4, ♘e5, ♙a2, b2, c2, d4, g3, g4, h4
Schwarz: ♔e8, ♕c7, ♖a8, h8, ♗d6, h7, ♙a7, b7, c6, e6, f6, g7, h6
□ Weiß am Zug. Wie würden Sie spielen?

Aufgabe 64:
Weiß: ♔e1, ♕c7, ♖c1, h1, ♗f1, ♙a2, c3, d5, e2, f3, g2, h2
Schwarz: ♔g8, ♕f6, ♖a8, f8, ♗d7, ♙a7, b7, e4, f7, g7, h6
□ Schwarz am Zug. Wie würden Sie spielen?

Aufgabe 65:
Weiß: ♔g1, ♕d1, ♖a1, e1, ♗c1, ♘c3, f3, ♙a2, b2, c2, d4, e4, f2, g2, h2
Schwarz: ♔g8, ♕c6, ♖a8, f8, ♗c8, e7, ♘f6, ♙a7, b7, c5, d7, e6, f7, g7, h7
□ Weiß am Zug. Wie würden Sie spielen?

Aufgabe 66:
Weiß: ♔g1, ♕d1, ♖a1, f1, ♗c1, ♘b1, f3, ♙a2, b2, c3, d2, e4, f2, g2, h3
Schwarz: ♔e8, ♕d8, ♖a8, h8, ♗f8, g4, ♘g8, ♙a6, b7, c7, c6, e5, f7, g7, h5
□ Schwarz am Zug. Wie würden Sie spielen?

Aufgabe 67:
Weiß: ♔g1, ♕f3, ♖d1, f1, ♗b3, e3, ♙a2, b2, d4, e4, f2, g2, h3
Schwarz: ♔g8, ♕a5, ♖c8, f8, ♗g7, ♘c6, d5, ♙a6, b4, d6, e7, f7, g6, h5
□ Weiß am Zug. Wie würden Sie spielen? Beschreiben Sie den weißen Plan!

15. Lektion

Nach den Gesetzen der Schönheit

Die bisherigen Lektionen, die sich alle mit den Regeln und Empfehlungen der Schachtheorie befaßt haben, mögen den Leser manchmal an das Studium einer wissenschaftlichen Disziplin an der Universität erinnert haben. Wir wollen jetzt sozusagen eine kleine Pause einlegen.
In diesem Kapitel möchte ich Ihre Aufmerksamkeit auf jene Seite unseres altehrwürdigen Spiels lenken, die mitunter zu kurz kommt. Ich meine die Ästhetik des Schachs. Es könnte der Eindruck entstehen, daß die Hinwendung zu diesem Thema den Leser ablenken und ihm eine Erholungsphase bei der Aneignung von Theorieweisheiten einräumen soll. Doch weit gefehlt! Ich verfolge auch hier ganz konkrete pädagogische Ziele. Meiner Überzeugung nach, dient das Verständnis der ästhetischen Werte im Schach der Vervollkommnung des Schachspielers und hilft ihm dabei, schablonenhaftes Denken zu überwinden.
■ Aljechin schrieb: „Um Erfolg zu haben, sind drei Faktoren erforderlich: erstens – die Kenntnis der eigenen Stärken und Schwächen; zweitens – das genaue Verständnis der Stärken und Schwächen des Gegners; drittens – ein höheres Ziel als billige Befriedigung. Dieses Ziel sehe ich in wissenschaftlichen und künstlerischen Leistungen, die das Schachspiel in eine Reihe mit anderen Künsten stellen.“

Aber was ist denn das Schöne im Schach? Nach welchen Kriterien bewertet man schachliche Kreativität? Betrachten wir zuerst eine Reihe von Beispielen, die ihrem ästhetischen Gehalt nach allgemein anerkannt sind.

Partie Nr. 24
Spanische Partie
Anderssen-Lange
Breslau 1859

1.e4 e5 2.♘f3 ♘c6 3.♗b5 ♘d4 4.♘:d4 ed 5.♗c4
Zeitverlust. Logischer ist 5.0-0.
5… ♘f6 6.e5 d5 7.♗b3?
Besser ist 7.♗b5+ oder 7.♗e2. Nach dem Partiezug bekommt Weiß Schwierigkeiten.
7… ♗g4! 8.f3 ♘e4! 9.0-0?
Dies erlaubt Schwarz einen starken Angriff. Schlecht war 9.fg wegen 9… ♕h4+10.g3 (10.♔e2 ♕f2+ 11.♔d3 ♘c5 matt) 10… ♘:g3 11.hg ♕:h1+ 12.♔e2 ♕g2+ 13.♔e1 d3 14.cd ♕:g3+ 15.♔f1 ♗c5 16.♕e1 ♕g1+ 17.♔:c2 ♕:g4+ und 18… 0-0-0 mit Gewinnstellung.
Verteidigungschancen, bei allerdings weiter problematischer Stellung, bot 9.g3. Z.B., 9…♗h5 10.d3 ♘c5 11.0-0 g5
9… d3! 10.fg
Oder 10.cd ♗c5+ 11.♔h1 ♘g3+ 12.hg ♕g5 mit unparierbarem Matt.
10… ♗c5+ 11.♔h1

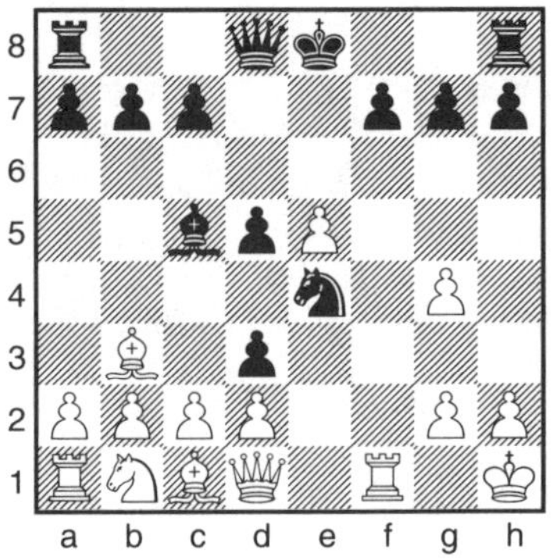

91

Jetzt entwickelt sich alles forciert:
11… ♘g3+ 12.hg ♕g5 19.♖f5 h5! 14.gh ♕:f5 15.g4 ♕f2
Weiß gab auf.
Diese Partie kann keinen gleichgültig lassen! Der plötzliche, zielstrebige Angriff, von Opfern begleitet, hinterläßt schon Eindruck. Der Schachhistoriker Isaak Linder bemerkte dazu: „Wenn jemand im Leben etwas Teures im Namen eines hohen Zieles opfert, nehmen wir diese Tat als Beispiel für etwas Erhabenes, Schönes. Analog ist die Quelle der ästhetischen Wahrnehmung im Schach, wo für den Sieg oder zur Vermeidung der Niederlage Figuren und Bauern geopfert werden.“
Übrigens war in dieser Partie die gesamte Angriffskonzeption (besonders 13… h5) außergewöhnlich, Originalität triumphierte über Trivialität.

Allerdings muß man an der weißen Spielführung Kritik üben – der 7. und 9. Zug waren klare Fehler. Natürlich kann man bei beiderseitig fehlerfreiem Spiel keine Partie gewinnen, doch ist der Sieg um so höher zu bewerten, je erfindungsreicher der Widerstand und je unmerklicher die Fehler waren.
Im folgenden Beispiel war die Verteidigung auf der Höhe, die Partie aber war trotzdem nicht mehr zu retten.

Polugajewski – Neshmetdinow (Sotschi 1958)

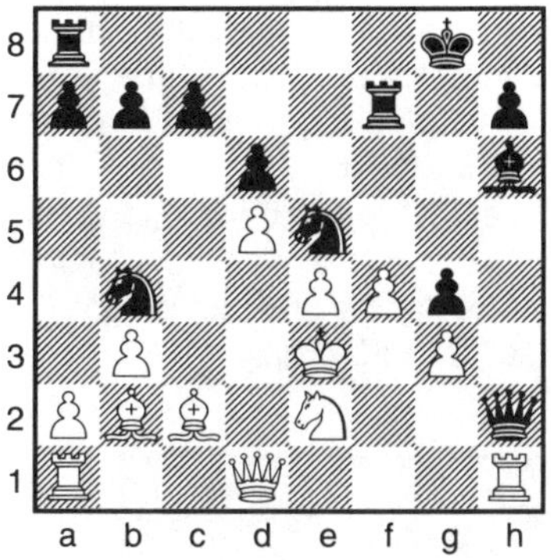

92

Schwarz bringt ein originelles Damenopfer, das er schon einige Züge zuvor geplant hatte.
1… ♖:f4! 2.♖:h2
Schlecht ist sowohl 2.♘:f4 ♘:c2+ als auch 2.gf ♗:f4+ 3.♘:f4 ♘:c2+.
2… ♖f3+ 3.♔d4 ♗g7!
Das stärkste. Nach 3… c5+ 4.dc bc 5.♗d3 ♘e:d3 (5… ♗g7 6.♔c3 ♘e:d3+ 7.♔d2) 6.♖:h6 ♘:b2 7.♖:d6 ♘:d1 8. ♖:d1 kann sich Weiß verteidigen.
4.a4
Auch andere Züge boten keine Rettung:
a) 4.♘g1 ♖:g3 5.♘e2 ♖f3 6.♘g1 ♘ed3+ 7.♔c4 ♘:b2+ 8.♔:b4 ♗c3+ 9.♔a3 b5 10.♕d4 ♗:d4 11.♘:f3 ♗c3 12.b4 ♘c4+ 13.♔b3 ♗:a1 14.♘g5 g3;
b) 4.♘f4 b5 5.♕:f3 ♘:f3+;
c) 4.♘c3 ♖:g3 5.♖h5 ♘bd3 6.♗:d3 ♘:d3+ 7.e5 de+ 8.♔c4 ♘:b2+ 9.♔b4 ♗f8+
d) 4.♖f2 ♖:f2 5.♔e3 ♖f3+ 6.♔d2 ♗h6+ 7.♘f4 ♖:g3. Schwarz hat gewinnbringenden Angriff.
4… c5+ 5.dc bc 6.♗d3 ♘e:d3+ 7.♔c4 d5+ 8.ed cd+ 9.♔b5 ♖b8+ 10.♔a5 ♘c6+
Weiß gab auf.
In dieser Partie war es nicht möglich, alle Varianten am Brett zu berechnen. Neshmetdinow hat sich intuitiv zu dem Opfer entschlossen und ist damit ein gewisses Risiko eingegangen. Starkes Spiel, verbunden mit einem gesunden Schuß Risiko, hinterläßt einen positiven ästhetischen Eindruck. Allerdings bleibt der Anteil des zulässigen Risikos eine strittige Größe.
■ Es ist wichtig, daß der Schachspieler bei riskanten Entscheidungen von einer möglichst fundierten Berücksichtigung objektiver Stellungsfaktoren ausgeht (wie Neshmetdinow im angeführten Beispiel) und nicht darauf hofft, den Kontrahenten durch einen Bluff zu übertölpeln.

Kortschmar – Poljak (Kiew 1937)

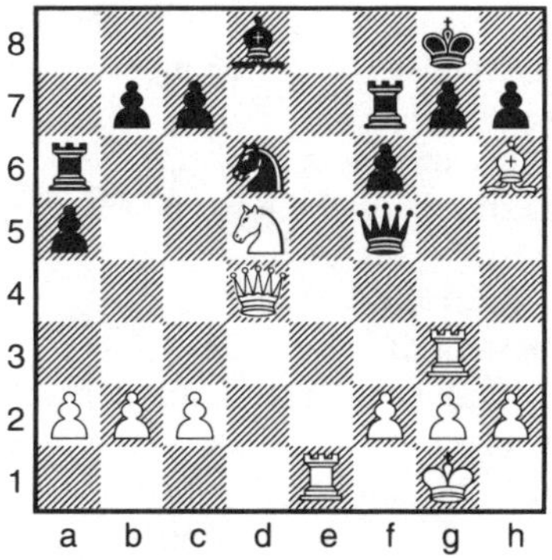

93

Weiß steht deutlich aktiver, zudem muß Schwarz auf seine geschwächte Grundreihe und den anfälligen Bauern g7 achten. Aber wie lassen sich diese zweifellos richtigen allgemeinen Überlegungen auf dem Brett in konkrete Vorteile umwandeln? Weiß attackiert die schwarze Grundreihe.
1.♘b4! ab 2.♕:d6 ♕d7
Das Nehmen der Dame hätte zu einem Matt in drei Zügen geführt: 2… ♖:d6 3.♖e8+ ♖f8 4.♖:g7+ ♔h8 5.♖:f8 matt.
3.♕d5!
Ein selten schöner stiller Zug! Jetzt droht 4.♖:g7. Wenn 3… g6, so folgt 4.♖ge3, und Schwarz kann das Eindringen des weißen Turmes auf der 8. Reihe nicht mehr verhindern.
3… ♔f8 4.♖:g7 ♕:d5 5.♖g8+ ♔:g8 6.♖e8+ ♖f8 7.♖:f8 matt.
Dieses Beispiel entspricht voll und ganz dem Schönheitskriterium im Schach, das Kräfte- und Zeitökonomie bei der Gewinnführung fordert. Tatsächlich, es waren keine anderen als die benötigten Figuren an der Aktion beteiligt.
In den zuletzt angeführten Partiebeispielen wurde die Entscheidung immer unter Materialopfern erzwungen. Deshalb kann leicht der Eindruck entstehen, daß Opfer das notwendige Attribut einer schönen Spielführung sind. In den romantischen Zeiten Anderssens und Morphys wurde dies auch tatsächlich so gesehen.

■ Die Ästhetik äußert sich aber nicht nur in überraschenden Kombinationen, sondern auch in der Tiefe strategischer Gedanken, in originellen Plänen. „Im Schach können in gleichem Maße sowohl taktische Wendungen als auch positionelle Pläne die Phantasie anregen,“ sagte einst Petrosjan.

Studie von Sachodjakin

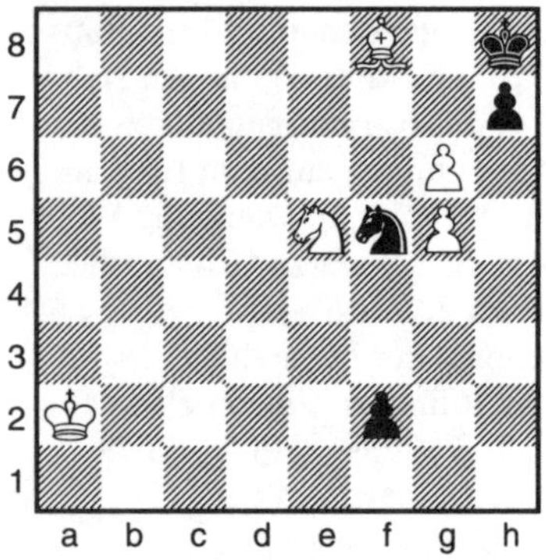

94

Die Bedingung lautet: Weiß zieht und macht remis. Das scheint unmöglich, aber … **1.g7+! S:g7.** Schwarz muß den Bauern schlagen, da auf 1… ♔g8 – 2.♘g4 folgt, was ♘f6+ und ♘:f2 droht. **2.♘f7+ ♔g8 3.♗c5.** Wirkt unsinnig, da der Bauer sich jetzt verwandelt. **3… f1 ♕ 4.♘h6+ ♔h8 5.♗d6!** Es wird klar, daß der Läufer auf diesem Feld wegen des Springerschachs auf f7 unantastbar ist. Der schwarze Springer kann beliebig ziehen – immer folgt 6.♗e5+, und der Gaul muß nach g7 zurück. Auf jeden Damenzug (ohne Schach) kommt einfach **6.♗e5!** mit Remisfestung. Der Läufer auf e5 und der Bauer auf g5 sind dann wegen des Schachs auf f7 indirekt gedeckt, der Springer g7 ist ewig gefesselt, und die schwarze Dame ist allein nicht in der Lage, den weißen König zu besiegen (Ein Pattsetzen des König bringt nichts, da Weiß Abwartezüge des Läufers zur Verfügung stehen – Felder f6 und e5.).

Ist es nicht schön? – Ja, ohne Zweifel. In diesem Falle hat kein Feuerwerk von Opfern unser Entzücken ausgelöst (das Bauernopfer 1.g7+ hat hier rein formalen Charakter), sondern der großartige Gedanke einer positionellen Festung. In dieser Studie hat das Menschen aller Zeiten und Völker faszinierende Motiv Niederschlag gefunden, daß die Kunst des Schwachen den überlegenen Kräften des Gegners erfolgreich Widerstand leisten kann.

Partie Nr. 25

Damenindische Verteidigung

Lilienthal – Botwinnik

Moskau 1940

1.d4 ♘f6 2.c4 e6 3.♘f3 b6 4.g3 ♗b7 5.♗g2 ♗e7 6.0-0 0-0 7.♘c3 ♘e4 8.♕c2 ♘:c3 9.♕:c3 d6 10.♕c2 f5

Es drohte 11.♘g5. Es hat sich eine ungefähr gleiche Position ergeben. Weiß stand jetzt vor der Wahl, 11.d5 oder 11.♘e1 zu spielen. In ersterem Falle kann Schwarz durch 11… e5 12.e4 ♗c8! gute Chancen erlangen; z. B. 13.ef ♗:f5 14.♕e2 ♘d7 15.♘d2 ♘c5 16.♘e4 ♘:e4 17.♗:e4 g6.

11.♘e1 ♘c6 12.d5 ed 13.cd ♘b4?!

Das ist wohl die einzige Ungenauigkeit, die sich Schwarz in dieser Partie zuschulden kommen ließ. Weiß nutzt sie virtuos aus.

14.♕d2!

Ein originelles Manöver, daß entweder zu einer Isolierung des schwarzen Randspringers oder zu schwarzen Bauernschwächen führt. Das triviale 14.♕b3 versprach wegen 14… a5 15.a3 Sa6 nebst 16… ♘c5 nichts.

14… a5.

Wenn 14… c5, so 15.dc ♘:c6 16.♘d3 mit deutlichem weißen Vorteil.

15.a3 ♘a6 16.b4!

Darin besteht die Pointe des weißen Planes. Weiß spielt gezielt auf den Randspringer.

16… ♗f6 17.♗b2 ♕d7

Nach 17… ♗:b2 18.♕:b2 ♕f6 19.♕:f6 ♖:f6 20.♘d3 hat Schwarz ein schwieriges Endspiel, da Weiß Druck auf den Bauern c7 ausübt, und der Springer a6 außer Spiel ist.

18.♗:f6 ♖:f6 19.♘d3

19.ba? ♘c5!

19… a4

Schlechter ist 19… ab. Folgende Variante, die die Möglichkeiten von Weiß illustriert, ist sehr lehrreich: 20.ab ♕b5 21.♘f4!? ♕:b4 22.♕:b4 ♘:b4 23.♖:a8 ♗:a8 24.♖a1 ♖f8 25.♖a4 c5 26.dc ♘:c6 27.♗d5+ ♔h8 28.♘g6+ (gezeigt von Lilienthal).

20.♖ac1 ♕f7 21.♘f4

Die Partie ist strategisch gewonnen für Weiß. Demnächst wird der Einstieg auf der e-Linie vorbereitet. Der schwarze Unglücksspringer auf a6 ist immer noch Statist.

21… ♗c8 22.♖c3 ♗d7 23.♖fc1 h6 24.h4

Unterbindet das Gegenspiel g7-g5.

24… ♖a7 25.h5! ♖a8

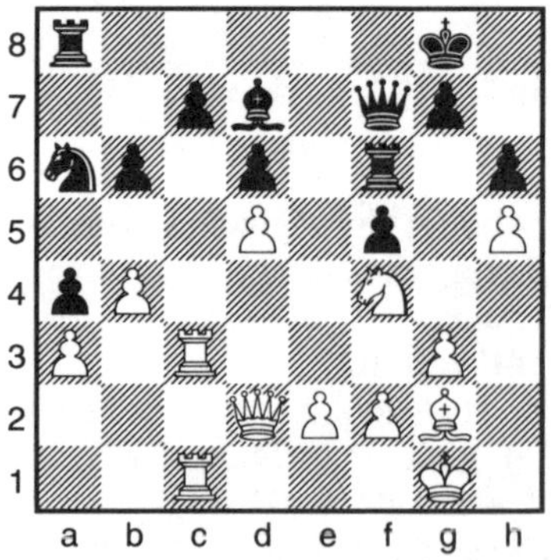

95

26.♖e3!

Weiß geht zum entscheidenden Angriff über. Beachten Sie bitte die starke Postierung des Springers f4, der das Zentrum und den Königsflügel kontrolliert.

26… ♔h7 27.♖cc3 ♖b8 28.♕d3

♖a8 29.♘g6 ♖:g6
Das ist wegen der Drohung 30.♖e7 erzwungen.
30.hg+ ♔:g6 31.♖e6+
Nach 31… ♗:e6 32.de hängt der Turm auf a8.
31… ♔h7 32.g4 c5
Ein verzweifelter Versuch, Verwicklungen heraufzubeschwören.
33.b5! ♘c7 34.gf ♘:b5 35.f6+ ♔g8 36.♖c4 ♖e8
Es drohte 37.Te7.
37.♖g4 g5 38.♖:e8+ ♗:e8 39.♖e4 ♔f8 40.♖e7 ♕g6 41.♗e4 ♕h5
Wenn 41… ♕:f6, so 42.♖:e8+ ♔:e8 43.♕:b5+.
42.♗f3 ♕g6 43.♖:e8+
Auf 43… ♕:e8 gewinnt 44.♕h7 ♕f7 45.♕:h6+ ♔g8 46.♗h5.
Schwarz gab auf. Dieser Partie mangelt es an äußeren Effekten, sie beeindruckt aber durch die Beharrlichkeit und Akribie mit der Lilienthal den mit 14.♕d2 eingeleiteten Plan durchführte.
Anatoli Karpow zählt die folgende Partie zu den eigenen Partien, die ihm den größten ästhetischen Genuß bereitet haben.

Spasski – Karpow
(Montreal 1979)

96

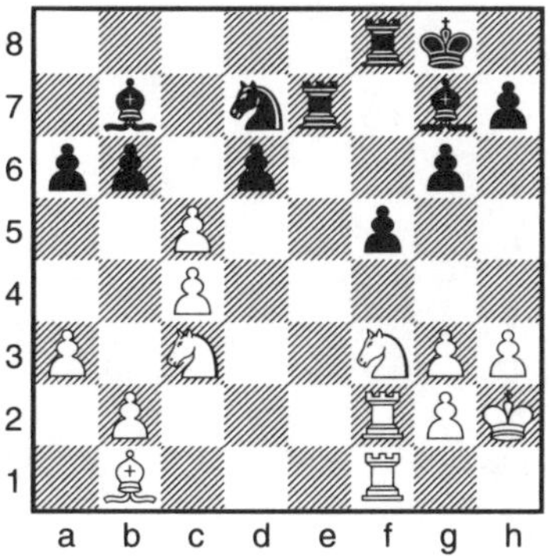

Schwarz verfügt über die besseren Aussichten. Seine Figuren sind aktiver postiert. Es hängt jetzt viel davon ab, wie man auf c5 schlägt. Danach richtet sich dann der weitere strategische Plan.
1… bc!
Ausgezeichnet. Das triviale 1… dc hätte es Weiß erlaubt, ein Druckspiel auf der d-Linie aufzubauen. Verlockend war 1… ♘:c5 mit der Drohung 2… ♗:c3, aber Weiß kommt zu 2.♘d5 und pariert damit die schwarze Absicht, die Bauernstellung von Weiß am Damenflügel zu entwerten.
2.♖d1
Auf jetziges 2.♘d5 könnte 2…♗:d5 3.cd ♖b8 folgen, und Schwarz hat in Verbindung mit der b-Linie großen Vorteil.
2… ♗:c3! 3.bc ♖f6 4.♖fd2 ♖e3!
Noch ein tiefer Gedanke. Es drängte sich eigentlich 4… ♗:f3 5.gf ♖ee6 auf, aber Weiß könnte dann seinen König nach f2 sowie den Turm auf die b-Linie bringen und genügend Gegenspiel erhalten. Mit dem Textzug opfert Karpow faktisch den Bauern d6, bringt aber Weiß in eine Zugzwangsituation.
5.♘g1
Wenn 5.♖:d6, so 5… ♖:d6 6.♖:d6 ♗:f3 7.gf (7.♖:d7 ♖e2) 7… ♘e5 8.f4 ♘f3+ 9.♔g2 ♖:c3 10.♖d5 ♘d4 11.♖:c5 ♖b3 12.♖d5 ♖b2+ mit Gewinn.
5… ♔f7!
Zwingt Weiß, das Danaergeschenk anzunehmen und den schwarzen Turm auf die Grundreihe zu lassen.
6.♖:d6 ♖:d6 7.♖:d6 ♔e7 8.♖d3 ♖e1
Die weißen Figuren sind paralysiert.
9.♗a2 ♖c1!
Notwendige Genauigkeit. Der Turm möchte nach c2 gelangen.
10.♘f3 ♗:f3 11.♖:f3 ♘e5 12.♖e3 ♔f6 13.♗b3 a5
Zugzwang!
14.♗a4 ♘:c4 15.♖e8 ♖:c3 16.♖c8 ♘e3 17.♗b5 c4
Gut ist auch 17… ♖c2 18.♗c6 ♘f1+ 19.♔g1 ♘:g3.
18.♔g1 ♖c2 19.♗c6 c3 20.♗f3 g5 21.g4 f4
Weiß gab auf. Eine interessante Partie. Es hatte den Anschein, daß sich diese Partie für Schwarz wie von selbst gespielt hatte, so leicht und effektiv waren die schwarzen Züge.
■ Wenn man von der **Harmonie der Figuren** spricht, sollte man diese Karpow-Partie als Beispiel zitieren.

Short – Timman
(Tilburg 1991)

97

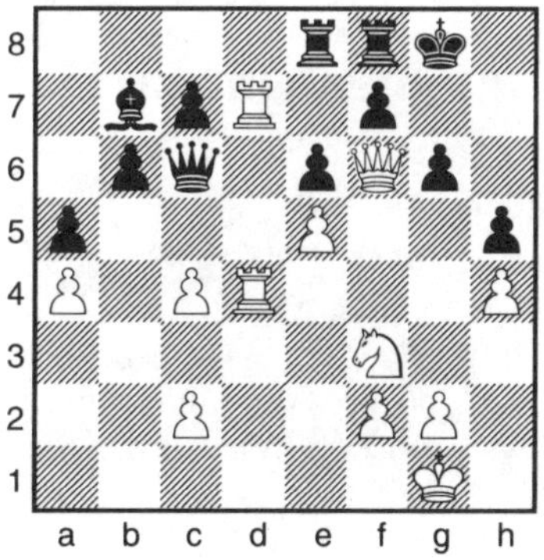

Man erkennt auf den ersten Blick, daß Schwarz nach allen Regeln der Kunst überspielt worden ist. Er muß abwarten, was der Gegner unternimmt. Allerdings hat Weiß Probleme bei der Realisierung des Vorteils. Normalerweise entscheidet in analogen Stellungen der Bauernsturm auf dem Königsflügel – g2-g4 und auf hg weiter h4-h5. Aber hier ist dieser Plan nicht durchführbar, da Schwarz die lange Diagonale h1-a8 kontrolliert. Nigel Short findet aber ein verblüffend starkes und logisches Manöver – er bringt seinen König(!) auf den schwarzen Feldern entlang nach h6!
1.♔h2! ♖c8

Auf 1… ♗c8 folgt 2.g4 hg 3.h5, und auf 2… ♗b7 (anstatt 2… hg) ist 3.♖d3 gut.

2.♔g3 ♖ce8 3.♔f4 ♗c8 4.♔g5

Es gibt keine befriedigende Verteidigung gegen 5.♔h6. Schwarz gab auf.

■ Das Erwachen des Interesses für originelle und effektvolle Züge und Partien, die die Schönheit des Schachs widerspiegeln, ist ein mächtiger Katalysator in der Entwicklung der Fähigkeiten des Schachspielers. Das Verhältnis zum Schach als Kunst stimuliert den Schachspieler, sogar in Standardpositionen der Schablone auszuweichen. Darüberhinaus erlangen seine Gedanken eine vollkommenere Form und sind durch das Streben nach maximaler Ökonomie der Kräfte und der Zeit gekennzeichnet.

Das Schöne im Schach, das ist immer das Aktive (sogar in der Verteidigung). Das Schöne ist auch das objektiv Begründete und Zweckmäßige. Die Entwicklung des ästhetischen Empfindens des Schachspielers bewahrt ihn unweigerlich vor leichtsinnigen Entscheidungen, Bluffs und vor unbegründetem Phantasieren.

Zum Abschluß noch eine Überlegung allgemeinerer Art: Die Psychologie hat festgestellt, daß die Effektivität der geistigen Tätigkeit durch eine Aktivierung der Emotionen deutlich erhöht wird. Nun denn, auf das man nicht jener Gestalt ähnlich wird, die Tartakower beschrieben hat: „Im Schach lebt und atmet jedes Feld, jede Figur kämpft und stirbt, und mitunter ähnelt nur der Schachspieler selbst einer hölzernen Figur …“

Das haben wir in der 15. Lektion behandelt:

- ☐ die Ästhetik im Schach
- ☐ Originalität contra Schablone
- ☐ intuitive Opfer
- ☐ Studien – die positionelle Festung

Übungsaufgaben zur 15. Lektion

Aufgabe 68:
Weiß: ♔e1, ♕d1, ♖h1, ♗h3, ♘e5, ♙a2, b2 d4, e2, f2, g3, h2
Schwarz: ♔g8, ♕e7, ♖c8, ♗a6, ♘d7, ♙a7, b6, d5, f7, g7, h6
☐ Schwarz am Zug. Wie würden Sie spielen?

Aufgabe 69:
Weiß: ♔g1, ♕d2, ♖e3, f1, ♗b2, ♙a2, b3, d4, g2, h2, h7
Schwarz: ♔h8, ♕e7, ♖c2, c8, ♗b7, ♙a7, b6, e4, e6
☐ Weiß am Zug. Wie würden Sie spielen?

Aufgabe 70:
Weiß: ♔g2, ♕d2, ♖d1, f1, ♗c3, ♙a2, b3, c4, e4, f3, g3, h2
Schwarz: ♔g8, ♕c7, ♖d8, f8, ♘a7, g7, ♙a6, b5, c6, d6, f7, h7
☐ Weiß am Zug. Welchen Plan würden Sie als Weißer wählen?

Aufgabe 71:
Studie von Dorasil.
Weiß: ♔g3, ♖c5, d1, ♗f6, ♙b2, e4, e5, f3, h3
Schwarz: ♔g8, ♖a7, b8, ♗c4, ♙b5, e6, f7, g6, h6
☐ Weiß zieht und gewinnt.

Aufgabe 72:
Studie von Troitzki.
Weiß: ♔h2, ♘b8, ♙f3, g2
Schwarz: ♔h4, ♗a7, ♙d4, h5
☐ Weiß zieht und macht remis.

16. Lektion

Die Aktivierung der Figuren

Die Desorganisation der gegnerischen Kräfte ist die eine Seite. Etwas anderes ist es schon, die eigenen Figuren zu aktivieren, d. h. ihnen Aktionsräume zu verschaffen und sie untereinander zu koordinieren. Ohne Einhaltung dieser Prinzipien ist ein Erfolg nicht möglich. In einigen vorhergehenden Lektionen wurde schon auf die Rolle der Bauernstruktur bei der Vorbereitung und Realisierung von strategischen Plänen hingewiesen. Doch nun soll von einer Reihe anderer Faktoren die Rede sein, die die Besonderheiten der Aktionen von Leicht- und Schwerfiguren noch unmittelbarer widerspiegeln. Wir behandeln jetzt die Bedeutung der **Zentralisierung von Figuren,** der Errichtung von **Vorposten** und der **Beherrschung von offenen Linien und Diagonalen** bei der Durchführung von Angriffsoperationen.

■ Die Zentralisierung gewährleistet in der Regel die maximale Beweglichkeit der Figuren und erleichert das Erlangen eines Kräfteüberschusses auf einem beliebigen Brettabschnitt. Besonders gefährlich sind zentralisierte Figuren für einen unrochierten König.

Partie Nr. 26
Sizilianische Verteidigung
Fischer – Spasski
Sveti Stefan 1992,
11. Match-Partie

1.e4 c5 2.♘f3 ♘c6 3.–b5
Meistens wird 3.d4 gespielt. Mit dem Textzug verschiebt Weiß die Festlegung seiner Bauernstruktur auf einen späteren Zeitpunkt der Partie. Erst soll der Gegnér seine Pläne offenlegen.
3... g6 4.♗:c6 bc 5.0-0 g7 6.♖e1 e5
Die Absicht von Schwarz ist offensichtlich: der weiße Bauernaufzug d2-d4 soll verhindert werden. Auf 7.c3 kann 7... ♕b6 folgen. Allerdings ist der Nachziehende mit der Mobilisierung der Figuren zurückgeblieben. Fischer nutzt das sofort aus.
7.b4! cb 8.a3 c5?
Schwarz möchte den Mehrbauern halten, bleibt aber in punkto Figurenentwicklung hoffnungslos zurück und erlaubt dem Gegner, das Zentrum zu besetzen. Besser war 8... ♘e7 9.ab 0-0 10.♗b2 d6 11.d4 ♕c7 12.♘bd2 ♖b8 oder 12... ♗g4.
9.ab cb 10.d4 ed 11.b2 d6
Guter Rat ist bereits teuer. Wenn 11... ♘e7, so 12.♗:d4 ♗:d4 13.♕:d4 0-0 mit weißem Vorteil. Ganz schlecht ist 11... ♕b6 wegen 12.e5! ♘e7 13.♗:d4 ♕c7 14.e6!
12.♘:d4
Schwächer ist 12.♗:d4 wegen 12... ♘f6 13.e5 de 14.♖:e5+ ♗e6.
12... ♕d7
Auf 12... ♘e7 ist 13.♘c6 ♙:c6 14.♗:g7 stark.
13.♘d2 b7
Im Falle von 13... ♘e7 ist 14.♘c4 mit der Drohung 15.♘b6 gut. Wenn 14... ♗b7, so 15.♘f5 ♗:b2 16.♘f:d6+ ♗f8 17.♘:b2.
14.♘c4 ♘h6
14... ♘e7 15.♘f5.

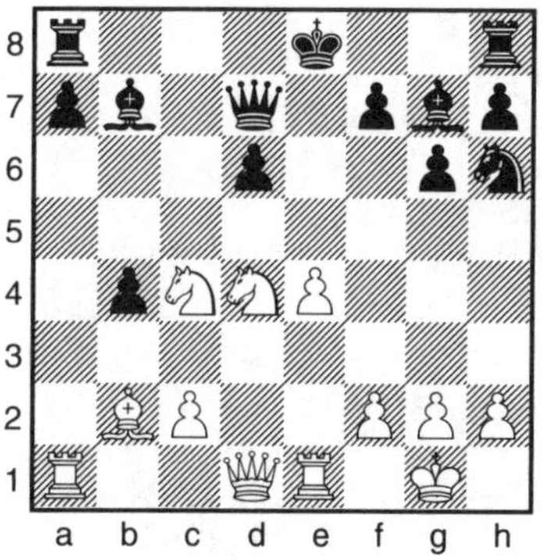
98

Die zentralisierten weißen Figuren haben Schwarz gebunden. Jetzt entscheidet ein taktischer Schlag. Das Endspiel ist für Weiß gewonnen.
15.♘f5! ♗:b2
Oder 15... ♘:f5 16.ef+ ♔f8 17.f6 ♗h6 18.♕:d6+ ♕:d6 19.♘:d6 ♗d5 20.♖:a7 ♖d8 21.♖ae7 ♔g8 22.♖e8+ ♖:e8 23.♖:e8+ ♗f8 24.♘c8 mit Zusammenbruch.
16.♘c:d6+ ♔f8 17.♘:h6 f6

Es ist keine befriedigende Verteidigung in Sicht. 17… ♔g7 scheiterte an 18.♘df5+.
18.♘df7 ♕:d1 19.♖a:d1 ♔e7
Wiederum war 19… ♔g7 wegen 20.♘:h8 ♔:h6 21.♘f7+ ♔g7 22.♖d7 schlecht.
20.♘:h8 ♖:h8 21.♘f5+!
Zum zweiten Mal in dieser Partie taucht ein weißer Springer auf dem für Schwarz so verhängnisvollen Feld f5 auf. Diesmal ist der Kampf faktisch entschieden. Man beachte die perfekte Postierung der weißen Türme auf den Zentrallinien.
21… gf 22.ef+ ♗e5
Hoffnungslos ist 22… ♔f7 23.♖d7+.
23.f4 ♖c8 24.fe ♖:c2 25.e6 ♗c6
Wenn 25… ♖:g2+, so 26.♔f1 ♗c6 27.♖d7+ ♗:d7 28.ed+.
26.♖c1 ♖:c1
Auf 26… b3 entscheidet 27.♖:c2 bc 28.♖c1 ♗e4 29.g4 mit nachfolgendem Marsch des weißen Königs ins Zentrum.
27.♖:c1 ♔d6 28.♖d1+ ♔e5
Oder 28… ♔e7 29.♖a1!
29.e7 a5 30.♖c1!
Natürlich nicht 30.e8♕+? ♗:e8 31.♖e1+ ♔d4 32.♖:e8 b3 33.♖b8 a4, und die schwarzen Bauern laufen.
30… ♗d7 31.♖c5+ ♔d4 32.♖:a5 b3 33.♖a7 ♗e8 34.♖b7 ♔c3 35.♔f2 b2 36.♔e3 ♗f7 37.g4 ♔c2 38.♔d4 b1♕ 39.♖:b1 ♔:b1 40.♔c5 ♔c2 41.♔d6
Schwarz gab auf.
Bei der Organisation eines Angriffs werden oft Vorposten genutzt.
■ Ein **Vorposten** im Schach, das ist eine Figur, die sich in der gegnerischen Bretthälfte festgesetzt hat (in der Regel auf der fünften bzw. sechsten Reihe aus weißer Sicht).
Diese Figur ist meistens von einem Bauern gedeckt.
Die Errichtung eines Vorpostens verspricht auf dem entsprechenden Brettabschnitt einen Raumvorteil.
Der Vorposten dient als Brückenkopf für die Konzentration der eigenen Kräfte und den Aufbau eines Angriffs.
Ein Vorposten ist ein ständiger Unruheherd im Lager des Gegners und muß von diesem früher oder später beseitigt werden. Dies führt jedoch oft zu ernsthaften Schwächungen.
Ein Springer ist als Vorposten besonders gut geeignet. Auch der Läufer kann diese Funktion mitunter gut ausfüllen, der Turm braucht dazu eine offene Linie.
Betrachten wir nun ein Beispiel für einen Vorposten.

Partie Nr. 27
Damengambit
Pillsbury – Marco
Paris 1900

1.d4 d5 2.c4 e6 3.♘c3 ♘f6 4.♗g5 ♗e7 5.e3 0-0 6.♘f3 b6
Das ist eine durchaus spielbare Entwicklungsmethode in dieser Stellung. Früher nahm man an, daß Weiß nach 7.cd ed 8.♗:f6 ♗:f6 9.♗d3 ♗b7 10.h4! durch die Drohung eines Läuferopfers auf h7 und den Bauernsturm g2-g4-g5 Angriff erhält. Es wurde dann jedoch festgestellt, daß Schwarz auf d5 besser mit dem Springer schlägt und den Läufer zweckmäßiger nach e6, anstatt nach b7, bringt. Bei dieser Aufstellung kann der weiße Angriff am Königsflügel leicht abgewehrt werden.
7.♗d3 ♗b7 8.cd ed
Ein Fehler. Besser war 8… ♘:d5. Nach 9.♗:e7 ♕:e7 10.♘:d5 ♗:d5 11.0-0 c5 verlagert sich der Kampf auf den Damenflügel.
9.♘e5!
Der Vorposten ist installiert und wird dann durch den Bauernzug f2-f4 noch gefestigt. Diese Stellung wurde später dank der Leistungen von Pillsbury populär, der eine Reihe von glänzenden Partien mit dem Vorpostenspringer auf e5 gewann.
9… ♘bd7
Auf 9… ♘fd7 ist neben 10.♗f4 auch 10.h4 mit gefährlichen Drohungen aussichtsreich.
10.f4 c5
Man müßte das Problem mit dem Springer e5 eigentlich auf radikale Weise lösen, z. B., 10… ♘:e5 11.fe ♘d7 (11… ♘e4 12.♗:e4 de 13.♗:e7 ♕:e7 14.0-0 f6 15.ef ♖:f6 16.♕b3+ ♔h8 17.♖:f6 ♕:f6 18.♖f1 ist gut für Weiß). Nach 12.♗f4 hat Schwarz weiter Probleme.
11.0-0 c4?!
Der Plan, die Damenflügelbauern vorzurücken ist langsam, und erlaubt Weiß eine Kräftekonzentration gegen den schwarzen König. Beachtung verdiente 11… ♘:e5 12.fe ♘e4.
12.♗c2 a6 13.♕f3 b5 14.♕h3 g6

99

Nachdem er eine Schwächung der schwarzen Königstellung provoziert hat, beginnt Weiß den entscheidenden Sturm.
15.f5! b4 16.fg hg
16… bc ist wegen 17.gf+ ♖:f7 18.♘:f7 ♔:f7 19.♕:f7+ ungenügend.
17.♕h4!

Droht sowohl 18.♘:d7 als auch die Überführung des Turmes: ♖f1-f3-h3.
17… bc 18.♘:d7 ♕:d7 19.♖:f6 a5
Auch das Manöver ♖a6 rettet Schwarz nicht mehr.
20.♖af1
Auch 20.♗:g6 fg 21.♖:g6+ ♔f7 22.♕h5 ♔e8 23.♖d6+ ♔d8 24.♖:d7+ ♔:d7 25.♕h7 ♖ae8 26.bc hätte gewonnen. Doch der Partiezug entscheidet noch schneller.
20… ♖a6 21.♗:g6+ fg 22.♖:f8+ ♗:f8 23.♖:f8+ ♔:f8 24.♕h8+ ♔f7 25.♕h7+
Schwarz gab auf.

■ Unter **offenen Linien** versteht man Vertikalen, die von Bauern geräumt sind. Der Besitz von offenen Linien, auf denen Schwerfiguren (meist Türme) operieren, gipfelt in vielen Fällen in einem Figureneinbruch ins gegnerische Hinterland, was zu materieller Beute oder zu einem Königsangriff führt.

Keres – Botwinnik
(Moskau 1947)

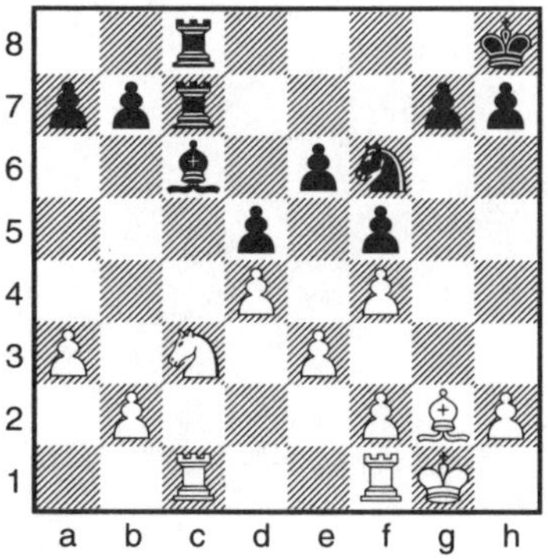

100

Die unterschiedliche Turmstellung der Kontrahenten ist augenfällig. Die schwarzen Türme sind verdoppelt und können im Falle des Abzuges des weißen Springers ins gegnerische Lager eindringen.
1… ♗b5 2.♖fe1 ♔g8 3.f3
Der Läufertausch wäre für Weiß unvorteilhaft: 3.♗f1 ♗:f1 4.♔:f1 ♘e4 5.♘a2 ♖c2. Deshalb muß er Zeit verlieren, um den Punkt e4 zu schützen
3… ♗c4 4.♗f1 ♘e8!
Bezieht den Springer in den Kampf um die c-Linie ein (über d6).
5.♗:c4 ♖:c4 6.♔f2 ♘d6 7.♔e2 b5 8.♔d3
Weiß hat den König ins Zentrum geführt und beabsichtigt die Konsolidierung seiner Stellung mit 9.b3. Aber Schwarz kommt diesem Plan zuvor.
8… b4! 9.♘a2
Es verlor 9.ab wegen 9… ♖:b4 10.♖b1 ♖cb8 11.♔c2 ♘c4
9… ba 10.ba
Weiß hat zwar die offene Linie nicht aufgeben müssen, allerdings haben sich in seinem Lager andere Schwächen (besonders Bauer a3) gebildet. Das erweist sich als entscheidend.
10… ♖a4! 11.♖:c8+ ♘:c8 12.♘c3 ♖:a3 13.♔c2 ♘d6 14.♖b1 ♔f7 15.♖b4 ♖a1 16.♔d3 ♖e1! 17.♖a4 ♘c4 18.♖:a7+ ♔g6 19.e4 ♖e3+ 20.♔c2 ♖:f3 21.ef+ ♔:f5 22.♖:g7 ♖f2+ 23.♔b3 ♖b2+ 24.♔a4 ♖:h2,
und Schwarz gewann dieses Endspiel.

■ Bei der Durchführung von Angriffsoperationen hängt vieles von der Vorherrschaft über die entscheidenden Diagonalen ab. Die Hauptrolle gebührt hierbei den Läufern (mitunter auch den Damen). Besonders effektiv sind Läufer, die auf benachbarten Diagonalen agieren.

Partie Nr. 28
Damenindische Verteidigung
Petrosjan – Smyslow
Moskau 1961

1.c4 ♘f6 2.♘c3 e6 3.♘f3 b6 4.d4 ♗b7 5.a3
Im Kampf um die Felder e4 und d5 ist es nützlich, den Tausch des Läufers via b4 gegen den Springer c3 zu verhindern.
5… d5
Unbefriedigend wäre 5… c5 wegen 6.d5. Weiß drohte sowieso schon d4-d5, weshalb die schwarze Antwort 5… d5 praktisch erzwungen war.
6.cd ♘:d5 7.e3 ♗e7 8.♗b5+ c6 9.♗d3 c5
Ansonsten ist 10.e4 unangenehm.
10.♘:d5 ♕:d5?!
Besser ist 10… ed, da die Dame jetzt in das Kreuzfeuer der weißen Figuren gerät, und Schwarz einige Tempi verliert.
11.dc ♕:c5 12.♗d2 ♘c6 13.♖c1 ♕d6 14.♕c2 ♖c8 15.0-0 h6
Wegen der Exkursion der schwarzen Dame hat Schwarz die rechtzeitige Rochade verpaßt und muß dafür ein weiteres Tempo aufbringen.
16.♖fd1 0-0 17.♗c3 ♕b8 18.♕a4 ♖fd8

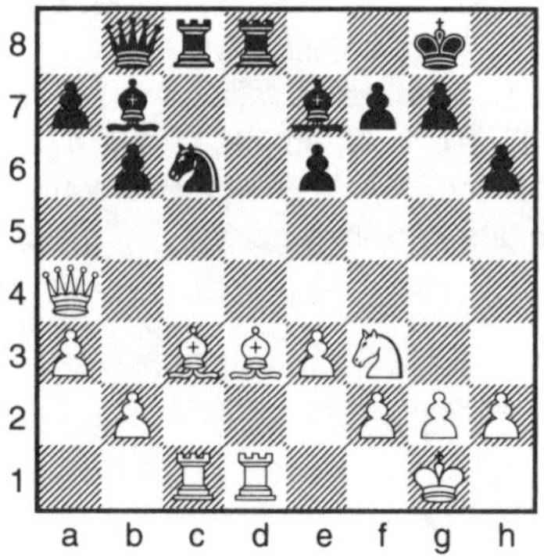

101

Diese Stellung ist kaum noch zu verteidigen. Die Überführung der Dame auf den Königsflügel wird den Druck der weißen Läufer noch verstärken und Schwarz in einen unabwendbaren Königsangriff ziehen. Der letzte Fehler des Nachziehenden war 17… ♕b8, was die Dame vom Spiel ausgeschlossen hatte. Nur mit 17… ♕c5 hätte man die stärkste Kampfeinheit zum Schutze des schwarzen Monarchen nach h5 beordnen können.

19.♕e4 g6 20.♕g4 h5

Wenn 20… ♔h7, so 21.♗:g6+ fg 22.♕:e6 ♖:d1+ 23.♖:d1 ♖f8 24.♖d7. Schwarz kann von dem Tausch auf d1 absehen und 22… ♖f8 spielen. Aber auch dann ist 23.♖d7 stark. Auf 23… ♖c7 gewinnt jetzt 24.♘e5, und auf 23… ♖ce8 folgt 24.♘g5+ hg 25.♕h3+ ♔g8 26.♕h8+ ♔f7 27.♕f6+ ♔g8 28.♕g7 matt.

21.♕h3

Nimmt den Punkt e6 aufs Korn. Nach wie vor droht auch 22.♗:g6.

21… f5

Erzwungen. Wenn 21… ♖d6, so folgt 22.g4 ♖cd8 23.gh ♖:d3 24.♖:d3 ♖:d3 25.hg mit siegreichem Angriff.

22.♗c4 ♖:d1+ 23.♖:d1 ♔f7 24.e4 ♕f4 25.♖e1!

Sehen Sie, wie gut die weißen Figuren abgestimmt sind! Die Läufer spielen die „erste Geige“, und die anderen Figuren „begleiten“ gekonnt.

25… ♕g4 26.ef ♕:c4 27.fg+ ♔e8

Oder 27… ♔:g6 28.♖:e6+ ♔f7 29.♖:c6 und 30.♘:e5+.

28.g7 e5 29.♕:h5+ ♔d7 30.♖d1+ ♗d6 31.♗:e5 ♘d4 32.♘:d4

Schwarz gab auf.

Das haben wir in der 16. Lektion behandelt:

- ☐ die Zentralisierung der Figuren
- ☐ das Installieren von Vorposten
- ☐ das Spiel auf offenen Linien
- ☐ das Spiel auf offenen Diagonalen

Übungsaufgaben zur 16. Lektion

Aufgabe 73:
Weiß: ♔g1, ♕d1, ♗f1, f2, ♘d2, d5, ♙a3, c5, e4, f3, g3, h2
Schwarz: ♔g8, ♕g5, ♖a8, f8, ♗h6, ♘a6, h7, ♙a4, b7, e5, f5, g6, h4
☐ Weiß am Zug. Wie würden Sie spielen?

Aufgabe 74:
Weiß: ♔g1, ♕d1, ♖a1, f1, ♗b2, g2, ♘d2, f3, ♙a3, b4, e2, f2, g3, h2
Schwarz: ♔g8, ♕d8, ♖a8, f8, ♗b7, e7, ♘d7, f6, ♙a7, b6, e6, f7, g7, h7
☐ Weiß am Zug. Welchen Plan würden Sie als Weißer wählen?

Aufgabe 75:
Weiß: ♔g2, ♕g4, ♖a1, d2, ♙a3, b2, c3, c5, f2, g3, h2
Schwarz: ♔g8, ♕e7, ♖b8, d8, ♙a7, b5, e4, e6, f7, g7, h7
☐ Weiß am Zug. Wie würden Sie spielen?

Aufgabe 76:
Weiß: ♔f1, ♕h5, ♗c2, ♙a2, b2, c4, d5, e4, f2, f5
Schwarz: ♔g8, ♕g7, ♘f8, ♙b6, c7, d6, f3, f6, g4
☐ Weiß am Zug. Wie würden Sie spielen?

17. Lektion

Verteidigungsmethoden

Die Mehrzahl der Schachspieler zieht den Angriff der Verteidigung vor. Jedoch sind nicht immer die notwendigen Grundlagen gegeben, um anzugreifen. Oft gilt es, das Spiel auf Abwehr gegnerischer Angriffe und Drohungen auszurichten, d. h. eine Verteidigung zu führen.

■ Die **Verteidigung** ist mehr oder weniger ein wesentlicher Bestandteil des Schachs. Wenn man nach schachlicher Vervollkommnung strebt, muß man die Kunst der Verteidigung erlernen. Ohne die Fähigkeit, sich hartnäckig und erfindungsreich zu verteidigen, sich in Geduld zu üben und manchmal stundenlang auf seine Chance zu warten, kann man keinen Erfolg erzielen. Koryphäen wie Morphy, Aljechin, Bogoljubow, Keres, Tal, Fischer und Kasparow, die man ja weiß Gott zu den Angriffsspielern rechnen muß, konnten sich notfalls großartig verteidigen.

Psychologisch betrachtet ist es im Schach schwerer, sich zu verteidigen, als anzugreifen. Die Handlungsfreiheit des Verteidigers ist in vielerlei Hinsicht begrenzt, in der Regel muß er dem Pfad folgen, der ihm vom Gegner vorgeschrieben wird, d. h. er muß erzwungene Züge und Zugeständnisse machen. Solch ein Partieverlauf führt bei einer Reihe von Schachspielern (besonders bei unerfahrenen) zu einem Nachlassen der Kampfeslust und begünstigt damit das Auftauchen von Fehlern. Es ist kein Zufall, daß gerade in nachteiligen Verteidigungsstellungen die meisten „Böcke“ geschossen werden. Deshalb muß gerade der Spieler, der sich in der Verteidigung befindet, besonders auf der Hut sein. In erster Linie sollte man sein Augenmerk zweckmäßigerweise auf die konkrete Variantenberechnung legen.

■ Eines der Hauptprinzipien der Verteidigung besteht darin, daß man dem Gegner bei der Vorteilsrealisierung größtmögliche Schwierigkeiten bereitet. Zugeständnisse dürfen nur gemacht werden, wenn sie absolut nicht zu vermeiden sind. Wenn ein Kontrahent beispielsweise den König angreift, so hat der Verteidiger nur im äußersten Notfall das „Recht“, mit einem Bauernzug seine Königsstellung zu lockern. Verfehlt ist die Annahme, daß ein Übergang zur Verteidigung, selbst zu einer passiven, den Schachspieler zu einer aussichtslosen Existenz bis zum Partieende verdammt.

■ Der Grundgedanke einer jeden Verteidigung besteht darin, zuerst die Mängel der eigenen Position auszumerzen, um dann den Gegenangriff vorzubereiten. Deshalb muß der Verteidiger jederzeit nach Möglichkeiten eines Gegenspieles Ausschau halten. Nachdem Sie diese allgemeinen Erläuterungen zur Kenntnis genommen haben, ist es an der Zeit, konkrete Verteidigungsmethoden zu betrachten.

Aljechin – Grigorjew
(Moskau 1921)

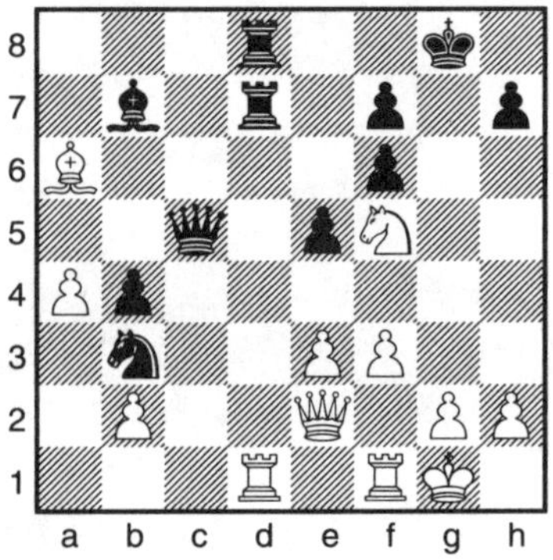

102

Weiß hat einen Mehrbauern, und der schwarze Königsflügel ist deutlich geschwächt. Um die gegnerischen Drohungen zu neutralisieren, forciert Grigorjew Abtausche und nutzt dabei die aktive Aufstellung seiner Türme.

1… ♖d2! 2.♗:b7 ♕c2!

Natürlich ist die weiße Dame tabu – 2… ♖:e2 3.♖:d8 matt, aber Schwarz hat alles genau berechnet. Er gewinnt die Figur zurück und führt die Partie in ein für Weiß leicht vorteilhaftes Endspiel, was aber kaum zu gewinnen ist.

3.♖:d2 ♖:d2 4.♗e4

Jetzt wäre 4… ♕:b2 wegen 5.♖d1! schlecht. Deshalb kommt es zu weiterem Abtausch.

4… ♖:e2 5.♗:c2 ♖:c2 6.♖d1 h5 7.♖d8+ ♔h7 8.♖b8 ♘c5! 9.b3
Wenn 9.♖:b4, so 9… ♘d3 mit der Drohung 10… ♖c1 matt.
9… ♖b2 10.a5 ♖:b3. Remis.
Die Abtauschoperation hat Schwarz vor der Niederlage bewahrt.
■ Der **Abtausch** ist eine verbreitete Verteidigungsmethode.
Die verteidigende Seite kann mit Hilfe von Abtausch das Angriffspotential des Gegners vermindern. Logischerweise sollten die gefährlichsten Angriffsfiguren abgetauscht werden.
■ Eine andere wichtige Verteidigungsmethode ist das Bremsen des Angriffs, indem man die Einbruchsschneisen der Figuren verstellt oder eine unangreifbare Position aufbaut, die gemeinhin als **„Festung“** bezeichnet wird.

Smyslow – Botwinnik
(9. WM-Partie, Moskau 1958)

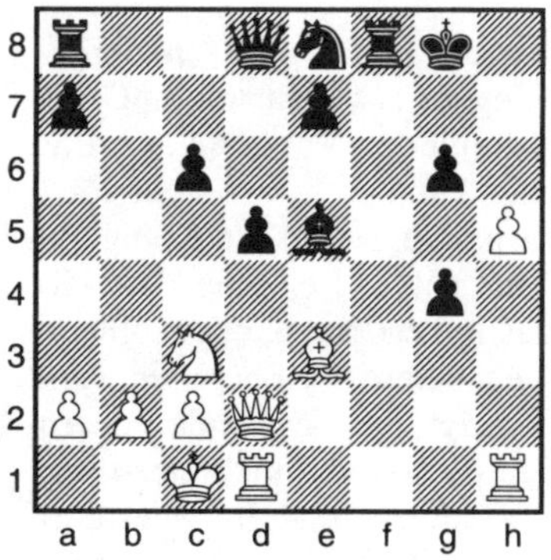

103

Die Position des schwarzen Königs erscheint äußerst gefährdet, da Linienöffnungen auf diesem Flügel wohl unausweichlich sind. Schwarz zog jedoch
1… g5!
Botwinnik möchte den weißen Bauern h5 für seine Zwecke nutzen – hinter diesem Bauern, der die eigenen Figuren blockiert, möchte er seinen König verschanzen!
2.♗:g5 ♕d6 3.♖h4 ♘f6
Spielbar ist auch 3… ♗f4 4.♗:f4 ♕:f4 5.♕:f4 ♖:f4 6.♘e2 ♖a4 7.b3 ♖:a2 8.♔b1 ♖a6 9.♖:g4+ ♔h7 10.♖dg1 mit gleichen Chancen.
4.♗:f6 ♕:f6 5.♖:g4+ ♔h8
Hinter dem Bauern h5 droht dem König nichts.
6.♔b1 ♖g8 7.♖b4 a5 8.♖b6
Es droht jetzt 9.♘:d5.
8… ♗:c3 9.bc
Eine etwa gleichwertige Fortsetzung war 9.♕:c3.
9… ♖ab8 10.♖:b8 ♖:b8+ 11.♔a1 ♖g8
Verhindert 12.♖g1.
12.♕e3 ♖g4 13.a3 ♖e4 14.♕d3 ♕e5 15.♔b2 ♖e3 16.♕d4 ♕:d4 17.cd ♔g7 18.♖g1+ ♔f7 19.h6 ♖h3 20.♖g7+ ♔f6 21.♖h7 ♖h4 22.♔c3 ♖h3+ 23.♔b2 ♖h4
Remis.
Mitunter gelingt es allerdings nicht, dem Angreifer Hindernisse in den Weg zu legen. In diesem Falle muß man die bedrohten Figuren auf einem anderen Brettabschnitt in Sicherheit bringen. Besonders dramatisch ist natürlich die Evakuierung des Königs. Die Könige sehen sich auf der Flucht häufig direkten Angriffen ausgesetzt und müssen dann getreu der Steinitzschen Devise verfahren, die da lautet: „Ein König muß sich selbst verteidigen!“
■ Trotz des hohen Risikos ist die **Evakuierung** eine anerkannte Verteidigungsmethode.

Kasparow – Petrosjan
(Tilburg 1981)

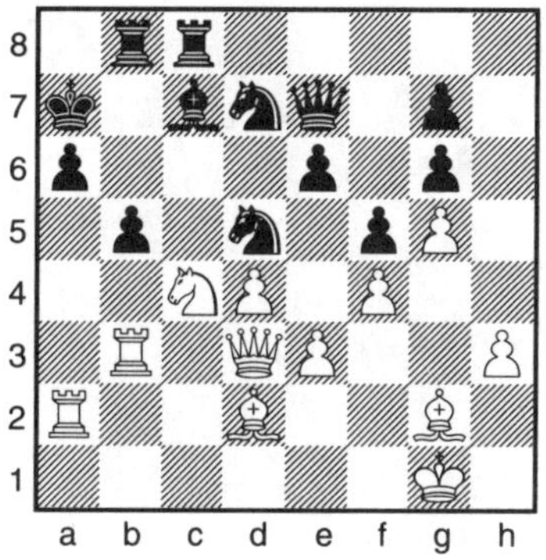

104

Weiß hat für den geopferten Bauern einen starken Königsangriff. So scheitert jetzt z. B. 1… bc an 2.♖:a6+. Tigran Petrosjan trifft die verwegene Entscheidung, den König auf die Reise zu schicken. **1… ♔b7 2.♗b4?!** Weiß verliert den Überblick. Stärker war 2.♘a3 ♗b6 3.♘c2 mit gefährlichen Drohungen (3… Ta8?! 4.♘b4 ♕d6?! 5.e4!). **2… ♕e8 3.♗d6 ♖a8 4.♕b1 ♔c6!** Der König verteidigt sich tatsächlich selbst! **5.♖ba3?** Besser ist 5.♗:c7 ♔:c7 6.♘b2 ♔d8 7.♕e1 **5… bc 6.♖:a6+ ♖:a6 7.♖:a6+ ♗b6 8.♗c5 ♕d8 9.♕a1 ♘:c5 10.dc ♔:c5 11.♖a4.** Weiß gab auf.
■ Zur Methode der Evakuierung sollte man allerdings nur greifen, wenn es nichts besseres mehr gibt. Es kann aber nicht nur darum gehen, konkrete gegnerische Drohungen abzuwehren. Nicht weniger wertvoll ist auch die Fähigkeit, mögliche Bedrohungen früh zu erkennen und rechtzeitig vorbeugende Maßnahmen einzuleiten.

■ Die **Prophylaxe** gehört zu den Verteidigungsmethoden.

Spielmann – Carls
(Baden – Baden 1925)

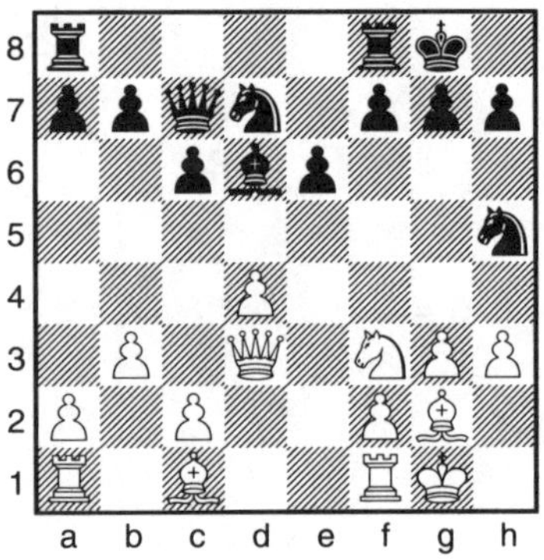

105

Weiß hat zwei starke Läufer, Raumvorteil und gute Angriffsaussichten am Königsflügel.

1… ♖fd8 2.♗b2 ♖ac8 3.c4 ♗e7 4.♕e2 g6 5.♘h2 ♗f6 6.♗f3 ♘g7 7.♘g4 ♗e7 8.♖ad1 ♘f5 9.d5!

Eine Reihe von schwarzen Zügen hat sich als ungenau oder gar fehlerhaft erwiesen. Welchen Zweck hatten die Züge 2… ♖ac8, 3… ♗e7, 4… g6, die die Königsstellung geschwächt haben? Die Stellung ist nach 9.d5! gewonnen für Weiß, denn er verfügt über einen mächtigen Angriff auf der langen Diagonale sowie über ein Druckspiel im Zentrum. „Der Hauptfehler von Carls bestand darin", so schrieb Spielmann, „daß er den weißen Angriff zur Entfaltung kommen ließ." Pikanterweise hatte Rudolf Spielmann die Diagrammstellung zwei Jahre später in New York wieder auf dem Brett.

Spielmann – Capablanca

In dieser Partie folgte:

1… ♘hf6! 2.♗b2 e5!

Mit diesen vorbeugenden Maßnahmen macht Capablanca einen möglichen weißen Angriff von vornherein unschädlich.

3.de ♘:e5 4.♕f5 ♖fe8!

Turmtausch ist nützlich, um das Angriffspotential des Gegners zu reduzieren.

5.♖fe1 ♘:f3+ 6.♗:f3 ♖:e1 + 7.♖:e1 ♖e8

Nach dem Abtausch des zweiten Turmes kann Weiß überhaupt nicht mehr auf Angriff setzen. Weiß bleibt aufgrund seiner langen Läufer lediglich ein minimaler Endspielvorteil, den Schwarz bei akkuratem Spiel aber neutralisieren kann. Die Partie endete dann auch bald mit einer Punkteteilung.

Die letzten beiden Beispiele, die uns zwei gänzlich unterschiedliche Partieverläufe aus ein und derselben Mittelspielstellung heraus verdeutlichten, zeugen vom Nutzen und der Notwendigkeit prophylaktischer Maßnahmen gegen einen heraufziehenden Angriff. Aber wie kann man bestimmen, in welchen Situationen Prophylaxe unumgänglich ist und in welchen nicht? Auf diese Frage kann man, der Leser wird das verstehen, keine allgemeingültige Anwort geben.

■ Das Gefühl für Gefahren ist das Resultat einer konkreten Stellungseinschätzung und konkreten Variantenberechnung. Wenn Sie der Meinung sind, daß eine reale Gefahr besteht, zögern Sie nicht, die Pläne des Gegners zu vereiteln. Die Verteidigung beschränkt sich nicht auf die Eindämmung gegnerischer Angriffe bzw. auf die schrittweise Neutralisation gegnerischer Vorteile. Neben dem evolutionären Weg, eine Verteidigung zu führen, gibt es auch einen revolutionären, der entschiedener, dynamischer und in der Regel auch riskanter ist. Die Rede ist vom **Gegenangriff,** der das Streben des Verteidigers ausdrückt, im scharfen Kampf die Initiative zu übernehmen und selbst einen Angriff zu beginnen.

■ Der Übergang zum Gegenangriff ist das Ideal der Verteidigung.
Der Schachspieler, der sich in die Defensive gedrängt sieht, darf keine Sekunde lang den Gedanken an den Konterangriff aufgeben.

Balanell – Szabo
(Moskau 1956)

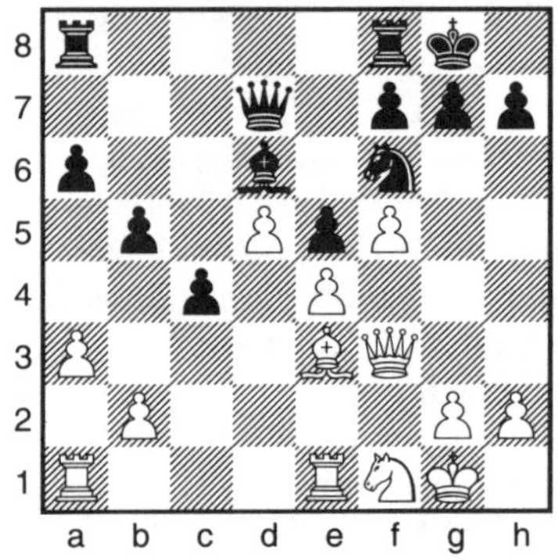

106

Die schwarze Position ist schwierig, da der Gegner das Zentrum im Griff hat und somit den Vorstoß des g-Bauern planen kann. Schwarz steht vor der Alternative: soll er am Königsflügel mit h6, ♘h7, ♗e7 eine Verteidigungsbastion errichten, oder soll er einen Gegenangriff vorbereiten. Eine Analyse zeigt, daß der weiße Bauernsturm auf passive Art nicht abzuwenden ist: Weiß spielt g4, h4, überführt den Springer nach f3, die Dame nach g3, den Turm nach g1 und durchbricht die schwarzen Verteidigungslinien. Deshalb besteht die beste Chance des Nachziehenden in einem Konterschlag, der dort angebracht werden muß, wo Schwarz Vorteile hat – auf dem Damenflügel.

1… ♖fc8!

Der richtige Weg, wie zwei Überlegungen zeigen. Der Gegenangriff muß in dieser Stellung möglichst schnell durchgeführt werden. Es ist daher weithaus zweckmäßiger, auf der c-Linie Drohungen aufzustellen, als sich mit dem langsamen Aufmarsch der Infanterie (a6-a5, b5-b4 usw.) zu befassen. Zweitens ist es auch besser, den f-Turm nach c8 zu bringen, da das Feld f8 so für eine evtl. Evakuierung des Königs bzw. als Rückzugsfeld für Läufer oder Springer genutzt werden kann.

2.g4 c3!

Ein ernster, prinzipieller Fehler wäre 2… h6, was den Bauernschutz des Königs schwächt.

3.b3 c2 4.g5 ♘e8 5.♗d2

Verhindert 5… ♖c3. Schwarz hat bereits einen Teilerfolg erzielt, da sein Gegner schon auf Gegendrohungen reagieren und Zeit für prophylaktische Maßnahmen aufwenden muß.

5… ♕e7!

Von hier aus kontrolliert die Dame die Lage an beiden Flügeln.

6.b4?

Besser ist 6.♘g3 mit den Drohungen 7.f6 und 8.♘f5.

6… a5! 7.ba ♖:a5 8. ♗:a5 c1♕ 9.♖a:c1 ♖:c1 10.♖:c1 ♕:g5+ 11.♕g3 ♕:c1

Der energische schwarze Gegenangriff hat das Bild deutlich gewandelt. Jetzt ist bereits Weiß zu einer schwierigen und langwierigen Verteidigung verurteilt. Aber der Anziehende begeht, offenbar von der jähen Wendung der Ereignisse entmutigt, den entscheidenden Fehler.

12.♕b3?

Notwendig war 12.♗b4, und es ist nicht leicht für Schwarz, seinen Vorteil zu realisieren.

12… ♗c5+ 13.♔g2 ♘d6 14.♗b4 ♘:e4 15.♗:c5 ♕:c5 16.♘e3 h5 17.a4 ba

Weiß gab auf.

Bei der Durchführung eines Gegenangriffs muß man oft zu Opfern greifen. Deshalb erfordert hier die Stellungseinschätzung und die Variantenberechnung ein Höchstmaß an Akkuratesse. Man darf nicht vergessen, daß ein mißglückter Gegenschlag in aller Regel schnell und hart bestraft wird und oftmals den sofortigen Partieverlust nach sich zieht. Natürlich beinhalten bei weitem nicht alle Verteidigungssituationen objektive Bedingungen für einen Gegenangriff. In diesen Fällen gilt es auszuharren und eine passive Verteidigung zu führen. Aber auch hier sollte man nicht aufhören, nach Möglichkeiten eines baldigen aktiven Gegenspiels zu suchen.

Das haben wir in der 17. Lektion behandelt:

- ☐ Verteidigungsmethoden
- ☐ der Abtausch
- ☐ das Bremsen des Angriffs
- ☐ die Festung
- ☐ die Prophylaxe
- ☐ die Evakuierung
- ☐ den Gegenangriff

Übungsaufgaben zur 17. Lektion

Aufgabe 77:
Weiß: ♔g1, ♕f6, ♖a1, b2, ♗d3, ♙c4, d5, e4, f5, g2, h6
Schwarz: ♔e8, ♕c7, ♖a8, d8, ♗a4, c5, ♙a5, b6, d4, e5, h7
☐ Schwarz am Zug. Wie würden Sie spielen?

Aufgabe 78:
Weiß: ♔b1, ♕h2, ♖d1, h1, ♗h6, ♘b3, c3, ♙a2, b2, c2, e4, f3, g4, h5
Schwarz: ♔g8, ♕d8, ♖c8, e8, ♗e6, h8, ♘c4, ♙a7, b7, d6, e7, f7, g6, h7
☐ Schwarz am Zug. Wie würden Sie spielen?

Aufgabe 79:
Weiß: ♔h2, ♕g2, ♖a3, ♗f3, ♙f2, g3, h4
Schwarz: ♔g7, ♕f6, ♖b2, ♗c6, ♙a5, f7, g6, h5
☐ Weiß am Zug. Kann Weiß sich retten?

Aufgabe 80:
Weiß: ♔h1, ♕d7, ♖b7, ♗d3, ♙a3, g2, h3,
Schwarz: ♔g6, ♕g8, ♖h6, ♗e3, ♙a4, b6, f4, f5, h7
☐ Schwarz am Zug. Wie würden Sie fortsetzen?

Aufgabe 81:
Weiß: ♔c1, ♕h5, ♖d1, h1, ♗e3, f1, ♙a2, b2, c2, c3, f2, g2
Schwarz: ♔g8, ♕d8, ♖a8, e8, ♗c8, ♘g5, ♙a7, b7, c7, d6, f7, g7, h7
☐ Schwarz am Zug. Wie würden Sie spielen?

Aufgabe 82:
Weiß: ♔g1, ♕c6, ♖b1, ♗d2, ♘c3, ♙a3, c4, d5, e3, f2, g3, h2
Schwarz: ♔g8, ♕e7, ♖f8, ♗c8, g7, ♙a6, c5, d6, e4, f5, g6, h7
☐ Schwarz am Zug. Wie würden Sie spielen?

Die Drachenvariante (1991)
Die Eröffnung (1990)

III. Die Eröffnung

Lektionen 18 bis 22

18. LEKTION

Das Eröffnungsrepertoire

Unserer neuen Thematik – das Studium des Anfangsstadiums der Schachpartie – möchte ich eine Empfehlung Capablancas voranstellen: „In der Eröffnung sollte man sein Augenmerk auf folgende Momente legen: schnelle und solide Figurenentwicklung und Vermeidung von Schwächen im eigenen Lager. Wenn die von Ihnen zur Anwendung gebrachte Entwicklungsmethode ihren Gegner zu Schwächungen zwingt, so ist das günstig für Sie. Streben Sie nach Beherrschung des Zentrums, indem Sie es mit Bauern besetzen oder durch Figuren unter Kontrolle nehmen."

■ Die schnelle und harmonische Kräftemobilisierung und die Beherrschung des Zentrums sind also die grundlegenden Aufgaben, die in der Eröffnung vor den Spielen stehen. Wenn man jedoch gegen qualifizierte Schachspieler anzutreten hat, reicht es nicht aus, nur diese Regeln zu beherzigen, zumal sie dem Kontrahenten auch bekannt sein dürften. Man braucht dann schon konkretere Orientierungsmaßstäbe. Wie im Mittelspiel gibt es auch in der Eröffnung „typische Positionen" und strategische Methoden, welche die allgemeinen Regeln in Bezug auf eine konkrete Situation auf dem Brett widerspiegeln. Es handelt sich dabei um die im Laufe vieler Jahre gründlich ausgearbeitete **Eröffnungstheorie,** die mehr als einhundert eigenständige **Eröffnungssysteme** umfaßt.
Die Forschung verläuft auf diesem Gebiet sehr intensiv. Die Zahl der Bücher, die den Eröffnungen gewidmet sind, übersteigt die Zahl aller anderen Schachbücher zusammengenommen. Ihre logische Frage wird nun so lauten: Wie soll man sich einer so riesigen Masse Schachliteratur gegenüber verhalten und wie soll man das Studium der Eröffnungstheorie beginnen? Diese Frage ist völlig berechtigt, da eine gute Kenntnis der Eröffnungstheorie bekannte Fehler und Fallen vermeiden hilft, Bedenkzeit spart und Stellungstypen herbeiführt, die dem individuellen Geschmack und den Erfahrungen des Schachspielers entsprechen.
Natürlich muß und kann der Schachspieler nicht alle der Theorie bekannten Eröffnungen beherrschen. Ich möchte dem Leser empfehlen, als Nachziehender 2–3 Eröffnungen gegen die gebräuchlichsten Züge 1.e4, 1.d4, 1.c4, 1.♘f3 anzuwenden und ebensoviele mit den weißen Steinen.

■ So hat man ein System von Varianten, mit dem man gegen die wahrscheinlichsten Anfangszüge des Gegners gewappnet ist. Dieses System wird auch als **Eröffnungsrepertoire** bezeichnet.
Dieses Repertoire braucht durchaus nur 5–6 Eröffnungen zu umfassen, aber es muß gut vorbereitet sein. Wie man das Eröffungsrepertoire zusammenstellt, hängt vom Geschmack, vom Stil und vom Temperament des Schachspielers ab. Gerade mit diesen Faktoren und nicht mit der Güte der Eröffnung läßt es sich erklären, daß beispielsweise Michail Tal als Nachziehender die Königsindische Verteidigung anwandte, während Michail Botwinnik diese Eröffnung nicht ausstehen konnte.

■ Bei der Ausarbeitung eines Eröffnungssystems gilt es zu berücksichtigen, daß der ganze Partiecharakter eine direkte Folge der ersten Züge sein kann. Die Spielführung im Mittelspiel, die Auswahl des strategischen Planes, hängt in starkem Maße von den Ergebnissen der Kräftemobilisierung in der Eröffnung ab.
Betrachten wir dazu die folgende Partie.

Partie Nr. 29
Sizilianische Verteidigung
Mnazakanjan – Weressow
Lwow 1968

1.e4 c5 2.♘f3 ♘c6 3.d4 cd 4.♘:d4 g6 5.♘c3 ♗g7 6.♗e3 ♘f6 7.♗c4 d6 8.f3 0-0
Beide Seiten folgten guten Gewissens den allgemeinen Prinzipien der

gewählten Eröffnung: Kräftemobilisierung, Kampf um das Zentrum, harmonische Figurenentwicklung. Durch die unterschiedliche Anordnung der Figuren und Bauern sind die Pläne beider Kontrahenten quasi vorherbestimmt: Weiß besitzt aufgrund des Raumvorteils und des Bauern auf f3 (was g2-g4 ermöglicht) Perspektiven am Königsflügel. Schwarz muß seinerseits die halboffene c-Linie zu einem Gegenspiel am Damenflügel nutzen.

9.♕d2 ♗d7 10.♗b3 ♕a5 11.0-0-0 ♖fc8 12.g4

Logischer ist 12.h4 mit der Idee 13.h5.

12… ♘e5 13.h4 ♖c4!?

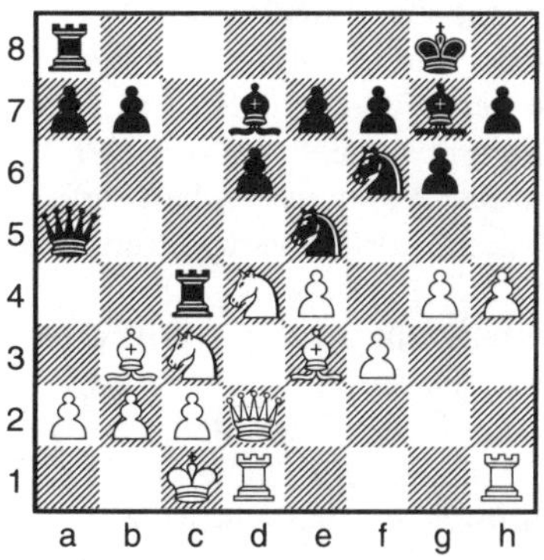

107

Ein originelles Qualitätsopfer. Es droht 14… ♖:d4 und 15… ♘:f3.

14.♗:c4 ♘:c4 15.♕d3 b5 16.♘b3 ♕a6 17.♗d4?

Angezeigt war 17.a3.

17… e5! 18.♗f2 b4 19.♘d5 ♘:d5 20.♕:d5 ♗c6 21.♕d3 ♗b5 22.♘d2?

Notwendig war 22.♕d5.

22… ♘:b2 23.♕d5 ♘d3+ 24.♔b1

Wenn 24.cd, so 24… ♕a3+ 25.♔b1 (25.♔c2 ♕c3+) 25… ♗:d3+ 26.♔a1 ♕c3 matt.

24… ♕a3!

Weiß gab auf.

■ In der Partieanalyse mußte Weiß sich folgende Frage vorlegen: Hat der Charakter dieser Partie meinen schachlichen Neigungen entsprochen? Wenn nicht, so sollte Weiß sich für die Zukunft den Plan mit der kurzen Rochade zurechtlegen (beginnend mit 7.♗e2) oder noch früher abweichen und mittels 5.c4 das Zentrum blockieren. In jedem Falle sollte der Anziehende natürlich aus seinen Fehlern lernen (z. B. war 12.g4 zu langsam). Man kann konstatieren, daß Weiß mit den grundlegenden Plänen des von ihm gewählten Systems nicht genügend vertraut war.

■ Die Präparierung eines Eröffnungsrepertoires erfordert ernsthafte und systematische Arbeit.
Zuerst sollten Sie einige Partien führender Meister, mit der Sie interessierenden Eröffnung, aufmerksam analysieren. Diese Analyse erlaubt es Ihnen, den Ideengehalt der entsprechenden Eröffnung zu erfassen, dazu gehören die Beziehung der Eröffnung zum Mittelspiel, mögliche strategische Pläne, typische Positionen und die wichtigsten taktischen Verfahren. Danach ist es an der Zeit, Eröffnungsbücher oder anderes theoretisches Material heranzuziehen.
Die zweite Etappe besteht in der selbständigen Analyse der gesammelten Informationen. Das betrifft nicht nur die Analyse der Eröffnungszüge selbst, sondern darüberhinaus auch die enstehenden Mittelspielpositionen. Schließlich sollte man die erhaltenen Resultate in Trainingspartien prüfen, bevor man die entsprechende Variante im Wettkampf anwendet.
Mit der Anwendung der vorbereiteten Eröffnung im Turnier ist die Arbeit indessen noch nicht beendet. Man sollte sich in theoretischer Hinsicht ständig auf dem Laufenden halten und seine Kenntnisse in häuslicher Analyse erweitern und vertiefen.

■ Sollte man äußerst riskante Varianten und Fallen in sein Eröffnungsrepertoire aufnehmen, die bei bestem Spiel des Gegners widerlegt werden können? Ich denke, daß die Verneinung dieser Frage auf der Hand liegt. Durch schlechtes Spiel (Wie anders könnte man ein Spiel nennen, daß auf Fallenstellerei basiert?) kann man zwar eine einzelne Partie gewinnen, aber der Schachspieler verliert weitaus mehr dabei – er vergeudet kreatives Potential und hält Schach irrtümlich für ein Glücksspiel.
Mitunter führt das Theoriestudium bei einer Reihe von Schachspielern zu der Illusion, daß es möglich und notwendig sei, alle Varianten eines Eröffnungssystems zu kennen. Der Autor dieser Zeilen kannte einen Meister, der einige Jahre lang Material zum sogenannten Scheveninger System der Sizilianischen Verteidigung sammelte. Auf die Frage, warum er dieses System nicht in Turnieren anwende, antwortete er: „Ich habe noch nicht das komplette Material beisammen, es fehlen noch zweihundert Partien (!?).“ So eine extreme Einstellung ist natürlich schädlich.
Man kann von einem Schachspieler nicht verlangen, daß er zehntausende von Varianten im Kopf hat.

■ Das Theoriestudium, daß auf dem Einpauken von Varianten beruht, ist ein gefährlicher Irrtum. Wichtig ist eine vernünftige Verbindung von allgemeinen Einschätzungen und konkreten Kenntnissen.
Ich möchte an einem Beispiel erläutern, was damit gemeint ist.

Partie Nr. 30
Slawische Verteidigung
Krogius – Kamyschow
Jaroslawl 1949

1.d4 d5 2.c4 e6 3.♘c3 c6 4.♘f3 ♘f6 5.e3 ♘bd7 6.♗d3 dc 7.♗:c4 b5 8.♗e2 a6 9.e4 b4 10.e5 bc 11.ef cb (11... ♗b4!?) **12.fg ba♕? 13.gh ♕a5+ 14.♘d2 ♕f5 15.0-0 ♗b7 16.♕b3 ♘c5**

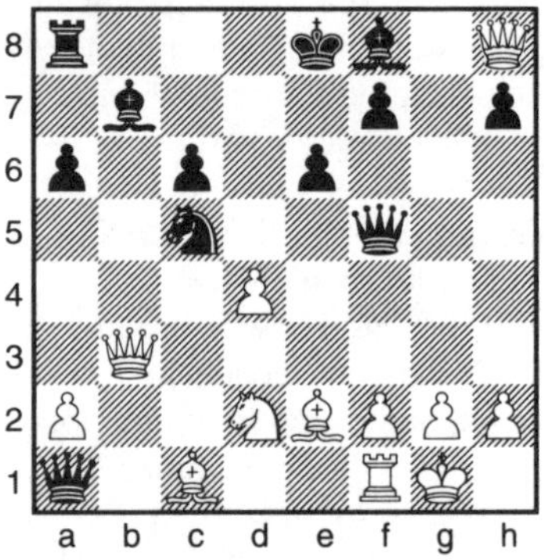

108

17.♗a3! ♘:b3 18.♕:f8+ ♔d7 19.♕e7+ ♔c8 20.♘:b3 ♕:f1+ 21.♗:f1 ♕d5 22.♗d6
Schwarz gab auf.

Das war eine kurze Eröffnungspartie. Der 12. schwarze Zug war der entscheidende Fehler, da der schwarze König bei vier Damen auf dem Brett Probleme bekommt. So lautet auch die Einschätzung der Theorie in Bezug auf diese Variante. Es ist wohl nicht nötig, die fünf weiteren Partien anzuführen, die einen ähnlichen Verlauf hatten.

■ Ich möchte allerdings davor warnen, Einschätzungen der Theorie als etwas Unveränderliches und Abgeschlossenes zu betrachten. Oft werden Varianten präzisiert und Bewertungen korrigiert. Das ist ein normaler Entwicklungsprozesses, da die Eröffnungstheorie ein Produkt der Schachpraxis ist und von lebendigen Menschen gemacht wird.

Die Arbeit an den Eröffnungen darf deshalb nicht nur auf der mechanischen Aneignung von Buchweisheiten beruhen.

Es kommt auf eine kritische Orientierung am vorhandenen Material und auf eine eigene Meinung an, die sich möglicherweise nicht immer als richtig erweist.

Aber man sollte keine Angst vor Fehlern haben, da die Vervollkommnung ohne beständiges Suchen und Zweifeln nicht möglich ist.

Schachspieler verlieren oft den Faden, wenn sie in der Eröffnung mit einem neuen Zug konfrontiert werden. Capablanca schrieb dazu: „Es kann passieren, daß Sie in der Eröffnung einen Ihnen unbekannten Zug vorgesetzt bekommen. Wie soll man sich in diesem Falle verhalten? Spielen Sie so, wie es Ihnen der gesunde Menschenverstand gebietet! Wenn Sie der Meinung sind, daß ein bestimmter Zug gut ist, dann führen Sie ihn aus! Man muß entschlossen handeln. Die Erfahrung ist ein guter Lehrmeister. Viele Schachspieler sehen ein Manöver, das sie für gut halten, aber sie trauen sich nicht, es in die Tat umzusetzen. Was soll das? Man muß ohne zu schwanken das tun, was man für gut und richtig hält."

Das Eröffnungsrepertoire eines Schachspielers wächst in der Regel mit der Zeit. Nach dem Studium bzw. nach längerer praktischer Anwendung einer bestimmten Eröffnung, kann man sich der nächsten zuwenden, die dem Stil am besten entspricht.

■ Ein starres und knappes Eröffnungsrepertoire kann besónders jungen Schachspielern nicht gerade empfohlen werden. Ein Schachspieler mit einem begrenzten Repertoire wird es schwer haben, seinen Horizont zu erweitern, d. h. sein Verständnis verschiedenartiger Positionstypen zu verbessern, da er ständig mit denselben Mittelspielstellungen und den entsprechenden Plänen konfrontiert werden wird. Außerdem erleichert diese Halsstarrigkeit in der Eröffnung dem Gegner die Partievorbereitung und stimuliert ihn dazu, Überraschungen auszutüfteln.

■ Richtig ist der Ausspruch, daß eine schrittweise Erneuerung des Eröffnungsrepertoires ein Indikator für die Entwicklung eines Schachspielers ist.

Ein Fragment aus der Biographie Robert Fischers ist dazu sehr lehrreich. Bis zum WM-Match gegen Boris Spasski (Reykjavik 1972) hatte Fischer fast ausschließlich mit 1.e2-e4 eröffnet und mit den schwarzen Steinen gegen e2-e4 die Sizilianische Verteidigung gewählt. In Vorbereitung auf die Weltmeisterschaft stellte Fischer sein Eröffnungsrepertoire um. Er überraschte seinen Gegner mit dem Anfangszug 1.c4, und griff als Schwarzer zu der Pirc-Ufimzew- bzw. zur Aljechin-Verteidigung.

Diese Veränderungen hatten nicht nur eine spürbare psychologische Wirkung auf Spasski, sondern enthüllten in Fischers Kreativität neue und interessante Facetten.

Schwierig ist die Frage nach dem Einfluß der Autoritäten auf die Formierung des Eröffnungsrepertoires von Durchschnittspielern. Oft hat der Nachahmungseffekt positive Folgen, da er die theoretische Arbeit stimuliert und zum Nachdenken über gängige strategische Methoden in verschiedenen Eröffnungen anregt.

Manchmal nimmt der Schachfreund diese oder jene Empfehlungen in sein Arsenal auf, nachdem er in der Analyse festgestellt hat, daß sie seinem Geschmack und schachlichen

Anschauungen entsprechen. Diese Einstellung zum Schaffen der Koryphäen kann nur gebilligt werden. Es ist jedoch ziemlich häufig zu beobachten, daß fremde Ideen bloß mechanisch kopiert werden. Diese Art der „Aneignung“ kreativer Erfahrungen forciert nicht nur nicht die Entwicklung des Schachspielers, sondern bremst sie sogar. Bremst sie deshalb, weil sich die Nachahmung nur auf äußerliche Momente beschränkt (häufig nur auf den Fakt der Anwendung einer bestimmten Variante) und weil vorher keine Analyse des Eröffnungssystems stattgefunden hat. So ein Nachahmer glaubt, dieselbe Variante wie der Champion spielen zu müssen, da dieser damit Erfolg erzielt hatte. Aber leider erfüllen sich diese Träume in der Regel nicht.

Das Eröffnungsrepertoire erhebt nicht den Anspruch, den Spieler gegen alle Eventualitäten in der Anfangsphase der Partie zu wappnen. Als beispielsweise Großmeister Leonid Stein den Zug 1… e7-e5 (auf 1.e4) in sein Arsenal aufnahm, dürfte er sich wohl kaum speziell auf die Ponziani-Eröffnung vorbereitet haben.

Das Repertoire wird immer unvollkommen bleiben, aber die Akkumulation von Erfahrungen und die damit verbundene Erweiterung des Eröffnungsrepertoires, bringen es mit sich, daß sich die weißen Flecken darin reduzieren.

Das haben wir in der 18. Lektion behandelt:

- ☐ Grundprinzipien der Eröffnung
  Kräftemobilisierung
  Kampf ums Zentrum
  harmonische Figurenentwicklung
- ☐ das Eröffnungsrepertoire
- ☐ Methodik beim Aufbau eines Eröffnungsrepertoires

19. Lektion

Das Spiel gegen 1.e2-e4

Ich möchte jetzt ausführlicher auf den Prozeß des Aufbaus eines Eröffnungsrepertoires zu sprechen kommen. Zuerst werden wir ein Eröffnungssystem für Schwarz zusammenstellen. Dabei werden wir die gebräuchlichsten weißen Fortsetzungen betrachten. Ich habe dazu die Französische Verteidigung ausgewählt. In dieser Eröffnung wird nach 1.e4 e6 2.d4 d5 meistens 3.♘c3 oder 3.♘d2 gespielt. Den dritten Platz in der Popularitätsskala nimmt der Zug 3.e5 ein.

Betrachten wir nun schrittweise die genannten Varianten anhand der Partien führender Meister.

Partie Nr. 31

Französische Verteidigung

I. Rabinowitsch - Botwinnik

Leningrad 1939

1.e4 e6 2.d4 d5 3.♘c3 ♗b4

Es wird auch 3… ♘f6 und 3… de gespielt. Das ist reine Geschmackssache. Nach 3… de löst sich dic Spannung im Zentrum auf, und Weiß erhält Raumvorteil.

4.e5 c5 5.a3 ♗:c3+ 6.bc

Diese Position ist schon länger als ein halbes Jahrhundert lang Gegenstand der theoretischen Diskussion. Weiß hat die etwas freiere Stellung und das Läuferpaar. Gegebenenfalls kann der schwarzfeldrige Läufer auf der Diagonale a3-f8 eine wichtige Rolle spielen, da er keinen Opponenten mehr hat. Schwarz möchte seinerseits die Schäche des weißen Doppelbauern ausnutzen sowie mittels des Sprengungszuges f7-f6 Gegenchancen am Königsflügel erhalten. Man kann konstatieren, daß die vorliegende Stellung für beide Seiten reiche Möglichkeiten bietet.

6… ♘e7 7.♘f3

Ein anderer populärer Plan besteht im Damenausfall 7.♕g4.

7… ♘bc6 8.♗d3

In letzter Zeit wird der Läufer häufiger nach e2 entwickelt, um Schwarz bei c5-c4 kein Tempo zu schenken. Folgende Varianten sind charakteristisch: 8.♗e2 ♕a5 9.♗d2 ♗d7 10.a4 f6!? 11.♖b1 (11.c4 ♕c7 12.ef gf 13.cd ♘:d5 14.c3 0-0-0 15.0-0 ♖hg8 16.♖e1 e5 mit verteilten Chancen) 11… ♕c7 12.♗f4 ♘g6 13.♗g3 fe 14.0-0 cd 15.cd 0-0 16♗b5 ♘f4 17.♗:c6 ♗:c6 18.♘:e5 ♗:a4 oder 9.♕d2 ♗d7 10.a4 f6 11.ef gf 12.dc e5 13.c4 dc 14.♗:c4 0-0-0 15.0-0 ♕:c5 16.♗b3 ♗g4 17.♕h6 ♘d5. In allen Varianten hat Schwarz Gegenspiel.

8… ♕a5 9.♕d2 c4 10.♗e2 ♗d7

Stärker ist 10… ♕a4, was den Damenflügel blockiert. Z.B., 11.0-0 ♗d7 12.♘g5 0-0, mit der Absicht f7-f6. Deshalb sollte Weiß früher a3-a4 ziehen (im 7. oder 8. Zug), um seinem Läufer die Diagonale a3-f8 zu sichern. Die Eroberung des Bauern a4 ist in der Regel gefährlich für Schwarz.

11.a4 f6 12.♗a3 0-0-0

12… ♕:a4 ist wegen 13.0-0 ♕b5 14.♖fb1 schlecht.

13.0-0 ♘f5

Wenn 13… h5, so 14.ef gf 15.♘h4, und Schwarz verfügt nicht über die Antwort 15… ♘g6.

14.g4

Dieser Vorstoß spielt Schwarz in die Hände, da er den Königsflügel schwächt. Besser ist 14.♖fb1.

14… ♘fe7 15.♖fb1 ♕a6?!

Ein gekünstelter Zug. Stärker ist 15… ♖df8, um ein Gegenspiel auf der f-Linie anzustreben.

16.a5!

Die schwarze Dame ist jetzt in einer schwierigen Lage. Weiß hat die gefährliche Drohung ♘f3-e1-d3-c5 in petto. Wegen eines scheinbar unbedeutenden Zuges hat sich das Blatt gewendet: Schwarz muß auf Verteidigung umschalten.

16… ♖df8 17.♘e1

Wenn 17.♗d6, so 17… fe 18.de ♘g6 – das Qualitätsopfer ist erzwungen – 19.♗:f8 ♖:f8 20.♕e3 ♖f4 mit einigen Gegenchancen.

17… fe 18.♘d3?!

Besser war 18.de. Z.B., 18… ♖f7 19.♗d6 ♘g6 20.♕e3 ♘f4 21.♗f3 g5, und die Isolation der schwarzen Dame macht sich bemerkbar. Nach dem Textzug hingegen erhält

Schwarz durch ein für dieses Eröffnungssystem typisches Qualitätsopfer aussichtsreiches Spiel gegen die vielzähligen Schwächen im weißen Lager.

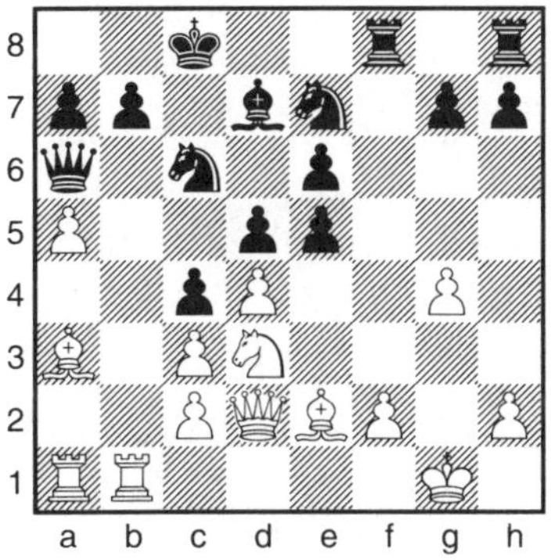

109

18… cd 19.♗:d3 ♕:a5 20.♗:e7 ♕c7!
Es wäre Leichtsinn, schon an den sofortigen Gegenschlag zu denken – 20… ♘:d4. Nach 21.♗e2 ♘:e2+ 22.♕:e2 ♕:c3 23.♗:f8 ♖:f8 24.♖:a7 verliert Schwarz.
21.♗:f8 ♖:f8 22.♗b5 ♖f4 23.h3 a6 24.♗:c6 ♗:c6
Man kann eine erste Bilanz ziehen: die aktive Postierung der schwarzen Figuren kompensiert vollauf die geringe materielle Einbuße. Das Übel besteht für Weiß vor allem darin, daß er keine realen Gegenchancen hat und abwarten muß, was sein Gegner unternimmt.
25.♖e1 e4 26.♖e3 ♗b5 27.♖g3 g5 28.♔g2 ♕f7 29.♕e3 ♕f6 30.♖e1 ♗e8 31.♕e2 ♔b8 32.♖b1 ♗b5 33.♕e3 ♗e8
Schwarz wiederholt in Zeitnot die Züge, um Zeit zu sparen.
34.♕e2 ♔c7 35.♖h1 ♗g6 36.♖e1 ♗e8 37.♖h1 h5! 38.♔g1
(38.gh ♗:h5 39.♕:h5 ♖:f2+ 40.♔g1 ♖f1+ 41.♔h2 ♕f2+ usw.)
38… ♗b5 39.♕e1 h4 40.♖e3 ♗c4 41.♖h2 b6 42.♕a1 ♕f8 43.♖g2 a5 44.♕a4 ♕e7 45.♕a1 ♔b7 46.♕a4 ♖f8 47.♖e1 ♕d6 48.♕a1 ♔a6 49.♖e3 b5 50.♕b2 ♖f3 51.♔h1 ♖f6 52.♔g1 ♔b6 53.♖h2 ♖f7 54.♖g2 ♖f3 55.♔h1 ♖f8 56.♔g1 ♖f6 57.♖h2 ♔c6 58.♖g2 ♖f3 59.♔h1 ♗f1! 60.♖:f3 ef 61.♖h2 a4 62.♔g1 a3 63.♕c1 ♗c4 64.♕:g5 a2 65.♕c1 e5 66.de ♕:e5 67.♕a1 ♕e2
Weiß gab auf.
In der nächsten Partie wollte Weiß schon in der Eröffnung am Königsflügel angreifen.

Partie Nr. 32
Französische Verteidigung
Kamski - Jussupow
Belgrad 1991

1.e4 e6 2.d4 d5 3.♘c3 ♗b4 4.e5 c5 5.a3 ♗:c3+ 6.bc ♘e7 7.♕g4
Dieser Damenausfall leitet den Angriffsplan ein. Gewöhnlich setzte Schwarz in dieser Stellung mit 7… ♕c7 fort. Nach 8.♕:g7 ♖g8 9.♕:h7 cd 10.♘e2 ♘bc6 11.f4 ♗d7 12.♕d3 dc 13.♘:c3 entsteht die für die Bewertung dieser Variante kritische Stellung. Hunderte von Partien konnten keine endgültige Antwort auf die Frage geben, ob Schwarz für den geopferten Bauen genügend Gegenchancen besitzt. Schwarz steht aber auch ein anderer Weg zur Verfügung, der zu nicht weniger scharfem Spiel führt, aber nicht mit einem Bauernopfer verbunden ist. Jussupow wählte diesen Weg.
7… 0-0 8.♗d3
Es wurden auch andere Züge getestet: a) 8.♗g5?! ♕a5! 9.♕h3 (9.♗:e7? ♕:c3+ 10.♔e2 ♘c6! mit Vorteil für Schwarz) 9… ♘g6 10.♗d2 ♘c6 oder 10… ♕a4 11.♘f3 f5 12.ef ♖:f6 13.♗d3 ♘c6 mit ungefährem Ausgleich; b) 8.♘f3 ♘bc6 (Interessant ist 8… ♕a5 9.♗d2 ♕a4 10.♗d3 c4 11.♗:h7+ ♔:h7 12.♕h4+ ♔g8 13.♕:e7 ♘c6 14.♕h4 ♕:c2, und Schwarz steht nicht schlechter.) 9.♗d3 f5 10.ef (Bei 10.♕g3 ♕a5 11.♗d2 c4 sind die weißen Figuren blockiert.) 10… ♖:f6 11.♗g5 (Wenn 11.♕h5?!, so 11… h6 12.0-0 c4! 13.♗e2 ♕a5 14.♗d2 ♗d7 15.♖fb1 ♕c7 16.♘h4 ♖af8 mit schwarzer Initiative) 11… ♖f7 12.♕h4 (Oder 12.♕h3 h6 13.♗g6 ♖f8 14.♘e5 ♘:e5 13.de ♕c7 16.♗:e7 ♕:e7 17.0-0 ♕g5 18.♕g3 ♖f4! oder 12.♘e5 ♘:e5 13.de ♕c7 14.♗:e7 ♕:e5+ 15.♔d2 c4! – in beiden Fällen hat Schwarz gutes Spiel) 12… h6 13.0-0! c4 14.♗g6 ♘:g6 15.♗:d8 ♘:h4 16.♗:h4 ♗d7 mit Ausgleich.
Die zahlreichen Varianten werden den Leser wahrscheinlich ermüden, aber in dieser Stellung kommt man ohne sie nicht aus, da viel Taktik im Spiel ist.
8… ♘bc6.
Nach 8… f5 9.ef ♖:f6 10.♗g5 ♖f7 11.♕h5 g6 hat Weiß Vorteil, da die Dame nach d1 zurückkehren kann: 12.♕d1 ♘bc6 13.♘f3 ♕a5 14.♗d2 ♕c7 15.0-0 e5 16.♘g5 ♖f8 17.c4.
9.♕h5 ♘g6!
Nach 9… h6?! erhält Weiß durch 10.♗:h6 einen starken Angriff.
10.♘f3 ♕c7
Schlechter ist 10… ♘ce7 (es drohte 11.♘g5 h6 12.♘:f7) wegen 11.dc! Z.B., 11… ♕c7 12.0-0 ♘f5 13.g4 ♘fe7 14.♘g5 h6 15.♘f3 mit der Idee 16.g5.
11.0-0
Wenig verspricht 11.♘g5 h6 12.♘:f7 ♕:f7 13.♕:g6 ♕:g6 14.♗:g6 cd.
11… c4 12.♗e2
12.♘g5? h6 13.♘:f7 cd!
12… f6 13.ef ♖:f6 14.♗d1 ♗d7
Schwarz hat aus der Eröffnung heraus

annehmbares Spiel erzielt.
15.♖e1 ♖af8 16.♖b1 h6 17.♔h1 ♘ce7 18.♔g1?! b6 19.♗d2 ♕d8 20.♖f1
Weiß tritt planlos auf der Stelle. Er hätte einige Züge früher einen Abtausch auf e5 forcieren sollen. Besser war auch 20.♗e3.
20… ♖f5 21.♕h3 e5 22.g4

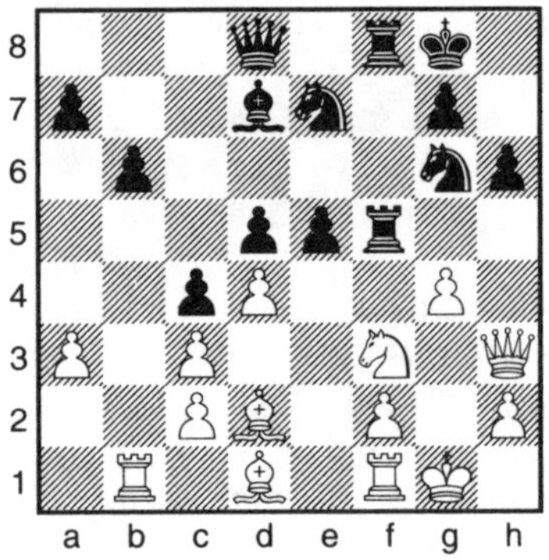

110

22… e4!
Durch ein für die französische Verteidigung charakteristisches Qualitätsopfer erzielt Schwarz Vorteil.
23.gf ♗:f5 24.♕g3 ef 25.♗:f3 ♗:c2 26.♖bc1 ♗d3 27.♖fe1 ♘f5 28.♕h3 ♘fh4 29.♗h5 ♔h7 30.♕g3 ♕f6 31.♗g4 ♗f5
Besser ist 31… ♗e4.
32.♗:f5 ♕:f5 33.f4 ♕h5 34.♖f1 ♘e7 35.♖ce1 ♘ef5 36.♕h3 ♖f6 37.♔h1 ♖g6 38.♖f2 ♖g4 39.♗c1 ♘d6?
Die weißen Figuren sind praktisch mattgesetzt. Richtig war es, die Stellung mittels 39… b5 und 40… a5 zu verstärken, wonach gelegentlich b5-b4 droht.
40.f5!
Jetzt erwacht der Läufer. Auf 40… ♘e4 reicht 41.♖ff1 aus.
40… ♘d:f5 41.♗f4 ♕g6 42.♕f1 b5 43.♕e2 a5 44.♕e5 ♖g2 45.♕e2
Hier einigten sich die Kontrahenten wegen der möglichen Folge 45…♖g4 46. ♕e5 ♖g2 auf ein Remis.
Neben 3.♘c3 wird auch oft 3.♘d2 gespielt. Weiß kann auf diese Weise die Bauernverdopplung auf der c-Linie umgehen und der Partie einen ruhigeren Charakter verleihen.

Partie Nr. 33
Französische Verteidigung
Iwantschuk-Anand
Reggio Emilia 1992

1.e4 e6 2.d4 d5 3.♘d2 c5
Auch zwei andere Fortsetzungen sind populär: a) 3… ♘c6 4.♘f3 (möglich ist auch 4.c3 e5! 5.ed ♕:d5 6.♘f3 ed 7. ♗c4 ♕h5 mit scharfem Spiel) 4… ♘f6 5.e5 ♘d7 6.♘b3 ♗e7 7.♗b5 ♘cb8 9.0-0 b6 9.♕e2 a5 10.♗e3 0-0 11.♗d3 ♗a6 – Weiß hat Raumvorteil, aber Schwarz verfügt durch die Sprengungszüge c7-c5 und f7-f6 über Gegenchancen. b) 3… ♘f6 4.e5 ♘fd7 5.♗d3 (Eine Alternative ist 5.f4 c5 6.c3 ♘c6 7.♘df3 ♕a5 8.♔f2!? b5 9.♗d3 b4 10.♘ge2 ♘b6 11.g4 bc mit zweischneidigem Spiel.) 5… c5 6.c3 ♘c6 7.♘e2 cd 8.cd ♕b6 9.♘f3 f6 10.ef ♘:f6 11.0-0 ♗d6 12.♘c3 0-0 13.♗e3 ♗d7 14.a3. Weiß hat die kompaktere Figurenstellung. Aber Schwarz hat Gegenspiel auf der f-Linie.
Ich habe nur die Grundrichtungen dieser Eröffnung gezeigt, um dem Leser eine grobe Orientierung zu geben. Natürlich gibt es in jeder der betrachteten Hauptvarianten eine Vielzahl von Verzweigungen, die eine genauere Analyse erfordern.
Der von Schwarz in der vorliegenden Partie gewählte Plan ist wohl am logischsten, da er sofort Einfluß auf das Zentrum nimmt.
4.ed ♕:d5
Wir wollen uns auf diese Fortsetzung konzentrieren. Der Zug 4… ed besitzt nicht weniger Vor- und Nachteile. Schwarz entwickelt damit seine Figuren schneller, verbleibt aber in den meisten Varianten mit einem isolierten Bauern auf d5. Charakteristisch sind folgende Beispiele: 4… ed 5.♗b5+ ♗d7 6.♗:d7+ ♘:d7 7. ♘gf3 ♘f6 8.0-0 ♗e7 9.dc ♘:c5 10.♘b3 ♘ce4 oder 4… ed 5.♗b5+ ♘c6 6.♘gf3 ♗d6 7.0-0 ♘e7 8.dc 9.♘b3 ♗d6 10.♘bd4 0-0 11.♗e3 ♕c7.
5.♘gf3 cd 6.♗c4 ♕d6
Schwieriger wird es für Schwarz nach 6… ♕h5 7.0-0 ♘f6 8.♘b3 ♘c6 9.♘b:d4 ♘:d4 10.♘:d4 ♕:d1 11.♖:d1 a6 12.♗f4 oder 6… ♕d8 7.0-0 ♘c6 8.♕b3 ♘f6 9.♕e2 ♗e7 10.♖d1 0-0 11.♘b:d4 ♘c7 12.♘:c6 bc 13.♗g5 ♗b7 14.♕e5! ♕:e5 15.♘:e5 ♖fd8 16.♘d7!
7.0-0 ♘f6 8.♘b3 ♘c6 9.♘b:d4 ♘:d4 10.♘:d4
Das Endspiel nach 10.♕:d4 ♕:d4 11.♘:d4 a6 ist ungefährlich für Schwarz.
10… a6
Interessante Verwicklungen können nach 10… ♗d7 11.b3 h5!? 12.♘b5 ♕e5 13.♕e2 ♕:a1 entstehen.
11.♗b3
Oder 11.♖e1 ♕c7 12.♗b3!? ♗d7 13.♕f3 ♗d6 14.h3 0-0-0 13.♗g5 ♕c5 16.♗e3 ♕e5 17.g3 ♕e4 18.♖ad1 ♗c6! mit gleichem Spiel.
11… ♕c7 12.♕f3 ♗d6 13.♔h1
Wenn 13.h3, so folgt 13… 0-0 14.♗g5 ♘d7 15.c3 b5 16.♖ad1 ♘c5! 17.♗c2 ♗b7 18.♕h5 ♗e4, und die Chancen sind ausgeglichen.
13… 0-0 14.♗g5 ♘d7 15.c3 ♘e5 16.♕h5 ♘g6 17.♗c2 h6 18.♘f3!?
18.♗e3 bringt wegen 18… ♘f4 19.♕f3 ♗d7 20.♗e4 ♖ab8 nichts.
18… b5!

18… hg? ist wegen 19.♘:g5 ♖e8 20.♕h7+ ♔f8 21.♗:g6 fg 22.♕h8+ schlecht.

19.♖ad1

Aber nicht 19.♗:g6?, wegen 19… fg 20.♕:g6 ♖:f3 21.gf hg.

19… ♗f4!

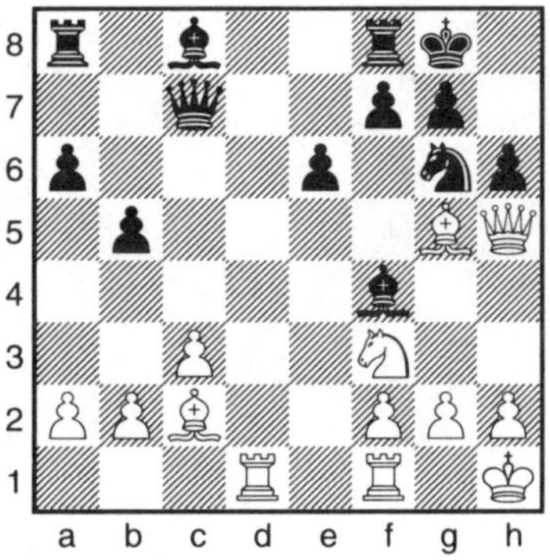

111

20.♗:f4

Erzwungen.

20… ♘:f4 21.♕e5 ♕:e5 22.♘:e5 ♗b7 23.f3 ♖fd8

Man kann konstatieren, daß Schwarz eine vollwertige Stellung erlangt hat. Das ist in dem System mit 4… ♕:d5 oft der Fall. Anfangs kommt es aufgrund eines gewissen Zurückbleibens in der Entwicklung darauf an, sich aufmerksam zu verteidigen. Wenn aber danach der weiße Druck (meistens vom 15.–20. Zug) abgeschüttelt werden kann, sammelt Schwarz seine Kräfte und übernimmt oft die Initiative.

24.♔g1 ♖ac8 25.a3 f6 26.♘d3 ♘:d3 27.♖:d3 ♖:d3 28.♗:d3 ♖d8 29. ♖d1 ♔f8 30.♗e2 ♖:d1 31.♗:d1 g5

Schwarz hat Minimalvorteil.

32.g3 ♔e7 33.♔f2 a5 34.f4 gf 35.gf ♔d6 36.b4 ab 37.cb e5 38.♔e3 ♗c6 39.♗h5 ♗d7 40.♗f7 ♗c6 41.h4 ♔e7 42.♗b3 ♔d6 43.♗d1 f5 44.♗c2 ♗d7

Remis.

Partie Nr. 34

Französische Verteidigung

Cholmow - Petrosjan

Moskau 1949

1.e4 e6 2.d4 d5 3.e5

Weiß nimmt Raum am Königsflügel ein, gestattet Schwarz aber eine schnelle Figurenentwicklung und ein Druckspiel gegen den Bauern d4.

3… c5 4.c3

Mitunter wird auch der alte Zug 4.♘f3 gespielt. Nach 4… ♘c6 5.♗d3 cd 6.0-0 f6 7.♗b5 (7.♗f4 g5!) 7… ♗d7 8.♗:c6 bc 9.♕:d4 ♕b6 hat Schwarz ein annehmbares Spiel.

4… ♘c6 5.♘f3 ♕b6 6.♗e2

Außerdem kommen häufig folgende Fortsetzungen zur Anwendung: a) 6.a3 c4 7.g3. Umstritten ist nun 7… ♘a5. Wahrscheinlich sollte Schwarz einer Empfehlung des deutschen Großmeisters Wolfgang Uhlmann folgen – 7… f6!? 8.ef ♘:f6 9.♗g2 ♗d6 10.0-0 0-0 11.♘bd2 e5! 12.de ♗:e5 13.♘:e5 ♘:e5 14.♕e2 ♖e8; b) 6.♗d3. Nach 6… cd 7. cd. ♗d7 8.0-0!? ♘:d4 9.♘:d4 ♕:d4 10.♘c3 hat Weiß eine gewisse Kompensation für den Bauern. Schwarz sollte dann mit 10… a6 11.♕e2 ♕a7 oder 11… g6 fortsetzen. Es entsteht eine sehr komplizierte Position mit beiderseitigen Chancen.

6… cd 7.cd ♘ge7 8.b3

Möglich ist auch 8.♘a3 ♘f5 9.♘c2 ♗b4+ 10.♔f1 ♗e7 11.g3 oder 11.h4. Es steht ein scharfer Kampf bevor.

8… ♘f5 9.♗b2 ♗b4+ 10.♔f1 h5 11.♘c3 ♗:c3

Natürlich nicht 11… ♘:d4, wegen 12.♘a4.

12.♗:c3 ♗d7 13.♕d2 a5

Schwarz stebt den für ihn vorteilhaften Läufertausch an. Allerdings scheiterte das sofortige 13… ♘ce7 an 14.♗a5 ♕c6 15.♖c1.

14.g3 h4?!

Es wäre besser gewesen die Läufer zu tauschen, statt am Königsflügel aktiv zu werden.

15.g4 ♘fe7 16.h3 f6 17.♔g2 ♖f8!? 18.♗d3?

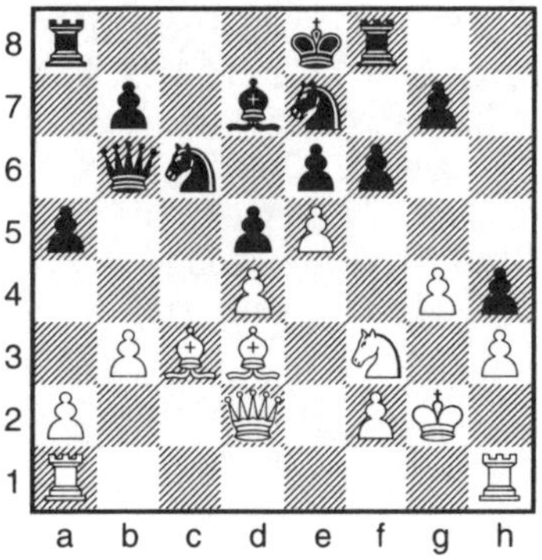

112

Ein kritischer Moment. Schwarz hat seinen riskanten Plan in die Tat umgesetzt, dabei aber den Bauern h4 ohne Schutz gelassen. Weiß konnte sich mittels 18.ef gf 19.♘:h4 e5 20.f4 diesen Umstand zunutze machen und Vorteil erzielen.

18… fe 19.♘:e5

Schlecht ist 19.de ♖:f3 20.♔:f3 d4 21.♗b2 ♘:e5+.

19… ♘:e5 20.de d4 21.♗:d4 ♗c6+ 22.♔g1 ♕c7?!

Hier verdiente ein Damenopfer eine ernsthafte Betrachtung: 22… ♕:d4! 23.♗:g6+ ♘:g6 24.♕:d4 ♖f3! Analysieren Sie selbst diese Position, besonders die Züge 25.♖e1 und 25.♖c1. Die Kontrahenten begingen nun noch weitere ernste Fehler und einigten sich nach zwei Zügen auf Remis.

■ Bei der Ausarbeitung eines Eröffnungsrepertoires ist die selbständige Analyse von typischen Partien sehr nützlich.

Ich möchte dem Leser empfehlen, die folgenden Partien zu analysieren.

Spasski-Kortschnoi (Belgrad 1977)
1.e4 e6 2.d4 d5 3.♘c3 ♗b4 4.e5 c5 5.a3 ♗:c3+ 6.b:c3 ♘e7 7.a4 ♗d7 8.♘f3 ♕a5 9.♗d2 ♘bc6 10.♗e2 f6 11.c4 ♕c7 12.ef gf 13.cd ♘:d5 14.c3 0-0-0 15.0-0 ♖hg8 16.♖e1 e5 17.c4 ♗h3 18.♗f1 ♘b6 19.d5 ♘:c4 20.dc ♕:c6 21.g3 ♗:f1 22.♖:f1 e4 23.♕b3 ♕d5 24.♖ac1 ♘:d2 25.♘:d2 ♕:d2 26.♖:c5+ ♔b8 27.♖b5 ♖g7 28.♖b1 ♖dd7 29.♕e6 e3 30.fe ♖ge7 31.♕g8+ ♖d8 32.♕b3 ♖dd7 33.♕g8+ ♖d8 Remis.

Tolusch-Botwinnik (Moskau 1945)
1.e4 e6 2.d4 d5 3.♘c3 ♗b4 4.e5 c5 5.a3 ♗:c3+ 6.bc ♘e7 7.♘f3 ♕a5 8.♗d2 c4 9.a4 ♘d7 10.♗e2 ♘b6 11.0-0 ♘:a4 12.♘h4 ♘g6 13.♘:g6 hg 14.♖e1 ♗d7 15.♗f1 b5 16.♕f3 ♖b8 17.♖eb1 ♕c7 18.♗c1 a5 19.♗a3 ♖b6 20.♕g3 ♕d8 21.♗d6 ♖:d6 22.ed ♗c6 23.h3 ♔d7 24.♖e1 ♕h4 25.♕e5 ♕f6 26.♕g3 ♖h4 27.♖e3 ♖f4 28.♗e2 ♕h4 29.♗f3 b4 30.♕:h4 ♖:h4 31.g3 ♖h8 32.cb ab 33.♖b1 ♖b8 34.h4 ♖b7 35.♔h2 ♔:d6 36.g4 ♘c3 37.♖a1 ♘b5 38.♖d1 ♖a7 39.h5 g5 40.♔g2 ♖a2 41.♗e2 Weiß gab auf.

Das haben wir in der 19. Lektion behandelt:

- ☐ Das Spiel gegen 1.e2-e4
- ☐ Zusammenstellen eines Eröffnungs-Repertoires

Beispiel:

- ☐ **Französische Verteidigung**
  1.e4 e6 2.d4 d5
  gegen 3.♘c3
  gegen 3.♘d2
  gegen 3.e5

20. Lektion

Das Spiel gegen 1.d4, 1.c4 und 1.,f3

Gegen 1.d4, 1.c4 oder 1.♘f3, was der Partie normalerweise einen ruhigeren Charakter verleiht als 1.e4, könnte man zur **Holländischen Verteidigung** greifen. Diese Eröffnung ist durch den frühen Aufzug des Schwarzen f-Bauern gekennzeichnet. Z.B.: 1.c4 f5 oder 1.d4 f5 oder 1.d4 e6 2.c4 f5 usw.

■ Die Holländische Verteidigung hat den Vorteil, daß Schwarz sowohl auf 1.d4 als auch auf 1.c4 und 1.♘f3 meistens ein und dasselbe Entwicklungsschema anwenden kann. Wenn Weiß 1.d4 spielt, so kann man über 1… e6 in die Holländische Verteidigung gelangen (1.d4 e6 2.c4 f5 oder 1.d4 e6 2.♘f3 f5) und dabei das Staunton-Gambit umgehen (1.d4 f5 2.e4), in dem Weiß unter Bauernopfer eine aussichtsreiche Angriffsstellung erhält, z.B., 2… fe 3.♘c3 ♘f6 4.f3 ef (oder 4… d5 5.fe de 6.♗c4; möglich ist auch 4… ♘c6 5.fe e5 6.de ♘:e5 7.♘f3 ♗d6!? 8.♗f4) 5.♘:f3 g6 6.♗f4 ♗g7 7.♕d2.
Natürlich könnte Weiß bei der gerade empfohlenen Zugfolge – 1.d4 e6 – 2.e4 spielen und in die französische Verteidigung übergehen, aber darauf sind wir ja vorbereitet, da diese Verteidigung zu unserem Repertoire gehört.

■ Diese wichtige Nuance unterstreicht eine wesentliche Bedingung des Eröffnungsrepertoires: die einzelnen Eröffnungssysteme müssen einander ergänzen.
Im vorliegenden Fall gestattet es uns die Bereitschaft zur Französischen Verteidigung, die Anfangszüge in der Holländischen Verteidigung zu variieren. Ich möchte noch darauf verweisen, daß nach 1.c4 und 1.♘f3 keine Veranlassung besteht, den Zug 2.e4 zu fürchten, z.B. 1.♘f3 f5 2.e4 (wenn 2.d3, so 2… d6! 3.e4 e5 4.♘c3 ♘f6 5.♗e2 ♗e7 6.0-0 0-0 mit gutem Spiel für Schwarz) 2… fe 3.♘g5 ♘f6 4.d3 e5 (Nach 4… ed? 5.♗:d3 hätte Weiß starken Angriff. Es droht schon 6.♘:h7.) 5.de ♗c5 6.♗c4 ♕e7 7.♗f7+ ♔f8 8.♗b3 h6 9.♘f3 d6 10.♘c3 g6 11.0-0 ♔g7 12.♕e2 ♘c6 mit verteilten Chancen.
Nach 1.d4 e6 2.c4 f5 (oder 1.d4 e6 2.♘f3 f5 oder 1.c4 f5 2.♘f3 e6) stehen Schwarz zwei grundlegende Entwicklungssysteme zur Verfügung: d7-d6 mit nachfolgendem e6-e5 sowie d7-d5 nebst c7-c6 mit Bildung einer Bauernkette im Zentrum. Wir werden uns mit dem zweiten System etwas genauer befassen. Es ging unter der Bezeichnung **„Stonewall"** (Steinwall) in die Schachtheorie ein.
Betrachten wir nun eine Partie, die typisch für dieses Eröffnungssystem ist. Allerdings muß man einräumen, daß Weiß die Eröffnung passiv behandelt hat.

Partie Nr. 35
Holländische Verteidigung
Maroczy - Tartakower
Teplitz-Schönau 1922

1.d4 e6 2.c4 f5 3.♘c3 ♘f6 4.a3
Zeitverlust. 4… ♗b4 ist ungefährlich für Weiß, da er dem Gegner im Kampf um das Geld e4 (wenn Schwarz nicht d7-d5 spielt) mittels e3, ♗d3, ♘e2, f3 oder g3, ♗g2, ♘f3 und ♕c2 sowieso zuvorkommt.
4… ♗e7 5.e3
Solange Schwarz noch nicht d7-d5 gezogen hat, macht ♗c1-f4 keinen Sinn, da dieser Läufer nach d7-d6 nur diversen Drohungen ausgesetzt wäre.
5… 0-0 6.♗d3 d5
Somit haben wir nun den „Stonewall" auf dem Brett. Der Plan von Schwarz sieht eine Attacke am Königsflügel vor. Eine wichtige Rolle kommt dabei einem Springervorposten auf e4 zu. Der Nachteil der schwarzen Stellung besteht in der geringen Beweglichkeit des Läufers c8, der von eigenen Bauern behindert wird sowie in der Schwäche des Feldes e5, daß von keinem schwarzen Bauern mehr unter Kontrolle genommen werden kann. Unter diesem Aspekt wird sofort deutlich, daß Weiß ein Abtausch der schwarzfeldrigen Läufer sehr willkommen wäre. In der vorliegenden Stellung können die Mängel des schwarzen Aufbaus jedoch nicht ausgenutzt werden. Weiß sollte bereits

Maßnahmen ergreifen, um den kommenden schwarzen Angriff einzudämmen. Dazu war 7.f4 gefolgt von ♘g1-f3-e5 geeignet.

7.♘f3 c6 8.0-0 ♘e4 9.♕c2 ♗d6 10.b3

Besser ist 10.♘e5 und 11.f4

10… ♘d7 11.♗b2

Besser ist 11.a4 mit der Idee, mittels ♗c1-a3 die Läufer abzutauschen.

11… ♖f6!

Das Signal zum Direktangriff.

12.♖fe1 ♖h6 13.g3

Es drohte bereits 13… ♗:h2+ 14.♘:h2 ♕h4 mit Zusammenbruch.

13… ♕f6 14.♗f1

Gefährlich ist 14.♘d2, wegen 14… ♘:f2.

14… g5 15.♖ad1?

15.♗g2 war notwendig und erst dann 16.♘d2, um f2-f3 oder ♘f1 spielen zu können.

15… g4 16.♘:e4

Erzwungen. Schlecht ist 16.♘d2, wegen 16… ♘:f2 17. ♔:f2 ♖:h2+ 18.♗g2 ♗:g3+.

16… fe 17.♘d2

Der Tausch auf e4 hat die Position des weißen Königs noch anfälliger gemacht.

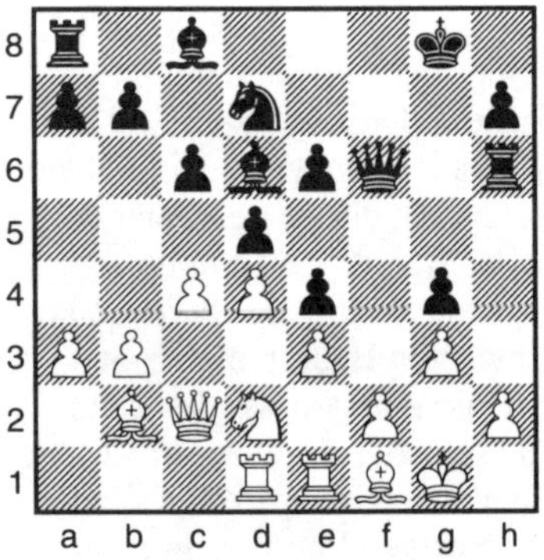

113

17… ♖:h2! 18.♔:h2 ♕:f2+ 19.♔h1

19.♗g2 würde Weiß die Möglichkeit nehmen, den Turm nach e2 zu bringen.

19… ♘f6 20.♖e2 ♕:g3 21.♘b1 ♘h5 22.♕d2 ♗d7!

Schwarz will den Turm in den Angriff einbeziehen. Wenn 23.♕e1, so 23… ♕f3+ 24.♖g2 h3+ 25.♔g1 ♖f8 26.♘d2 ♗g3 27.♖:g3 ♕:g3+ 28.♕:g3 ♘:g3 29.♗c3 ♘f5 30.♖e1 h5, und die Bauern laufen,

23.♖f2 ♕h4+ 24.♔g1 ♗g3

Entschlossener war 24… g3! Z.B.: 25.♖g2 ♖f8, mit den Drohungen 26… ♖f6 und 27… ♖h6 oder 26… ♖f3 gefolgt von ♘h5-f6-g4.

25.♗c3?!

Weiß konnte hier mit 25.♖h2 ♗:h2+ 26.♕:h2 ♕g5 27.♗c1 g3 28.♕h1 Gegenchancen erhalten. Z.B.: 28… e5 29.♗e2 ♗g4 30.♗:g4 ♕:g4 31.♖f1 ♖f8 mit scharfem Spiel.

25… ♗:f2+ 26.♕:f2 g3 27.♕:g2 ♖f8 28.♗e1 ♖:f1+! 29.♔:f1 e5 30.♔g1 ♗g4 31.♗:g3

Auf 31.♖d2 gewinnt 31… ed 32.ed ♗f3 33.♗:g3 ♘:g3 34.♕h2 ♕:h2+ 35.♖:h2 ♘e2+.

31… ♘:g3 32.♖e1 ♘f5 33.♕f2 ♕g5 34.de ♗f3+ 35.♔f1 ♘g3+

Weiß gab auf.

■ Die Fianchettierung des Läufers (g2-g3 und ♗f1-g2) gilt als besseres Mittel gegen den Stonewall. Gegebenenfalls kann der Springer über h3 nach f4 gebracht werden. Hier ein Beispiel.

Partie Nr. 36

Holländische Verteidigung

Steiner – Botwinnik

Groningen 1946

1.d4 e6 2.c4 f5 3.g3 ♘f6 4.♗g2 ♗b4+ 5.♗d2 ♗e7

Es schaut nach Tempoverlust aus, was Schwarz da gemacht hat, aber dieser Eindruck täuscht. In Wirklichkeit steht der Läufer auf d2 schlecht, außerdem hat Schwarz die eventuelle Drohung eines Läuferabtausches über a3 (nach b2-b3) aus der Welt geschafft und auch dem Springer das Entwicklungsfeld d2 genommen. Dieses Manöver – 4… ♗b4+ und 5… ♗e7 – sollte man in diesem System immer im Blick haben.

6.♘f3

Mitunter wird hier 6.♘h3 gespielt. Das ist beileibe kein harmloser Plan – der Springer wird über f4 nach d3 geführt. Es ist besser für Schwarz, nach 6.♘h3 auf den Stonewallaufbau (d7-d5) zu verzichten und stattdessen wie folgt fortzufahren: 6… 0-0 7.0-0 d6! 8.♘f4 c6 9.♘c3 e5. Schwerer ist es für Schwarz, wenn ♘h3 ohne die Einschaltung der Züge 4… ♗b4+ und 5… ♗e7 geschieht. Aber auch in diesem Fall kann der Nachziehende genügend Gegenchancen erhalten: 1.d4 e6 2.c4 f5 3.g3 ♘f6 4.♗g2 ♗e7 5.♘h3 0-0 6.0-0 d6! 7.♘c3 c6! (7… e5?! 8.de de 9.D:d8 ♗:d8 10.b3 c6 11.♗a3 ♖e8 12.e4 ♘a6 13.ef ♗:f5 14.♘g5 mit weißem Vorteil) 8.b3 e5! 9.de de 10.♕:d8 ♖:d8 11.e4 ♘a6.

6… d5 7.♘c3 c6 8.0-0 0-0 9.♗f4

In diesem System bringt Weiß den Läufer oft nach f4. Auf 9.♗g5 (Idee 10.cd ed 11.♗:f6 ♗:f6 12.b4 und b4-b5) braucht sich Schwarz nicht mit 9… ♘bd7 zu beeilen, sondern kann 9… ♕e8 spielen, um auf 10.cd mit 10… cd! und 11… ♘c6 zu antworten, mit annehmbarer Stellung.

9… ♕e8

Der schwarze Plan sieht einen Königsangriff vor. Dazu wird die Dame nach h5 überführt, wo sie den Vorstoß g7-g5 unterstützt.

10.♕c2 ♕h5

Natürlich wäre 10… dc 11.♘e5 b5? 12.♘:b5 vorteilhaft für Schwarz.

11.♖ae1

Der Turm gehört nicht auf dieses

Feld. Besser war 11.♖ad1 ♘bd7 12.b3 ♘e4 13.♘e5 (13.♘:e4 fe 14.♘e5 ♗f6 mit beiderseitigen Chancen) 13… ♘d6 (auch 13… ♗f6 14.♘:d7 ♗:d7 15.♘:e4 fe 16.f3 ♗:d4+ 17.♖:d4 e5 18.♗:e5 ♕:e5 19.♕d2 ♗e6 mit Ausgleich ist spielbar, ebenso wie 13… ♘g5 14.f3 oder 13… g5 14.♘:d7 ♗:d7 15.♗:e5 ♘:c3 16.♕:c3 f4 mit scharfem Spiel) 13… ♘d6 14.♗f3 ♕e8 15.c5 ♘f7 16.♘:f7 ♕:f7 17.b4 ♗f6 nebst e6-e5. Die Chancen sind verteilt.

11… ♘bd7

Die Absicht ist 12… ♘e4 nebst g7-g5 oder ♗f6 oder sogar 12… ♔h8 und danach ♖g8 und g7-g5.

12.♘d2?!

Weiß zieht fälschlicherweise den Springer von der Kontrolle über den Punkt e5 ab. Die Absicht f2-f3 und e2-e4 läßt sich nicht verwirklichen.

12… g5! 13.♗c7 ♘e8! 14.♗e5 ♘:e5 15.de f4! Verhindert 16.f4 und schafft Raum für den Angriff. Jetzt wäre 16.e4 gefährlich für Weiß – wegen 16… f3.

16.gf gf 17.♘f3 ♔h8 18.♔h1

18.e3?! ♖g8 19.♔h1 ♖:g2.

18… ♘g7 19.♕c1

Wiederum ist 19.e4 wegen 19… fe 20.fe ♘f5 21.♕f2 ♖g8 22.♘e2 ♕h6 unbefriedigend.

19… ♗d7 20.a3 ♖f7 21.b4 ♖g8 22.♖g1 ♘f5 23.♘d1 ♖fg7!

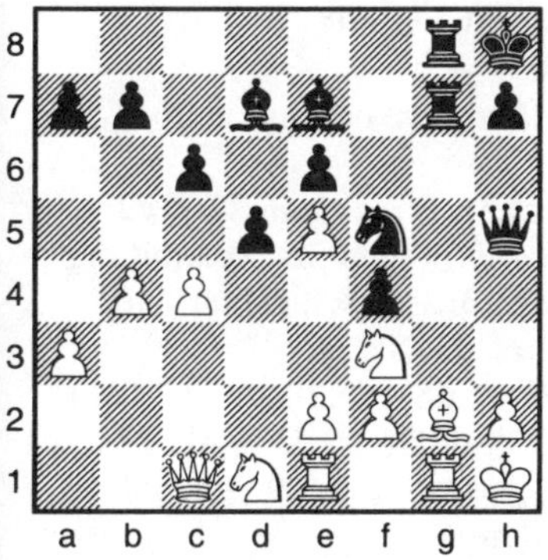

114

Weiß ist praktisch im Zugzwang. In seiner Verzweiflung schlägt er den Bauern f4.

24.♕:f4 ♖g4 25.♕d2 ♘h4 26.♘e3 ♘:f3 27.ef

Auf 27.♗:f3 folgt 27… ♕:h2+ 28.♔:h2 ♖h4 matt.

27… ♖h4 28.♘f1 ♗g5

Gegen die Drohung 29… ♗f4 ist kein Kraut gewachsen. Weiß gab auf.

■ Im Stonewall sollte Weiß zwecks Beherrschung des Schlüsselfeldes e5 die schwarzfeldrigen Läufer abtauschen.

Dieser Plan wurde in der folgenden Partie verwirklicht.

Partie Nr. 37
Holländische Verteidigung
Szabo – Botwinnik
Budapest 1952

1.d4 e6 2.c4 f5 3.g3 ♘f6 4.♗g2 ♗e7 5.♘f3 d5 6.0-0 0-0 7.b3 c6 8.♗a3

Darin besteht die Pointe des weißen Spiels.

8… ♘bd7 9.♕c1 ♘e4

Um auf 10.♗:e7 ♕:e7 11.♕a3 über die Entgegnung 11… ♕f6 zu verfügen.

10.♘bd2 ♗:a3 11.♕:a3 b6!?

Im Unterschied zur vorigen Partie gibt Schwarz hier dem Fianchetto des Läufers den Vorzug. Der typische Aufmarsch g7-g5 oder ♕d8-e8-h5 wäre wegen der Schwäche der schwarzen Felder in dieser Stellung unangebracht.

12.♖ac1 ♗b7 13.♖fd1 ♕f6 14.cd ed 15.♘e1

Ein interessantes Manöver, das auf die Kontrolle über das Feld e5 gerichtet ist – ein Springer geht nach d3, und der andere nach f3.

15… a5

Besser war 15… ♘:d2 16.♖:d2 f4.

16.♘df3

Besser erst 16.e3.

16… f4!

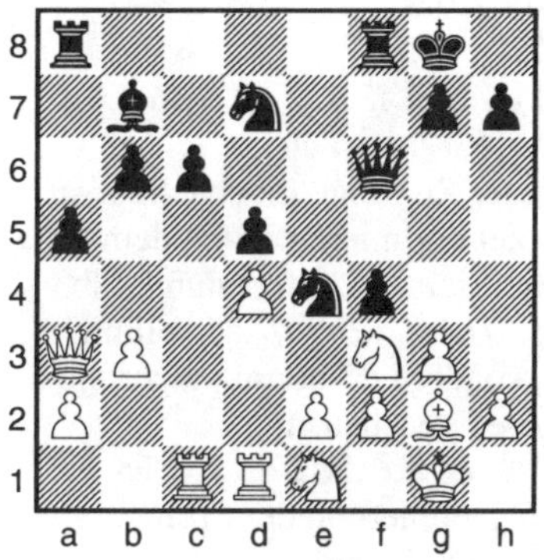

115

Schwarz hat jetzt genügend Gegenspiel.

17.♘d3 fg 18.hg ♖ae8 19.♖c2 ♕h6 20.♕c1 ♕d6 21.♗h3 ♖f6 22.♔g2 c5 23.♗:d7

Eine strittige Entscheidung. Weiß nimmt jetzt zwar das Feld e5 in seinen Besitz, verliert aber einen wichtigen Verteidiger des Königs.

23… ♕:d7 24.♘fe5 ♕d6 25.f4 cd 26.♖c7 ♘c5! 27.♖:c5 bc 28.♕:c5 ♕:c5 29.♘:c5 ♗a8 30.♖:d4 ♖c8 31.♘cd3

Weiß hat eine gewisse Kompensation für die Qualität, zumal der Bauer a5 schwach ist. Da uns aber vor allem der Eröffnungsverlauf dieser Partie interessierte (der für Schwarz zufriedenstellend war), blenden wir uns hier aus dieser Partie aus, die übrigens nach einem langwierigen und spannenden Kampf remis endete.

■ Dem Leser ist bestimmt schon aufgefallen, daß die Springerstellung auf f3 und d3 eine zuverlässige Kontrolle über das Feld e5 garantiert. Die Theorie empfiehlt genau diese Aufstellung für Weiß. Man siehe die nächste Partie.

Partie Nr. 38
Holländische Verteidigung
Petrosjan – Bondarewski
Moskau 1950

1.♘f3 e6 2.g3 f5 3.♗g2 ♘f6 4.0-0 ♗e7 5.d4 0-0 6.c4 c6
Mit dieser Zugfolge möchte Schwarz sein Spiel optimieren. Nach dem Abtausch seines Läufers durch 7.b3 ♕e8 8.♗a3 ♗:a3 9.♘:a3 soll nicht d7-d5, sondern d7-d6 mit nachfolgendem e6-e5 geschehen.
7.♕c2 ♕e8 8.♘bd2 d5 9.♘e5
Die Umgruppierung der Springer nach d3 und f3 beginnt.
9… ♘bd7 10.♘d3 ♘e4 11.♘f3 ♘d6?!
Eine falsche Idee. Schwarz sollte mit 11… b6 fortsetzen. Ein anderer, gangbarer Weg, der allerdings riskanter ist als der von Bondarewski gewählte, besteht in einem Königsangriff mit g7-g5 und ♕e8-h5.
12.b3 b5? 13.c5 ♘f7.

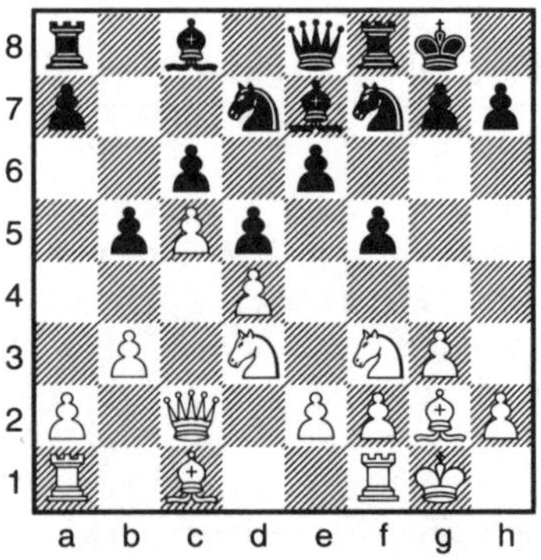

116

Die überstürzten schwarzen Aktionen am Damenflügel nutzt Weiß dazu, die gegnerische Bauernstruktur an diesem Brettabschnitt zu kompromittieren.
14.a4! ba
Erzwungen. Nach 14… a6 15.ab cb hätte Weiß einen starken Freibauern. Der prinzipielle Fehler von Schwarz besteht darin, daß er auf dem Flügel eine Auseinandersetzung vom Zaume bricht, auf dem er schwächer ist.
15.♖:a4 ♗f6 16.♗b2 a6
Beachtung verdiente 16… e5. Im Falle von 17.de ♘f:e5 18.♖fa1 ♘:d3 19.ed ♗:b2 20.♕:b2 ♘:c5 21.♖:a7 oder 17.de ♘d:e5 18.♖fa1 hat Weiß zwar Vorteil, aber die Verteidigungsressourcen von Schwarz wären noch lange nicht erschöpft.
17.♘f:e5 ♘f:e5 18.de ♗e7 19.f4 ♖b8
Auf 19… g5 kann 20.fg ♗:g5 21.♗c1 folgen.
20.♖fa1 ♖b5 21.b4
Der Springer soll dann nach d4 gebracht werden. Schwarz hat keine ernsthaften Konterchancen.
21… h5 22.♗c3 h4 23.e3 ♘b8
Besser war 23… hg und 24… g5.
24.♘e1 ♖b7 25.gh! ♗:h4 26.♘f3 ♗d8 27.h4! ♕h5 28.♗e1 ♗d7
Da Schwarz es ohnehin nicht schafft, diesen Läufer ins Spiel zu bringen, hätte er ihn besser auf c8 stehengelassen.
29.♕f2 ♔f7?
Notwendig war 29… ♗c8. Nach dem Partiezug gerät der Nachziehende in eine Verluststellung.
30.♗f1 ♖h8 31.♗:a6 ♘:a6 32.♖:a6 ♗e7 33.♖a7 ♖hb8 34.♖:b7 ♖:b7 35.♘d4 ♕h8 36.♕g3 ♕b8 37.h5 ♖a7 38.♖c1
Aber nicht 38.♖:a7?, wegen 38… ♕:a7 39.♕g6+ ♔f8 40.♘:e6+ ♗:e6 41.♕:e6 ♕a1, und Weiß muß Dauerschach geben.
38… ♕g8 39.♕g6+ ♔f8 40.b5 ♕f7 41.bc ♗c8
Schwarz gab auf.

■ Aber auch gegen die Aufstellung der Springer auf d3 und f3 ist ein Gegenmittel gefunden worden, wie die folgende Partie demonstriert.

Partie Nr. 39
Holländische Verteidigung
Jussupow – Salow
Paris 1991

1.d4 f5 2.♘f3 ♘f6 3.g3 e6 4.♗g2 d5 5.0-0 ♗d6
Für die Durchführung des Gegenplanes zu der Springeraufstellung auf d3 und f3 hat die Entwicklung des Läufers nach d6 (und nicht nach e7) keine selbständige Bedeutung. Der Zug 5… ♗d6 (nebst ♕e7) verhindert den Abtausch dieses Läufers auf der Diagonale a3-f8. Doch wie die Partie Szabo – Botwinnik zeigte, lohnt sich der Aufwand kaum, da der Läuferabtausch einerseits nicht allzu gefährlich für Schwarz ist, und man ihm zweitens nach ♗c1-f4 sowieso schwerlich ausweichen kann.
6.c4 c6 7.b3 ♕e7 8.♘c3 0-0 9.♘a4
Der Springer strebt über b2 nach d3.
9… b6!?
Damit beginnt der Plan von Schwarz, der ausreichendes Gegenspiel verspricht.
10.♘b2 ♗a6 11.♕c2 ♘bd7 12.♘d3 ♖ac8 13.♗f4 ♘e4 14.♗:d6 ♕:d6 15.♖fd1 c5
Aufmerksamkeit verdiente auch 15… dc 16.bc c5.
16.dc bc 17.e3 ♗b7 18.♕b2 ♕b6 19.♖ac1 ♖fd8
In dieser komplizierten Position sind die Chancen verteilt.
20.♘f4
Eine Alternative bestand in 20.♘fe5 ♘df6.
20… dc! 21.♖:c4 ♗a6 22.♖c2
22.♖cc1 ist wegen 22… c4 mit der Drohung 23… c3 schlechter.
22… ♘e5 23.♖cc1?
Nach 23.♖:d8+ ♖:d8 24.h3 ♖d1+ 25.♔h2 ♘d3 26.♘:d3 ♗:d3 27.♖c1 ♖:c1 28.♕:c1 ♕d6 29.♕b2 c4 ist die Stellung ausgeglichen. Nach dem

Textzug hingegen, behauptet Schwarz Vorteil.

23… ♘g4 24.♖:d8+ ♖:d8 25.♗f1 ♗:f1

Möglich ist auch 25… ♘g:f2 26.♗:a6 ♕:a6 27.♕e5 ♖d6.

26.♖:f1 c4! 27.♕c2 c3 28.♘d4

Auf 28.h3 folgt 28… ♘g:f2

28… e5 29.♘:f5 ♘g:f2 30.♘d5 ♕e6 31.♘fe+ ♔h8 32.♖:f2 S:f2 33.♕:f2

Oder 33.♔:f2 ♖f8+ 34.♔g2 ♕f7, und Schwarz gewinnt.

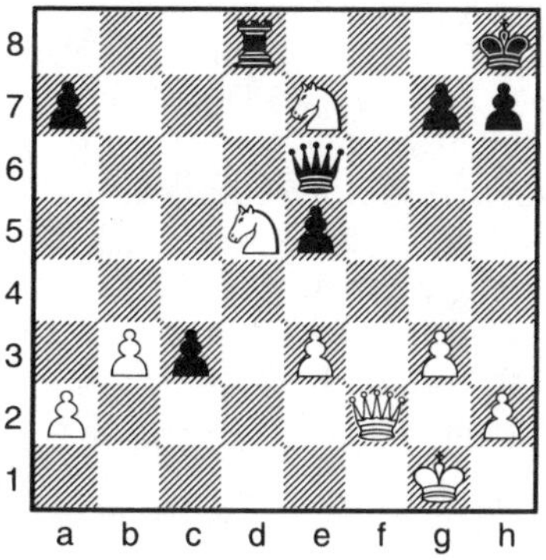

117

33… ♕:e7!! 34.♘:c3

Nach 34.♘:e7 ♖d1+ 35.♔g2 ♖d2 geht der c-Bauer zur Dame.

34… ♕b4 35.♕b2 ♖d3 36.♘e2 ♕e1+ 37.♔g2 ♖d2 38.♕:e5 ♕.e2+ 39.♔h3 ♕:h2+ 40.♔g4 ♕e2+ 41.♔h3 ♕f1+ 42.♔g4 ♖d8

Weiß gab auf.

■ **Analysepartien:**

Flohr – Botwinnik (Leningrad 1933). 1.d4 e6 2.c4 f5 3.g3 ♘f6 4.♗g2 ♗e7 5.♘c3 d5 6.♘f3 c6 7.0-0 0-0 8.b3 ♕e8 9.♗b2 ♘bd7 10.♕d3?! ♕h5 11.cd ed 12.♘d2?! ♘e4 13.f3 ♘:c3 14.♗:c3 f4! 15.♖fe1 ♗d6 16.♘f1 ♖f7 17.e3 fg 18.♘:g3 ♕h4 19.♘f1 ♘f6 20.♖e2 ♗d7 21.♗e1 ♕g5 22.♗g3 ♗:g3 23.♘:g3 h5! 24.f4 ♕g4 25.♖f2 h4 26.♗f3 hg 27.♗:g4 gf+ 28.♔g2 ♘:g4 29.h3 ♘f6 30.♔:f2 ♘e4+. Weiß gab auf.

Awerbach – Lissizyn (Kiew 1954). 1.d4 e6 2.g3 f5 3.♗g2 ♘f6 4.♘f3 ♗e7 5. 0-0 0-0 6.c4 c6 7.♘bd2 d5 8.♘e5 ♘bd7 9.♘d3 ♘e4 10.♕c2 ♘b6!? 11.c5 ♘:d2 12.♗:d2 ♘d7 13.b4 ♗f6 14.♗c3 ♕e8 15.f4 b6 16.a4 bc?! 17.bc ♗a6 18.♖fb1! ♖b8 19.e3 ♖:b1+ 20.♖:b1 ♕a8 21.♗a5 ♗d8 22.♗:d8 ♖:d8 23.♘b4 ♗c4? 24.♘:c6 ♕:c6 25.♕:c4 ♖b8 26.♖:b8 ♘:b8 27.♕b5 ♕c8 28.♗f1 ♔f7 29.a5 ♘c6 30.a6 ♘d8 31.♗e2 ♔e7 32.♔f2 ♕c7 33.h3 g6 34.♗d1 ♕c6 35.♕a5?! ♕c8 36.♕b5 ♕c6 37.♕a5 ♕c8 38.♗a4 ♕b8 39.♗b5 ♘f7 40.♔e2 h6 41.♔d3 ♕d8 42.♕b4 ♕b8 43.♔c3 ♔d8 44.♔b3 ♔e7 45.♔a3 ♔d8 46.♔a2 ♔e7 47.♕a4 ♕c8 48.♗c6 ♕b8 49.♗b7 ♕c7 50.♕b5 ♘d8 51.♔b3 ♕b8 52.♔a4 ♕c7 53.c6? ♘f7 54.♕c5+ ♘d6 55.♕:a7? ♘e4 36.♔b4 h5 57.h4 ♕d6+ 58.♔a4 ♕c7 59.♔b4 ♕d6+.
Remis.

Das haben wir in der 20. Lektion behandelt:

☐ Eröffnungsrepertoire gegen 1.c4, 1.d4, 1.♘f3
Beispiel:
☐ **die Holländische Verteidigung**
☐ der Stonewall
☐ Analysepartien

Das Spiel gegen das Damengambit

Die Zusammenstellung eines Eröffnungsrepertoires fordert aus der Sicht des Weißspielers eine Orientierung auf mehr Systeme als aus Sicht von Schwarz. Wenn man beispielsweise 1.e4 spielt, so muß man mit 1…e5, 1… c5, 1… c6, 1… e6, 1…♘f6, 1… g6 und mit einigen anderen Zügen rechnen. Ein ähnliches Bild ergibt sich auch bei 1.d4, 1.c4 oder 1.♘f3. Wir wollen uns hier auf den Zug **1.d4** konzentrieren. Die Begründung dafür ist die, daß der Leser auf den ersten Schritten seines schachlichen Weges mit 1.e4 schon etwas Erfahrung gesammelt hat und seine Eröffnungskenntnisse nun erweitern möchte. Außerdem haben wir uns in vorangegangenen Lektionen vorzugsweise mit typischen Positionen beschäftigt, die nach dem Anfangszug 1.d4 enstanden sind. Daran wollen wir jetzt anknüpfen.

■ Die Eröffnungssysteme gegen 1.d4 kann man in zwei Gruppen einteilen:
zur ersten Gruppe gehören die mit 1… d5,
zur zweiten die, in denen ein Figurendruck auf das Zentrum ausgeübt wird. Der Vorstoß d7-d5 erfolgt hier überhaupt nicht oder später.
Nach **1.d4 d5** sind folgende Systeme am gebräuchlichsten: das Angenommene Damengambit und Varianten des Abgelehnten Damengambits wie die Verteidigung mit b7-b6, die Tarrasch-Verteidigung und die Slawische Verteidigung.
Betrachten wir nun mögliche Spielverläufe in den genannten Systemen.

Partie Nr. 40
Angenommenes Damengambit
Taimanow – Polugajewski
Leningrad 1960

1.d4 d5 2.c4 dc
Durch diesen Zug wird das Angenommene Damengambit charakterisiert.
3.♘f3 ♘f6
Auf Halten des Bauern zu spielen, wäre inkorrekt. Z. B.: 3… b5 4.a4 c6 5.e3 ♕b6 (5…♗b7 6.b3 cb 7.ab) 6.ab cb 7.♘e5 ♗b7 8.b3 cb 9.♕:b3 mit großem weißen Vorteil.
4.♕a4+
Oft wird 4.e3 gespielt, wonach Schwarz gewöhnlich mit 4… e6 5.♗:c4 c5 fortsetzt. Im weiteren Verlauf entstehen dann in der Regel Positionen mit einem isolierten Bauern im Zentrum, die wir in unseren Mittelspiellektionen bereits ausführlich betrachtet haben. Auf diesem Material aufbauend, kann der Leser natürlich den Zug 4.e3 in sein Repertoire aufnehmen.
4… ♘bd7
Auch andere Antworten sind gebräuchlich: a) 4… c6 5.♕:c4 ♗f5 (5… ♗g4 6.♘bd2 ♘bd7 7.g3 e6 8.♗g2 ♗d6 9.0-0 0-0 10.h3 ♗:f3 11.♘:f3 e5) 6.♘c3 ♘bd7 7.g3 e6 8.♗g2 ♗e7 9.0-0 0-0 10.♗f4 mit beiderseitigen Chancen; b) 4… ♘c6 5.♘c3 ♘d5 6.e4 (6.♕:c4? ♘db4 7.♕b3 ♗e6 8.♕d1 ♘:d4!) 6… ♘b6 7.♕d1 ♗g4 8.d5 ♘e5 9.♗f4 ♘g6 10.♗g3!?, und Weiß hat für den Bauern ausreichend Kompensation. Auf 10… e6 folgt 11.de ♕:d1+ 12.♖:d1 ♗:e6 13.♗:c7; c) 4… ♕d7 5.♕:c4 ♕c6 6.♘a3 ♕:c4 7.♘:c4 e6 8.a3 – Weiß hat Vorteil; d) 4… ♗d7 5.♕:c4 e6 6.♘c3 mit freierem Spiel für Weiß.
5.♘c3 e6
Es zeigt sich, daß Schwarz den Gegner nicht am programmatischen e2-e4 hindern kann. Auf 5… c6 folgt 6.♕:c4 ♘b6 7.♕d3 und dann 8.e4. Nicht besser ist auch 5… a6, wegen 6.e4! b5 7.♘:b5 ♘:e4 8.♗:c4.
6.e4 c5
Der Versuch eines Gegenangriffs. Auf 6… ♗e7 (6… a6 7.♗f4 ♖b8 8.♕:c4) folgt 7.♗:c4 0-0 8.♕c2 c5 9.e5 ♘d5 (9… ♘e8 10.dc) 10.♗:d5 ed 11.♘:d5 cd 12.♕e4! ♖e8 13.0-0 ♗d6?! 14.♘g5 ♘f8 15.♘:f7 mit starkem Angriff.
7.d5! ed 8.e5
Weiß strebt Raumvorteil im Zentrum an.
8… d4
Schwarz hätte zwecks Einbeziehung des Turmes ins Spiel einen Bauern opfern können. Jedoch hat Weiß auch dabei Vorteil: 8… b5 9.♕:b5 ♖b8 10.♕a4 d4 11.ef dc 12.♗:c4 ♖b4

(12… cb 13.♗:f7+ ♔:f7 14.♘g5+ ♔e8 15.f7+ ♔e7 16.♕e4+ ♘e5 17.♕:e5+ ♔d7 18.♗:b2 mit der tödlichen Drohung 19.0-0-0) 13.♕d1! gf (13… ♕:f6 14.♗g5 ♕d6 15.♕e2+ ♗e7 16.♖d1 cb 17.0-0 oder 13… ♘:f6 14.♗:f7+ ♔e7 15.♕:d8+ ♔:d8 16.bc) 14.b3! Se5 (14… ♕e7+ 15.♗e3) 15.♕:d8+ ♔:d8 16.♘:e5 fe 17.♗g5+ oder 17.♗:f7.

9.ef dc 10.♗:c4 ♕:f6 11.♗g5 ♕c6

Oder 11… ♕f5 12.0-0 mit unparierbarem Angriff: 12… ♗d6 13.♖fe1 ♔f8 14.bc ♘f6 15.♖ad1 ♗d7 16.♕b3 ♗c6 17.♖:d6 ♗:f3 18.♖:f6.

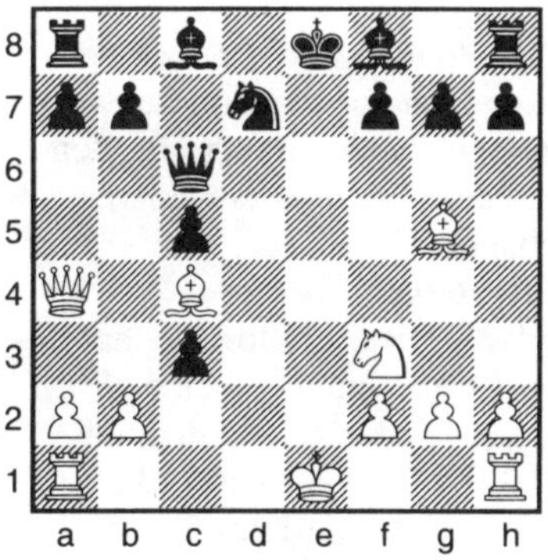

118

12.0-0-0!

Dieses effektvolle Damenopfer wurde bereits 1934 vom Wiener Meister Müller gefunden.

12… cb+

Nach 12… ♕:a4 13.♖he1 ♗e7 14.♖:e7+ ♔f8 15.♖:f7+ ♔g8 16.♖f:d7+ ♕:c4 17.♖d8+ ♔f7 18.♘e5+ ist es an der Zeit für Schwarz aufzugeben. Es rettete auch nicht 12… ♗e7 13.♕:c6 (aber nicht 13.♖he1 0-0! 14.♕:c6 ♗:g5+ 15.♘:g5 bc 16.♘:f7 ♘b6, und Schwarz wehrt die Attacke ab) 13… bc 14.♗:e7 cb+ 15.♔:b2 ♔:e7 16.♖he1+ ♔d8 17.♘g5 ♔c7 18.♘:f7 ♖f8 19.♖e7.

13.♔:b2 ♗e7

Auf 13… f6 folgt 14.♖he1+ ♗e7 15.♗b5.

14.♖he1 f6 15.♗b5 ♕b6

Oder 15… ♕c7 16.♗f4.

16.♔c1 fg 17.♗:d7+ ♔f8 18.♖:e7! ♔:e7 19.♕e4+ ♔d8

Auf 19… ♔f7 gewinnt 20.♘:g5+, und auf 19… ♔f6 - 20.♕e5+.

20.♗f5+ ♔c7 21.♕e5+ ♔c6 22.♖d6+ ♔b5 23.♕b2+

Schwarz gab auf.

Partie Nr. 41

Damengambit

Tolusch – Niemela

Riga 1959

1.d4 d5 2.c4 e6 3.♘c3 ♘f6 4.♗g5 ♘bd7 5.e3 ♗e7 6.♘f3 0-0.

■ Die orthodoxe Verteidigung des Damengambites steht in dem Ruf einer festen, zuverlässigen, aber etwas passiven Eröffnung. Oft spielt man an dieser Stelle 7.♖c1, wonach Schwarz eine Entlastungsoperation starten kann: 7… c6 8.♗d3 dc 9.♗:c4 ♘d5 10.♗:e7 ♕:e7 11.0-0 ♘:c3 12.♖:c3 e5, und Weiß hat geringen Vorteil. Weiß wählt in dieser Partie aber einen viel schärferen Weg.

7.♕c2 c5

Auf 7… c6 ist die lange Rocade mit anschließendem Angriff auf dem Königsflügel am aussichtsreichsten.

8.0-0-0

Trotz des energischen 7… c5 entschließt Weiß sich zur langen Rochade. Dieser Plan ist begründet: die weißen Figuren sind besser entwickelt bzw. zentralisiert. Ein anderer Weg ist 8.cd ♘:d5 9.♗:e7 ♕:e7 10.♘:d5 ed 11.♗d3 g6 12.dc ♘:c5 13.0-0 ♗g4 14.♘d4 ♖ac8 15.♕d2 mit der Hoffnung, die Schwäche des schwarzen Isolanis auszunutzen.

8… h6?!

Ein zweifelhafter Zug, der den Bauernschutz des schwarzen Königs lockert. Logischer sieht 8… ♕a5 aus. Nach 9.♔b1 kann es so weitergehen: 9… dc 10.♗:c4 cd (oder 10…h6 11.♗:f6 ♘:f6 12.♘e5 cd 13.ed ♗d7 14.d5 mit weißem Übergewicht, oder 10… ♘b6 11.♗d3 h6 12.♗:f6 ♗:f6 13.♘e4 oder 10… a6 11.h4 b5 12.♗d3 ♗b7 13.♗:h7+ oder 10… ♖e8 11.h4 a6 12.♗d3 ♘f8 13.♗:f6 ♗:f6 14.♘g5 – in allen Varianten hat Weiß Vorteil) 11.ed ♘b6 12.♗b3 ♗d7 13.♘e5 ♖ac8 14.♕e2 ♖fd8 15.h4 gefolgt von ♖h3. Weiß greift an, aber Schwarz hat gute Verteidigungschancen.

9.h4! ♕a5

Schlecht ist 9… hg? 10.hg ♘e4 11.♘:e4 de 12.♕:e4 g6 13.♕h4, und Schwarz verliert. Möglich ist 9… b6, um die Entwicklung des Damenflügels schneller abzuschließen.

10.g4! ♖e8?

Nach diesem passiven Zug entwickelt sich der weiße Angriff geradzu blitzartig. Natürlich war auch 10…hg wegen 11.hg ♘e4 12.cd ed 13.♘:d5 nicht angängig. Auf 10… cd, kann 11.♘:d4 (11.ed? hg! 12.hg ♘e4 13.cd ed 14.♘:e4 de 15.♕:e4 ♗:g5+ und 16… g6) 11… dc 12.♗:c4 ♘b6 (auf 12… hg 13.hg ♕:g5 14.f4 ♕c5 kommt 15.♕h2) 13.♘b3! ♕b4 (13… ♕e5? 14.♗f4!) 14.♗e2 mit der Drohung 15.a3 folgen. Relativ am besten für Schwarz war 10… dc 11.♗:c4 ♘b6.

11.♗:f6 ♘:f6 12.g5 ♘e4 13.♘:e4 de 14.♕:e4 cd 15.♗d3 g6

15… ♕f5 hätte den Widerstand verlängert, allerdings ohne etwas am Resultat zu ändern.

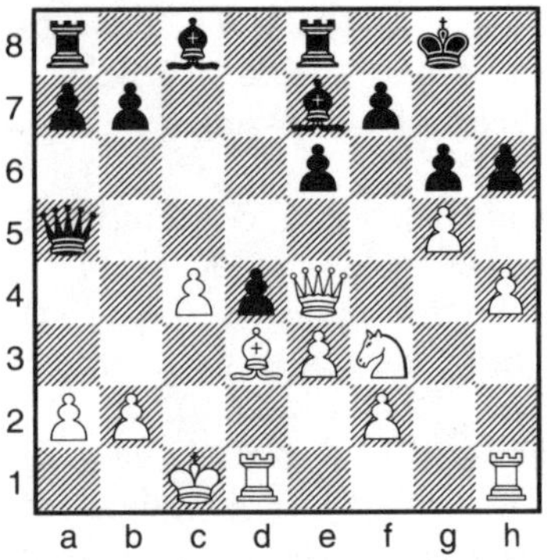

119

16.♘e5 de 17.♘:f7 ♗a3 18.♕:g6+ ♔f8 19.♕f6
Schwarz gab auf.

Partie Nr. 42
Damengambit
Malyschew – Semjonow
Leningrad 1987

1.d4 d5 2.c4 e6 3.♘c3 ♗e7 4.♘f3 ♘f6 5.♗g5 h6 6.♗h4 0-0 7.e3 b6
Dieses Eröffnungssystem wurde in den 20–30er Jahren unseres Jahrhunderts von Großmeister Tartakower ausgearbeitet und später von Bondarewski und Makagonow ergänzt. Deshalb trägt es mitunter die Namen dieser drei Autoren.
■ Im Unterschied zur Orthodoxen Verteidigung möchte Schwarz hier sofort das Entwicklungsproblem des Läufers c8 lösen.
8.♕c2 ♗b7 9.♗:f6
Weiß möchte seinerseits die Schwächung der schwarzen Königsstellung (h7-h6) ausnutzen und an diesem Flügel angreifen.
9… ♗:f6 10.cd ed 11.0-0-0 c5
Energische Gegenmaßnahmen sind unumgänglich. Auf 11… ♖e8 könnte 12.h4 g6? 13.h5 g5 14.♕f5 c6 15.♗d3 mit starkem Angriff folgen. Auch 11… ♘d7 ist unbefriedigend: 12.♔b1 ♖c8 13.h4 c5 14.g4 cd 15.ed g6 16.g5 hg 17.h5!, Pachman – Zita (Prag 1959).
12.g4
Zu unklarem Spiel führt 12.dc bc 13.♘:d5 ♗:d5 14.♗c4 ♘d7 15.♖:d5 ♕e7 16.♖hd1 ♘b6. Schwarz hat Kompensation für den Bauern.
12… ♘c6 13.h4 cd 14.ed ♗c8
Oder 14… g6 15.h5!? g5 16.♕f5 ♘b4! 17.♘e5 ♗c8 18.♕f3 ♗:e5 19.de ♕c7 mit zweischneidigem Spiel.
15.g5 hg 16.hg ♗:g5+ 17.♔b1 g6 18.♘:g5 ♕:g5
Falls 18… ♗f5, so 19.♕:f5 gf 20.♖g1 ♕d6 (20… ♔h8 21.♖d3) 21.♘e6+ ♔h7 22.♘:f8 ♖:f8 23.♖d3 mit der Drohung ♖h3.
19.f4 ♕:f4 20.♘:d5 ♕f5 21.♗d3 ♕:d5 22.♕h2
Schwächer ist 22.♗:g6, wegen 22… ♕:a2+ 23.♔:a2 ♘b4+ 24.♔b1 ♘:c2 25.♗e4 (25.♗:c2 Kg7) 25… ♗g4 26.♖dg1 ♘e3 27.♗:a8 ♖:a8 28.♖g3 ♖d8 29.♖:e3 ♖:d4 mit gleichen Chancen.

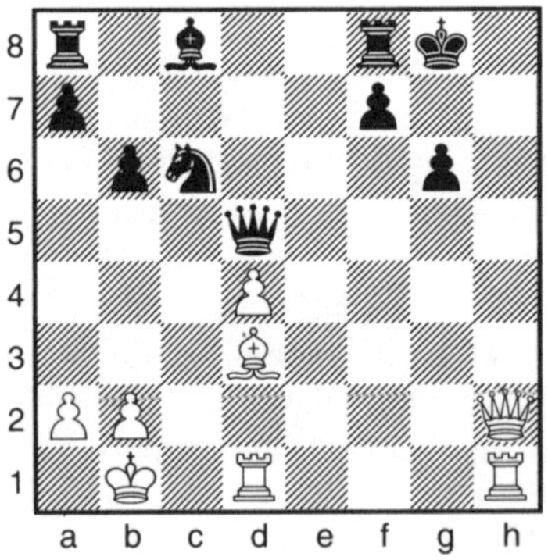

120

22… ♔g7!
22… ♕h5 ist wegen 23.♕g2 ♕g4 24.♕:c6 ♗f5 25.♕f6 schlecht.
23.♕h6+ ♔f6 24.♕:f8 ♕:a2+!
25.♔:a2
Auf 25.♔c1 folgt 25… ♕a1+ 26.♗b1 ♕:b1+ und ♗f5+ mit Gewinn für Schwarz.
25… ♗e6+ 26.♔a3
Hier einigten sich die Kontrahenten auf ein Remis. Es könnte so weitergehen: 26… ♖:f8 27.d5 ♗:d5 28.♖hf1+ ♔g7 29.♗:g6 fg 30.♖:f8 ♔:f8 31.♖:d5 ♔f7 mit Ausgleich.
Das war eine interessante Partie, in der Angriff und Verteidigung voll auf der Höhe waren!

Partie Nr. 43
Damengambit
Peterson – Koblenz
Riga 1964

1.d4 d5 2.c4 e6 3.♘c3 c5 4.cd ed
In diesem System verbleibt Schwarz mit einem isolierten Bauern im Zentrum, erhält dafür aber ein aktives Figurenspiel.
5.♘f3 ♘c6 6.g3
Dies gilt als beste Erwiderung auf die Tarrsch-Verteidigung. Nach 6.e3 ♘f6 7.♗e2 ♗e7 (oder 7… cd 8.♘:d4 ♗d6 9.0-0 0-0 10.♘f3 a6 11.b3 ♗c7 12.♗a3 ♖e8 13.♖c1 ♗e6) 8.dc ♗:c5 9.0-0 0-0 10.b3 ♗e6 11.♗b2 ♕e7 12.♘b5 ♘e4 13.♖c1 ♖ac8 14.♘d4 ♗d7 15.♘:c6 bc 16.♘d4 ♗b6! erhält Schwarz vollwertiges Spiel.
6… ♘f6 7.♗g2 ♗e7 8.0-0 0-0
Hier stehen Weiß einige gute Fortsetzungen zur Verfügung. Nach 9.♗g5 ♗e6 10.dc ♗:c5 11.♗:f6 ♕:f6 12.♘:d5 ♕:b2 13.♘c7 ♖ad8 14.♕c1 ♕:c1 15.♖a:c1 b6 16.♘:e6 fe 17.♗h3 ♖fe8 hat Schwarz wegen der Schwäche des Bauern e6 Probleme im Endspiel. Zu einem schärferen Spiel führt nach 9.♗g5 folgendes Abspiel: 9… cd 10.♘:d4 h6 11.♗e3 ♖e8 (oder 11… ♗g4) 12.♕a4 ♘a5

13.♖ad1 ♘c4 14.♗c1 ♕c8 15.♕b5 ♘b6 16.♕d3. Die weiße Stellung ist etwas aussichtsreicher. Auch 9.♗e3 ist gut spielbar. Es könnte folgen: 9… c4 (9… ♘g4?! 10.♗f4 ♗e6 11.dc ♗:c5 12.♘a4 ♗e7 13.♘d4 mit geringem weißen Vorteil) 10.♘e5 ♗e6 11.b3!?. Meiner Meinung nach, bietet Weiß der in der Partie angewandte Plan die besten Chancen.

9.dc d4

Falls 9… ♗:c5, so 10.♘a4 ♗e7 (10… ♗b6 11.♘:b6 ab 12.♗e3 ♖e8 13.♘d4 ♗e6 14.b3 ♘g4 15.♗f4 ♘ge5 16.♘b5 ♖e7 17.♕d2 f6 ist deutlich günstig für Weiß) 11.♗e3 ♘e4 12.♖c1 ♕a5 13.a3 ♗d7 14.♘c3 ♘f6 15.♘d4 ♘:d4 16.♗:d4 ♗c6 17.b4 ♕:a3 18.b5 ♗d7 19.♖a1 ♕d6 20.♗:a7 ♗e6 21.♗d4 mit weißem Vorteil.

10.♘a4 ♗f5

Schwarz möchte den Bauern durch Zentralisierung der Figuren aufwiegen.

11.♗f4!

Wenig verspricht 11.♘e1 ♕d7 12.♘d3 ♖ad8 13.♗f4 ♗h3 14.b4 ♗:g2 15.♔:g2 ♘d5.

11… ♗e4

Betrachten wir auch andere Möglichkeiten für Schwarz: a) 11… b5 12.cb ab 13.a3 b5 14.♖c1 ♖c8 15.♖:c6 ♖:c6 16.♘:d4 ♖a6 17.♘c3 ♗d7 18.♘db5, und Weiß hat ein deutliches Übergewicht; b) 11… ♕d7 12.b4! d3 13.b5 ♘b4 14.ed ♕:b5 15.♘d4 mit Vorteil für Weiß; c) 11… ♘e4 12.b4 ♗f6 13.b5 ♘e7 14.♗e5 ♗:e5 15.♘:e5 ♕d5 16.♘d3, und Weiß hat großen Vorteil.

12.♖c1

Bei 12.b4 kann Schwarz nach 12… d3 13.b5 de 14.♕e2 ♘d4 15.♘:d4 ♕:d4 16.♕d1 ♖fd8 auf Ausgleich rechnen.

12… ♕d5 13.♕b3!

Interessant ist auch 13.a3 ♘a5 14.b4 ♘b3 15.♖b1 ♗:b1 16.♕:b1 mit mehr als ausreichender Kompensation für die Qualität.

13… ♕h5 14.h3!

Um auf d4-d3 über die Antwort g3-g4 zu verfügen.

14… ♗d5

Nach 14… ♗:f3 15.♗:f3 ♕:h3 16.♕:b7 ist es schlecht um den Nachziehenden bestellt.

15.♕:b7 ♘e4

Auf 15… ♖fe8 ist 16.g4 gut.

16.g4 ♕g6

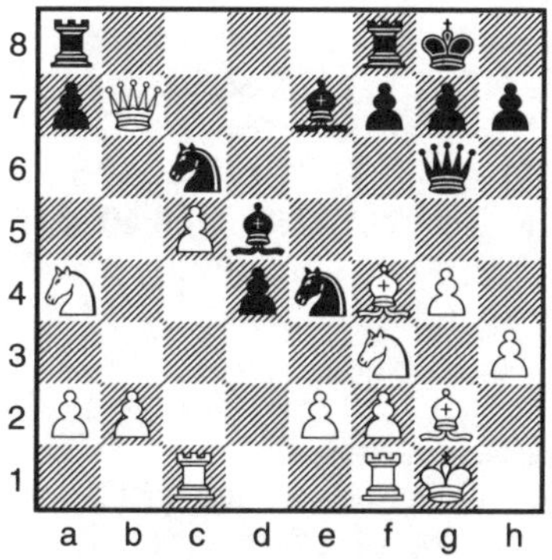

121

Schwarz konnte den Minusbauern nicht kompensieren. Weiß geht nun zu entscheidenden Handlungen über.

17.♘:d4! ♖fe8

Faktisch die Kapitulation. Aber auch 17… ♘:d4 18.♕:d5 ♘:e2+ 19.♔h2 ♘:f4 20.♕:e4 ♕f6 21.f3 rettete nicht mehr.

18.♘f5 h5 19.f3 hg

Auf 19… ♘d4 folgt 20.♘:e7+ 20.fg ♖ad8 21.♖cd1. Es droht 22.♖:d5. Im Falle von 22… ♗:c5+ 23.♘:c5 ♘:c5 24.♕b5 ♗:g2 25.♖:d8 ♖:d8 26.♔:g2 ist es schwer, einen Platz für den Springer c5 zu finden. Z. B.: 26… ♖d5 27.♕:c6; 26… ♘e4 27.♕:c6; 26… ♘e6 27.♗e3 oder 26… ♘d7 27.♖d1.

Den Schlußteil der Partie lasse ich weg, Weiß gewann bald.

Partie Nr. 44

Slawische Verteidigung

Krogius – Hektor

Genua 1989

1.d4 d5 2.c4 c6

■ Mit diesem Zug werden Systeme eingeleitet, die unter der Bezeichnung „Slawische Verteidigung“ zusammengefaßt werden.

Die Hauptidee und der Vorzug dieser Eröffnung besteht darin, daß der Läufer auf der Diagonale h3-c8 entwickelt werden kann.

Der Nachteil ist der, daß der schwarze c-Bauer wenig Einfluß auf das weiße Zentrum nimmt und eher Verteidigungsfunktionen erfüllt.

3.♘f3 ♘f6 4.♘c3 dc

Um die Entwicklung des Läufers nach f5 oder g4 zu gewährleisten, ist das Nehmen auf c4 praktisch erzwungen, da der Läufer nach dem unverzüglichen 4… ♗f5 (4… ♗g4? 5.♘e5 ♗f5 6.cd cd 7.e4 ♘:e4 8.♘:e4 de 9.♕b3 ♗e6 10.♕:b7 ♘d7 11.♘c6 ♕c8 12.♗a6) 5.cd cd 6.♕b3 unverrichteter Dinge nach c8 zurückkehren muß. Spielbar ist natürlich auch 4… e6, aber dann bleibt der Läufer hinter dem Bauernwall.

5.a4

Auch 5.e3 b5 6.a4 b4 7.♘b1 ♗a6 8.♕c2 e6 9.♗:c4 ♗:c4 10.♕:c4 ♕d5 wird gespielt, was zu ungefährem Ausgleich führt. 5.e4 b5 6.e5 ♘d5 7.a4 ♘:c3 8.bc überläßt Weiß eine aktive Figurenstellung, allerdings auf Kosten eines Bauern.

5… ♗f5 6.e3

Möglich ist auch 6.♘e5 mit nachfolgendem f2-f3 und e2-e4.

6… e6 7.♗:c4 ♗b4 8.0-0 ♘bd7 9.♕e2

Weiß möchte e3-e4 durchsetzen, um Raumvorteil im Zentrum zu erlangen.

9… ♗g6

Falls 9… ♘e4, so 10.♗d3 ♗:c3 (10… ♘:c3 11.bc ♗:c3 12.♖b1) 11.♗:e4 ♗b4 12.f5 ef 13.d5 cd 14.♕b5 ♕a5 15.♕:b7 ♖b8 16.♕c6 mit großem Vorteil.

10.e4 0-0

Das Bauernopfer anzunehmen ist gefährlich. In einer Partie von Großmeister Uhlmann (Weiß) geschah 10… ♗:c3 11.bc ♘:e4 12.♗a3 ♕c7 13.♕e3 0-0-0 14.♗e2 ♖he8 15.♘h4 mit Initiative.

11.♗d3 ♗h5

Meinem Gegner gefiel die Fortsetzung 11… ♖e8 12.e5 ♘d5 13.♘:d5 cd 14.♗:g6 hg 15.♘g5 nicht, da weiter ♕g4 oder f4, g4 und f4-f5 folgen könnte. Aber 14… fg verdiente Beachtung. Der Läufer muß letzten Endes sowieso nach g6 gehen.

12.♗f4 ♖e8 13.e5 ♘d5 14.♘:d5 ed

Sicherer war 14… cd 15.♕e3 ♗g6, obwohl Weiß nach 16.♗:g6 oder 16.♗g5 ♗e7 17.♗:g6 fg 18.♖fc1 die Initiative hat. Jetzt erhält Weiß jedoch einen Stützpunkt auf f5.

15.h3 ♘f8 16.g4 ♗g6 17.♗g3 ♗e7 18.♔g2

Bereitet den Bauernsturm am Königsflügel vor.

18… ♘e6 19.♗f5 a5

Schwarz sollte mit 19… ♖ac8 und 20… c5 das Zentrumsspiel beleben.

20.♖ad1 ♖a6

Diese Aktion ist zu langsam.

21.h4 h5 22.♗:g6 fg 23.gh gh 24.♘h2 ♖b6 25.♕:h5 ♖f8

Auf 26.♖d2 soll 26… ♘f4+ den Bauernsturm bremsen, aber …

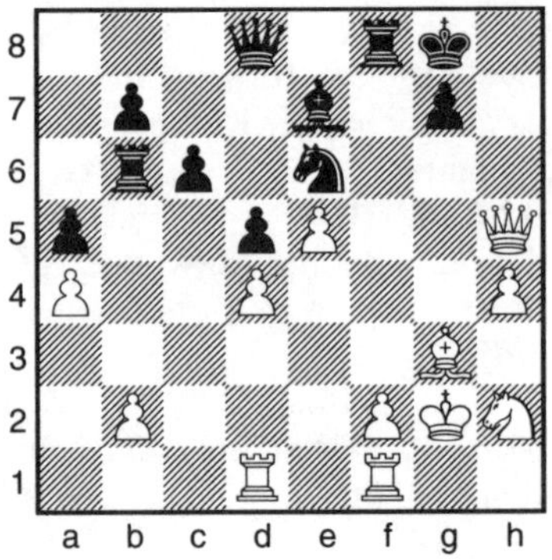

122

26.f4! ♖:b2+ 27.♔h3 c5

Zu spät.

28.f5 ♘:d4 29.f6 ♖f7 30.♘g4 ♕d7 31.fe ♖:e7 32.♕g6 ♖e2 33.♖:d4 cd 34.♖f5 ♕e6 35.♘f6+ ♔f8 36.♘:d5+ ♔g8 37.♘:e7+ ♕:e7 38.♕d6 ♕e8 39.♕d5+ ♔h8 40.♕f7 ♕:f7 41.♖:f7 d3 42.♖:b7.

Schwarz gab auf.

■ **Analysepartien:**

Kasparow – Marovic (Banja Luka 1979). 1.c4 e6 2.♘f3 d5 3.d4 ♘f6 4.♘c3 ♗e7 5.♗g5 0-0 6.e3 ♘bd7 7.♕c2 c5 8.0-0-0 ♕a5 9.♔b1 h6 10.h4 dc 11.♗:c4 ♘b6 12.♗:f6 gf (12… ♗f6 13.♘e4 cd 14.♘:f6 gf 15.♖:d4 ♘:c4 16.♖:c4 e5 17.♘g5!) **13.♗e2 cd 14.ed ♗d7 15.♖h3 ♘a4 16.♖g3+ ♔h8 17.♕d2 ♘:c3+ 18.bc ♔h7 19.♗d3+ f5 20.♘e5 ♗b5 21.♖f3 f6 22.♘c4 ♕c7 23.♕e2 ♗:c4 24.♗:c4 e5 25.♖:f5 ♗a3 26.♕e4 ♔h8 27.♖h5 ♕h7 28.♕:h7+** (28.♗d3!) **28… ♔:h7 29.de ♔g6 30.g4 fe 31.♖d7?** (31.♖:e5!) **31.♖ae8! 32.♖:b7 ♖:f2 33.♖:a7 ♗f8? 34.♖a6+ ♔h7 35.♖f5**

Schwarz gab auf.

Taimanow – Petrosjan (Leningrad 1959). 1.d4 d5 2.c4 e6 3.♘c3 ♗e7 4.♘f3 ♘f6 5.♗g5 0-0 6.e3 b6 7.cd ed 8.♗d3 ♗b7 9.♕c2 h6 10.♗:f6 ♗:f6 11.h4 c5 12.0-0 ♘c6 13.g4 cd 14.ed ♕d6 15.♔b1 ♘b4? (15… ♕f4!? 16.♘:d5 ♘:d4 17.♘:d4 ♗:d5 18.♘e2 ♕e5 19.f4 ♕e6 20.♗h7+ ♔h8 21.♖:d5) **16.♕d2 ♘:d3 17.♕:d3 g6 18.g5 ♗c8 19.♔a1 ♗f5 20.♕d2 ♗g4 21.♘b5! ♕e6 22.♖de1 ♕f5 23.♘e5 ♗:e5 24.de h5 25.♘d6 ♕e6 26.♖e3 ♖ad8 27.♖c1 ♖d7 28.♕d4 ♗h3 29.♖f3 ♖e7 30.a3 ♖d8 31.♖f6 ♕g4 32.♕:d5 ♕:h4 33.♖:g6+ ♔f8 34.♕f3 ♕d4 35.♕:h5**

Schwarz gab auf.

Das haben wir in der 21. Lektion bedandelt:

- ☐ Eröffnungsrepertoire gegen das Damengambit
- ☐ Angenommenes Damengambit
- ☐ Abgelehntes Damengambit Tarrasch-Verteidigung Tartakower-Verteidigung
- ☐ die Slawische Verteidigung

Das Spiel gegen einen Figurenangriff im Zentrum

Befassen wir uns jetzt aus Sicht von Weiß mit Eröffnungen, in denen der Nachziehende auf 1.d4 nicht 1… d5 antwortet, sondern das weiße Zentrum mit Figuren unter Druck setzt. Natürlich geht Schwarz auch mit Bauern gegen das Zentrum vor, aber sie erfüllen hier Sprengungsfunktionen gegen Bauernketten bzw. Phalangen des Kontrahenten und keine Blockadefunktionen wie bei 1.d4 d5.

Partie Nr. 45
Königsindische Verteidigung
Keres – Gereben
Amsterdam 1954

1.d4 ♘f6 2.c4 g6 3.♘c3 ♗g7 4.e4 d6.

■ In der Königsindischen Verteidigung kommt dem Läufer g7 eine wichtige Rolle zu, da er den Schlüsselpunkt des weißen Zentrums – das Feld d4 – aufs Korn nimmt. Mittels Vorstößen des c- bzw. e-Bauern möchte Schwarz entweder die Diagonale a1-h8 öffnen oder aber den Vormarsch des weißen d-Bauern provozieren, was die Durchführung aktiver schwarzer Flankenoperationen erleichtert.

5.f4

Mit dem scharfen Vierbauernangriff will Weiß seinen Raumvorteil ausbauen und die Blockade des Zentrums vermeiden, wie es für andere Varianten charakteristisch ist, z.B. 5.♘f3 0-0 6.♗e2 e5 7.0-0 ♘c6; 5.f3 0-0 6.♗e3 e5 7.d5 u.a.

5… c5

Schwarz muß auf die aggressive Aufstellung der weißen Bauern reagieren. Denn wenn er den Gang der Ereignisse passiv abwartet, bekommt er bald unüberwindliche Schwierigkeiten. Z.B., 5… 0-0 6.♘f3 ♘bd7? 7.e5 ♘e8 8.♗e3 (oder 8.h4) b6 9.♕c2 c5 10.0-0-0 ♗b7 11.h4 ♕c8 12.h5 cd 13.hg fg 14.♘:d4.

6.dc

Es wird auch 6.d5 gespielt, aber nach 6… 0-0 7.♘f3 e6 8.♗e2 ed 9.ed (oder 9.cd ♖e8) ♘h5 10.0-0 ♗:c3 11.bc ♘g7 oder 11… f5 hat Schwarz ein aussichtsreiches Spiel.

6… ♕a5 7.♗d3

Es drohte 7… ♘:e4.

7… ♕:c5 8.♘f3 ♘c6 9.♕e2 0-0 10.♗e3 ♕a5.

Auf 10… ♕h5, mit der Idee, nach 11.0-0? mit 11… ♘g4 12.♗d2?? ♘d4 fortzusetzen, kommt einfach 11.h3! Nach 11… ♘g4 12.♗d2 ♘d4 13.♕f1! ist der Überfall abgewehrt, und die schwarzen Figuren müssen sich zurückziehen.

11.0-0

Beide Seiten haben die Kräftemobilisierung abgeschlossen. Weiß möchte die Dame nach h4 überführen oder den Vorstoß e4-e5 bzw. f4-f5 vorbereiten, um einen Königsangriff aufzubauen. Gegebenenfalls kann er im richtigen Moment den Springerzug nach d5 einschalten. Die schwarzen Pläne stützen sich auf den Läufer g7. Beachtung verdient 11… ♗g4 gefolgt von ♘d7 und Druckspiel auf der Diagonale a1-h8. Stattdessen läßt sich Schwarz aber von rein taktischen Motiven verleiten und verschlechtert damit seine Stellung.

11… ♘g4?! 12.♗d2 ♘b4?!

Besser war 12… ♕b6+ 13.♔h1 ♕:b2, wenngleich Weiß nach 14.♖b1 ♕a3 15.♖b3 oder 15.♘d5 über gute Angriffsaussichten verfügt.

13.♘d5! ♕c5+ 14.♔h1 ♘:d5

Erzwungen, da 14… ♘c6 15.b4 und auch 14… ♘:d3 15.♕:d3 ♘f2+ (15… ♖e8 16.b4 ♕c6 17.♖ae1 mit bedrohlicher Initiative) 16.♖:f2 ♕:f2 17.♖f1 ♕c5 18.b4 mit Damenverlust, schlecht für Schwarz ist,

15.cd ♗d7

15… ♗:b2 scheitert an 16. ♖ab1 ♗g7 17.h3 ♘f6 18.♖fc1 ♕a3 19.♗b4 ♕a4 20.♗b5 ♘:e4 21.♔h2.

16.♖ac1 ♕b6

(Diagramm auf Seite 122)

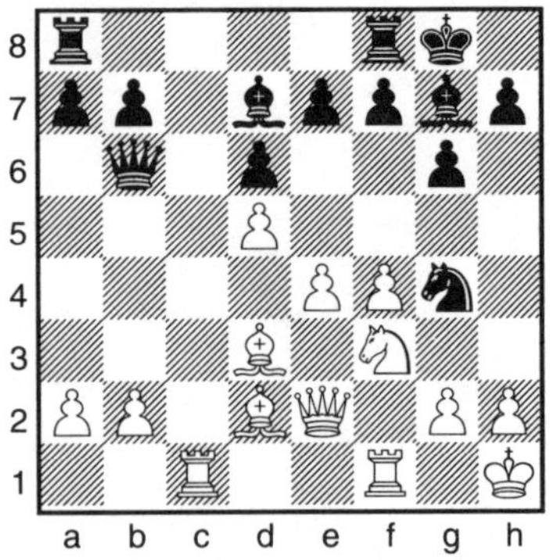

123

17.e5!

Die schwarzen Kräfte sind zersplittert, und Weiß hat allen Grund, auf Angriff zu setzen. Es droht 18.e6. Wenn Schwarz selbst e6 zieht, so folgt 18.♘g5 ed?! 19.e6.

17… ♖ac8

17… ♕:b2 ist wegen 18.♖b1 ♕:a2 19.♖:b7 ♖ad8 20.♗c4 unbefriedigend. Besser ist es, mit 17… ♘h6 18.♗c3 ♖ae8 total auf Defensive umzuschalten.

18.e6 fe 19.de ♖:c1 20.♗:c1 ♗c6 21.♘h4!

Jetzt ist der Zug f4-f5 nicht mehr abzuwenden.

21… ♘h6

Oder 21… ♘f6 22.f5.

22.f5 ♕d4

Wenn 22… ♘:f5, so 23.♗:f5 gf 24.♘:f5. Auf 24… ♕b5 entscheidet 25.♕:b5 ♗:b5 26. ♘:e7+ ♔h8 27.♖:f8+ ♗:f8 28.♘f5 ♔g8 29.e7 ♗g7 30.♘:d6.

23.♖f4 ♕c5

Oder 23… ♕e5 24.fg!

24.♗e3

Es droht 25.fg. Deshalb will Schwarz das Spiel durch ein Damenopfer komplizieren. Aber dieser Versuch wird leicht widerlegt.

24… g5 25. ♗:c5 dc 26.f6! gf 27.fg ♖f6 28.♕h5 ♔:g7 29.♕g5+ ♔f8 30.♘g6+ hg 31.♕:h6+ ♔g8 32.♗:g6

Schwarz gab auf.

Partie Nr. 46

Grünfeldindische Verteidigung

Karpow-Kasparow

Lyon 1990, 17. WM-Partie

1.d4 ♘f6 2.c4 g6 3.♘c3 d5

■ In dieser Eröffnung, ähnlich wie in der Königsindischen Verteidigung, spielt der Läufer g7 eine wichtige Rolle in den Plänen von Schwarz. Aber es gibt auch Unterschiede. Dem schwarzen d-Bauern ist hier der Abtausch gegen den weißen c-Bauern beschieden, was zu einer offeneren Zentrumsstellung führt, in der Schwarz sein lebhaftes Figurenspiel sofort gegen den Bauern d4 wendet. Wenn Weiß die Attacken auf diesen Bauern abblocken kann, erzielt er in der Regel Vorteil.

4.cd

Der Leser sollte sich vor allem dieser Variante widmen, da hier die Grundideen der Grünfeldindischen Verteidigung am klarsten zum Ausdruck kommen.

4… ♘:d5 5.e4 ♘:c3

Dieser Abtausch wirkt eigentlich unlogisch, da er das weiße Zentrum verstärkt. Aber nach 5… ♘b6 6.♘f3 ♗g7 7.h3 (unterbindet 7… ♗g4) hat es Schwarz noch schwerer, das weiße Zentrum zu attackieren.

6.bc ♗g7 7.♗e3

Es wird auch 7.♗c4 c5 8.♘e2 gespielt. Der Plan 7.♗e3 ist offenbar begründeter, da er die wichtigste Aufgabe erfüllt – er verstärkt den Punkt d4. Für anderes ist einstweilen keine Zeit.

7… c5 8.♕d2 0-0

Das WM-Match 1990 war für dieses Eröffnungssystem eine wichtige Prüfung. In der 9. Partie zog Kasparow 8… cd 9.cd ♘c6 10.♖d1 ♕a5, geriet aber nach 11.♕:a5 ♘:a5 12.♘f3 0-0 13.♗e2 ♗d7 (günstig für Weiß ist 13… e6 14.0-0 b6 15.d5! ed 16.ed ♗b7 17.♗g5 f6 18.♗f4 ♖ad8 19.d6 ♖fe8 20.♘d4 a6 21.♖fe1) 14.♗d2 b6 15.0-0 ♖fd8 16.♖c1 ♗g4 17.d5 ♘b7 18.h3 ♗:f3 19.♗:f3 ♘c5 20.♗e3 ♖ac8 21.♗g4 ♖b8 22.♖c4 h5 23.♗f3 e6 24.♖d1 in eine schwierige Lage.

9.♘f3

In der 13. Partie folgte 9.♖c1 ♕a5 10.♘f3 e6 11.d5 ed 12.ed ♖e8 13.♗e2 ♗f5 14.0-0 ♘d7 15.h3 ♘b6 16.g4 ♗d7 17.c4 ♕:d2 18.♘:d2 ♘a4 19.♗f3 ♘c3 20.♖:c3! ♗:c3 21.♘e4 ♖:e4 22.♗:e4 ♖e8 23.♗d3 b6, und Schwarz konnte die Partie remis halten. In der 15. Partie verstärkte Karpow das weiße Spiel. Anstelle von 11.d5 setzte er mit 11.♗h6! fort. Nach 11… ♘c6 12.h4 cd 12.♗:g7 ♔:g7 14.cd ♕:d2+ 15.♔:d2 ♖d8 16.♔e3 ♗d7 17.♖b1! ♖ab8 18.♗d3 ♘e7 19.h5 f6 20.hg hg 21.♖h2 b6 22.g4 hatte Weiß klaren Endspielvorteil.

9… ♗g4

Mit 9… ♕a5 10.♖c1 e6 11.♗h6 konnte man in die 11. Partie einlenken. Aber Schwarz zieht einen anderen Weg vor.

10.♘g5!

Das ist weitaus stärker als die Theorieempfehlung 10.♖c1 cd 11.cd ♗:f3 12.gf.

10… cd 11.cd ♘c6

Wenn 11… h6, so 12.h3 ♗d7 13.♘f3.

12.h3 ♗d7 13.♖b1

Der Bauer d4 ist zuverlässig geschützt, und das bedeutet, daß Weiß Eröffnungsvorteil erzielt hat.

13… ♖c8 14.♘f3

Auf 14.♖:b7? folgt 14… ♘:d4 15.♗:d4 ♗:d4 16.♕:d4 ♖c1+

17.♔d2 (17.♔e2 ♗g4+ 18.♔e3 ♖e1+ 19.♔d3 ♖d1+) 17… ♖d1+ 18.♔:d1 ♗a4+, und Weiß verliert die Dame. Natürlich lehnt Karpow dieses Danaergeschenk ab.

14… ♘a5 15.♗d3 ♗e6?!

Den Vorzug verdiente 15… ♘c4 16.♗:c4 ♖:c4, da Schwarz auf 17.♖:b7 über die Antwort 17… ♗c6 verfügt. Aber auch in diesem Fall hätte Weiß dank der Herrschaft im Zentrum etwas Vorteil behauptet.

16.0-0 ♗c4 17.♖fd1 b5?

Verfolgt den falschen Plan. Besser ist 17… b6.

18.♗g5!

Es droht nun 19.♗:c4 ♘:c4 20.♕d4.

18… a6 19.♖dc1

19.♗:e7 ♕:e7 20.♕:a5 verdient keinerlei Beachtung, da Schwarz nach 20… ♗:d3 21.♖:d3 ♕:e4 aller Sorgen ledig wäre.

19… ♗:d3

Weiß wollte mit 20.♗:c4 ♘:c4 21.♕b4 fortsetzen, deshalb tauscht Schwarz selbst auf d3. Allerdings ist das von allen Übeln das schlimmste.

20.♖:c8 ♕:c8 21.♕:d3 ♖e8

Etwas besser war 21… e6, aber auch dann hat Weiß deutliches Übergewicht, da sich die c-Linie in seiner Hand befindet.

22.♖c1 ♕b7 23.d5!

Gegebenenfalls soll nun 24.♘d4 und 25.♘c6 folgen.

23… ♘c4 24.♘d2

Der Besitz der offenen Linie ist wichtiger als alles andere. Auf 24.♘d4 könnte 24… ♗:d4 25.♕:d4 f6 folgen, und Schwarz kann sich noch halten.

24… ♘:d2 25.♗:d2 ♖c8

(Diagramm siehe oben)

26.♖c6!

Der entscheidende Einbruch. Schlecht ist 26… ♖:c6 27.dc ♕:c6?, wegen

124

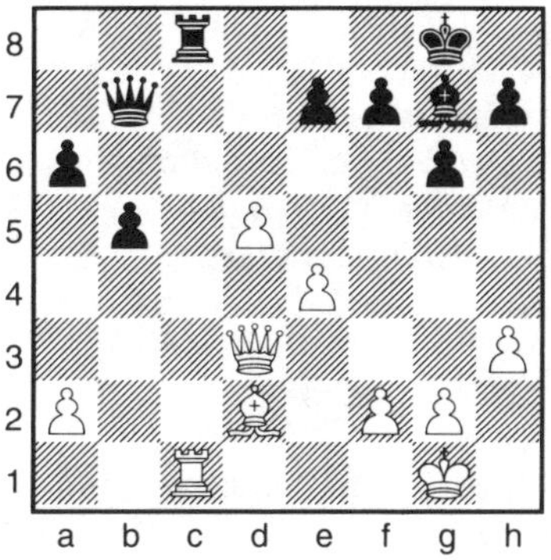

28.♕d8+ ♗f8 29.♗h6.

26… ♗e5 27.♗c3 ♗b8

Auch 27… ♗:c3 28.♕:c3 ist hoffnungslos.

28.♕d4 f6 29.♗a5 ♗d6 30.♕c3 ♖e8

Auf 30… ♖:c6 folgt 31.dc ♕c8 32.c7 ♔g7 33.h4 mit der Idee ♕h3 und auf e6 – ♕d3. ♗:c7 scheitert dann an der Fesselung auf der c-Linie. Z.B.: 33… h5 34.♕h3 e6 35.♕d3 ♗:c7 36.♕c3 ♗:h2+ 37.♔:h2.

31.a3 ♔g7 32.g3 ♗e5 33.♕c5 h5 34.♗c7 ♗a1 35.♗f4 ♕d7 36.♖c7 ♕d8 37.d6 g5 38.d7 ♖f8 39.♗d2

Auf 39… ♗e5 reicht 40.♗a5 ♗d6 (40… ♗:c7 41.♕:c7) 41.♕c6 ♔g6 42.♔g2 und 43.♖c8 zum Gewinn. Schwarz gab auf.

■ Wenden wir uns jetzt Eröffnungen zu, in denen der Läufer auf der Diagonale a3-f8 bleibt. Das sind vor allem die **Nimzowitsch-Indische Verteidigung,** die **Damenindische Verteidigung** und die **Bogoljubow-Indische Verteidigung.**

Man kann der Nimzowitsch-Indischen Verteidigung nach 1.d4 ♘f6 2.c4 e6 mit 3.♘f3 (statt 3.♘c3 ♗b4) ausweichen. Wir wollen das an dieser Stelle auch tun, da die Nimzowitsch-Indische Verteidigung ein so reichhaltiges theoretisches Faktenmaterial birgt, dessen Erörterung den hier gesetzten Rahmen sprengen würde.

Partie Nr. 47

Damenindische Verteidigung

Kasparow – Akesson

Dortmund 1980

1.d4 ♘f6 2.c4 e6 3.♘f3

Nach 3… d5 würde die Partie in das Damengambit einmünden.

3… b6

Die Bogoljubow-Indische Verteidigung wird durch den Zug 3… ♗b4+ charakterisiert. Für diese Eröffnung ist folgende Partie beispielhaft: Karpow – Nikolic (Skelleftea 1989): 4.♗d2 ♕e7 5.g3 0-0 6. ♗g2 ♗:d2+ 7.♕:d2 d6 8.♘c3 e5 9.0-0 ♖e8 10.e4 ♗g4 11.d5 ♗:f3 12.♗:f3 c5 13.♖ae1 a6 14.b3 ♘bd7 15.♗g2 ♖ab8. Weiß bereitet mittels f2-f4 den Angriff im Zentrum vor, Schwarz möchte den Gegenschlag b7-b5 anbringen.

4.a3

Weiß möchte in vielen Varianten dieses Systems die Felder e4 oder d5 mit Bauern besetzen. Deshalb verhindert er den Läuferzug 4… ♗b4, der es Schwarz nach 4.♘c3 gestatten würde, die Kontrolle über die besagten Felder zu verstärken. Oft wird auch 4.g3 mit nachfolgendem ♗g2, 0-0, ♘c3 und ♕c2 gespielt.

4… ♗b7 5.♘c3 d5

Das ist eine logische Reaktion, da Weiß bereits drohte, mittels 6.d5 und 7.e4 Raumvorteil zu erlangen. Auf 5… ♘e4 folgt 6.♘:e4 ♗:e4 7.♘d2 ♗b7 8.e4.

6.cd ♘:d5

Das ist eine populäre, aber umstrittene Fortsetzung. Im Hinblick auf den Kampf um das Zentrum ist 6… ed sicherer. Allerdings bereitet Schwarz dann die Gegenüberstellung der Läufer auf der Diagonale h1-a8 einige Sorgen, z.B.: 7.g3 ♗e7 8.♗g2 0-0 9.0-0 ♘a6 (oder 9… ♘bd7) 10.♗f4 und 11.♘e5.

7.e3.

Das Zentrum zu besetzen ist am effektivsten. Auf 7.♕c2 kann 7… c5 8.e4 ♘:c3 9.bc ♘d7 10.♗d3 ♕c7 mit der Absicht 11… cd 12.cd ♕:c2 folgen. Nach 11.♕d2 g6 oder 11.♕b1 g6 hätte Schwarz ein vollwertiges Spiel.

7… ♗e7

Die Kortschnoi-Idee 7… g6 führt nach 8.♗b5+ c6 9.♗d3 ♗g7 10.e4 ♘:c3 11.bc c5 12.♗e3 zu einem freieren Spiel für Weiß.

8.♗b5+ c6 9.♗d3 ♘:c3 10.bc ♘d7

Spielbar ist auch die Springerentwicklung nach c6 (nach 10… c5). Dazu sind folgende Partien interessant: Kasparow - Petrosjan (Moskau 1981), 11.0-0 0-0 12.♕c2 g6 13.e4 ♘c6 14.♗h6 ♖e8 15.♖fd1 ♕c7 16.♕e2 ♖ed8 17. ♕e3 e5 (ansonsten kommt 18.e5 und h4) 18.d5 ♘a5 19.c4 mit weißer Initiative; Kasparow - Najdorf (Bugojno 1982), 11.0-0 ♘c6 12.e4 0-0 13.♗e3 cd 14.cd ♖c8 15.♕e2 ♘a5 16.♖fe1 ♕d6 17.d5!? ed 18.e5, und Weiß hat starken Angriff. Kasparow - Portisch (Niksic 1983), 11.0-0 ♘c6 12.♗b2! ♖c8 13.♕e2 0-0 14.♖ad1 ♕c7 15.c4! cd?! (15… ♘a5!?) 16.ed ♘a5 17.d5! ed 18.cd ♗:d5 19.♗:h7+ ♔:h7 20.♖:d5 ♔g8 21.♗:g7! ♔:g7 22.♘e5 ♖fd8 23.♕g4+ ♔f8 24.♕f5 f6 25.♘d7+ ♖:d7 26.♖:d7 ♕c5 27.♕h7 ♖c7 28.♕h8+, und der Angriff bringt den Sieg. Es folgte noch: 28… ♔f7 29.♖d3 ♘c4 30.♖fd1! ♘e5 31.♕h7+ ♔e6 32.♕g8+ ♔f5 33.g4+ ♔f4 34.♖d4+ ♔f3 35.♕b3+. Schwarz gab auf. Die Analyse der angeführten Partien wird Sie befähigen, sich besser mit dieser Eröffnung vertrautzumachen.

11.e4 c5 12.0-0 cd?! 13.cd 0-0 14.♕e2 ♖c8 15.♗b2

Die weißen Figuren haben sich unter dem Schutz der weißen Bauernphalanx zum Angriff gegen den schwarzen König formiert.

15… ♕c7 16.♕e3

Damit wird 16… ♕f4 verhindert.

16… ♘f6 17.♘e5 b5?!

Besser ist 17… ♘d7.

18.f4 ♕b6 19.♔h1 b4 20.ab ♗:b4 21.♖ab1!

Unterbindet 21… ♗c3.

21… a5 22.♕e2!

Beugt dem Läufertausch auf a6 vor.

22… ♕a7

Besser ist 22… ♖a8 und 23… ♗a6.

23.f5 ♕a8 24.d5

Besser ist 24.fe.

24… ed 25.♘g4 ♘:g4 26.♕:g4 f6

Schwarz will 27.e5 mit 27… ♗c3 beantworten.

27.♗:f6!? ♖:f6 28.e5 ♖h6?

Notwendig war 28… ♖f7 29.f6 ♖cf8. Nach 30.♖f3 ♗c8 31. ♕g5 ♕a7 32.♖bf1 g6 hätte Schwarz Verteidigungschancen gehabt, z.B.: 33.♕h6 ♗e6 34.♖g3 ♔h8 35.♗:g6 ♖c7.

29.f6 ♖c7 30.e6

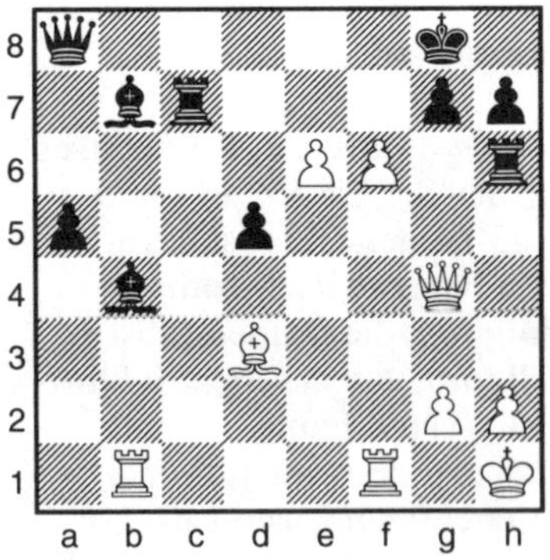

125

30… ♕d8

Der beste Zug. Auf 30… ♕f8 gewinnt 31.f7+ ♔h8 32.♖:b4 ab 33.♕:b4 ♖c8 34.♕:f8+ ♖:f8 35.e7.

31.e7 ♖:e7 32.fe ♕:e7 33.♖bc1 ♕d8?

Das verliert. Notwendig war 33… ♕e6. Nach 34.♕:e6+ ♖:e6 35.♖c7 ♖e7 36.♖:e7 ♗:e7 37.♗:h7+ ♔:h7 38.♖f7 ♗b4 39.♖:b7 d4 40.♖d7 ♗c3 41.♔g1 ♗b2 hat aber nur Weiß Gewinnchancen.

34.♕f5 ♕b8 35.♕f7+ ♔h8 36.♖c7

Schwarz gab auf.

■ Wenden wir uns jetzt Systemen zu, in denen Schwarz c7-c5 spielt und dem Gegner anbietet, mit d4-d5 den „Rubikon“ im Zentrum zu überschreiten. Danach entstehen scharfe Positionen, in denen Schwarz mitunter nicht vor einem Bauernopfer zurückschreckt, um auf dem Damenflügel aktives Spiel zu erlangen. Beispielhaft dafür sind das **Wolga-Gambit** (1.d4 ♘f6 2.c4 c5 3.d5 b5) oder verschiedene Varianten der **Ben-Oni-Verteidigung** (1.d4 ♘f6 2.c4 e6 3.♘f3 c5 4.d5 ed 5.cd b5 bzw. 5… d6 6.♘c3 g6).

Wir wollen uns jedoch zu Beginn der Zusammenstellung unseres Eröffnungsrepertoires auf Systeme ohne den Vorstoß d4-d5 beschränken. Nach **1.d4 ♘f6 2.c4 c5 3.♘f3** muß Schwarz **3… cd spielen.** Auf **4.♘:d4** ist **4… e6** am zweckmäßigsten (4 g6 5.♘c3 ♗g7 6.e4). Darauf folgt 5.♘c3, und es entsteht die Position, von der wir bei unseren Betrachtungen ausgehen wollen. Sie kann übrigens auch nach Zugumstellung erreicht werden: 1.d4 ♘f6 2.c4 e6 3.♘f3 c5 4.♘c3 cd 5.♘:d4.

In dieser Stellung stehen Schwarz zwei gute Entwicklungswege zur Verfügung **5… ♘c6** und **5… ♗b4** (Schlechter ist 5… d6 6.e4 und 5… d5 6.cd ♘:d5 7.♘db5). In der Partie **Kortschnoi - Grünfeld (Luzern 1982)** geschah: **5… ♘c6 6.♗f4!**

♗b4 7.♘db5 0-0 8.♗c7. Weiß setzt seine Hoffnungen auf Eröffnungsvorteil in die Eroberung des Punktes d6. **8... ♕e7 9.♗d6 ♗:d6 10.♕:d6 ♕d8.** Jetzt versprechen 11.g3 und 11.0-0-0 wenig. Man siehe: 11.g3 a6 12.♘a3 ♕b6 13. ♖b1 ♕b4 oder 11.0-0-0 a6 12.♘d4 13.♖:d4 b5! 14.e4 bc 15.e5 ♘e8 16.♕a3 d5 17.ed e5! mit verteilten Chancen. Kortschnoi zog **11.e4!** und nach **11... a6 12.♘c7 ♘e8 13.♘:e8 ♖:e8 14.♗e2 ♕b6 15.♖b1 ♕d4** (Wenn 15... ♕b4, so 16.c5) **16.♖d1 ♕:d6 17.♖:d6 ♔f8 18.0-0 ♔e7 19.♖fd1 g5** (Verhindert 20.f4 und 21.e5) **20.♘a4** bestand am weißen Vorteil kein Zweifel mehr.

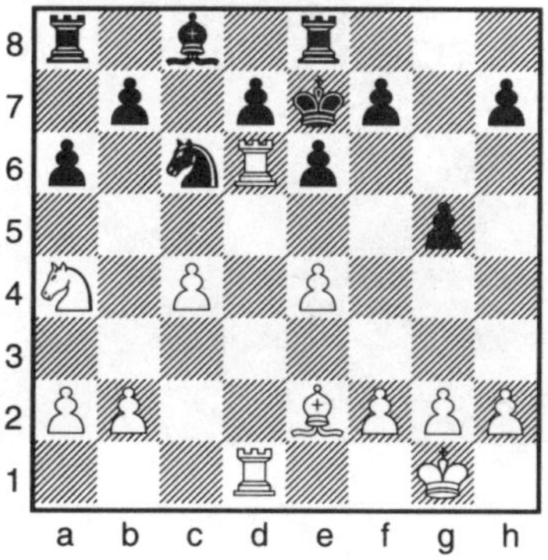

126

Nach **5... ♗b4** hat Schwarz weniger Probleme. In der Partie **Smyslow-Vogt (Berlin 1979)** glich Schwarz nach **6.♗d2 ♘c6 7.a3 ♗e7 8.e3 0-0 9.♗e2 b6 10.♘:c6 dc 11.♕c2 ♗b7 12.0-0 ♕c7 13.♖fd1 ♖ad8** das Spiel aus. Wahrscheinlich bietet die Variante 6.♘db5 d5 7.cd ed 8.♗g5 0-0 9.a3 dem Anziehenden mehr Chancen.

Damit wollen wir das Thema Eröffnung abschließen. Der Leser soll nicht vergessen, daß ihm nur eine von vielen möglichen Varianten, ein Eröffnungsrepertoire zusammenzustellen nähergebracht worden ist.

Wir haben nur einige der wichtigsten und populärsten Spielanfänge erörtert. Es fehlen beispielsweise das Budapester Gambit oder Albins Gegengambit, die Züge 1.b3 und 1.f4 sowie viele andere Systeme und Varianten für Schwarz. Aber ich wollte Ihnen ja kein Theoriebuch vorlegen, daß alle möglichen Gegenzüge des Kontrahenten berücksichtigt. Ein solches Unterfangen wäre ohnehin kaum realisierbar.

■ Das angeführte Material soll Ihnen bei der selbständigen Arbeit an der Eröffnung helfen und Ihnen Methoden der Auswahl und Bearbeitung schachlicher Informationen deutlich machen.

■ Ich möchte den Leser daran erinnern, daß die Eröffnung untrennbar mit dem Mittel- und Endspiel verbunden ist. Beim Eröffnungsstudium sollte man bereits typische Mittelspielstellungen, die aus der entsprechenden Eröffnung hervorgehen, untersuchen.

Diese Überlegung habe ich in diesem Buch berücksichtigt. Vielen betrachteten Mittelspielpositionen sieht man unschwer ihre Herkunft aus einer bestimmten Eröffnung an.

■ Analysepartien:

Keres – Bronstein (Zürich 1953). 1.d4 ♘f6 2.c4 g6 3.♘c3 ♗g7 4.e4 d6 5.f4 c5 6.dc ♕a5 7.♗d3 ♕:c5 8.♘f3 0-0 9.♕e2 ♘c6 10.♗e3 ♕h5 11.h3 ♘g4 12.♗d2 ♘f6 13.0-0 ♘d7 14.♖ad1 ♕a5 15.♗b1 ♕b4 16.♗e3 ♘b6 17.♘d5 ♕:b2 18.♕:b2 ♗:b2 19.♘:b6 ab 20.♖f2. Remis.

Waganjan – Planinc (Hastings 1974/75). 1.d4 ♘f6 2.c4 e6 3.♘f3 c5 4.♘c3 cd 5.♘:d4 ♗b4 6.♘b5 0-0 7.a3 ♗:c3+ 8.♘:c3 d5 9.♗g5 h6!? 10.♗:f6 ♕:f6 11.cd ed 12.♕:d5? ♖d8 13.♕f3 ♕b6 14.♖d1 ♖:d1+ 15.♘:d1 ♘c6 16.♕e3 ♘d4 17.♕e8+ ♔h7 18.e3 ♘c2+ 19.♔d2 ♗f5 20.♕:a8 ♕d6+ 21.♔c1 ♘a1 22.♕:b7 ♕c7+!
Weiß gab auf.

Das haben wir in der 22. Lektion behandelt:

- ☐ die Königs-Indische Verteidigung
- ☐ die Grünfeld-Indische Verteidigung
- ☐ die Nimzowitsch-Indische Verteidigung
- ☐ die Damen-Indische Verteidigung

Die irrationale Stellung (1991)

IV. Das Endspiel

Lektionen 23 bis 31

23. LEKTION

Endspielmethoden

Es gibt prinzipielle Momente, die das Endspiel von anderen Stadien der Schachpartie unterscheiden.
Für das Endspiel ist die relativ geringe Figurenzahl charakteristisch. Oft entsteht unmittelbar nach dem Damentausch ein Endspiel. Das wäre jedoch für eine Definition des Endspiels zu formal und daher ungerechtfertigt. Schließlich gibt es auch Damenendspiele und Mittelspielstellungen ohne Damen.

■ Das Endspiel unterscheidet sich von Eröffnung und Mittelspiel hinsichtlich seiner grundlegenden Spielmethoden.

Im Endspiel wird der König zu einer aktiven Figur, Angriffe auf ihn sind hier die Ausnahme. Die Devise des Mittelspiels – der König muß verteidigt werden – verliert im Endspiel in der Regel ihren Sinn.

■ Die veränderte Rolle des Königs ist das wichtigste Unterscheidungskriterium des Endspiels von den anderen Partiephasen.

Im Mittelspiel entscheiden meist nur einige Figuren den Ausgang des Kampfes, im Endspiel hingegen gibt es keine Figuren, die für längere Zeit ohne unmittelbaren Enfluß auf das Partiegeschehen bleiben.

■ Die „Arbeitsintensität" jeder Figur steigt im Endspiel deutlich.

■ Da weniger Kampfeinheiten auf dem Brett verblieben sind, nimmt das Spiel einen forcierteren Charakter als im Mittelspiel an, wodurch sich der relative Wert jedes einzelnen Zuges erhöht. Besonders deutlich wird das bei der Berechnung von Freibauernzügen, die oft den Partieausgang entscheiden.

Die reduzierte Figurenzahl im Endspiel und der Umstand, daß das Ende der Partie in dieser Phase unmittelbar bevorsteht, machen das Endspiel einer genauen Untersuchung leichter zugänglich.

Die Entwicklung des Schachs ging mit der Analyse einer großen Zahl von Endspielpositionen einher, in denen eine optimale Spielweise für beide Seiten gefunden werden konnte. Deshalb kann die Bedeutung von theoretischen Endspielkenntnissen gar nicht hoch genug veranschlagt werden.

Wie studiert man das Endspiel? Offensichtlich muß sich der Schachspieler mit Spielmethoden vertraut machen, die in Theorie und Praxis des Endspiels bereits ausgearbeitet wurden. Die Kenntnis dieser Spielweisen und Verfahren gestattet es dem Schachspieler, jedes in seinen Partien entstehende konkrete Endspiel richtiger zu bewerten.

■ Die Endspielpositionen lassen sich in zwei Gruppen unterteilen, **in konkrete und Problempositionen.**

In den konkreten Endspielen ist das Resultat dank bereits durchgeführter und geprüfter Analysen vorgegeben, und auch die besten Verfahren, die zur schnellstmöglichen und fehlerlosesten Erreichung dieses Resultates führen, sind der Schachtheorie schon bekannt. Das Studium dieser konkreten Stellungen ist für die korrekte Einschätzung der verschiedensten Endspiele unabdingbar, da der Schachspieler so besser das Ziel seiner Handlungen festlegen und mögliche Gefahren vorhersehen kann. Konkrete Positionen sind eine Art Wegweiser, die dem Schachspieler eine bessere Orientierung und Planung ermöglichen.

Smyslow – Gurgenidse (Tiblissi 1967)

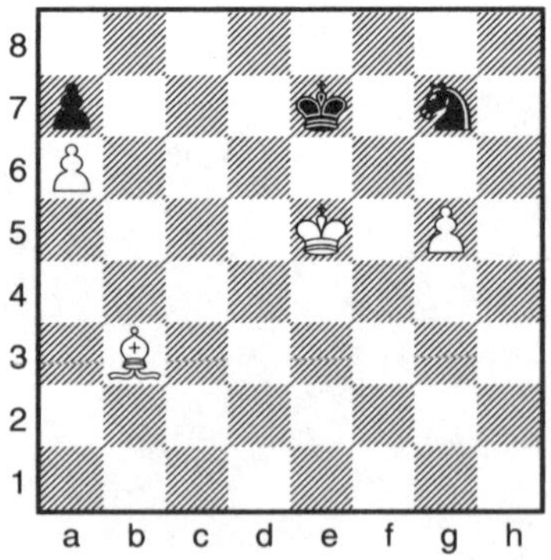

127

Es scheint so, als ob es keine Rettung für Schwarz gibt. Gurgenidse kannte jedoch zwei konkrete Positionen, was ihm hier zustatten kam:

1) Weiß: ♔c5, ♗b5, ♙a6; Schwarz: ♔b8, ♙a7. Weiß ist wegen des drohenden Patts nicht in der Lage, den schwarzen König aus der Ecke zu drängen.
2) Weiß: ♔a7, ♗e4, ♙a6, g5; Schwarz: ♔c7, ♘g7. Diese Stellung ist nicht zu gewinnen, da Weiß weder den Bauern verwandeln noch den König aus der Ecke befreien kann. Diese Orientierungshilfen wiesen Gurgenidse den richtigen Weg zum Remis. Es folgte: 1… ♘h5 2.♔f5 ♘g3+ 3.♔g6 ♘e4 4.♔h6 ♘:g5. Remis, da der schwarze König ungehindert nach b8 gelangt.

Fischer – Sherwin
(Portoroz 1958)

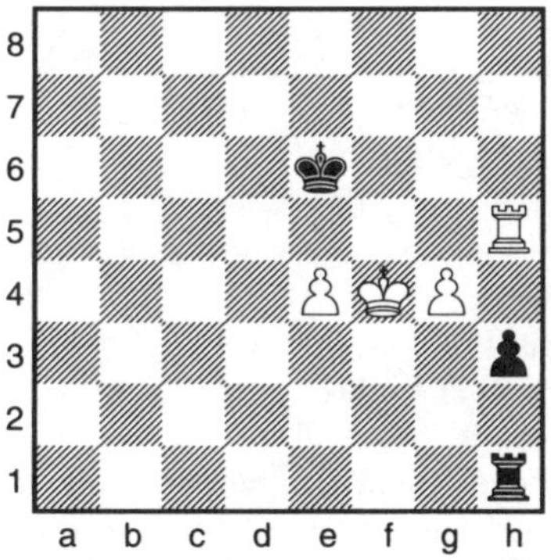

128

Weiß hat einen Mehrbauern, aber Schwarz kann bei genauer Verteidigung das Unentschieden erreichen, da die Versuche von Weiß, die Bauern zu verwandeln, leicht abgewehrt werden können. Z. B.: 1.♔g5 ♔f7 oder 1.♖h6+ ♔f7 2.g5 ♖f1+ 3.♔e5 ♖g1 4.♖h7+ ♔g8 5.♖:h3 ♖:g5+ 6.♔d6 ♖a5 7.♖f3 ♔g7 8.e5 ♖a6+ 9.♔e7 ♖a7+ oder 1.♖h6+ ♔f7 2.♔g5 ♔g7 3.e5 ♖e1 4.♖:h3 ♖:e5+. In allen Fällen entstehen bekannte Remisstellungen. Fischer wählt daher einen Weg, bei dem die Aufgabe für Schwarz schwieriger ist.

1.♔g3 ♖e1 2.♔:h3 ♖:e4 3.♖f5!
Weiß schneidet den König vom Bauern ab und strebt nun folgende typische konkrete Position an: Weiß: ♔g7, ♖f1, ♙g6; Schwarz: ♔e7, ♖h2. Hier gewinnt Weiß auf lehrreiche Art, in dem er eine sogenannte „Brücke“ baut. Man siehe: 1.♔g8 ♖d2 2.g7 ♖h2. Jetzt wird der schwarze König noch weiter abgedrängt. 3.♖e1+ ♔d7 (3… ♔f6 4.♔f8). Es bleibt nur noch, den eigenen König aus der Marschrichtung des Bauern zu nehmen. Allerdings klappt dies zur Zeit noch nicht auf direktem Wege, z. B., 4.♔f7 ♖f2+ 5.♔g6 ♖g2+ 6.♔f2 ♖f2+ 7.♔e5 ♖g2! Stattdessen gewinnt ein Manöver, das den Turm einbezieht. 4.♖e4! ♖h1 5.♔f7 ♖f1+ 6.♔g6 ♖g1+ 7.♔h6. Es droht 8.♖e5 und 9.♖g5 bzw. 8.♖h4 und 9.♔h7. Schwarz kann deshalb nicht abwarten: 7… ♖h1+. Aber 8.♔g5 ♖g1+ 9.♖g4 gewinnt. Fischers Pläne sind also klar, aber der Gegner kann sie durchkreuzen. Es folgte
3… ♖a4!
Der richtige Zug. Der Turm soll den weißen Vormarsch von der 8. Reihe aus frontal stoppen. Schwarz mußte sich in seiner Vorausberechnung an zwei konkreten Positionen orientieren: Nr. 1 Weiß: ♔h4, ♖f5, ♙g4; Schwarz: ♔e6, ♖a8. Nach 1.♔g5 (1.♖f4 ♔e5) ♖g8+ 2.♔h5 ♖h8+ 3.♔g6 ♖g8+ gewinnt Weiß nicht, da der König zurückweichen muß. Nr. 2 Weiß: ♔h3, ♖f4, ♙g4; Schwarz: ♔e7, ♖a8. Wenn Schwarz in dieser Stellung am Zug ist, erzielt er durch 1… ♖f8! 2.♖:f8 ♔:f8 3.♔h4 ♔g8! das Remis. Sherwin orientierte sich jedoch hauptsächlich auf die erste konkrete Position, Stellung Nr. 2 war ihm nicht bekannt.
4.♖f8
Fischer pokert. Da auf 4.♔h4 todsicher 4… ♖a8 folgt, kompliziert er die Situation und prüft den Gegner in Bezug auf Position Nr. 2.
4… ♔e7
Wiederum der richtige Zug. Es verlor 4… ♖a7, wegen 5.♔h4 ♖h7+ 6.♔g5 ♔e7 7.♖f4! ♖h8 8.♔g6 ♖g8+ 9.♔h7 ♖g5 10.♔h6 ♖g8 11.g5.
5.♖f3 ♔e6?
Das ist ein ernster Fehler. Dieser Tempoverlust ist irreparabel. 5… ♖a8! war der einzige Zug. Dann kann Schwarz 6.♔h4 mit 6… ♖h8+ beantworten. Auf 6.g5 kann 6… ♖f8 geschehen. Wenn Weiß 6.♖f4 spielt, um den Bauern vor dem Königsmarsch zu überdecken, so hält 6… ♖f8 die Stellung – siehe Position Nr. 2.
6.♔h4 ♖a8 7.g5 ♖h8+ 8.♔g4 ♔e7 9.g6 ♖f8 10.♖f5! ♖h8
10… ♖:f5 11.♔:f5 ♔e8 12.♔e6 ♔f8 13. ♔f6 ♔g8 14.g7 mit Gewinn.
11.♔g5
Schwarz gab auf. Nach 11… ♖h1 12.g7 gewinnt Weiß mit Hilfe der „Brücke“.
Schauen wir uns ein weiteres Beispiel an.

Szabo – Botwinnik
(Budapest 1952)

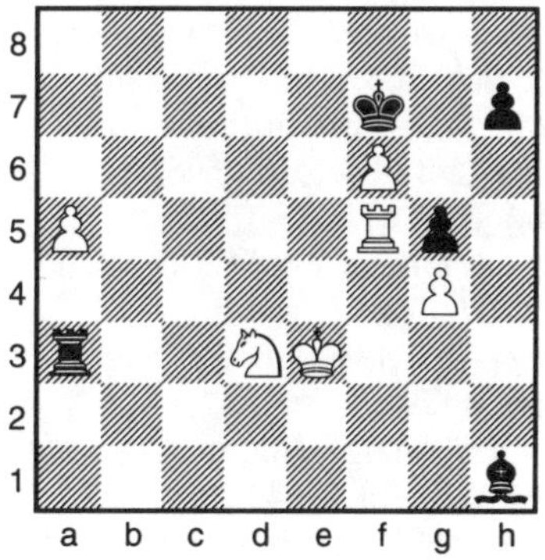

129

Botwinnik erinnert sich: „Hier erbarmte sich meiner die Schachgöttin Caissa. Wahrscheinlich hatte ich ihr Wohlwollen dadurch erregt, daß ich keinerlei Mühen scheute und die Abbruchstellung lange analysierte … Ich fand eine der schönsten Kombinationen meiner Karriere.“ Ich möchte noch hinzufügen, daß Botwinnik auf der Suche nach einer Verteidigung, die Kenntnis einer konkreten Position zustatten kam: Weiß – ♔g5, ♖a7, ♙f6; Schwarz – ♔f8, ♗c4. Remis. Weiß kann den König nicht in die Ecke abdrängen bzw. den Läufer von der Diagonale a2-g8 vertreiben. Wenden wir uns der Partie zu.

48… ♗b7! 49.♔d2 ♗c8 50.♘e5+ ♔f8 51.♖:g5

Jetzt folgt auf 51… ♗e6 stark 52.♖h5 ♔g8 53.f7+ ♗:f7 54.♖g5+ ♗g6 55.♘:g6 hg 56.♖:g6+.

51… ♖:a5!

Forciert den Übergang in eine theoretische Remisstellung.

52.♘d7+ ♗:d7 53.♖:a5 ♗:g4 54.♔e3 ♗e6 55.♔f4 ♗c4 56.♖a7 h5

Diesen Bauern braucht Schwarz nicht zu verteidigen.

57.♔g5 h4 58.♔:h4 ♗b3 59.♔g5 ♗c4 60.♖c7 ♗a2 61.♖c1 ♗d5 62.♔f5 ♔f7 63.♔e5 ♗b3 64.♖c7+ ♔f8 65. ♖c7 ♗c4

Nach 66.f7 ist 66… ♗:f7 wegen 67.♔f6 nebst 68.♖b8+ schlecht. Aber 66… ♔g7 macht remis, z. B., 67.f8♕+ ♔:f8 68.♔f6 ♔e8.

66.♖b4 ♗a2 67.♔f5 ♗d5

Das ist das einzige Feld für den Läufer. Auf 67… ♔f7? gewinnt 68.♖b7+ ♔f8 69.♔g6 ♗f7+

68.♔g6 ♗f7+

Wieder der einzige Zug.

69.♔g5 ♗d5 70.♖h4 ♗b3 71.♖h8+ ♔f7 72.♖h7+ ♔f8 73.f7 ♔e7! 74.♔g6 ♗c4

74… ♗c2+? 75.♔g7

75.♖g7 ♗b3 76.f8♕ ♔:f8 77.♔f6 ♔e8 78.♖e7+ ♔d8

Remis.

Sie konnten sich anhand der Beispiele davon überzeugen, welche wichtige Rolle den bekannten und geprüften konkreten Endspielpositionen in der Schachtheorie zukommt. Diese Art Stellungen sind eine Art Alphabet des Endspiels – ihre Kenntnis ist als Orientierung für das praktische Spiel erforderlich. Die Anzahl dieser konkreten Positionen ist bedeutend, und sie wächst ständig. Unbekanntes wird analysiert und systematisiert, die Verfahren werden vervollkommnet und immer neue Stellungstypen gesellen sich zu den bereits untersuchten Positionen.

Man könnte hier noch eine stattliche Reihe dieser konkreten Positionen anführen, aber ich möchte das jetzt nicht tun. Der Leser kann zum weiteren Studium dieser Positionen jedes Endspielbuch nutzen. Allerdings reicht die Kenntnis dieser konkreten Positionen nicht aus, das Endspiel allgemein gut zu beherrschen. Auch das Endspiel kann nicht so einfach schematisch erlernt werden, denn es birgt auch reichlich Spielraum für die kreativen Fähigkeiten des Schachspielers. Besondere Bedeutung kommt nicht so sehr der Faktenkenntnis, sondern vielmehr dem Beherrschen der Endspielmethoden zu.

■ Die Mehrzahl der Endspielstellungen kann nicht zu den sogenannten konkreten Positionen gerechnet werden – sondern nur zu den problematischen Situationen. In diesen Fällen gibt es nicht genügend vorgeschriebene Wege, wie die Partie zu verlaufen hat. Die Aufgabe des Schachspielers besteht dann darin, daß Spiel zu den bekannten konkreten Positionen zu führen. Manchmal gelingt dies sogar nahezu forciert, wie in der Partie Smyslow – Gurgenidse. In der Mehrzahl der Fälle ist so ein klarer Übergang jedoch nicht möglich. Hier hilft dann nur die Kenntnis der allgemeinen Gesetzmäßigkeiten sowie der wichtigsten Methoden des Endspiels weiter. Diese Methoden sind das Resultat der Aneigung von einzelnen Praxisbeispielen und theoretischen Analysen. Die Beherrschung der grundlegenden Methoden gestattet es, das Für und Wider jeder einzelnen problematischen Endspielsituation objektiver abzuwägen. Man darf diese Methoden allerdings nicht als Dogma betrachten, sondern muß immer die Besonderheiten der konkreten Stellung im Auge behalten. Die Methodenkenntnis gibt nur die Richtung der Ideensuche vor, ersetzt aber nicht den Prozeß der konkreten Analyse selbst.

■ Zu den bedeutendsten Endspielmethoden gehört:

Die Aktivierung des Königs

Die Bildung und der Vormarsch von Freibauern

die Einschränkung der Beweglichkeit gegnerischer Figuren (ideal ist der Zugzwang).

Diese Ideen kommen, meiner Meinung nach, in jedem Endspieltyp zum Tragen: in Bauernendspielen, Springerendspielen, Läuferendspielen usw. Aus diesem Grund arbeite ich in diesem Buch nicht auf traditionelle Art die einzelnen Endspielformationen der Reihe nach ab, sondern unternehme den Versuch, Spielmethoden zu behandeln, die dem Endspiel als ganzes eigen sind.

■ Noch eine einleitende Bemerkung: Der Leser darf kein „Gericht mit drei Gängen“ erwarten, d. h. daß er sich zuerst die Möglichkeiten des Königs aneignet, dann seine Freibauern laufen läßt und danach zum „Dessert“ den Gegner in Zugzwang bringt. Man muß berücksichtigen, daß diese Methoden einander ergänzen. Beispielsweise wird der König oft zwecks Freibauernbildung aktiviert, was den Gegner wiederum in Zugzwang bringt, oder der Zugzwang ermöglicht die Bauernumwandlung usw. Die Heraushebung der einen oder anderen Methode dient in meinen Darlegungen nur didaktischen Zwecken und unterstreicht lediglich den relativen Vorzug eines bestimmten Faktors im entsprechenden Moment.

Das haben wir in der 23. Lektion behandelt:

- □ konkrete Endspielpositionen als Orientierungsmaßstab
- □ die Rückführung von Problempositionen auf konkrete Positionen
- □ Turmendspiel (die Brücke)

Übungsaufgaben zur 23. Lektion

Aufgabe 83:
Weiß: ♔h2, ♖a4, ♙g3, h4
Schwarz: ♔h5, ♖a1, ♙a2, f5, g5.
□ Analysieren Sie die Stellung mit Weiß bzw. Schwarz am Zug. An welchen konkreten Positionen müssen sich die Spieler in beiden Fällen orientieren?

Aufgabe 84:
Weiß: ♔f6, ♗d5, ♙h5
Schwarz: ♔f8, ♘f3.
□ Schwarz am Zug. Kann er ein Remis erreichen? Welches ist die zentrale Verteidigungsidee?

Aufgabe 85:
Weiß: ♔h1, ♙b5, d3, f2
Schwarz: ♔d5, ♙d6, e5.
□ Weiß am Zug.Welche typische Position bringt Weiß den Sieg?

Aufgabe 86:
Weiß: ♔h1, ♗e3
Schwarz: ♔d5, ♗d6, ♙c6, h3
□ Schwarz am Zug. Kann er gewinnen?

Aufgabe 87:
Weiß: ♔h1, ♗a3, ♙a4, d4
Schwarz: ♔h7, ♘g8, ♙c6, f5
□ Weiß am Zug. Wie lautet die Hauptidee?

Aufgabe 88:
Weiß: ♔d3, ♙f5, g4, h2
Schwarz: ♔a4, ♙a5, f6, g7, h7
□ Weiß am Zug. Kann er die Niederlage abwenden? Wenn ja, worin besteht die Verteidigungsidee?

Die Aktivierung des Königs

Die aktive Rolle des Königs im Endspiel zeigt sich auf unterschiedliche Weise, wir wollen die typischsten Fälle behandeln. Oft wird in der Schachliteratur unter dem Begriff der Aktivierung des Königs nur dessen Zentralisierung verstanden. Aber, die Aktivierung des Königs ist dessen Überführung in den Hauptabschnitt des Kampfes. Oft gehören auch die Zentralfelder zu diesem Bereich, aber nicht immer. Deshalb sollten die Begriffe Aktivierung und Zentralisierung nicht synonym gebraucht werden.

Aljechin – Euwe
(Holland 1937, WM-Revanche)

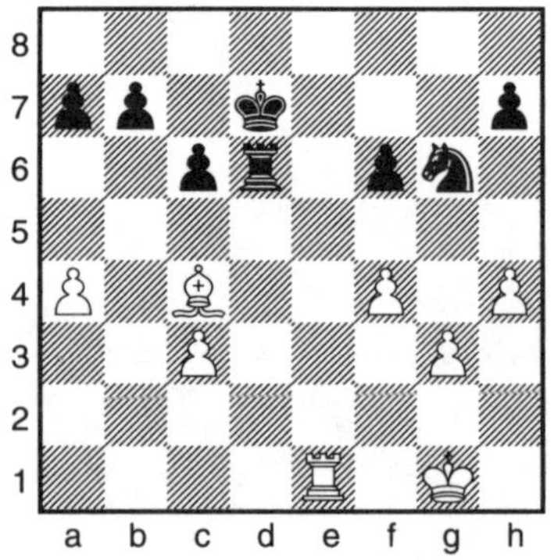

130

Weiß hat Vorteil. Der Läufer ist deutlich aktiver als der Springer, außerdem sind die schwarzen Bauern am Königsflügel schwach. Der weiße Plan sieht ein Vorgehen an diesem Flügel vor, und deshalb begibt sich der König auf diesen Brettabschnitt.

1.♔f2 ♘e7

Der Turmtausch nach 1… ♖d2+ 2.♖e2 würde Weiß das Eindringen auf dem Königsflügel erleichtern.

2.♔f3 ♘d5

Hartnäckiger war 2… f5.

3.♗d3 h6

Natürlich wäre der Bauerntausch 3… ♘:c3 ♗:h7 unvorteilhaft für Schwarz, da der Freibauer auf h4 praktisch nicht mehr aufzuhalten ist.

4.♗f5+ ♔d8 5.♔g4! ♘e7

Ansonsten käme sofort 6.♔h5 und 7.♔:h6. Aber auch die von Schwarz jetzt eingeleiteten Maßnahmen können die Partie nicht retten, sondern verlängern nur den Widerstand.

6.♗b1 ♔e8

Wenn 6… ♖d5, so 7.f5. Auf 6… b5 ist 7.ab cb 8.f5 a5 9.♔h5 ♘g8 10.♗a2 gut.

7.♔h5 ♔f7 8.♗a2+ ♔f8 9.♔:h6 ♖d2

Im Falle von 9… ♘f5+ 10.♔g6 ♘:g3 gewinnt 11.f5 gefolgt von dem Vormarsch des h-Bauern.

10.♗e6 ♖d3 11.g4 ♖:c3 12.g5

Schwarz gab auf.

■ In vielen Endspielpositionen besteht die Idee der Aktivierung des Königs in der **Erzielung von Materialvorteil.**

Dieses Streben ist normalerweise dann von Erfolg gekrönt, wenn der Gegner zu einer passiven Verteidigung verurteilt ist.

Krogius – Nikolajewski
(Tiblissi 1967)

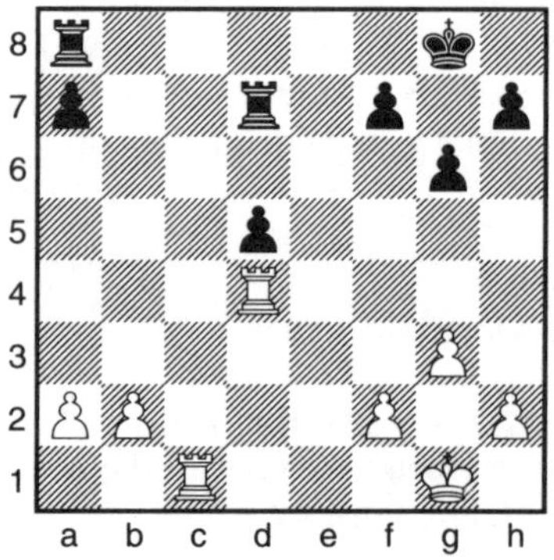

131

Schwarz ist an die Verteidigung des isolierten Bauern d5 gebunden. Weiß beherrscht die offene c-Linie und kann auf die Bildung eines Freibauern auf der b-Linie hoffen. Der direkte Versuch, den Vorteil zu realisieren, bringt nach 1.♖c5 ♖ad8 und Überführung des schwarzen Königs nach e6 jedoch nicht den entscheidenden Effekt. Deshalb führt Weiß erst seinen König ins Zentrum, wo er das Feld vor dem feindlichen d-Bauern einnehmen soll. Danach kann gegen diesen Bauern ein Druckspiel dreier Figuren (König und zwei Türme) aufgebaut werden.

1.♔f1 ♖b8 2.b3 ♖b5 3.♔e2 ♖a5 4.♖d2!
Das Feld d4 wird für den König geräumt.
4… h5 5.♔d3 ♔g7 6.♖c6
Verhindert die Annäherung des schwarzen Königs.
6… ♖e7 7.♔c3
Es droht jetzt 8.♔b4, und der schwarze Turm sitzt unerwartet in der Falle.
7… d4+
Zäher war 7… ♖e6. Nach 8.♖:e6?! fe 9.♔b4 ♖a6 10.♔c5 ♔f6 kann Schwarz sich halten. Allerdings ist 8.♖e7 bei weitem stärker. Z.B., 8… ♖d6 9.a4 ♖aa6 (9… ♔f6 10.♖d3) 10.♖c5 oder 9… h4 10.♔b4 ♖aa6 11.♖c5 ♖ab6+ 12.♔c3 d4+ 13.♔c4 d3 14.b4 a6 15.♔c3 hg 16.hg ♔f6 17.♖c4 und 18.♖:d3.
8.♔d3 h4
Falls 8… ♖f5, dann 9.♖d6.
9.♖c4 ♖f5 10.♖:d4 h3 11.f4! ♖e1 12.♖e2 ♖a1 13.♔e3 ♖a5 14.♖dd2 ♖a3 15.♔f3 f5 16.g4 fg+ 17.♔:g4 ♖a5 18.♔:h3, und Weiß realisierte bald seinen Materialvorteil.
Befassen wir uns mit einem weiteren Beispiel zu diesem Thema.

Sweschnikow – Browne
(Wijk aan Zee 1981)

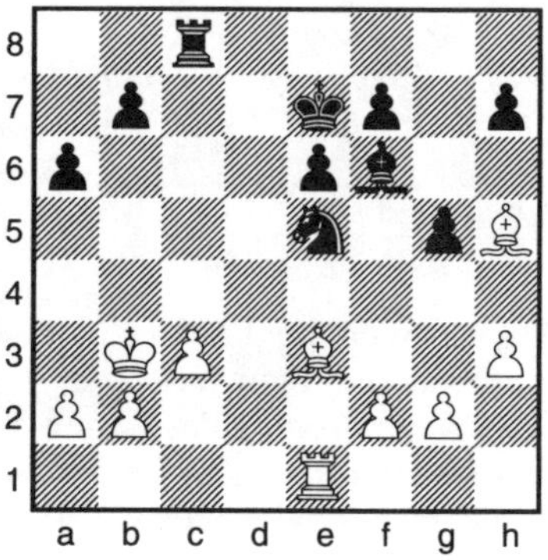

132

Die weiße Stellung verdient dank des Läuferpaares und der Bauernmajorität am Damenflügel den Vorzug, doch Schwarz konnte sich mit 1… ♘c4 2.♗c1 ♖c7 erfolgreich verteidigen. Browne zog seinen Springer jedoch auf ein anderes Feld und ließ dabei die Möglichkeiten des weißen Königs außer Acht.
1… ♘d3? 2.♖d1 ♘c5+
Besser ist 2… ♘e5, was den Fehler eingesteht.
3.♔b4! ♘e4
Falls 3… b6, so 4.a4 mit der Drohung 5.a5.
4.♔a5 ♘d6 5.♔b6 ♖c6+ 6.♔a7
Der König ist in das Hinterland des feindlichen Heeres eingedrungen und kann sich dort ganz sicher fühlen, da die Kraft der weitreichenden Läufer es Schwarz nicht erlaubt, einen Gegenschlag anzubringen.
6… ♖c7 7.♗b6 ♖c6
Auf 7… ♘c8+ könnte einfach 8.♔b8 folgen.
8.♗a5 ♗e5 9.♗f3 ♖c5 10.♗b4 ♖c7 11.♔b6!
Weiß konnte schon einen Bauern gewinnen (11.♗:d6+ und 12.♗:b7), aber er möchte vorerst seine Figurenstellung weiter verstärken. Der Bauer läuft nicht weg!
11… ♖d7 12.♖e1 f6 13.a4 ♔d8 14.♗:d6 ♖:d6+ 15.♔:b7
Die Freibauern erlauben Weiß trotz der ungleichfarbigen Läufer einen unkomplizierten Gewinn.
15… ♖d2 16.♖d1 ♖:d1 17.♗:d1 a5 18.♔b6 ♗c7+ 19.♔c6 ♗f4 20.♔b7 ♗e5 21.♗e2 ♗d6 22.g3 f5 23.♔c6 ♗b8 24.♗c4 e5 25.b4 ♗a7 26.♔b7 ♗:f2 27.ba ♗:g3 28.a6 ♗f2 29.♗e6 f4 30.♗d5 h5 31.♗f3. Schwarz gab auf.

Taimanow – Gligoric
(Santa Fe 1960)

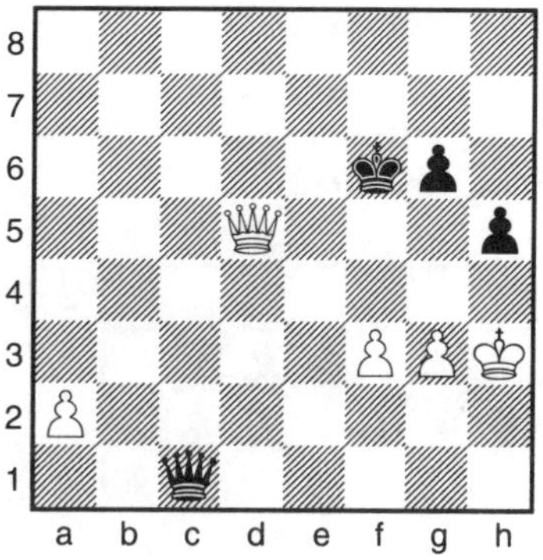

133

Weiß erkannte richtig, daß ihm der Plan, den Freibauern a2 vorzurücken, wegen der ungesicherten Stellung seines Königs keinen Erfolg bringt. Deshalb greift Taimanow mit seinem König die gegnerischen Bauern an und verbirgt sich dort vor den Schachgeboten.
1.♕d4+!
Wegen des drohenden Damentausches wird der schwarze König von seinen Bauern abgedrängt. Auf 1… ♔f7 gewinnt 2.♕f4+, und auf 1… ♔g5 – 2.♕e5+ ♔h6 3.♕f4+.
1… ♔e6 2.♕e4+ ♔d7 3.♔h4 ♕d2 4.♕e5!
Ein Bauernopfer ermöglicht den Einbruch des Königs. Verfehlt wäre 4.♕:g6 wegen 4… ♕h2+.
4… ♕:a2 5.♔g5 ♕f2
Auf 5… ♕f7 folgt 6.♕f6.
6.♕f4 ♕b6 7.♕f7+ ♔c8 8.♕:g6 ♕d8+
Oder 8… ♕e3+ 9.♔:h5 ♕:f3 10.♕g4+, und Weiß gewinnt.
9.♔:h5 ♕d5+ 10.♔h4 ♔b8 11.♕g5 ♕d1 12.♕f4+ ♔a7 13.♕e3+ ♔a6 14.g4 ♕d6 15.f4 ♕h6+ 16.♔g3 ♔b5 17.♕d3+ ♔a4 18.g5. Schwarz gab auf.

■ Die Aktivierung des Königs ist oft mit der **Bildung und Unterstützung von Freibauern** verbunden. Folgendes Beispiel ist in dieser Hinsicht sehr lehrreich.

Schlechter – Rubinstein
(San Sebastian 1912)

134

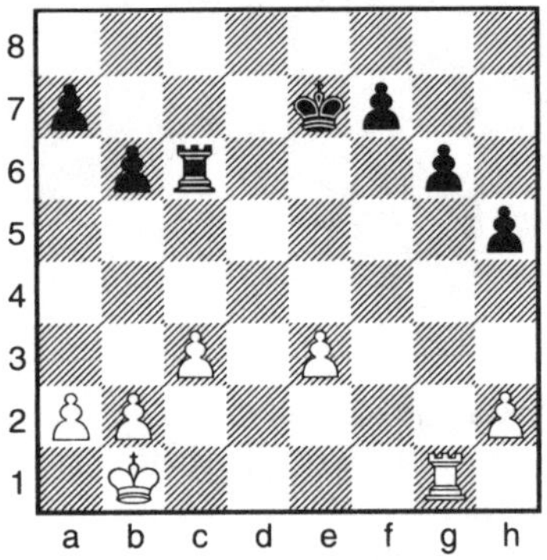

Obwohl die weißen Figuren über genügend Handlungsfreiheit verfügen, sind sie nicht in der Lage, dem gemeinsamen Vorgehen von König und Turm standzuhalten. Die Schwierigkeiten von Weiß sind zwei Umständen geschuldet: der Schwäche des Bauern e3, dessen Verteidigung die Koordination der weißen Figuren stört und dem Fehlen jeglicher Gegenchancen am Damenflügel.

1… ♖e6 2.♖e1

Auf 2.♖g3 führt 2… ♖f6 3.♖g2 ♖f3 4.♖e2 ♔e6 zu einer analogen Position wie in der Partie.

2… ♖f6 3.♖e2 ♔e6 4.♔c2 ♔e5 5.c4

Dieser Gegenspielversuch scheitert. Aber auch 5.♔d3 war wegen 5… ♖d6+ nebst 6… g5 unbefriedigend.

5… ♔e4 6.b4 g5 7.♔c3 g4 8.c5 h4 9.♖g2 ♖g6 10.♔c4 g3 11.hg hg 12.♔b5 bc 13.bc ♔f3

Das Nehmen des Bauern e3 kostet nur Zeit.

14.♖g1 a6+!

Der weiße Freibauer ist gestoppt, während sein schwarzer Kollege durchmarschiert. Weiß gab auf.

Die Unterstützung der Freibauern durch den König wird im folgenden Beispiel sehr schön illustriert.

Bronstein – Aronin
(Leningrad 1947)

135

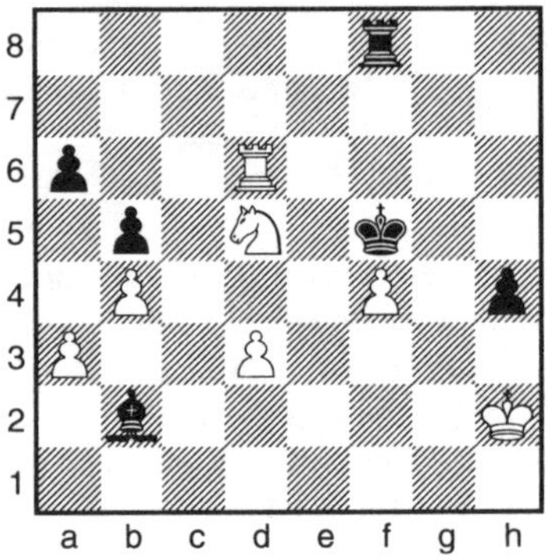

Mit **1.♔h3** stellt Bronstein seinem Gegner eine listige Falle, in die dieser auch prompt hineintappte. Wie sich herausstellte, war dieses „Hineintappen" aber der einzige Weg zum Remis!

1… ♗:a3 2.♘e7+ ♔:f4 3.♘g6+

Aronin dachte, einen Turm eingestellt zu haben, zog schnell 3… ♔g5? und verlor binnen weniger Züge die Partie. Später fand er jedoch in dieser Stellung einen höchst interessanten Remisweg, bei dem Schwarz einen Freibauern erhält, der von König und Läufer unterstützt wird. Richtig war

3… ♔e3! 4.♘:f8 ♗:b4 5.♖e6+

Notwendig, da auf 5.♖f6 oder 5.♖d8 einfach 5… ♗:f8 6.♖:f8 ♔:d3 mit Remisstellung folgt.

5… ♔:d3 6.♘d7 ♗c3! 7.♖:a6

Schlechter ist 7.♘c5+ ♔c4 8.♘:a6 b4 9.♖e4+ ♔d5 (9… ♔d3 10.♘c5+) 10.♖:h4 b3 11.♘b4+ ♔c5 12.♘d3+ ♔b5 mit ausreichendem Gegenspiel für Schwarz.

7… b4 8.♖b6 ♔c4 9.♖c6+ ♔d5 10.♖c8 ♗d4 11.♔:h4

Auf 11.♖b8 folgt 11… ♔c4.

11… b3! 12.♖b8 ♔c4!

Immer beim Bauern bleiben! Fehlerhaft wär das sofortige 12… b2, wegen 13.♘b6+, und Weiß gewinnt nach 14.♘a4. Jetzt würde 13.♘b6+ ♗:b6 14.♖:b6 ♔c3 zum Remis führen.

13.♔g4 b2 14.♔f3 ♔d3

Schwarz macht dann mit 15… ♔c2 das Remis klar. Welch ein dramatisches Endspiel! Schade, daß es in der Partie nicht auf das Brett kam,

Wir haben uns mit Beispielen befaßt, in denen der König den Vormarsch eines Freibauern unterstützte. Es kommt aber auch oft vor, daß der König an der Bildung eines Freibauern beteiligt ist.

Simagin – Kotow
(Moskau 1944)

136

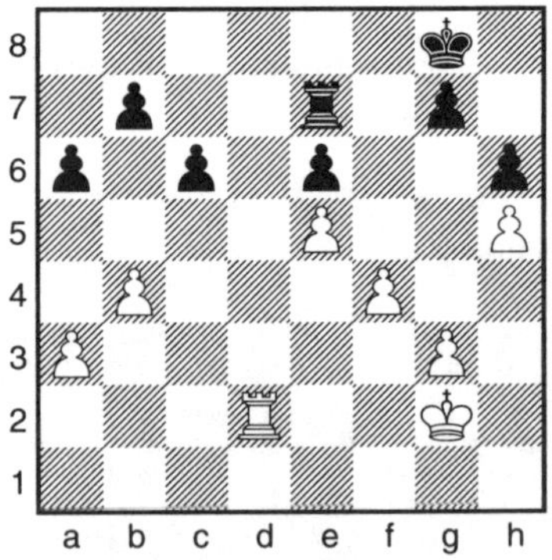

Der Plan von Weiß liegt auf der Hand: Freibauernbildung auf der e-Linie und Neutralisation des Gegenspiels am Damenflügel. Der Besitz der d-Linie, insbesondere des wichtigen Turmfeldes d6, erlaubt Weiß die Umsetzung seines Planes – allerdings

nicht ohne Schwierigkeiten.
1.♔f3 ♖c7 2.♖d6 ♔f7 3.♔e4 ♔e7
Oder 3… c5 4.bc ♖:c5 5.♖d7+ ♔f8 6.♖:b7 ♖c3 7.♖b6 ♖:a3 8.♖:e6 ♖:g3 9.♖:a6 ♖h3 10.♔f5 ♖:h5+ 11.♔e6 ♔g8 (11… g6 12.♔d7 ♖f5 13.♖a8+ ♔g7 14.e6) 12.♔d7 ♖h1 13.e6 ♖d1+ 14.♖d6 ♖e1 15.♖d5! (Um auf ♔f7 oder ♔f8 die Antwort ♖f5+ zu haben) 15… g6 16.f5! gf (16… ♔g7 17.fg) 17.e7 ♔f7 18.♖:f5+ ♔g6 19.♖f8 h5 20.e8♕+ ♖:e8 21.♖:e8 h4 22.♔e6 ♔g5 23.♔e5 ♔g4 24.♔e4 mit Gewinn.
4.f5! ef+ 5.♔:f5 c5
Der Wunsch nach Gegenspiel ist verständlich, so aber nicht zu erfüllen. Aber auch das feinsinnigere 5… b6 6.♔g6 c5 7.bc bc 8.♔:g7 c4 9.♖d2 c3 10.♖c2 ♖c6 11.g4 löste die Probleme nicht.
6.bc ♖:c5 7.♖b6 ♖c7 8.g4 ♔f7 9.a4 ♔e7
Weiß hat maximal seine Bauernstellung verstärkt und strebt nun mit dem König auf die d-Linie, um den Vormarsch des Bauern e5 zu unterstützen.
10.a5 ♔f7 11.♔e4 ♔e7 12.♔d5 ♖d7+ 13.♖d6 ♖c7
Das Bauernendspiel wäre natürlich verloren für Schwarz.
14.e6
Eine wichtige Etappe des Planes ist abgeschlossen, jetzt entbrennt der Kampf um den Punkt d6.
14… ♔e8 15.♖b6 ♔e7 16.♖b1 ♔e8 17.♖b4 ♖c1
Schwarz ist im Zugzwang. 17… ♔e7 verlor wegen 18.♖b6 ♔e8 19.♔d6 ♖e7 20.♖b1 ♔d8 21.♖f1 sofort.
18.♖:b7 Td1+ 19.♔e5 ♖e1+ 20.♔f5 ♖f1+ 21.♔g6 ♖f4 22.g5 ♖g4 23.♔:g7 ♖:g5+ 24.♔f6
Schwarz gab auf.
Simagin demonstrierte bei der Vorteilsverwertung eine hohe Technik. Ich möchte Ihnen empfehlen, dieses lehrreiche Endspiel noch einmal selbständig und gründlich zu analysieren.

■ Eine unmittelbare Folge der Aktivierung des Königs ist oft die **Einschränkung der Beweglichkeit der Leichtfiguren** des Gegners.
In offenen Stellungen kann der König es mit einem Springer erfolgreich aufnehmen.

Sandor – Benkö
(Budapest 1949)

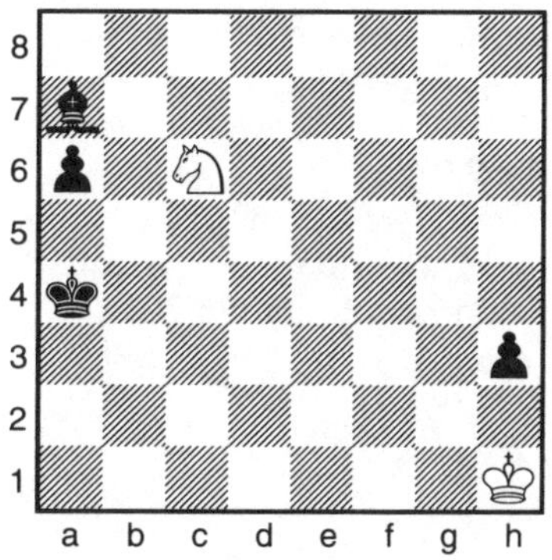
137

Schwarz steht vor einer schwierigen Entscheidung. Der Läufer ist angegriffen, und auf seinen Wegzug folgt 2.♘b8 a5 3.♘c6 nebst 4.♘:a5, und die Stellung kann nicht mehr gewonnen werden, da Schwarz den falschen Läufer hat. Benkö fand jedoch eine nicht alltägliche Lösung.
1… ♔b5! 2.♘:a7+ ♔c5! 3.♘c8 a5 4.♘e7 a4 5.♘f5 a3 6.♘e3 a2 7.♘c2 ♔c4
Weiß gab auf. „Gegen den König ist ein Springer allein im Felde kein Krieger“, so lautet ein altes Schachsprichwort.
Der König schlägt sich auch gegen eine so weitreichende Figur wie der Läufer nicht ohne Erfolg, wie im nächsten Beispiel ersichtlich ist.

Aljechin – Teichmann
(Berlin 1921)

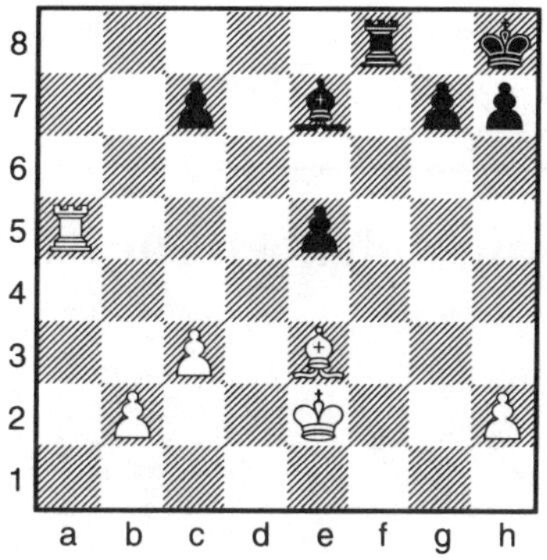
138

Weiß hat vorerst einen Bauern weniger, aber da er am Zug ist, könnte er das materielle Gleichgewicht wiederherstellen. Allerdings würde dann der Läufer erwachen, der sich zur Zeit inmitten seiner Bauern c7 und e5 „langweilt“. Aljechin verschmähte den Bauern e5 und zog **1.♔d3!!**
Es ist hier wichtiger, die gegnerischen Figuren in ihrer Passivität verharren zu lassen, als den Bauern zurückzuerobern. Schwarz sollte sich nun zu 1… e4+ durchringen, um seinem Läufer Aktionsfreiheit zu verschaffen. Aber so ist es nun einmal mit der „Zähigkeit“ der Schachspieler – man klebt am gewonnenen Material!
1… ♔g8? 2.♔e4 ♖b8 3.b4 ♔f7 4.b5 ♔e6 5.c4 ♔d7 6.♖a7 ♗d6 7.♔d5!
Schwarz ist mittlerweile schon bereit, seinen Unglücksläufer für einige Bauern zu opfern. Nach 7.c5 ♖:b5 8.cd ♔:d6 hat Schwarz Remischancen. Weiß will natürlich mehr und engt mit dem König den Gegner noch mehr ein.
7… e4
Ja, jetzt ist es zu spät!
8.b6 ♖f8
Unbefriedigend ist auch 8… ♗:h2

9.c5 ♔c8 10.♔c6! cb 11.♖:g7. Weiß steht auf Gewinn.
9.c5 ♖f5+ 10.♔c4
Schwarz gab auf

Das haben wir in der 24. Lektion behandelt:
☐ Aktivierung des Königs
☐ Zentralisierung des Königs
☐ Erzielung von Materialvorteil durch den König
☐ der König unterstützt Freibauern
☐ die Bildung von Freibauern
☐ Minderung der Mobilität von Leichtfiguren durch den König

Übungsaufgaben zur 24. Lektion

Aufgabe 89:
Weiß: ♔e3, ♗g8, ♙f4
Schwarz: ♔h4, ♙a3, h5
☐ Schwarz am Zug. Kann Schwarz das Remis halten?

Augabe 90:
Weiß: ♔b2, ♘c4, d5, ♙a4, e4, f3, g2, h4
Schwarz: ♔h6, ♘a6, c6, ♙c5, e5, f7, g6, h5
☐ Weiß am Zug. Analysieren Sie diese Stellung! Schlagen Sie einen Plan für Weiß vor!

Aufgabe 91:
Weiß: ♔h3, ♘c2, ♙a3, b4
Schwarz: ♔b6, ♘c4, ♙a4, b5
☐ Schwarz am Zug. Bestimmen Sie den Plan für Schwarz! Zeigen Sie eine Beispielvariante!

Aufgabe 92:
Weiß: ♔e3, ♙a6, g2, h2
Schwarz: ♔e1, ♘b5, ♙e4, g6, h6
☐ Weiß am Zug. Kann Weiß ein Remis erreichen?

Aufgabe 93:
Weiß: ♔e2, ♖a8, ♙a6, f3, g3, h4
Schwarz: ♔f5, ♖a3, ♙f6, g6, h5
☐ Weiß am Zug. Analysieren Sie die Stellung!

Aufgabe 94:
Weiß: ♔d5, ♖h7, ♙a3, c5, g3
Schwarz: ♔b8, ♖h1, ♙e5, h3
☐ Weiß am Zug. Finden Sie den Gewinnweg für Weiß!

25. Lektion

Der König greift an!

Der Leser konnte sich schon mit der Rolle des Königs bei der Erzielung von Materialvorteil, bei der Einschränkung der Beweglichkeit gegnerischer Leichtfiguren und bei der Unterstützung von Freibauern bekanntmachen. Damit sind die Funktionen des Königs im Endspiel aber noch nicht erschöpft. Der König tritt nämlich auch oft als wichtigste Angriffsfigur auf, d. h. seine Aktionen sind unmittelbar gegen den gegnerischen Monarchen gerichtet.

Budo – Masel
(Moskau 1931)

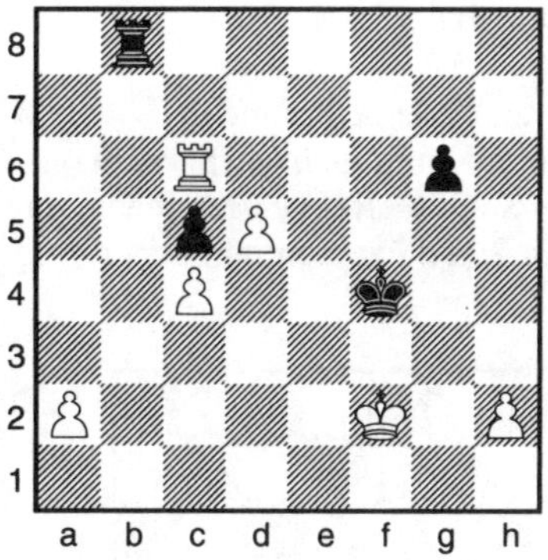

139

Weiß spielte fehlerhafterweise **1.♖:c5?**
Bedeutend stärker war 1.♖e6 ♖b4 2.♖e2 ♖:c4 3.♖d2, und da der Turm hinter dem Freibauern steht, hat Weiß gute Gewinnchancen. Nach dem Textzug gelingt es Schwarz hingegen, die aktive Postierung seines Königs zu nutzen, um ein Remis zu erreichen.
1... ♖b2+ 2.♔e1 ♔e3 3.♔d1 ♔d3 4.♔c1 ♖c2+ 5.♔b1 ♔c3 6.a4
6.♖b5 versprach wegen 6... ♖:h2 7.a4 ♔:c4 8.d6 ♖d2 9.♖b6 ♔c5 keine Gewinnchancen.
6... ♖:h2 7.d6 ♖h1+ 8.♔a2 ♖h2+ 9.♔a3 ♖h1. Remis.
Eine ähnliche Idee wurde im nächsten Beispiel verwirklicht.

Eliskases – Keres
(Nordwijk 1938)

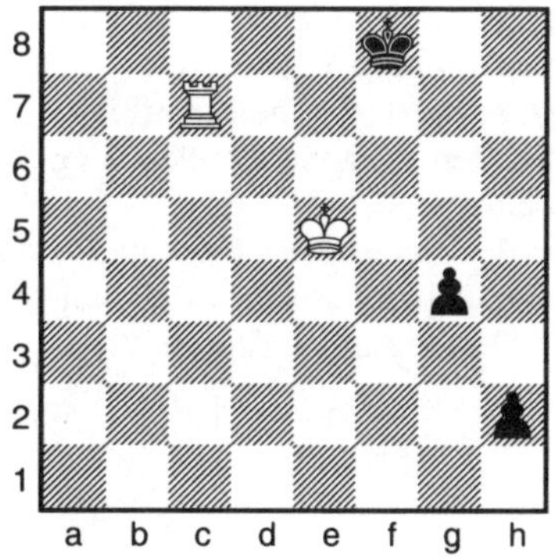

140

Es sieht so aus, als ob die schwarzen Bauern nicht mehr aufzuhalten sind. Aber... **1.♖h7 g3 2.♔f6 ♔g8**
Auf 2... ♔e8 folgt 3.♔e6 ♔d8 4.♔d6 ♔c8 5.♔c6 ♔b8 6.♔b6 ♔c8, und der schwarze König muß umkehren.
3.♖h3 g2 4.♖g3+ ♔f8 5.♖a3!
Hier einigten sich die Kontrahenten wegen folgender Variante auf die Punkteteilung: 5... ♔e8 6.♔e6 ♔d8 7.♔d6 ♔c8 8. ♔c6 ♔b8 9.♖b3+ ♔a7 10.♖a3+ ♔b8 11.♖b3+.

Tarrasch – Reti
(Wien 1922)

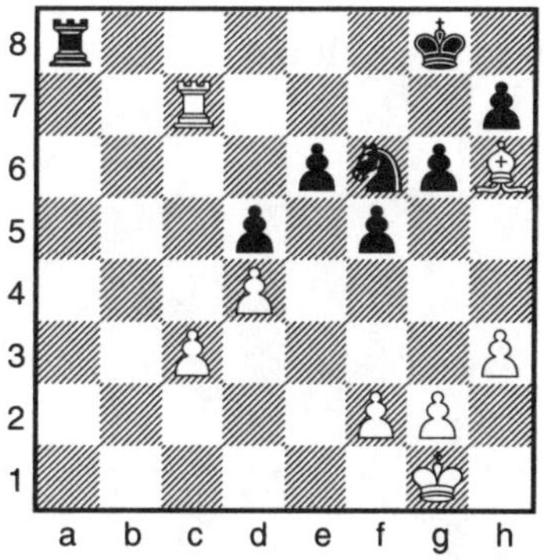

141

Der schwarze König ist auf der Grundreihe abgeschnitten. Der weiße König muß nur noch herbeieilen, um seinem Kollegen den entscheidenden Schlag zu versetzen.
1.♖g7+ ♔h8 2.♖e7 ♔g8 3.f3
Weiß nimmt dem Springer das Feld e4. Natürlich durfte sich der Anziehende nicht von dem möglichen Bauerngewinn durch 3.♖:e6 Kf7 4.♖b6 ♖a3 verblenden lassen, denn dann wäre der schwarze König aus der

Klemme gekommen, und Schwarz hätte Gegenspiel gehabt.
3… ♘e8
Auf 3… ♖e8 ist 4.♖g7+ ♔h8 5.♖f7 ♘h5 6.g4 ♔g8 7.♖b7 ♘f6 8.♖g7+ ♔h8 9.♖f7 stark.
4.♔h2 ♘d6 5.♖g7+ ♔h8 6.♖d7
Damit wird der letzte Verteidiger des schwarzen Königs abgedrängt, und der Angriff der drei vereinigten weißen Figuren entscheidet.
6… ♘b5 7.♔g3! ♘:c3 8.♔f4 ♘b5 9.♔e5 ♖e8 10.♔f6
Jetzt droht 11.♔f7.
10… ♔g8 11.♖g7+ ♔h8 12.♖b7 ♘d6 13.♖d7 ♘b5 14.♔f7 ♖g8 15.♖d8! ♘d6+ 16.♖:d6 g5 17.♖d8 ♖:d8 18.♗g7 matt.
Manchmal greift der König nicht nur seinen bereits passiv stehenden Opponenten an, sondern bringt diesen erst in eine brenzlige Lage.

Mamoschin – Kolker (Ljepeia 1972)

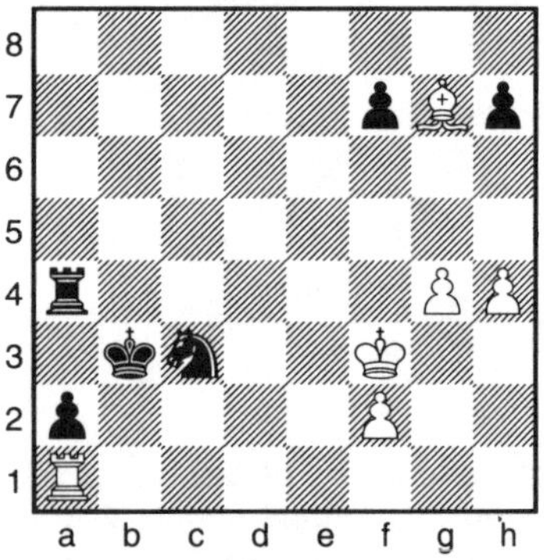

142

1.♔e3 ♔b2 2.♔d2!
Weiß lockt den gegnerischen König unter Turmopfer in die Ecke und bindet die restlichen schwarzen Figuren.
2… ♔:a1 3.♔c2 ♖c4
Ansonsten folgt 4.♗:c3 matt.
4.g5 ♖c7
Nach 4… ♖c6 5.f4 f6 6.♗:f6 ♖:f6 7.gf ♘b5 8.f7 ♘d4+ 9.♔c1 ♘e6 10.f5 ♘f8 11.♔c2 entsteht eine Remisstellung.
5.h5 ♖c8 6.h6 ♖c6 7.f4 f6
Schwarz muß das Remis forcieren, da Weiß nach 7… ♖c8 bereits mit f5 nebst g6 auf Gewinn spielen könnte – trotz des Minusturms!
8.♗:f6 ♖:f6 9.gf ♘e2 10.f7 ♘d4+ 11.♔c1 ♘e6 12.f5 ♘f8 13.♔c2
Remis.
Man beachte in diesem Endspiel die Schlüsselrolle des weißen Königs! mit Läuferunterstützung konnte er die gesamte gegnerische Streitmacht lahmlegen. Der unmittelbare Zweikampf der Könige ist ein typisches Merkmal des Endspiels. Im beiderseitigen Manövrieren treffen sie oft direkt aufeinander, da jeder dem Kontrahenten Steine in den Weg legen will.
■ Ein sehr wichtiges Endspielverfahren im Spiel mit Königen könnte man in Anlehnung an das Eishockey scherzhaft als „Bodycheck-Verfahren" bzw. **Abdrängung** bezeichnen, d. h. der König wählt seinen Weg so, daß er nicht nur zu seinen eigenen Zielorten auf dem Schachbrett gelangt, sondern darüberhinaus seinem direkten Widersacher den Weg abschneidet.
Zur Verdeutlichung des Gesagten möchte ich ein klassisches Beispiel für die Abdrängung anführen.

Schlage – Ahues (Berlin 1921)

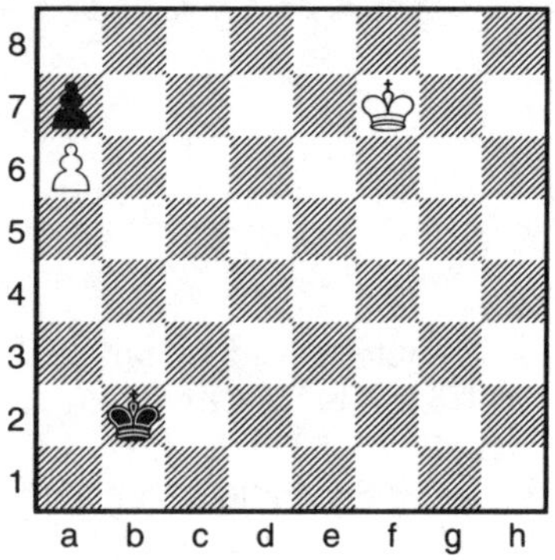

143

Die Partie verlief folgendermaßen: 1.♔e6 ♔c3 2.♔d6? ♔d4 3.♔c6 ♔e5 4.♔b7 ♔d6 5.♔:a7 ♔c7 Remis.
Aber der weiße König konnte sich dem Bauern a7 statt auf dem geraden Wege auch auf einem Zickzackkurs annähern. In diesem Fall hätte er den Weg seines Opponenten gekreuzt und dadurch das entscheidende Tempo gewonnen.
1.♔e6 ♔c3 2.♔d5! ♔b4 3.♔c6 ♔c4 4.♔b7 ♔c5 5.♔:a7 ♔c6 6.♔b8
In dieser Variante konnte der schwarze König nicht mehr rechtzeitig das Schlüsselfeld c7 erreichen, da er nach 2.♔d5 keinen nützlichen Zug

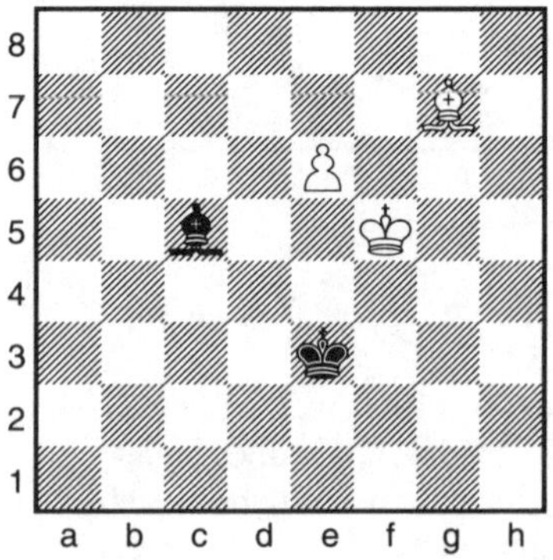

144

hatte, d. h. im Zugzwang war.
Wir haben eine Position vor uns, die vom ungarischen Großmeister Forintos untersucht wurde. Der Gewinnplan besteht in der Überführung des weißen Königs nach f7 oder d7, aber wenn sein schwarzer Opponent gleichzeitig die Felder f5 und d5 betreten kann, entsteht eine bekannte Remisstellung. Deshalb spielt Weiß nicht 1.♔f6, was nach 1… ♔f4 2.♔f7 ♔f5 zum Remis führt, sondern setzt mit
1.♔e5
fort, was die Annäherung des schwarzen Königs verhindert. Auf
1… ♗b4
folgt
2.♔d5 ♔d3
Wenn 2… ♔f4, dann 3.♗e5+ und 4.♗d6.
3.♗f6 ♗a3 4.♗d8 ♗b4 5.♗c7
Es droht 6.♗d6.
5… ♗e7 6.♔c6 ♔e4 7.♔d7

Weiß hat das entscheidende Tempo gewonnen. Schwarz kann aufgeben, da auf die jeweiligen Läuferwegzüge entweder 8.♗d8 oder 8.♗d6 folgt.

Aljechin – Bogoljubow (Deutschland/Holland 1929, 19. WM-Partie)

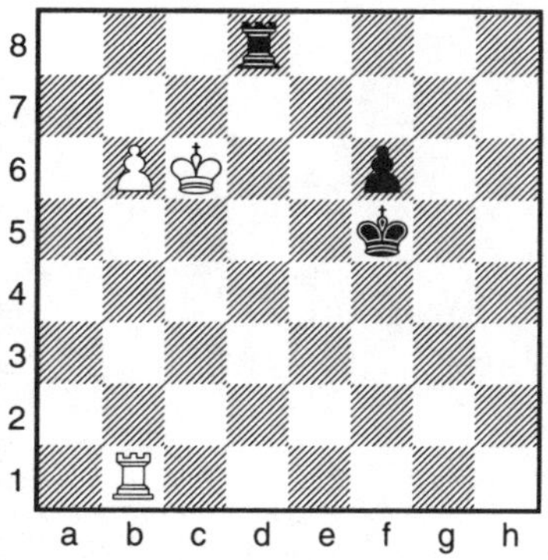

145

Bogoljubow maß der Frage, wohin sein König ziehen müsse, um dem Bauern den Weg freizumachen, keine besondere Bedeutung bei und zog
1… ♔g4?
Das erwies sich als entscheidender Fehler.
2.b7 f5 3.b8♕ ♖:b8 4.♖:b8 f4 5.♔d5 f3 6.♔e4 f2 7.♖f8 ♔g3 8.♔e3
Schwarz gab auf. Der weiße König war rechtzeitig am Bauern dran. Bogoljubow konnte in der Ausgangsstellung jedoch mühelos den halben Punkt sichern, wenn er mit dem König in der Opposition geblieben wäre – **1… ♔e4!** Dann hätten sich die Ereignisse ganz anders entwickelt: **2.b7 f5 3.b8♕ ♖:b8 4.♖:b8 f4 5.♔c5.** Weiß kann das Feld d5 nicht betreten und muß Umwege machen. **5… f3 6.♖f8 ♔e3 7.♔c4 f2 8.♔c3 ♔e2** mit Remisstellung. Das Prinzip der Abdrängung ist meistens in Bauern- bzw. Leichtfigurenendspielen anzutreffen.

■ Neben anderen Besonderheiten im Manövrierkampf der Könige möchte ich auf ein Verfahren hinweisen, daß man auch als **„Finte"** bezeichnen könnte. Es besteht aus zwei Etappen: zuerst attackiert der König ein beliebiges Objekt (meistens ist es ein Bauer) bzw. stellt auf einem beliebigen Brettabschnitt eine Drohung auf. Für das Abwehren dieser Drohung muß der Kontrahent eine Schwächung seiner Stellung in Kauf nehmen.
Dann ändert der König schlagartig seine Bewegungsrichtung um die Bresche in der gegnerischen Verteidigung auszunutzen. Man kann das beschriebene Verfahren besser eine Methode der **Hinlenkung im Endspiel** nennen.

Studie von Sinar

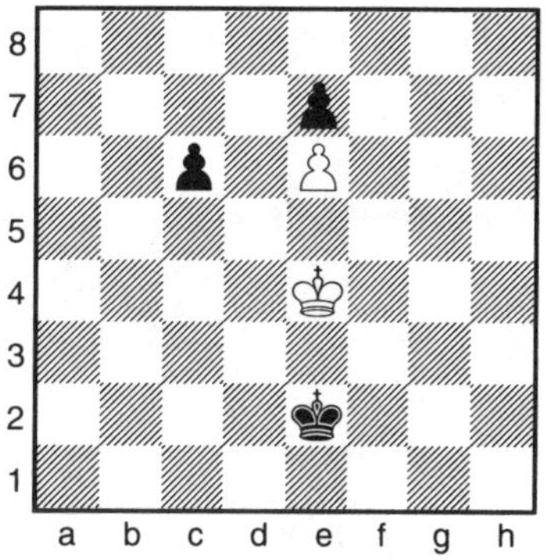

146

Weiß soll ein Remis erreichen. Allerdings erfüllt der direkte Angriff auf den c-Bauern dieses Ziel nicht:
1.♔f5 c5
1.♔d4? ♔f3 2.♔c5 ♔e4 3.♔:c6 ♔e5 4.♔d7 ♔f6, und Weiß verliert.
Weiß muß zuerst einen Angriff auf den Bauern e7 antäuschen:
Jetzt geht es zurück.
2.♔e4!
Hier sehen wir die uns bereits bekannte „Abdrängung".
2… ♔f2 3.♔d5 ♔f3 4.♔:c5 ♔e4 5.♔c4 ♔e5 6.♔d3 ♔:e6 7.♔e4
Remis.

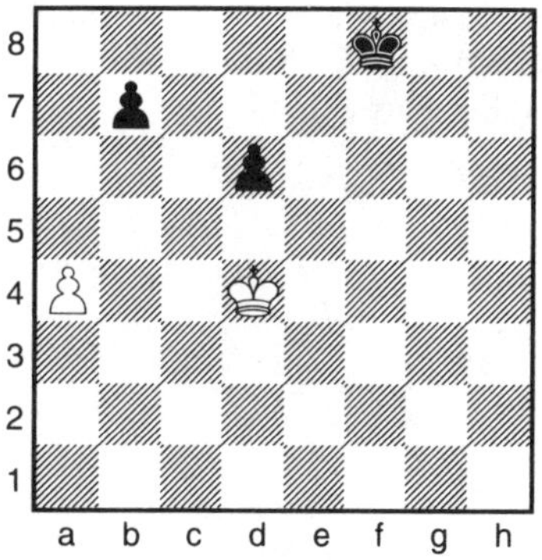

147

Diese Studie stammt ebenfalls von **Sinar.** Weiß verwirklicht eine doppelte Hinlenkung. Zuerst wird die Bewegung des schwarzen Bauern erzwungen, dann mittels a4-a5 die des Königs. Die Lösung lautet folgendermaßen:

1.♔c4 ♔e7 2.♔b5 ♔d7!

Wenn 2… d5, so 3.♔c5 ♔e6 4.a5 und weiter wie in der Hauptvariante.

3.♔b6 d5

Zum Remis führt 3… ♔c8 4.a5 ♔b8 5.a6 ba 6.♔:a6 ♔c7 7.♔b5 ♔d7 8.♔c4 ♔e6 9.♔d4.

4.♔c5 ♔e6 5.a5 ♔e5 6.♔b6!

Jetzt verwandeln sich die beiden Bauern gleichzeitig, weshalb die Stellung remis ist.

Das haben wir in der 25. Lektion behandelt:

☐ der König als Angriffsfigur
☐ der König spielt auf Matt
☐ die Abdrängung
☐ die Opposition
☐ die Hinlenkung

Übungsaufgaben zur 25. Lektion

Aufgabe 95:
Weiß: ♔e6, ♖b1
Schwarz: ♔d8, ♙f2, g3, h7
☐ Weiß am Zug. Kann Weiß die Niederlage abwenden?

Aufgabe 96:
Weiß: ♔e4, ♖b7, ♗e5, ♙a3, b2, f4, h2
Schwarz: ♔e6, ♖f2, ♘f5, ♙a6, g6, h6
☐ Schwarz am Zug. Welchen Verteidigungsplan soll Schwarz wählen?

Aufgabe 97:
Weiß: ♔c5, ♙b2
Schwarz: ♔f5, ♙b7
☐ Weiß am Zug. Bestimmen Sie das Resultat der Partie!

Aufgabe 98:
Weiß: ♔e4, ♙f2
Schwarz: ♔b5, ♙g6
☐ Weiß am Zug. Bestimmen Sie das Resultat der Partie!

Aufgabe 99:
Weiß: ♔d5, ♘c6, ♙d7
Schwarz: ♔a3, ♗c7
☐ Weiß am Zug. Bestimmen Sie das Resultat der Partie!

Aufgabe 100:
Weiß: ♔c7, ♖b1
Schwarz: ♔b5, ♙b4
☐ Bestimmen Sie das Resultat der Partie wenn Weiß bzw. Schwarz am Zug ist!

Aufgabe 101:
Weiß: ♔f4, ♙g5
Schwarz: ♔a3, ♙e7, f7
☐ Weiß am Zug. Kann Weiß ein Remis erreichen?

Aufgabe 102:
Weiß: ♔d7, ♙c7
Schwarz: ♔h4, ♗h7, ♙b7
☐ Weiß am Zug. Ist ein Remis möglich?

26. LEKTION

Achtung, Freibauern!

Im Endspiel steigt die Bedeutung von Freibauern im Vergleich zu den anderen Partiestadien enorm.

■ Der Freibauer tritt hier entweder in der Rolle des **ablenkenden** oder des **entscheidenden Faktors** auf.
Im ersten Fall zieht er das Feuer auf sich, d.h. er lenkt die gegnerischen Kräfte vom Hauptabschnitt des Kampfes ab.
Im zweiten Fall entscheidet der Bauer selbst den Ausgang der Schlacht – er schreitet voran, trotz aller Hindernisse, oder er zwingt den Gegner zu erheblichen materiellen Verlusten.
Natürlich kann von einer starren Zuordnung der Funktionen (ablenkende oder entscheidende) keine Rede sein, da sich die Rolle des Bauern im Partieverlauf ändern kann.

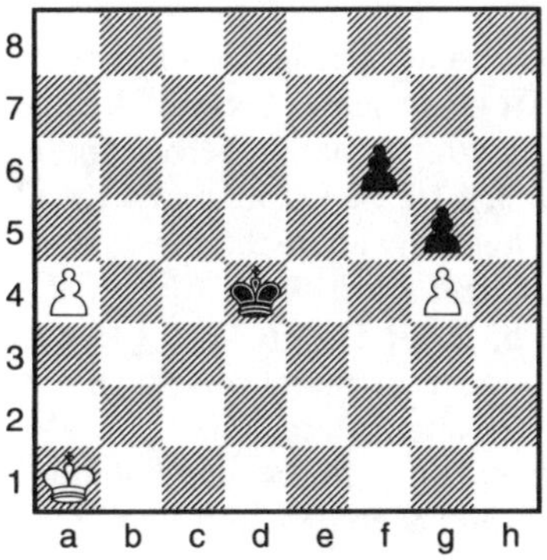

148

Weiß hat einen Freibauern, den Schwarz im Auge behalten muß.

Weiß beabsichtigt, die gegnerischen Bauern zu erobern, um dann die Partie mit seinem g-Bauern zu gewinnen. Diesem g-Bauern kommt in den Plänen von Weiß die entscheidende Bedeutung zu, während der a-Bauer eine Ablenkungsfunktion hat.
Betrachten wir nun einige mögliche Varianten genauer.

1.a5 ♔c5

Erzwungen. Es verliert 1... ♔d5 2.♔b2 f5 3.gf g4 4.a6 ♔c6 5.f6 g3 6.a7 ♔b7 7.f7 g2 8.a8♕+. In diesem Abspiel hat der a-Bauer seine Funktion glänzend erfüllt.

2.♔b2 f5

Das ist die einzige Gegenchance. Nach 2...♔b5 3.♔c3 ♔:a5 4.♔d4 ♔b6 5.♔e4! (5.♔d5? f5! 6.gf g4 7.♔e4 ♔c6 führt zum Remis) 5... ♔c7 6.♔f5 ♔d7 7.♔:f6 ♔e8 8.♔:g5 ♔f7 9.♔h6 gewinnt Weiß.

3.gf g4 4.f6! ♔d6 5.a6 g3 6.f7 ♔e7 7.a7 g2 8.f8♕+

Weiß gewinnt. In diesem Fall hat der a-Bauer die entscheidende und der f-Bauer die ablenkende Rolle gespielt. Der Rollentausch der beiden weißen Freibauern ist sehr instruktiv.

■ Ein Schachspieler träumt im Endspiel oft von **verbundenen Freibauern.** Diese Art Bauern stellen eine große Kraft dar. Wenn man über die Stärken verbundener Freibauern spricht, so muß man darauf verweisen, daß sie sich erstens gegenseitig verteidigen können und daß ihr Vormarsch in „geschlossener Formation" zweitens sehr schwer zu stoppen ist. Verbundene Bauern schaffen in Verbindung mit dem König oftmals Mattdrohungen. Deshalb ist es ratsam, den Gegner am Erlangen von verbundenen Freibauern zu hindern.

Euwe – Barcza
(Budapest 1940)

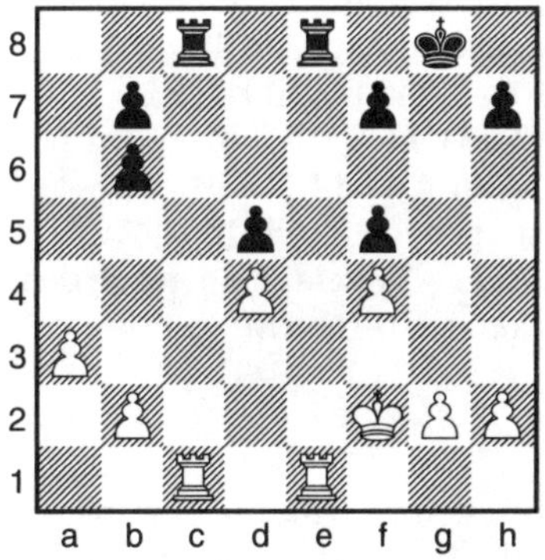

149

Die schwarzen Bauern sind schwach, aber es ist nicht zu sehen, wie Weiß diesen Vorteil ausnutzen soll. Richtig war jetzt 1... ♔g7 und dann 2... ♖:e1, um auf 3.♖:c8 über die Antwort 3... ♖b1 mit ausreichendem Gegenspiel zu verfügen. Die Hauptgefahr besteht für Schwarz in dem Einbruch des weißen Turmes auf c7, was den Verlust der b-Bauern nach sich ziehen könnte. In diesem Fall erhält Weiß zwei verbundene

Freibauern. Doch Schwarz kommt den Wünschen des Kontrahenten wie auf Bestellung entgegen.

1… ♖:c1? 2.♖:c1 ♖e4

Barcza nahm wahrscheinlich an, daß dieser Zug ihm gute Gegenchancen einräumt. Aber die verbundenen Freibauern, die Weiß bald erhält, wiegen schwerer als geringe materielle Verluste. Übrigens war 2… ♖e7 wegen 3.♖c8+ und 4.♖d8 ebenfalls unbefriedigend.

3.♖c7! ♖:d4 4.♔e3!

Natürlich nicht 4.♖:b7, wegen 4… ♖d2+.

4… ♖:e4+ 5.♔d3

Wenn 5.♔f3?, so 5… d4 6.♖:b7 ♖e3+ 7.♔f2 ♖b3.

5… ♖f4 6.♖:b7 ♖f2 7.♖:b6 ♖:g2 8.a4 ♖:h2

Schwarz hat nun zwei Mehrbauern, aber was für welche!

9.a5 ♖h1 10.♖b3!

Der genaueste Zug. Auf 10… ♖a1 oder 10… ♖h6 folgt 11.♖a3.

10… ♖h3+ 11.♔c2 ♖h2+ 12.♔b1 ♖e2 13.a6 ♖e7 14.♖a3

Schwarz gab auf. Nach 14… ♖a7 gibt es keine Verteidigung gegen den vorrückenden b-Bauern.

■ Neben den verbundenen Freibauern ist der Besitz eines **gedeckten Freibauern** (oder die Möglichkeit seiner Bildung) ein wesentlicher positiver Faktor. Da dieser Bauer von einem anderen Bauern gedeckt ist, bedarf er weder des Schutzes des Königs noch anderer Figuren, die dadurch für andere Zwecke frei werden. So erhöht sich bei Existenz eines gedeckten Freibauern die Gesamtaktivität der Figuren der entsprechenden Seite. Die Kräfte des Kontrahenten werden im Gegenzug durch diesen Bauern in gewissem Maße gebunden.

Spasski – Yanowski (Winnipeg 1967)

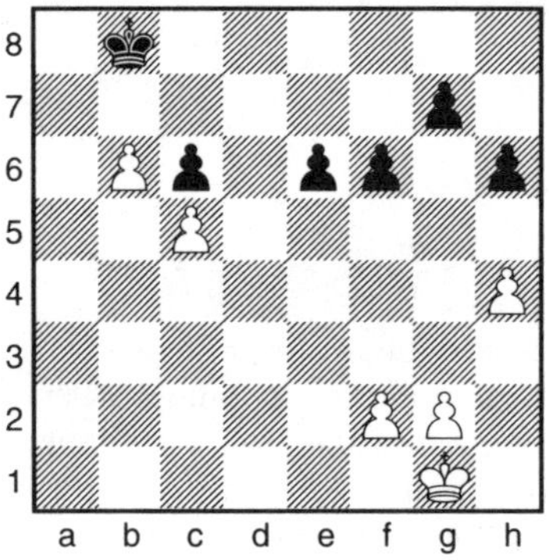

150

Der weiße Vorteil ist offensichtlich. Der schwarze König ist dazu verurteilt, den Bauern b6 zu bewachen. Die Antwort auf die Frage – Kann Weiß gewinnen? – hängt davon ab, ob der weiße König ins gegnerische Lager einzudringen vermag. Spasski zog hier

1.h5

und nahm den schwarzen Bauern damit die Möglichkeit, eine geschlossene Formation auf der 6. Reihe einzunehmen. Auf 1… e5 kann nun 2.g4 folgen, und 1… f5 wird mit 2.f4 beantwortet, wonach der weiße König mühelos in die gegnerischen Reihen vordringt.

1… ♔b7 2.♔f1 ♔c8 3.♔e2 ♔d7 4.♔d3 ♔c8 5.♔c4

Der König nähert sich dem Damenflügel, um dort eine Zugzwangstellung herbeizuführen, was Schwarz zu schwächenden Zügen am Königsflügel veranlassen wird.

5… ♔b7 6.♔b4 ♔a6 7.♔a4 ♔b7 8.♔a5 ♔b8 9.♔a6

Zugzwang.

9… e5 10.g4

Schwarz gab auf. In der Schlußstellung gewinnt nicht nur der angedachte Königsmarsch auf den anderen Flügel, sondern auch die „grobe“ Methode: 10… ♔a8 11.b7+ ♔b8 12.♔b6 e4 13.♔:c6.

■ Das koordinierte Handeln zweier isolierter Freibauern ist ebenfalls ein ziemlich effektives Mittel (besonders in Bauernendspielen). Der Leser konnte sich anhand des ersten Beispiels in diesem Kapitel davon überzeugen. Ich möchte noch eine Stellung anführen, die die Möglichkeiten von isolierten Bauern zeigt, sich bei einem Angriff durch den König gegenseitig zu verteidigen.

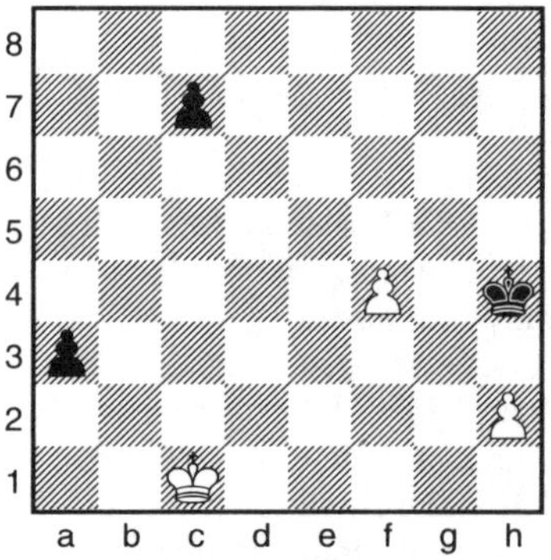

151

Weiß zieht und gewinnt! Die Lösung ist folgende:

1.h3!

Die Bauern decken sich auf klassische Art gegenseitig. Schwarz kann keine analoge Situation herbeiführen.

1… c5 2.♔b1 c4 3.♔a2 und **4.♔:a3.**

Es gelingt Schwarz nicht, die weißen Bauern zu erobern. Nach

1… ♔h5 2.♔b1 ♔g6 3.h4 ♔f5 4.h5

ist der Bauer erneut tabu. Schwarz verliert in allen Varianten.

■ Eine wichtige Bedeutung kommt im Endspiel auch dem **entfernten Freibauern** zu. Man kann sagen, je weiter ein Freibauer vom Ort der Figurenkonzentration entfernt ist, desto besser erfüllt er die Ablenkungsfunktion, oft spielt er die entscheidende Rolle.

Kasparow – Karpow
(Moskauf 1984, 6. WM-Partie)

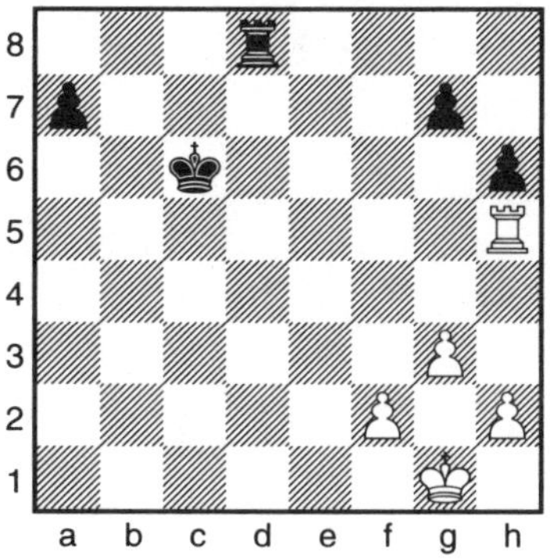

152

Der entfernte Freibauer bestimmt den Plan von Schwarz, der darin besteht, König und Turm des Gegners zur Verteidigung auf den Damenflügel zu lenken, um dann über die weißen Bauern am Königsflügel herzufallen. Schwarz kommt auch der Umstand zugute, daß er seinen Turm hinter den eigenen Freibauern bringen kann. Es folgte:

1.♖e5 ♖a8! 2.♖a5

2.♖e6+ rettete die Partie auch nicht, z.B.: 2… ♔c5 3.♖g6 a5 4.♖:g7 a4 5.♖c7+ ♔b4 6.♖b7+ ♔a5! 7.g4 a3 8.♖b1 a2 9.♖a1 ♔b4 10.f4 ♔b3 11.♔f2 (11.g5 hg 12.fg ♖a5 13.h4 ♖a4) 11… ♔b2 12.♖:a2+ ♖:a2 13.♔e3 ♔c3 14.h4 ♖h2 15.h5 ♖h4 16.g5 ♖:h5 17.g6 ♖h4! 18.f5 ♖g4.

2… ♔b6 3.♖a2 a5 4.♔f1 a4 5.♔e2 ♔c5 6.♔d2 a3 7.♔c1 ♔d4 8.f4

Keine Rettung bot auch 8.♔b1 ♖b8+ 9.♔a1 ♖b2 10.♖:a3 ♖:f2 11.♖a6 ♖f6! 12.♖a7 g5 bzw. 8.♖d2+ ♔c3 9.♖c2+ ♔b3 oder 8.b4 ♔e4 9.♔b1 ♔f3 10.♖c2 a2+ 11.♔a1 ♖a7 und 12… ♔g2.

8… ♔e4 9.♔b1 ♖b8+ 10.♔a1 Tb2 11.♖:a3 ♖:h2 12.♔b1 ♖d2 13.♖a6

Es drohte 13… ♖d3. Auf 13.♖a7 folgt 13… g5.

13… ♔f5 14.♖a7 g5 15.♖a6 g4!

Der weit vorgerückte Bauer g4 und die passive Stellung des weißen Königs sind Vorboten des schwarzen Sieges.

16.♖:h6

Falls 16.♖a3, so 16… ♖f2 mit der Drohung 17… ♖f3.

16… ♖g2 17.♖h5+

Auch andere Züge verlieren: a) 17.♔c1 ♖:g3 18.♔d2 ♖f3 19.♔e2 ♔:f4 20.♖f6+ ♔g3; b) 17.♖h8 ♖:g3 18.♖f8+ ♔e4 19.f5 ♖f2 20.*f*6 ♖f4.

17… ♔e4 18.f5 ♖f2 19.♔c1 ♔f3 20.♔d1

Nach 20.f6 ♔:g3 21.♖h6 ♔g2! 22.♔d1 g3 23.♖g6 ♖f5 24.♔e2 ♖e5+ 25.♔d3 ♔f3 26.♔d4 (26.f7 ♖f5 27.♖g7 ♖f4!) 26… ♖h5! 27.f7 ♖f5 28.♖g7 g2 ist Weiß im Zugzwang. Auf 29.♔d3 folgt 29… ♖f4 und auf 29.♔c4-♔f2.

20… ♔:g3 21.♔e1 ♔g2 22.♖g5 g3 23.♖h5

23.♔d1 wird mit 23… ♔h3 24.♔e1 ♔h4 mit Gewinn beantwortet.

23… ♖f4 24.♔e2 ♖e4+ 25.♔d3 ♔f3 26.♖h1 g2 27.♖h3+ ♔g4 28.♖h8 ♖f4 29.♔e2 ♖:f5

Weiß gab auf.

Im nächsten Beispiel ist der Freibauer nicht so weit entfernt, hätte aber trotzdem entscheidenden Einfluß auf den Partieausgang nehmen können.

Awerbach – Tukmakow
(Kislowodsk 1982)

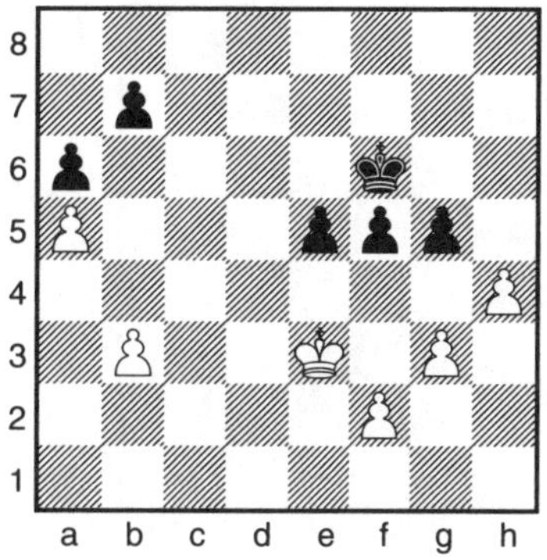

153

Weiß spielte 1.hg+ ♔:g5 2.f3 ♔f6 3.♔d3 ♔e6 4.g4 e4+ mit Remisschluß. In der Analyse wurde jedoch festgestellt, daß Weiß dieses Endspiel gewinnen konnte und zwar so:

1.♔d3! gh 2.gh ♔g6 3.♔c4 f4 4.h5+!

Weiß lenkt den König ab. Schlechter ist 4.♔d5 ♔f5 5.h5 e4 6.h6 e3 oder 4.♔d3 ♔f5 5.f3 e4+ 6.fe ♔g4 7.e5 f3 8.e6 ♔g3.

4… ♔:h5 5.♔d5 ♔g4 6.♔e4!

Nur so! Nach 6.♔:e5 ♔f3 7.b4 ♔:f2 8. ♔:f4 ♔e2 9.♔e4 ♔d2 10.♔d4 ♔c2 11.♔c4 ♔b2 ist die Stellung remis.

6… ♔h3

Oder 6… f3 7.♔:e5 ♔h3 8.♔f4 ♔g2 9.♔e3 mit Gewinn.

7.♔:e5 ♔g2 8.♔:f4 ♔:f2 9.♔e5

Weiß gewinnt, da er zuerst die Damenflügelbauern erreicht.

■ Die Existenz eines entfernten Freibauern kompensiert oft materielle Nachteile oder positionelle Mängel und unterstützt somit die Verteidigung der schwächeren Seite. Besonders deutlich wird dies in Damen- bzw. Turmendspielen.

Rubinstein – Capablanca (St. Petersburg 1914)

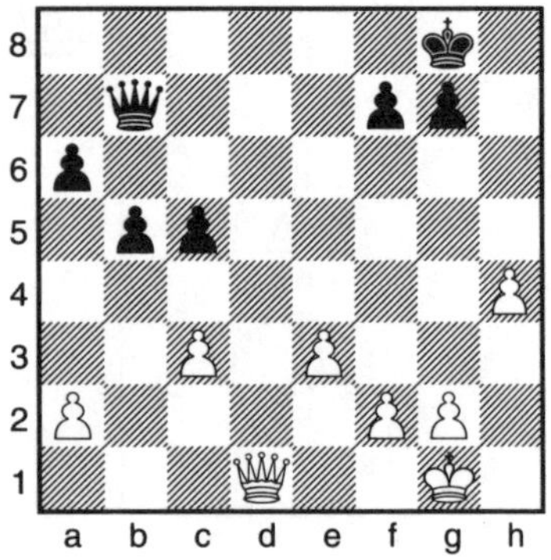

154

Weiß hat einen Mehrbauern, sein Vorteil ist unbestreitbar. Die einzige Chance von Schwarz besteht in der Bildung eines entfernten Freibauern am Damenflügel.

1.♕d6! b4

Wenn 1… c4, so 2.f3 a5 3.a3 ♕c8 4.♔f2, und Schwarz hat kein Gegenspiel.

2.♕:c5?

Dies kommt dem Gegner entgegen. Notwendig war 2.c4, z. B., 2… ♕c8 3.♕b6 g6 4.e4 ♔g7 5.f3 oder 2… da7 3.♕d8+ ♔h7 4.♕a5 g6 5.g3 ♔g7 6.♔f1 nebst Überführung des Königs nach c2. Nach der Einschränkung der gegnerischen Aktivität könnte Weiß an die Verwertung seines Vorteils am Königsflügel gehen.

2… bc! 3.♕:c3 ♕b1+ 4.♔h2 ♕:a2

Der schwarze Freibauer ist sehr stark, man kann seinen Vormarsch nicht aufhalten. Der weiße Mehrbauer spielt hier überhaupt keine Rolle. Weiß muß sich mit Dauerschach zufriedengeben.

5.♕c8+ ♔h7 6.♕f5+ g6 7.♕f6 a5 8.g4 a4 9.h5

Es droht jetzt 10.h6 ♔:h6 11.♕h8+ ♔g5 12.♔g3, und Schwarz wird mattgesetzt.

9… gh! 10.♕f5+ ♔g7 12.♕:h5 Remis.

Botwinnik – Borissenko (Moskau 1955)

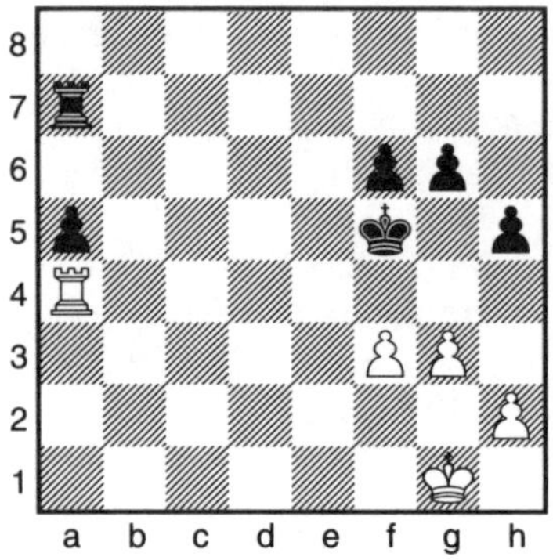

155

Weiß scheint keinerlei Rettungschancen zu besitzen. Der schwarze Turm ist ideal hinter seinem Freibauern postiert, und der König droht, nach b5 zu gehen. Botwinnik findet jedoch eine Verteidigungsressource, die in der Bildung eines entfernten Freibauern besteht.

1.g4+! hg

Besser ist 1… ♔e6, aber auch dann hat Weiß nach 2.gh gh 3.♔f2 ♔e6 4.♔e3 Gegenspiel.

2.fg+ ♔e5 3.h4! ♔d5 4.h5 gh 5.gh ♔e6

Auf 5… ♔c5 folgt 6.h6 ♔b5 7.♖h4 ♖h7 8.♖h5+ ♔b4 9.♖h4+ ♔b3 10.♖h3+ ♔b2 11.♖h4. Schwarz geht deshalb mit seinem König an den weißen Freibauern heran, doch bringt auch dieser Plan keinen Erfolg.

6.h6 ♔f7 7.♖g4 ♔f8 8.♖f4 ♖a6 9.♖g4 ♖a7 10.♖f4 ♔g8 11.♖:f6 a4 12.♖f2 ♔h7 13.♖a2 ♔:h6 14.♔f2 ♔g5 15.♔e3. Remis.

Das haben wir in der 26. Lektion behandelt:

- ☐ Freibauern
  ablenkende Funktion
  entscheidende Funktion
- ☐ verbundene Freibauern
- ☐ der gedeckte Freibauer
- ☐ der entfernte Freibauer

Übungsaufgaben zur 26. Lektion

Aufgabe 103:
Weiß: ♔f4, ♙e7, f6
Schwarz: ♔f7, ♙c7, d4
□ Weiß am Zug. Wie geht die Partie aus?

Aufgabe 104:
Weiß: ♔b5, ♗d4, ♙e4, f4, h2
Schwarz: ♔d6, ♘c5, ♙b6, g6, h7
□ Weiß am Zug. Kann Schwarz das Remis halten?

Aufgabe 105:
Weiß: ♔e1, ♙a3, b2
Schwarz: ♔d4, ♙c4, g4
□ Weiß am Zug. Wie geht die Partie aus?

Aufgabe 106:
Weiß: ♔h1, ♗e8, ♙a5, d3, f2
Schwarz: ♔e2, ♗h7, ♙d5, g5, h2
□ Weiß zieht und gewinnt.

Aufgabe 107:
Weiß: ♔c4, ♙d4, e4, g2
Schwarz: ♔e6, ♘a1, ♙f6, g6
□ Weiß am Zug. Kann er das Remis halten?

Aufgabe 108:
Weiß: ♔a2, ♘g8, ♙e4, g6
Schwarz: ♔a5, ♘b8, ♙a4, b5, e5, e6
□ Weiß zieht und gewinnt.

27. Lektion

Die Bildung von Freibauern

■ Zur Bildung von Freibauern im Endspiel gibt es drei Wege:
a) der Durchbruch
b) Vorrücken der Bauernmajorität an einem Flügel
c) die Beseitigung der gegenüberstehenden Bauern durch Figuren

■ Das Ziel des **Durchbruchs** besteht darin, die gegnerischen Bauern von der Verteidigung abzulenken und damit gleichzeitig dem eigenen Bauern den Weg freizumachen. Der Durchbruch ist immer mit einem Bauernopfer verbunden. Die Beseitigung der störenden gegnerischen Bauern geht immer mit der Verschärfung des Kampfes einher und erfordert die genaue Berechnungen konkreter Varianten.

Lund – Nimzowitsch
(Kopenhagen 1921)

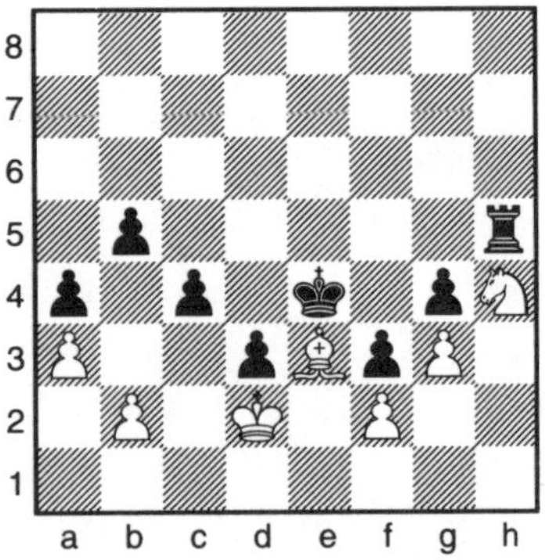

156

Dem ersten Eindruck nach, kann Schwarz trotz seiner weit nach vorn geschobenen Bauern und der passiven gegnerischen Figuren kaum auf den Sieg hoffen. Alle Einbruchswege sind von den weißen Figuren scheinbar zuverlässig geschützt, aber … ein Durchbruch entscheidet.

1… b4!

Da 2… c3+ 3.bc ba droht, muß Weiß das Opfer annehmen.

2.ab ♖:h4 3.gh g3 4.fg c3+! 5.bc

Natürlich verliert auch 5.♔:c3 ♔:e3, da der schwarze f- und h-Bauer zur Dame schreitet.

5… a3

Weiß gab auf.

■ Der Erfolg eines Durchbruchs hängt oft davon ab, wie weit der sich bildende Freibauer vom Umwandlungsfeld entfernt ist. Im gerade betrachteten Beispiel waren die „Einzugskandidaten“ allesamt nur zwei bis drei Schritte davon entfernt, was der Operation natürlich zugute kam. Wenn man aber die Stellung zwei Reihen nach hinten versetzen würde, wäre der Durchbruch nicht möglich.

■ Die Effektivität eines Durchbruchs bzw. dessen Verhinderung hängt natürlich nicht nur davon ab, wie weit die Bauern schon vorgeschoben sind, sondern auch davon, wie die anderen Figuren (allen voran der König) postiert sind. Wenn der König von den eigenen Bauern zu sehr entfernt ist, erleichtert das dem Gegner einen erfolgreichen Durchbruch.

Pomar – Cuartas
(Olot 1974)

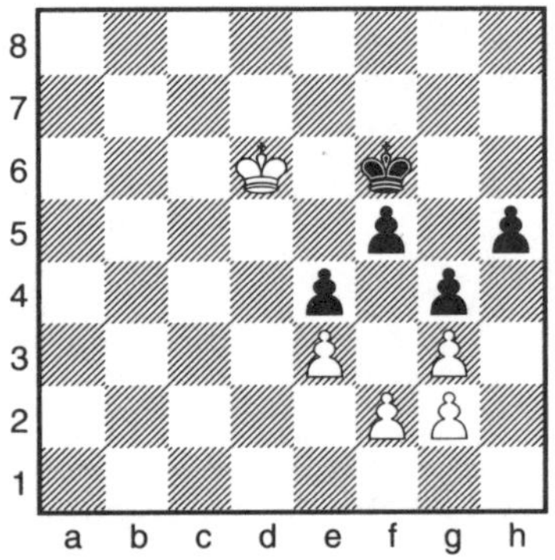

157

Weiß hatte gerade seinen König nach d6 gezogen und hatte dabei folgende scheinbar forcierte Gewinnvariante vor Augen: 1… ♔g6 2.♔e6 ♔g5 3.♔f7 h4 4.gh+ ♔:h4 5.g3+ ♔h3 6.♔f6 ♔g2 7.♔:f5 ♔:f2 8.♔f4. Ihn erwartete jedoch eine unangenehme Überraschung:

1… f4!

Weiß beorderte schleunigst seinen König zurück

2.♔d5

da 2.ef an 2… h4 3.gh g3 4.fg e3 scheitert. Aber das Kind war schon in den Brunnen gefallen!

2… h4 3.♔:e4

Auf 3.gf folgt 3… h3.

3… f3! 4.gf h3
Weiß gab auf.
■ Man beachte die Sperrung 3… f3, die bei Bauerndurchbrüchen ein typisches Manöver ist.

Pillsbury – Gunsberg
(Hastings 1895)

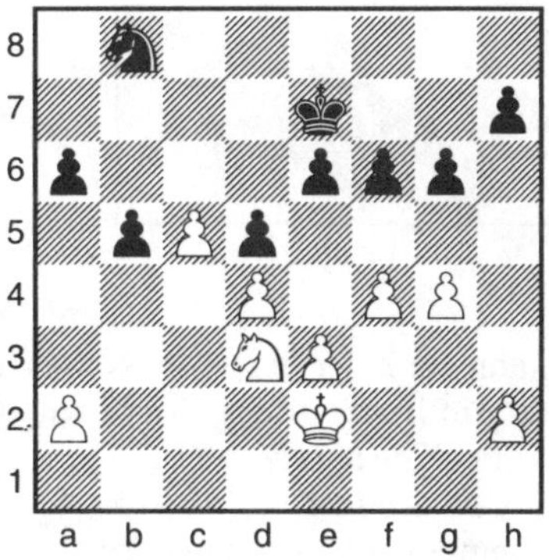

158

Der schwarze König steht zwar gut, doch der Springer ist schlecht plaziert. Stünde der Springer auf c6, hätte Weiß seinen Vorteil (gedeckter Freibauer) wohl kaum realisieren können. Aber Weiß ist am Zug, und der Springer steht nun mal auf b8.
1.f5! g5
Erzwungen, da sowohl 1… gf 2.gf ef 3.♘f4 als auch 1… ♘c6 2.♘f4! schlecht ist.
2.♘b4 a5 3.c6! ♔d6
3… ab scheitert an 4.c7.
4.fe! ♘:c6
Wiederum war 4… ab wegen 5.e7 ♔:e7 6.c7 nicht spielbar. Schauen Sie sich einmal die Stellung genauer an! Der Bauer c7 hat durch den Angriff auf den Springer seine Kraft verdoppelt. Wäre der Springer nicht existent, so könnte Schwarz den Freibauern mittels 6… ♔d7 leicht stoppen. Dieses Kombinationsmotiv (Bauer gegen Springer) kommt relativ häufig vor.
5.♘:c6 ♔:c6 6.e4!
Ein weiterer, diesmal entscheidender Durchbruch. Pillsbury erhält jetzt verbundene Freibauern.
6… de 7.d5+ ♔d6 8.♔e3
Der weiße Sieg ist offensichtlich, z. B.: 8… b4 9.♔:e4 a4 10.♔d4 b3 11.ab a3 12.♔c3 f5 13.gf ♔e7 14.b4 h5 15.b5 g4 16.b6 h4 17.b7 usw.
■ Wir konnten an diesem Beispiel eine weitere Besonderheit beobachten, nämlich daß die Effektivität eines Durchbruchs wächst, wenn sich bereits ein Freibauer auf dem Brett befindet.
■ Hat der Gegner einen entfernten Freibauern, so ist der Durchbruch (oder die Drohung eines Durchbruchs) das wirkungsvollste Verteidigungsmittel.

Nakagawa – Day
(Buenos Aires 1978)

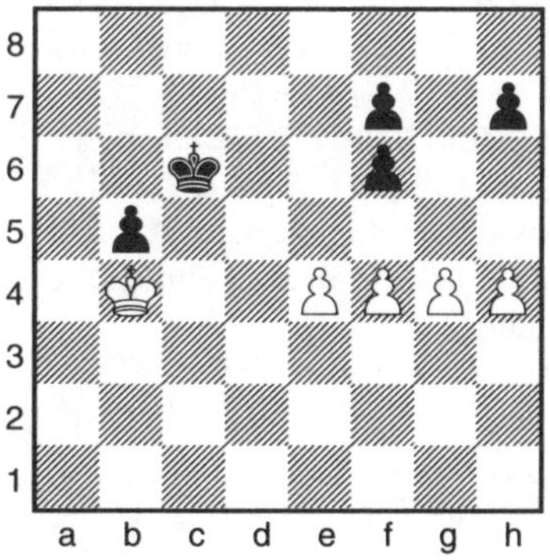

159

Es folgte 1… h6? 2.g5? (2.h5 nebst 3.g5 gewinnt) 2… fg 3.fg h5 4.e5 ♔d5 5.♔:b5 ♔:e5, und Schwarz gewann. Juri Awerbach wies nach, daß Weiß auch bei bester schwarzer Spielweise die Stärke des entfernten Freibauern mittels der Drohung eines Durchbruchs neutralisieren konnte.
1… ♔b6 2.h5!
Der einzige Zug. Die Hauptvariante ist folgende:
2… ♔c6 3.h6! ♔b6 4.e5! fe 5.fe
5.f5 scheitert an 5… e4 6.g5 e3 7.♔c3 b4+, und die schwarzen Bauern sind gefährlicher.
5… ♔c6 6.e6! ♔d6
Bei 6… fe 7.g5 gewinnt Weiß.
7.ef ♔e7 8.♔:b5 ♔:f7 9.♔c4 ♔g6 10.♔d3 ♔g5 11.♔e3 ♔:g4 12.♔f2
Remis.
Oft steht der Schachspieler vor der quälenden Frage, ob er den Vorstoß sofort, einige Züge später oder überhaupt nicht durchführen soll. Die Antwort darauf hängt in erster Linie von der allgemeinen Stellungseinschätzung ab. Wenn eine Abwartetaktik die eigene Figurenstellung verbessert ohne dem Kontrahenten Konterchancen einzuräumen, muß natürlich dazu geraten werden.
■ Die praktische Erfahrung zeugt jedoch davon, daß sich Verzögerungen im Endspiel meistens nicht bezahlt machen und die Verschiebung eines Bauerndurchbruchs nachteilig ist. Deshalb sollte man den in der Schachliteratur mitunter anzutreffenden Ratschlag, daß im Endspiel keine Eile geboten sei, mit großer Vorsicht genießen.

Capablanca – Eliskases
(Moskau 1936)

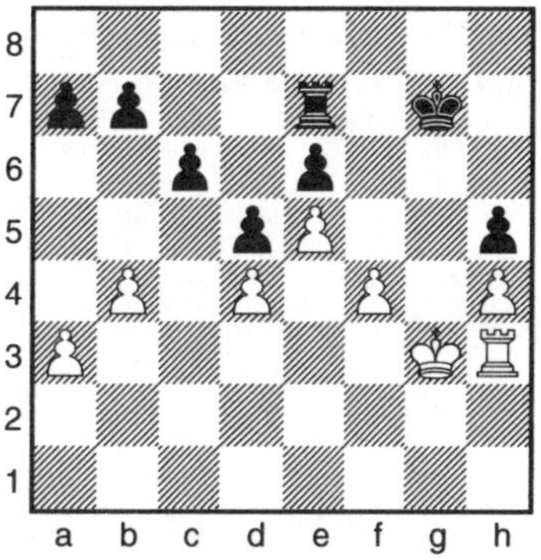

160

Eine Analyse zeigt, daß Weiß mit dem Durchbruch f4-f5 nicht warten sollte: 1.♔f3 ♔f8 2.♖g3 (2.f5 ♖g7 3.fe ♖g4) 2… ♖g7 3.♖:g7 ♔:g7 4.f5 ef 5.♔f4 ♔g6 6.e6?! ♔f6 7.e7 ♔:e7 8.♔:f5 b6 9.♔g5 ♔e6! 10.♔:h5 ♔f5 11.♔h6 c5! usw. Deshalb entschloß sich Capablanca richtigerweise zum sofortigen Durchbruch.

1.f5! ef

Auf 1… ♔f7 folgt 2.♔f4 ♖e8 3.♖g3 b6 4.f6.

2.♔f4 ♖e6 3.♔:f5 ♖g6

Unbefriedigend für Schwarz ist auch 3… ♔f7 4.♖g3 ♖h6 5.♖g5 ♖h7 6.♖g6.

4.e6! ♖g4 5.♔e5 ♖e4+ 6.♔d6 ♖:d4

Auf 6… ♔f8 folgt 7.♔d7.

7.♖e3!

Jetzt schreitet der e-Bauer ungehindert zur Dame. Schwarz gab auf.

Ein weiteres verbreitetes Mittel der Freibauernbildung besteht im Bauernvormarsch auf dem Brettabschnitt, wo eine zahlenmäßige Bauernüberlegenheit besteht. In der Mittelspieltheorie gibt es den Terminus „Minoritätsangriff".

■ Das im Endspiel zur Debatte stehende Verfahren könnte man in Anlehnung daran als **„Majoritätsangriff"** bezeichnen. Im Unterschied zum Durchbruch wird die Bildung eines Freibauern hierbei durch Abtausche herbeigeführt.

Fischer – Taimanow
(Palma de Mallorca 1970)

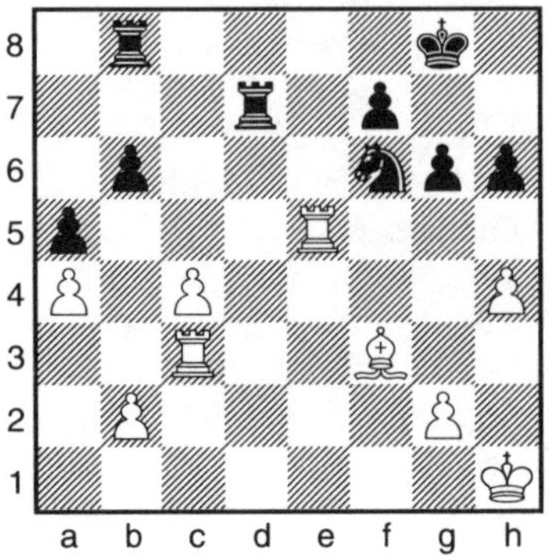

161

Weiß, der einen Mehrbauern am Damenflügel hat, möchte genau dort einen Freibauern bilden. Die Aufgabe Fischers wird durch den dominierenden Läufer erleichtert.

1.♖b5 ♖d4 2.c5!

Am energischsten. Nach 2.g3? ♖e8 oder 2.h5 g5 3.c5 ♖e8 4.cb g4 5.b7 gf 6.b8♕ f2! 7.♕g3+ ♘g4 8.♖c1 ♖e3 bekäme Schwarz Gegenspiel.

2… ♖:h4+ 3.♔g1 ♖b4 4.♖:b4!

Weitaus schwächer ist 4.c6 ♖:b5 5.ab ♖c8, und Schwarz kann sich behaupten.

4… ab 5.♖c4 bc

Wenn 5… ♘d7, dann 6.c6 ♘c5 (6… ♘e5 7.♖:b4) 7.a5!

6.♖:c5 ♔g7 7.a5 ♖e8 8.♖c1!

8… ♖c1 nebst 9… ♖a1 wird nicht zugelassen. Der Turm gehört hinter den Freibauern.

8… ♖e5 9.♖a1 ♖e7 10.♔f2 ♘e8 11.a6 ♖a7 12.♔e3 ♘c7 13.♗b7 ♘e6 14.♖a5!

14… ♘c5 wird verhindert.

14… ♔f6 15.♔d3 ♔e7 16.♔c4 ♔d6 17.♖d5+ ♔c7 18.♔b5

Es droht jetzt 19.♖d1, 20.♖c1 und 21.♔b6. Auf 18… ♘d8 ist 19.♖:d8 ♔:d8 20.♔b6 am einfachsten. Schwarz gab auf.

Tschigorin – Charousek
(Budapest 1896)

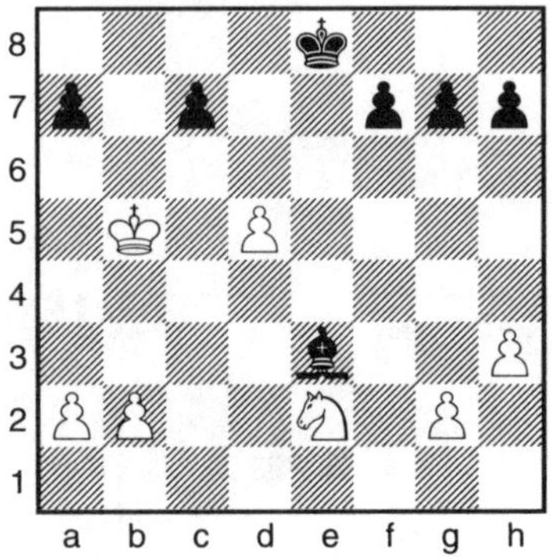

162

Weiß kann dank der besseren Königsstellung sein Bauernübergewicht am Damenflügel ausnutzen.

1.♔c6 ♔d8 2.b4 h5

Aus allgemeinen Erwägungen heraus wäre 2… f5 logischer gewesen, denn man sollte bei eigener Bauernmehrheit immer den Bauern zuerst in Bewegung setzen, der keinen direkten Opponenten hat. In diesem konkreten Fall wollte Schwarz dem gegnerischen Springer jedoch nicht das Feld e6 überlassen.

3.a4 ♗d2 4.b5 h4 5.♘d4 g5 6.♘f5 ♗e1 7.♘h6

Dies erzwingt das Vorrücken der f-Bauern und schwächt damit das Feld e6.

7… f6 8.♘f5 ♗b4 9.♘d4 ♔c8 10.♘e6 ♗d6 11.a5! ♗g3 12.b6 ab 13.ab cb 14.d6

Schwarz gab auf.

■ Die Freibauernbildung durch **Beseitigung gegnerischer Bauern durch Figuren** ist mit Hilfe von Figurenopfern (meist Läufer oder Springer) oder durch den Einbruch von Figuren ins Lager des Kontrahenten (Meist König oder Turm) zu realisieren.

Aljechin – Euwe
(Holland 1935, 27. WM-Partie)

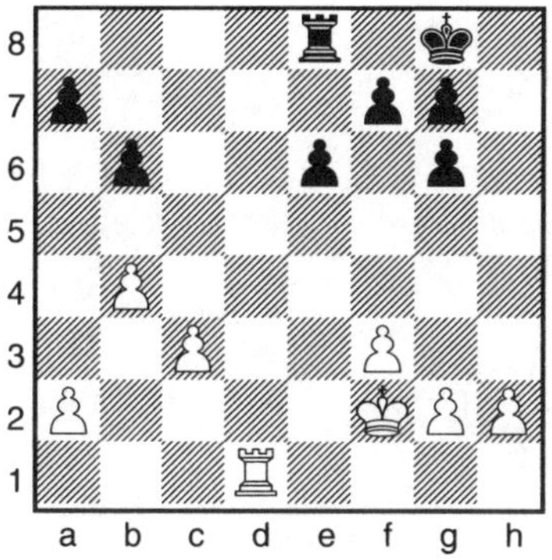

163

Weiß hat die Bauernmehrheit von drei zu zwei am Damenflügel. Wie kann man diesen Trumpf ausspielen? Verlockend ist es, mit 1.c4 ♖c8 2.♖c1 einen Freibauern zu bilden, der zudem noch von hinten vom Turm unterstützt würde. Nach 2… ♔f8 3.c5 bc 4.bc hält jedoch der König den Bauern. Deshalb greift Aljechin zu dem Plan, die schwarzen Bauern zu erobern.

1.♖d7! ♖c8
Nach 1… a5 2.ba ba 3.♔e3 ♖b8 4.♖a7 ♖b2 5.♖:a5 ♖:g2 6.♖a8+ ♔h7 7.a4 ♖:h2 8.a5 ♖a2 9.a6 g5 10.c4 gewinnt Weiß den Bauernwettlauf.
2.♖:a7 ♖:c3
Wie Smyslow und Löwenfisch nachwiesen, konnte Weiß an dieser Stelle mit
3.♔e2!
seinen Vorteil überzeugend realisieren. Die Drohung 4.♔d2 zwingt Schwarz zum Gegenangriff:
3… ♖c2+ 4.♔d3 ♖:g2 5.♔c4 ♖:h2 6.♔b5 ♖f2 7.♔:b6 ♖:f3 8.♔c5 g5 9.b5 g4 10.b6
Weiß gewinnt. In dieser und in analogen Varianten ist es für Weiß vorteilhaft, daß der schwarze König auf der 8. Reihe steht.
Zum Vergleich führe ich noch den eigentlichen Partieverlauf an:
3.♖a8+? ♔h7 4.a4 (Aljechin meinte, daß 4.♔e2 zum Sieg führt. Jedoch ist das nach 4… ♖e2+ 5.♔d3 ♖:g2 6.♔c4 ♖:h2 7.♔b5 ♖f2 8.♔:b6 ♖:f3 9.b5 g5 10.♔c6 g4 nicht so klar, z. B. 11.b6 g3 12.b7 g2 13.♖h8+ ♔g6! 14.b8♕ g1♕), und jetzt bringt statt 4… ♖b3, was nach 5.b5 g5 6.♔e2 e5 7.♔d2 f6 8.♔c2 ♖b4 9.♔c3 ♖d4 10.♖a6 ♔g6 11.♖:b6 ♖:a4 12.♖a6! ♖d4 13.b6 zum Verlust führte, der Zug 4… e5! das Remis. Man siehe folgende Variante: 5.b5 f5 6.♖e8 ♖c4 7.♖:e5 ♖:a4 8.♖e6 ♖a2+ 9.♔g3 g5! 10.♖:b6 ♖b2 11.♖b8 ♔g6 12.b6 ♔f6 13.b7 ♔g6 14.f4 ♖b3+ 15.♔f2 gf 16.h4 ♔h7 17.h5 g5! 18.hg ♔g7. Weiß kann trotz Mehrbauern nicht gewinnen!

Das haben wir in der 27. Lektion behandelt:
☐ die Bildung von Freibauern
☐ der Bauerndurchbruch
☐ der Majoritätsangriff
☐ das Zertrümmerungsopfer

Übungsaufgaben zur 27. Lektion

Aufgabe 109:
Weiß: ♔f3, ♖d5, ♙a5, b6, c5
Schwarz: ♔e8, ♖a4, ♙a6, b7, e7, f7, h6
□ Weiß am Zug. Wie würden Sie spielen?

Aufgabe 110:
Weiß: ♔g7, ♖a4, ♙e5, f4, h4
Schwarz: ♔c6, ♖a7, ♙a5, e6, f7, g6
□ Weiß am Zug. Kann er ein Remis erreichen?

Aufgabe 111:
Weiß: ♔c4, ♙b5, c5, f4, g3, h2
Schwarz: ♔a5, ♙b7, e4, f5, f6, g6
□ Weiß am Zug. Wie würden Sie spielen?

Aufgabe 112:
Weiß: ♔c4, ♙a4, b4, f2, g2, g3
Schwarz: ♔d6, ♙b6, e4, f5, g5, h5
□ Schwarz am Zug. Wie geht die Partie aus?

Aufgabe 113:
Weiß: ♔f4, ♗f5, ♙a4, c3, d4, e5, g4, h2
Schwarz: ♔e7, ♖g8, ♙a5, c6, d5, h6
□ Weiß am Zug. Schlagen Sie einen Plan für Weiß vor!

Aufgabe 114:
Weiß: ♔g1, ♖d1, ♗g2, ♘a5, ♙b4, c4, e2, f2, g3, h2
Schwarz: ♔e8, ♖a7, ♗h7, ♘b6, ♙b7, c6, e6, f7, g7, h6
□ Weiß am Zug. Wie würden Sie spielen?

28. LEKTION

Die beschwerliche Verteidigung

■ Die Einschränkung der Beweglichkeit der gegnerischen Figuren ist die dritte Hauptmethode im Endspiel. Der Umkehrschluß lautet natürlich, daß man unbedingt die Erhöhung der Mobilität der eigenen Figuren anstreben sollte.
In der Praxis gelingt es oft, die Beweglichkeit der gegnerischen Kräfte zu reduzieren, in dem man sie zwingt, eine andere Figur (meistens ein Bauer) oder irgendeinen wichtigen Punkt auf dem Brett zu verteidigen.
■ **Die erzwungene Verteidigung** anderer Objekte ist einer der Hauptgründe für die Minderung der Mobilität der Figuren. Wenden wir uns nun einigen Beispielen zu.

Lissizyn – Capablanca (Moskau 1935)

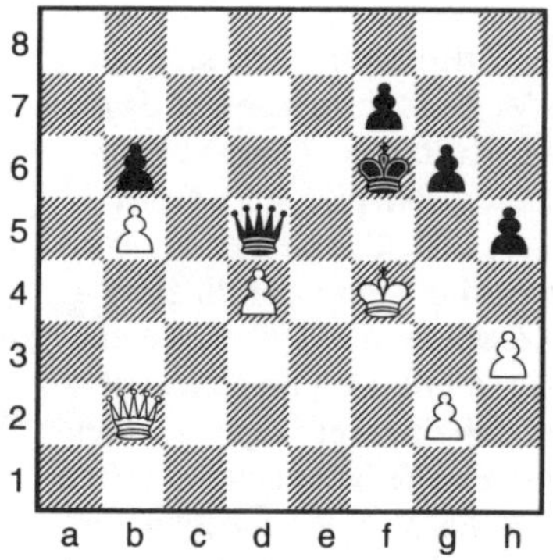

164

Die Chancen von Schwarz sind höher zu bewerten. Der weiße Freibauer ist zuverlässig blockiert, und die weiße Dame ist zur passiven Verteidigung der Bauern b5 und d4 verurteilt. Außerdem hat Schwarz berechtigte Aussichten auf Bildung eines Freibauern am Königsflügel.
1…♔e6 2.h4 f6 3.♔e3
Auf 3.♕e2+ ♔d6 4.♕e4 folgt 4… g5+ 5.hg ♕:g5+ 6.♔f3 ♕:b5 7.♕f4+ ♔d7! mit Mehrbauern.
3… ♕c4
Der weißen Position geht es immer mehr an den Kragen. Keine Rettung bietet jetzt 4.♕b1, wegen 4… f5.
4.g3 g5 5.hg fg 6.♕h2
Zäher ist 6.♔e4.
6… ♕b3+ 7.♔e4 g4! 8.♕e2 ♕:g3 9.♕c4+ ♔e7 10.♕c8 ♕f3+ 11.♔e5 ♕f6+ 12.♔d5 ♕d6+
Weiß gab wegen des drohenden 13… ♕e6+ auf.

Iliwitzki – Taimanow (Moskau 1954)

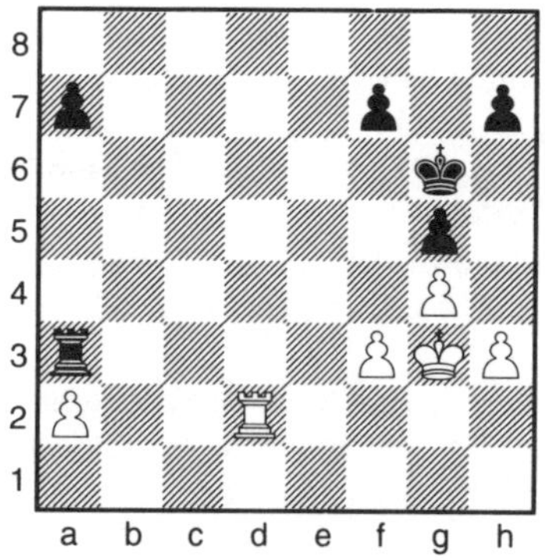

165

Die deutlich unterschiedliche Aktivität der Türme ist offensichtlich. Der weiße Turm bewacht lediglich den Bauern a2, während der schwarze Turm nicht nur alle gegnerischen Figuren bindet, sondern auch die Vorbereitung aktiver Handlungen am Königsflügel unterstützt.
1… f6
Da auf sofortiges 1… h5 einfach 2.♖d6+ folgen könnte, ist der Textzug eine notwendige Vorbereitungsmaßnahme.
2.♖b2?
Das ausschließliche Vertrauen auf die passive Verteidigung erweist sich als ungenügend. Notwendig war 2.♖d6, um den Turm auf Kosten eines Bauern zu aktivieren. Man siehe die folgende Variante: 2… ♖:a2 3.h4 gh+

4.♔:h4 ♖a4 5.♔g3 ♖a3 6.♖d7 a5 7.♖a7 ♖a1 8.♔f4 a4 9.♖a6 h6 10.♖a7 mit Remis.

2… h5 3.♖c2

Nun wäre 3.h4 wegen 3… hg 4.♔:g4 f5+ 5.♔g3 g4 6.♖f2 ♔h5 7.♔f4 ♖a4+ 8.♔:f5 g3 9.♖f1 g2 10.♖g1 ♖:a2 und 11… ♔:h4 bereits riskant.

3… h4+ 4.♔f2 a6 5.♖b2 ♖c3 6.♔g2 a5 7.♖f2 ♖a3 8.♔f1 ♔f7 9.f4 gf 10.♖:f4 ♔g6 11.♖f2?

Der letzte Fehler, der wieder auf der festen, aber falschen Überzeugung des Anziehenden beruht, daß man den Bauern a2 nicht abgeben darf. Remischancen hätte 11.♖f5 ♖:a2 12.♔g1 oder 11… ♖:h3 12.♖:a5 ♖g3 13.♔f2 ♖:g4 14.♖a8 gewahrt.

11… ♖:h3

Weiß gab auf. Auf 12.♖c2 folgt 12… ♖g3 13.♖c4 ♖a3 14.♖c2 ♖a4.

Die folgende Partie ist ein klassisches Beispiel für die kunstvolle Einschränkung der Beweglichkeit der gegnerischen Figuren im Turmendspiel.

Schlechter – Lasker
(Wien 1910, 1. WM-Partie)

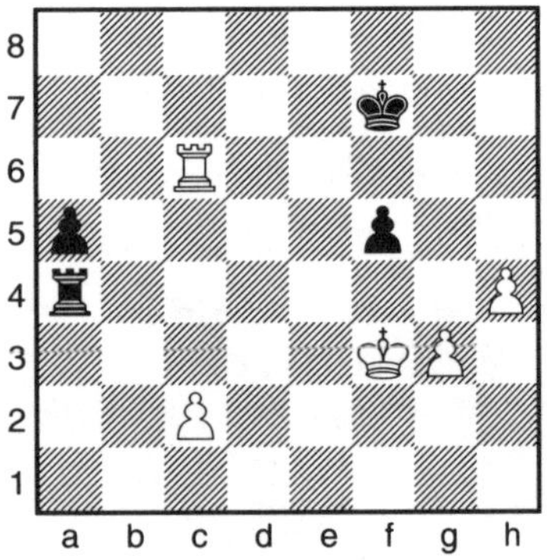

166

1… ♖e4!

Das ist weitaus stärker als das auf der Hand liegende 1… ♖a1 2.♖a6! a4 3.♔f4 ♖f1+ 4.♔e5 ♖f3 5.♖:a4 ♖:g3 6.♖f4 ♔g6 7.♖:f5 ♖c3 8.♖f2, und Weiß gewinnt.

2.♖c5 ♔f6 3.♖:a5 ♖c4 4.♖a2

Da das Endspiel mit zwei Bauern gegen einen Bauern am Königsflügel nicht zu gewinnen ist, muß Weiß den Bauern c2 halten.

4… ♖c3+ 5.♔g2 ♔e5

Jetzt wird die Idee von Schwarz deutlich. Der Gegner hat zwei Mehrbauern (!), aber seine Figuren sind nicht mobil.

6.♖b2 ♔f6 7.♔h3 ♖c6 8.♖b8

Was tun?

8… ♖:c2 9.♖b6+ ♔g7 10.h5 ♖c4 11.h6+ ♔h7 12.♖f6 ♖a4

Remis.

■ In Bauernendspielen betrifft der Verlust der Mobilität, der durch Deckungsaufgaben bedingt ist, vor allem die Könige. Der Partieausgang hängt dann in den meisten Fällen davon ab, ob man noch über Reservezüge der Bauern verfügt. Wenn ja, so kann die Aktivität des Königs der verteidigenden Seite wiederhergestellt werden, wenn nein, so bricht die Verteidigung zusammen, da der König abgedrängt wird.

Filip – Barcza
(Sofia 1957)

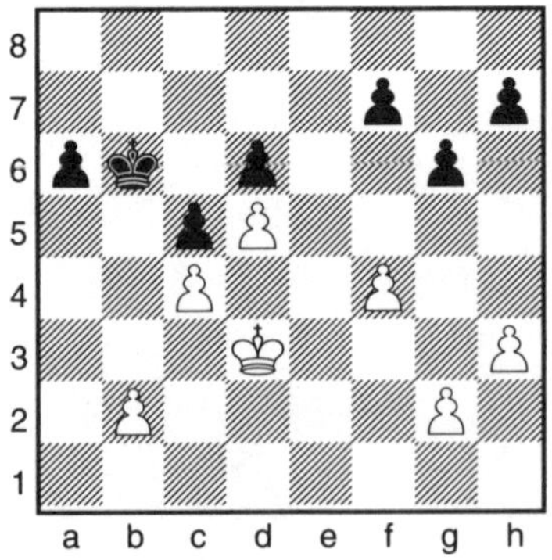

167

Der schwarze König möchte über die Außenlinie ins gegnerische Lager einbrechen. Der weiße König muß die Einstiegspunkte b3 und b4 bewachen, d. h. er muß auf dem Feld c3 Stellung beziehen. In der Partie folgte:

1… ♔a5 2.♔c3 ♔a4

Wenn man die Bauern auf dem Königsflügel einmal außer Betracht läßt, befindet sich Weiß im Zugzwang. Jeder Zug würde zum Verlust führen. Weiß braucht also dringend Reservezüge am anderen Flügel. Zu seinem Unglück muß diese Reserve aber ziemlich groß sein (mindestens zwei Züge), da Schwarz noch das Ersatztempo a6-a5 in der Hinterhand hat.

3.g3

Auf 3.g4 folgt natürlich nicht 3… f5? 4.g5, und der schwarze König muß ziehen, sondern 3… h5! 4.gh (4.g5 h4) 4… gh 5.f5 f6 6.h4 a5 mit entscheidendem Vorteil für Schwarz.

3… f5 4.g4 h5 5.gf gf

Ein wichtiges Tempo ist gewonnen.

6.h4

Das reicht nicht aus.

6… a5 7.b3+ ♔a3 8.♔c2 ♔a2 9.♔c3 ♔b1

Weiß gab auf.

■ Den Gegner zur Verteidigung von Schwächen zu zwingen und damit die Beweglichkeit seiner Figuren zu begrenzen, reicht nicht immer zum Sieg aus. Oftmals müssen sich noch andere Vorteile dazugesellen. Davon konnten wir in den beiden zuletzt betrachteten Beispielen Lissizyn – Capablanca (Bildung eines Freibauern) und Filip – Barcza (Nutzung eines Reservetempos) überzeugen.

■ Deshalb gilt auch im Endspiel das Prinzip, daß man im Lager des Gegners eine zweite Schwäche schaffen sollte. Dieses Verfahren haben wir schon beim Studium von Mittelspielpositionen behandelt, es wird in beiden Partiephasen nach dem gleichen Muster angewendet. Zwar mag jede Schwäche einzeln betrachtet zu verteidigen sein, aber die verteidigende Seite schafft es mitunter nicht, ihre Figuren schnell genug umzugruppieren.

Ribli – Pinter
(Baile Herkulane 1982)

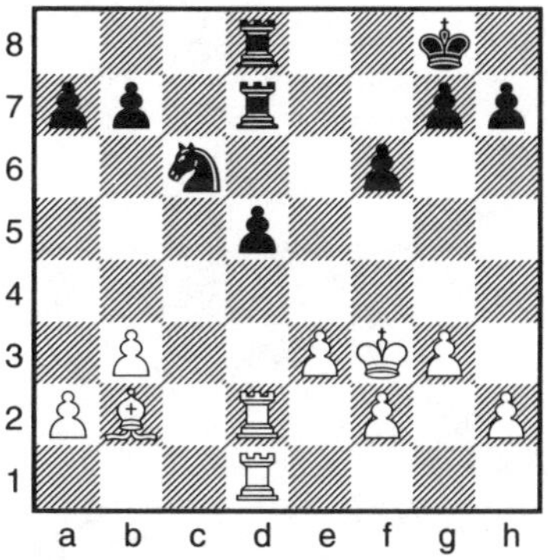

168

Die schwarzen Figuren sind an die Verteidigung des isolierten Bauern d5 gebunden. Weiß kann seinen Stellungsvorteil auf direktem Wege nicht ausnutzen, z. B.: 1.♔g2 ♔f7 2.e4 ♔e6 oder 2… d4. Deshalb möchte Weiß dem Gegner noch eine Schwäche – und zwar auf der g-Linie – beibringen. Dieser Plan beruht auf der Stärke des langen Läufers.
1.g4! ♔f7 2.♔g2 ♔e6 3.f4 f5
Erleichtert Weiß die Aufgabe. Aber auch nach 3… g6 hat Schwarz wegen der Züge ♔f3, h4, g5 gefolgt von der Überführung des Läufers nach f6 oder der Vorbereitung des Vorstoßes h4-h5 (ohne g4-g5) bedeutende Schwierigkeiten.
4.gf+ ♔;f5 5.♔f3
Es droht jetzt 6.♖:d5+ und 7.e4+.
5… ♔e6 6.h4 ♖f8? 7.♔g4 g6
Das erleichtert Weiß den Einstieg in die Stellung. Der Turm hätte zurückgehen sollen.
8.e4!
Auf 8… ♖fd8 würde jetzt 9.♖:d5 ♖:d5 10.♖:d5 ♖:d5 11.ed+ ♔:d5 12.f5 gf+ 13.♔:f5 folgen, und Schwarz verliert den h-Bauern. Trotzdem wäre dies das kleinere Übel gewesen.
8… h5+
Das spielt nur Weiß in die Hände. Die zweite Schwäche fällt.
9.♔g5 d4 10.♗:d4 ♘d8 11.♗g7! ♘f7+ 12.♔:g6 ♘h8+ 13.♔h6+ ♘f7+ 14.♔:h5
Schwarz gab auf.
Die Seite, die in die passive Verteidigung gedrängt wurde, verliert oft, da sie sich nicht zu unorthodoxen Zügen zur Aktivierung ihrer Figuren durchdringen kann.
■ Unter den vielen Mitteln des Konterspiels möchte ich die besondere Aufmerksamkeit des Lesers auf die Überführung der Türme auf die siebente (für Weiß) bzw. auf die zweite Reihe (für Schwarz) lenken. Auf diesen Reihen stehen in der Regel die gegnerischen Bauern und man findet hier auch den Zugang zum feindlichen König. Dazu einige Beispiele.

Schlechter – Maroczy
(Karlsbad 1907)

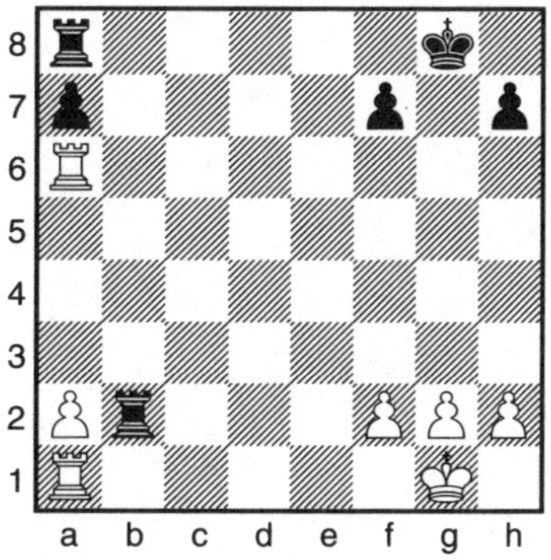

169

Die schwarze Stellung macht einen auf den ersten Blick hoffnungslosen Eindruck. Er hat einen Minusbauern, der Turm a8 ist an die Deckung des Bauern a7 gebunden. Maroczy findet jedoch eine interessante Möglichkeit, ein Gegenspiel aufzubauen.
1… ♖d8! 2.♖:a7 ♖8d2 3.♖a3!
Darauf hatte sich Weiß verlassen. Der Plan des Gegners scheint widerlegt zu sein. Nach 3… ♖:f2? 4.♖g3+ ♔f8 5.a3 kann Weiß die Aktivität der schwarzen Türme neutralisieren und den wichtigen Freibauern behalten. Aber …
3… ♔f8! 4.♖f1 ♖:a2 5.♖:a2 ♖:a2
führte zu einer bekannten theoretischen Remisstellung.

Karpow – Jussupow
(Bugojno 1986)

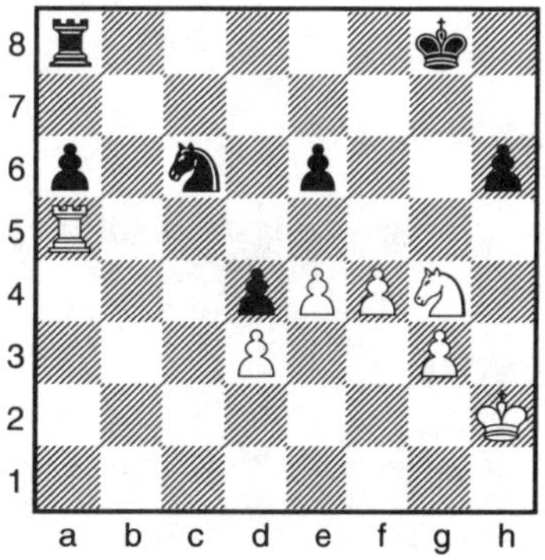

170

Der a-Bauer scheint sehr gefährlich zu sein. Nach 1.♖a4 ♔g7 2.♖c4 h5 3.♖:c6 hg 4.♖:e6 a5 5.♖c6 a4 6.♖c2 a3 7.♖a2 kompensiert die schwarze Aktivität die materiellen Verluste. Karpow möchte eine passive Stellung vermeiden und entschließt sich zum zweischneidigen Manöver, die 7. Reihe zu besetzen.
1.♖c5 ♘e7 2.♖c7 ♔f8 3.♘e5 a5 4.g4! a4
Der schwarze Bauer ist bald nicht mehr zu halten. Aber Weiß hat ohnehin aggressivere Pläne.

5.f5 ef 6.gf
Es zeigt sich, daß Weiß bei 6… a3 gewinnt: 7.f6 a2 8.♖:e7 a1♕ 8.♘g6+ ♔g8 9.♖g7 matt.
6… ♘:f5 7.ef ♖a5 8.♖c5!
Schwarz rechnete nur mit 8.♘g6+ ♔e8 9.f6 ♖h5+ 10. ♔g3 ♖g5+ oder 8.♘c4 ♖:f5. In beiden Fällen hätte Schwarz Remischancen. Doch Karpows Textzug nimmt den Nachziehenden alle Illusionen.
8… ♖:c5 9.♘d7+ ♔e7 10.♘:c5 a3 11.♔g3 ♔d6 12.♘b3 ♔e5 13.♔g4+ h5+
Schlecht ist auch 13… a2 14.♘a1 ♔f6 15.♔f4 h5 16.♘c2 h4 17.♔g4 h3 18.♔:h3 ♔:f5 19.♔g3! (19.♘:d4+? ♔f4 20.♘c2 ♔f3 21.d4 ♔e4 22.♔g3 a1♕. Remis) 19… ♔e5 20.♔f3 ♔d5 21.♘b4+ oder 20… ♔d6 21.♔e4.
14.♔g5 h4 15.f6 ♔e6 16.♔g6 h3 17.f7 h2 18.f8♕ h1♕ 19.♘c5+ ♔e5 20.♕b8+
Schwarz gab auf.

Das haben wir in der 28. Lektion behandelt:

□ die erzwungene Verteidigung
□ die Einschränkung der Beweglichkeit
□ der Zugzwang
□ das Reservetempo
□ der Turm auf der zweiten (bzw. siebenten) Reihe

Übungsaufgaben zur 28. Lektion

Aufgabe 115:
Weiß: ♔g3, ♖c4, ♙b3, c2, f2, g2, h3
Schwarz: ♔f6, ♖c7, ♙b4, c5, f5, g6, h5
□ Weiß am Zug. Analysieren Sie die Stellung!

Aufgabe 116:
Weiß: ♔d3, ♙f5, g4, h2
Schwarz: ♔a4, ♙a5, f6, g7, h7
□ Weiß am Zug. Wie würden Sie spielen?

Aufgabe 117:
Weiß: ♔c4, ♙g3, h4
Schwarz: ♔f5, ♗e1, ♙b4
□ Schwarz zieht und gewinnt.

Aufgabe 118:
Weiß: ♔b5, ♗b4, ♙d5, e4, f5, g4
Schwarz: ♔d7, ♗g7, ♙e5, f6, g5
□ Weiß zieht und gewinnt.

Aufgabe 119:
Weiß: ♔g2, ♖g7, ♘f7, ♙c4, f4, f2
Schwarz: ♔c6, ♖a2, ♘b3, ♙a7, b6, c5, f5
□ Weiß am Zug. Wie würden Sie spielen?

Aufgabe 120:
Weiß: ♔g2, ♖a2, h7, ♗a4, ♙d3, e4, f2, g3, g4
Schwarz: ♔f6, ♖a5, a8, ♘d6, ♙d4, e5, e6, g5, h6
□ Weiß am Zug. Wie würden Sie spielen?

29. Lektion

Der Kampf für die Kommunikation der Kräfte

Die Einschränkung der Beweglichkeit der gegnerischen Figuren äußert sich oft darin, daß man diesen Figuren die Felder nimmt. Dadurch können diese Kräfte nicht auf den Brettabschnitt verlegt werden, auf dem sich die Hauptereignisse abspielen.

Szabo – Donner (Amsterdam 1972)

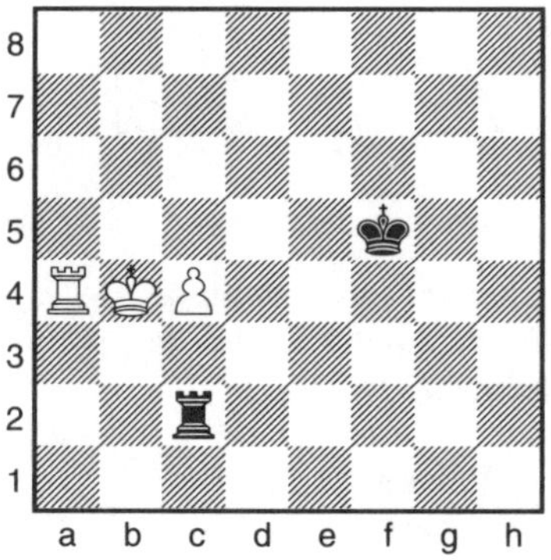

171

Schwarz kann sich nur erfolgreich verteidigen, wenn es ihm gelingt, seinen König auf den Damenflügel zu bringen. Deshalb schneidet Szabo den schwarzen König vom Kriegsschauplatz ab.

1.♖a1! ♔e6

Wenn 1… ♖b2+, so 2.♔c5 ♖b8 3.♔d6, und Schwarz kann den weißen König nicht weiter mit vertikalen Schachgeboten verfolgen. Möglich ist auch 2.♔c3, um auf 2… ♖b8 mit 3.c5! ♔e6 4.♖d1 ♖b7 5.♔c4 ♖d7 6.♖e1+ ♔f6 7.c6 und Gewinn fortzufahren. Allerdings wäre 2.♔a5 ein Fehler, da Weiß nach 2… ♖b8+ wegen 3… ♖a8+ nicht 3.c5 spielen kann. Auf 3.♖e1 könnte 3… ♖c8 4.♔b5 ♖b8+ 5.♔c6 ♖c8+ 6.♔b5 ♖b8+ usw. folgen.

2.♖d1! ♖b2+ 3.♔a5

Jetzt ist das der beste Zug. 3.♔c5? wäre wegen 3… ♖b8 schwach.

3… ♖b8 4.c5

Nachdem Weiß diesen wichtigen Bauernvorstoß verwirklicht hat, ist der Ausgang der Partie klar.

4… ♔e7 5.c6 ♖d8 6.♖:d8 ♔:d8 7.♔b6

Schwarz gab auf.

Seirawan – Speelman (Hastings 1979/80)

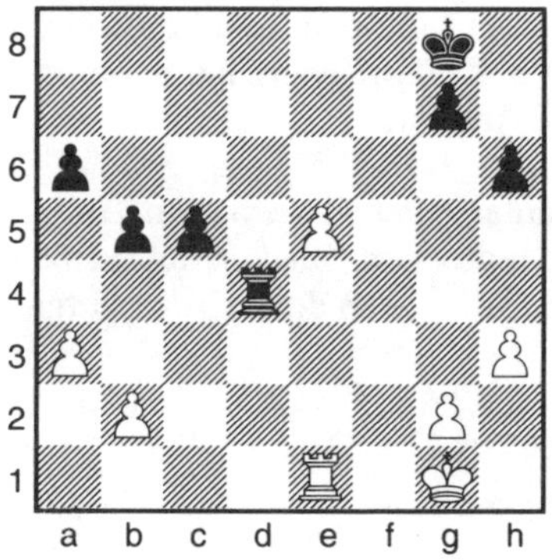

172

Schwarz steht aufgrund der aktiven Turmstellung besser. Der einzige reale Trumpf von Weiß ist der Freibauer e5, aber um den kümmert sich der schwarze König.

1.e6? ♔f8 2.♖f1+ ♔e7 3.♖f7+ ♔:e6 4.♖:g7 ♖d2 5.♖g6+ ♔d5 6.♖:h6 ♖:b2 7.♖h8 c4 8.♖c8 a5 9.h4 b4 10.ab ab 11.h5 ♖a2 12.h6 ♖a7 13.g4 ♖b7 14.♖d8+ ♔e5 15.♖c8 ♔d4 16.♖d8+ ♔e4 17.♖e8 ♔d3 18.♖d8+ ♔c2 19.♖d4 c3 20.h7 ♖:h7 21.♖:b4 ♔d3 22.♖b8 ♖d7 23.♔f2 c2 24.♖c8 ♖d4

Weiß gab auf.

Anstelle des prinzipiell falschen Zuges 1.e6 hätte

1.♖f1

geschehen sollen, was den schwarzen König abschneidet. Es hätte zu folgenden Varianten kommen können:

1) **1… ♖d2 2.e6 ♖e2 3.♖f5 c4 4.a4 b4**

4… ba 5.♖f4 ♖:b2 6.♖:c4 ♔f8 7.♖c6 a5 8.♖c5 a3 9.♖:a5 a2 10.♔h2 ♔e7 11.♖a6.

5.♖c5 ♔f8 6.♖:c4 ♖:b2 7.♖c6

2) **1… ♖e4 2.♖f5**

Mit der Idee ♔f2 und ♔f3.

3) **1… ♖d5 2.♖f5 a5 3.♔f2 b4 4.ab ab 5.♖f4**

5.♔f3? c3 6.bc bc 7.♔e4 c2 8.♖f1 ♖d1

5… ♖c5 6.e6 c3 7.bc bc 8.e7 ♖c8 9.♖c4

In allen Varianten verfügt Weiß über ausreichende Verteidigungsressourcen. Der Grund der Niederlage von Weiß bestand darin, daß er die

Bedeutung der Einschränkung der Beweglichkeit des schwarzen Königs unterschätzte.

Larsen – Spasski (Lugano 1968)

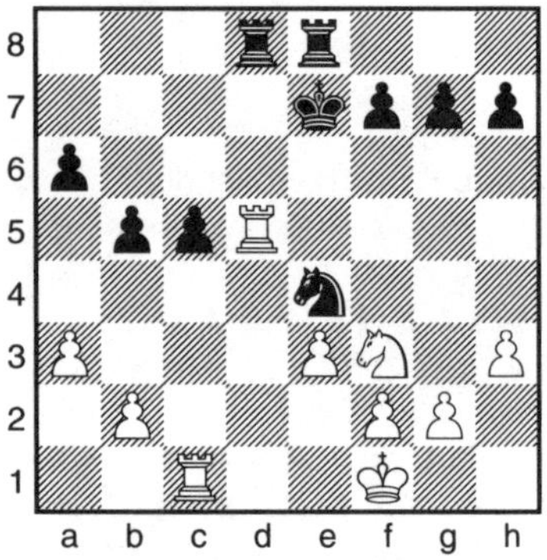

173

Nach 1.♖cd1 hätte Schwarz nur Minimalvorteil (Bauernmajorität am Damenflügel). Stattdessen folgte aber:

1.♖h5? h6 2.b4 c4 3.a4

In diesen Durchbruch hatte Bent Larsen seine Hoffnungen gesetzt. Schwarz findet jedoch ein unorthodoxes Manöver, das den weißen Turm isoliert.

3… ♔f6! 4.ab g6 5.♖:h6 ab

Man kann bereits eine erste Bilanz ziehen: Schwarz hat unter Bauernopfer den weißen Turm kaltgestellt und steht nun zum Angriff auf dem Damenflügel bereit.

6.♘d4

Besser ist 6.♖h4 ♖d3 7.♖f4+ ♔g7 8.♘d4, aber nach 8… ♘d2+ 9.♔e2 ♘b3 10.♖d1 ♘:d4+ 11.♖:d4 ♖b3 ist die weiße Stellung ebenfalls schwer zu verteidigen.

6… ♘d2+ 7.♔g1

7.♔e2? ♖:d4

7… ♘b3 8.♘:b3 cb 9.♖b1 ♖e4!

Der weiße Turm bleibt in der Klemme. Jetzt scheitert 10.♖:b3 an 10… ♔g7.

10.g3 ♖:b4 11.♖h4 ♖:h4 12.gh ♖d3 13.♔g2 ♔e5

Weiß gab auf.

■ Auch der langschrittige Läufer findet manchmal kein annehmbares Feld.

Das folgende Beispiel, das auf die Analysen der berühmten Studienkomponisten Kling und Horrowitz zurückgeht, erscheint auf den ersten Blick paradox – der Läufer findet auf dem leeren Brett keinen sicheren Unterschlupf!

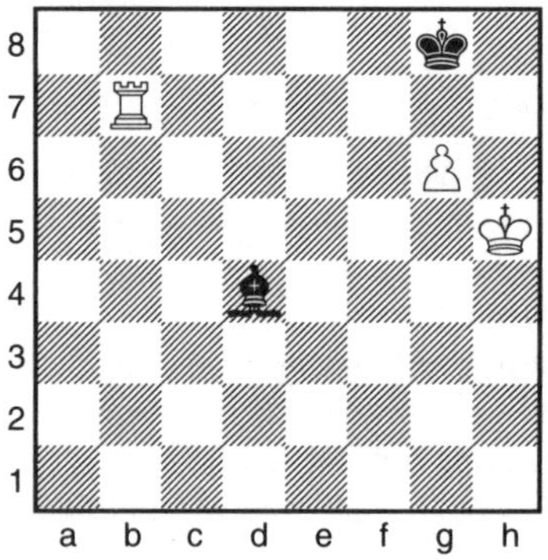

174

1.g7 ♔h7

Wenn 1… ♗:g7, so 2.♔g6 ♗e5 3.♖e7 ♗d6 4.♖e8+ ♗f8 5.♖a8.

2.♖f7! ♗d4 3.g8♕+ ♔:g8 4.♔g6

Weiß droht Matt oder Läufergewinn mittels 5.♖d7. Schwarz hat nur eine einzige Antwort.

4… ♗g1

Der Läufer rettet sich vor dem Turmangriff hinter dem Rücken des weißen Königs. Aber auch dort wird er aufgestöbert!

5.♖f1 ♗h2 6.♖f2 ♗g3

Oder 6… ♗g1 7.♖g2.

7.♖g2! ♗e5

Der Läufer muß seinen Zufluchtsort verlassen. Auf 7… ♗h4 folgt 8.♔h5+, und 7… ♗d6 wird mit 8.♖d2 ♗e7 9.♖a2 nebst ♖a8 beantwortet.

8.♖e2 ♗d6 9.♖e8+ ♗f8 10.♖d8

und Schwarz wird mattgesetzt.

■ Sehr anfällig für Beweglichkeitseinschränkungen ist der Springer. Das trifft besonders auf Stellungen zu, in denen der Kampf auf zwei Flügeln geführt wird und einander blockierende Bauernketten fehlen.

Auf dem folgenden Diagramm sind die typischsten Fälle der Isolation eines Springers zusammengefaßt.

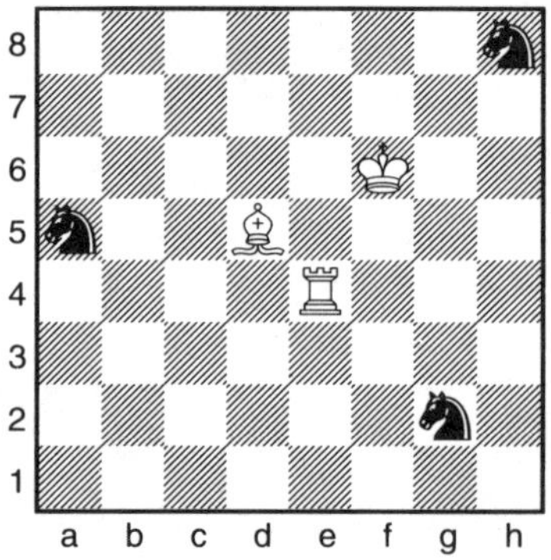

175

■ Wenden wir uns jetzt einem Beispiel zu, in dem der Läufer den Springer beherrscht.

Benkö – Parma (Belgrad 1964)

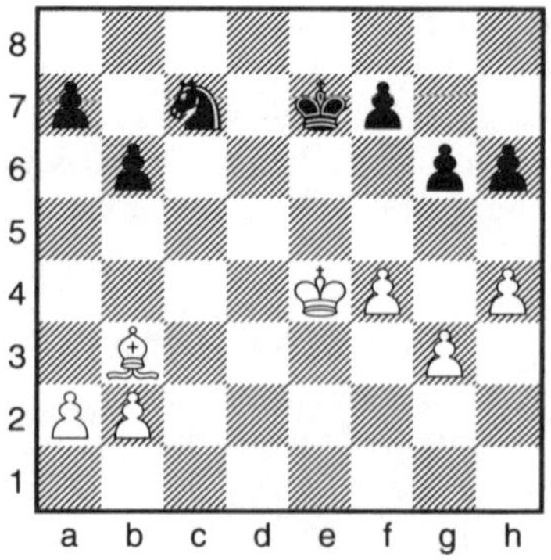

176

Die weiße Stellung ist aussichtsreicher. Der Hauptvorteil besteht darin, daß der Läufer die Freiheiten des Springers beschneiden kann.

1.♗c4! ♘e6

Man muß so spielen, da jegliche Aktivität auf dem Damenflügel den Einbruch des weißen Königs erleichtern würde.

2.g4 ♘c7 3.♔e5

Schwarz ist praktisch im Zugzwang. Auf 3… ♘e8 kann 4.♔d5 ♘d6 5.♗d3 ♔d7 6.b4 folgen. 6… ♔c7 wird mit 7.♔e5 beantwortet. Deshalb ist Schwarz zur weiteren Schwächung seiner Bauernstellung gezwungen.

3… f6+ 4.♔e4 ♔f8 5.h5!

Damit wird noch eine Magistrale für den Einbruch des weißen Königs geöffnet.

5… g5 6.fg fg 7.♔f5 ♔g7 8.♔e5

Schwarz hat für die Verteidigung des Königsflügels einen hohen Preis gezahlt, denn nun bricht das Unheil am anderen Flügel über ihn herein,

8… ♘e8 9.♗e6 ♘f6 10.b4!

Hinsichtlich der bevorstehenden Königswanderung zum Bauern a7 ist es nützlich, schon mal die Bauern dieses Flügels nach vorn zu schieben.

10… ♘e8 11.b5 ♘f6 12.a4 ♘e8 13.♗f5 ♘f6 14.♔e6 ♘e8 15.♗e4!

Notwendige Prophylaxe. In Voraussicht des weißen Königsmarsches beugt der Läufer möglichen Springerausfällen vor.

15… ♘f6 16.♗f3 ♘g8 17.♔d6 ♔f6 18.♔c6 ♔e7 19.♔b7 ♔d6 20.♔:a7 ♔c5 21.♔a6!

Zu unnötigen Verwicklungen führt 21.a5 ba 22.b6 ♘f6 23.b7 ♘d7. Weiß verwirklicht den Bauerndurchbruch im günstigsten Moment.

21… ♘f6 22.♗c6!

Zugzwang.

22… ♘:g4 23.a5 ba 24.b6 ♘e5 25.♗e8

Schwarz gab auf.

■ Die Einschränkung der Dame wird in einer klassischen Studie von van Fliet gut illustriert.

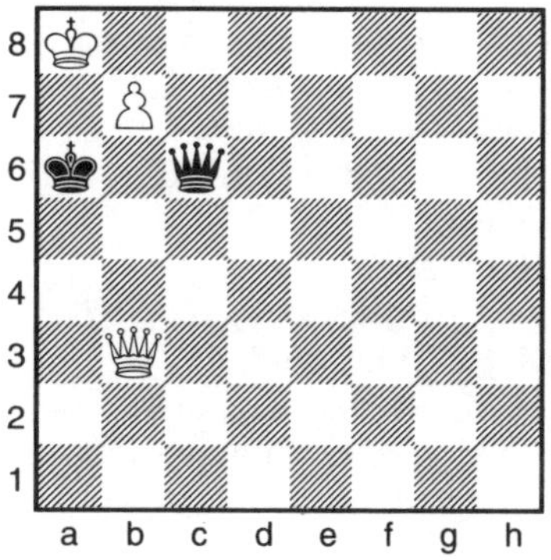

177

Weiß zieht und gewinnt! Die Lösung:

1.♕d4

Schwarz kann zwischen vier Damenzügen auf der langen Diagonale wählen:

a) **1… ♕d5**

♕f3 führt zu denselben Varianten.

2.♕a4+ ♔b6 3.♕b3+ ♕:b3 4.b8♕+;

b) **1… ♕g2 2.♕a3+ ♔b6 3.♕b2+ ♕:b2 4.b8♕+;**

c) **1… ♕h1 2.♕a3+ ♔b6 3.♕b2+ ♔c7** (3… ♔a6 4.♕a2+ ♔b6 5.♕b1 ♕:b1 6.b8♕+) **4.♕h2+ ♕:h2 5.b8♕+.**

■ Wenn eine Figur vom Kampfgeschehen abgeschnitten wird, so müssen die verbleibenden Figuren zusätzliche Belastungen auf sich nehmen. In vielen Fällen führt die Isolation einer einzelnen Figur schrittweise zur völligen Passivität der gesamten Streitmacht. Deshalb ist der Kampf um die Erhaltung der Mobilität einer einzelnen Figur im Endspiel meistens entscheidend für den Ausgang der Partie.

Petrosjan – Botwinnik
(Moskau 1963, 5. WM-Partie)

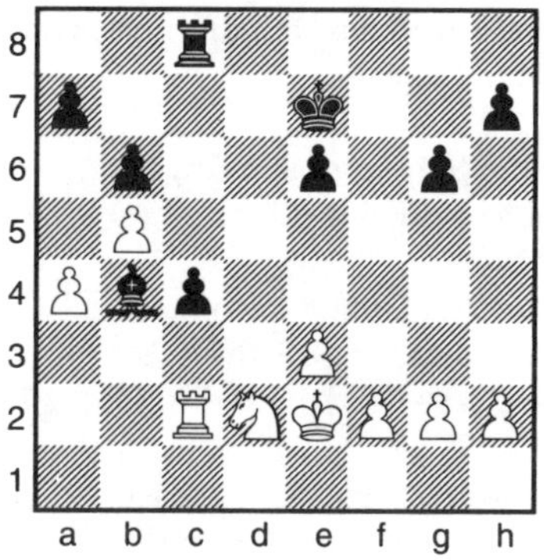

178

Schwarz hat Schwierigkeiten, den von seinen „Kollegen" getrennten Bauern c4 zu verteidigen. Er sollte diesen Bauern gegen eine aktive Turmstellung eintauschen: 1… ♗:d2 2.♔:d2 ♖d8+! (Schlechter ist 2… ♔d6 3.♔c3 ♔c5 4.♖d2 mit der Drohung 5.♖d4) 5.♔c3 ♖d1. Aber Michail Botwinnik, dem es offenbar in psychologischer Hinsicht schwerfiel, sich auf eine materielle Einbuße einzulassen, wählte einen anderen Weg. Allerdings wurde er im Partieverlauf mit weitaus größeren Problemen konfrontiert. Zuerst verlor der Läufer seine Bewegungsfreiheit, danach der Turm, und bald waren alle schwarzen Akteure gelähmt.

1… c3 2.♘e4 ♗a5 3.♔d3 ♖d8+ 4.♔c4 ♖d1

Auf 4… ♖d2 folgt einfach 5.♔b3.

5.♘:c3 ♖h1?

Wie weiter oben bereits angedeutet, war es besser, den Springer abzutauschen, um dann in einem Turmendspiel mit Minusbauern Rettung zu suchen. Das Streben nach Wiederherstellung des materiellen Gleichgewichtes führt ins Verderben.

6.e4! ♖:h2 7.♔d4 ♔d7

Das ist wegen der Drohung 8.♖c7+

erzwungen. Man kann eine erste Bilanz ziehen – Turm und Läufer von Schwarz befinden sich im Abseits. Die weißen Figuren nutzen diesen Umstand sofort aus und dringen ins feindliche Lager ein.

8.g3

8.g4 hätte Schwarz nach 8… h5 Gegenchancen eingeräumt.

8… ♗b4

Der Rückzug kommt zu spät. 8… ♖h5 scheiterte an 9.♘f6+.

9.♔e5 ♖h5+ 10.♔f6 ♗e7+ 11.♔g7 e5 12.♖c6!

Alle schwarzen Figuren, der König eingeschlossen, sind wie gelähmt.

12… ♖h1 13.♔f7! ♖a1 14.♖e6 ♗d8

Nach anderen Läuferrückzügen würde Weiß noch schneller gewinnen: a) 14… ♗b4 15.♖:e5 ♖:a4 16.♘f6+ ♔d6 17.♖d5+ ♔c7 18.♖d4 mit der entscheidenden Drohung ♘d5; b) 14… ♗c5 15.♖:e5 ♖:a4 16.♘:c5 bc 17.♖:c5 ♖a2 18.f4 ♖e2 (18… ♖g2 19.e4 ♖:g3 20.e5 ♖e3 21.♖d5+) 19.♖d5+ ♔c7 20.♖e5 usw.

15.♖d6+ ♔c8

15… ♔c7 16.♔e8 ♖:a4 17.♖d7+.

16.♔e8 ♗c7 17.♖c6 ♖d1

Auf 17… ♖:a4 hatte Tigran Petrosjan 18.♘g5 geplant. Er gibt folgende witzige Variante an: 18… ♔b7 19.♘e6 ♗b8 20.♘d8+ ♔a8 21.♖c8, und es droht unabwendbar ♘c6.

18.♘g5 ♖d8+ 19.♔f7 ♖d7+ 20.♔g8

Der Bauer h7 ist angegriffen. Auf 20… h6 führt 21.♘e6 zu einem leicht gewonnenem Bauernendspiel. Man darf nur nicht vergessen, auf 21… h5 – 22.f4 zu spielen. Schwarz gab auf.

Das haben wir in der 29. Lektion behandelt:

- ☐ die Unterbrechung von Nachschublinien
- ☐ das Abschneiden von Figuren
- ☐ Beschränkung der Mobilität
- ☐ die Isolation des Springers

Übungsaufgaben zur 29. Lektion

Aufgabe 121:
Weiß: ♔h5. ♖a3, ♙a2, f5
Schwarz: ♔e8, ♖b2, ♙f6
☐ Schwarz am Zug. Kann er ein Remis erzielen?

Aufgabe 122:
Weiß: ♔a8, ♖c3
Schwarz: ♔f6, ♙f4
☐ Weiß zieht und gewinnt.

Aufgabe 123:
Weiß: ♔e3, ♗h3, ♙h5
Schwarz: ♔e8
☐ Weiß am Zug. Kann Weiß gewinnen?

Aufgabe 124:
Weiß: ♔g5, ♘c3, ♙a4, f3
Schwarz: ♔e5, ♗h7, ♙c7, f5, g7
☐ Weiß zieht und gewinnt.

Aufgabe 125:
Weiß: ♔g1, ♗g5, ♙b3, f6
Schwarz: ♔h7, ♘b1, ♙b7, e6
☐ Weiß zieht und gewinnt.

Aufgabe 126:
Weiß: ♔f6, ♗g4, ♙h3
Schwarz: ♔d5, ♘e5
☐ Schwarz am Zug. Vergleichen Sie die Züge 1… ♔e4, 1… ♘d3 und 1… ♔d6!

Aufgabe 127:
Weiß: ♔e2, ♙c2, e3, g2, h3
Schwarz: ♔c4, ♙a6, b7, f7, g3
☐ Weiß zieht und gewinnt.

Aufgabe 128:
Weiß: ♔b1, ♕c1, ♙a1, b2, c4, e5, f2, g3, h4
Schwarz: ♔c8, ♕e2, ♙a7, b7, c5, e6, f7, g7, h6
☐ Weiß am Zug. Kann er Bauernverlust vermeiden?

Das Beseitigen von Hindernissen

■ Die Beweglichkeit der Figuren kann auch dadurch gemindert werden, daß ihre **Aktionsräume durch Figuren oder Bauern verstellt** sind.
Das Vorhandensein solcher Hindernisse erschwert die Umgruppierung der eigenen Streitkräfte zum Schauplatz der Hauptereignisse aufs äußerste bzw. macht sie gänzlich unmöglich. Diese Hindernisse können feindliche, aber auch eigene Figuren und Bauern sein.
Lassen Sie uns zum Auftakt einige Beispiele betrachten, in denen uns die Figuren und Bauern des Gegners im Weg stehen.

Karpow – Kasparow
(London/Leningrad 1986,
5. WM-Partie)

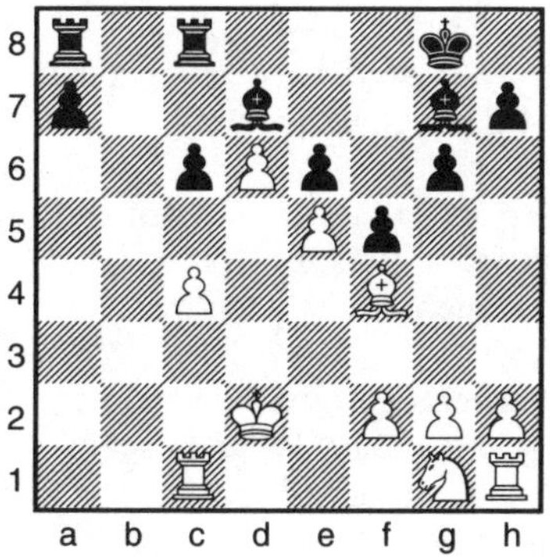

179

Es fällt sofort ins Auge, daß beide schwarze Läufer in Ihrem Aktionsradius eingeschränkt sind. Der eine Läufer (der weißfeldrige) wird durch die eigenen, der andere (schwarzfeldrige) wird durch die gegnerischen Bauern eingeengt. Welchen Läufer sollte man zuerst aktivieren?

1… c5?

Ein Fehler. Man mußte erst etwas für den Läufer g7 tun. Garri Kasparow gibt die folgende Variante an: 1… g5! 2.♗:g5 ♗:e5 3.c5 ♗g7 4.f4 h6 5.♗e7 ♖cb8 6.♘f3 ♖b2+ (beugt ♖b1 vor) 7.♖c2 ♖b4 8.♘e5 ♗:e5 9.fe a5, und Schwarz steht nicht schlechter.

2.h4 h6 3.♘h3!

Das ist die Feinheit. Kasparow rechnete nur mit 3.♘f3 ♗c6, und Weiß muß sich verteidigen. Jetzt bleibt der Läufer jedoch ohne jegliche Kompensation auf g7 sitzen.

3… a5 4.f3 a4 5.♖he1!

Nach 5.♘f2 g5 6.hg hg 7.♖h2 f4 8.♘d3 ♗e8 9.g3 ♗g6 10.gf a3 11.fg a2 hätte Schwarz Hoffnung auf Gegenspiel.

5… a3

Dieser Bauer ist ungefährlich.

6.♘f2 a2 7.♘d3 ♖a3 8.♖a1 g5 9.hg hg 10.♗:g5 ♔f7 11.♗f4 ♖b8 12.♖ec1 ♗c6 13.♖c3 ♖a5 14.♖c2 ♖ba8 15.♘c1

Schwarz gab auf.

■ Natürlich darf man aus diesem Beispiel nicht den Schluß ziehen, daß ein Sperriegel aus gegnerischen Bauern gefährlicher ist, als einer aus eigenen Bauern. Alles hängt von den konkreten Merkmalen der Stellung ab, besonders von der konkreten Möglichkeit, die Hindernisse so schnell wie möglich zu beseitigen.
Betrachten wir ein weiteres Endspiel, in dem sich die Bauern des Kontrahenten als Störfaktor erwiesen.

Schaschin – Gik
(Moskau 1967)

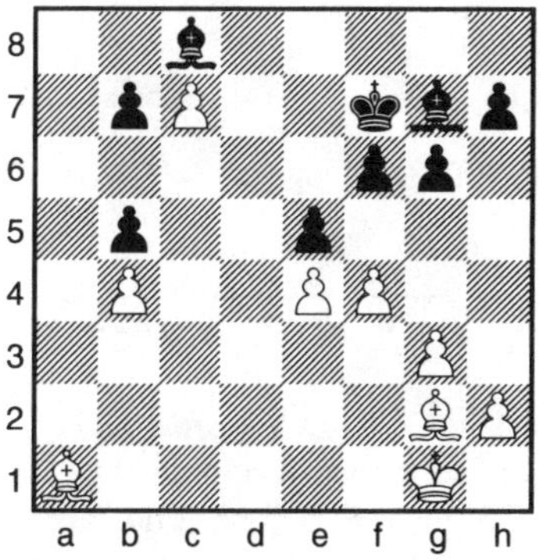

180

Die Chancen von Weiß hängen davon ab, ob es ihm schnell gelingt, eine konkrete Lösung des Stellungsproblems zu finden. Schwarz droht nämlich einfach mit Königsannäherung an den Bauern c7 bzw. mit dem Läufermanöver ♗g7-f8-d6 (nach einleitendem Tausch auf f4).
Weiß fand einen effektvollen Zug:

1.♗h3! ♗:h3

Keine Rettung bot 1… f5, wegen

2.♗:e5 ♗:e5 3.fe ♔e6 4.♔f2 ♔:e5 5.ef gf 6.♔e3 h6 7.♗f1 ♔d6 8.♔d4 ♔c7 9.♔e5, und Weiß gewinnt den Bauern f5 und die Partie.

2.f5!

Ein schöner Zug, der die Läuferdiagonale unterbricht. Schwarz gab auf. Ich möchte die Aufmerksamkeit des Lesers auf ein taktisches Verfahren lenken, das man als **Sperrung** bezeichnet.

■ Die Sperrung wird oft angewandt, um die Wirkungslinien der feindlichen Figuren zu unterbrechen.

Stein – Bilek
(Moskau 1967)

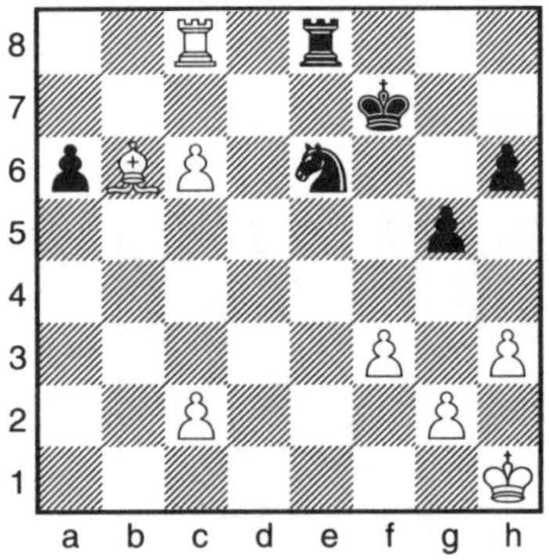

181

Die weißen Gewinnchancen sind nach dem scheinbar forcierten 1.♖:e8 ♔:e8 2.♔g1 ♔e7 3.♔f2 ♔d6 sehr zweifelhaft. Aber plötzlich taucht ein weißer Läufer auf der kritischen 8. Reihe auf und lähmt die schwarzen Figuren.

1.♗d8!

Ein Sperrzug. Auf 1… ♖:d8 entscheidet 2.♖:d8 ♘:d8 3.c7, auf 1… ♘:d8 folgt 2.c7 ♔e7 3.♖a8.

1… a5 2.♖b8 a4 3.c7

Schwarz gab auf.

■ Die Androhung eines Abtausches ist mitunter ein geeignetes Mittel, Hindernisse aus dem Weg zu räumen. Die gegnerische Figur muß zurückweichen und ihr Terrain freigeben, um einem ungünstigen Abtausch zu entgehen. Die folgende Studie von **Issler** ist dafür ein typisches Beispiel.

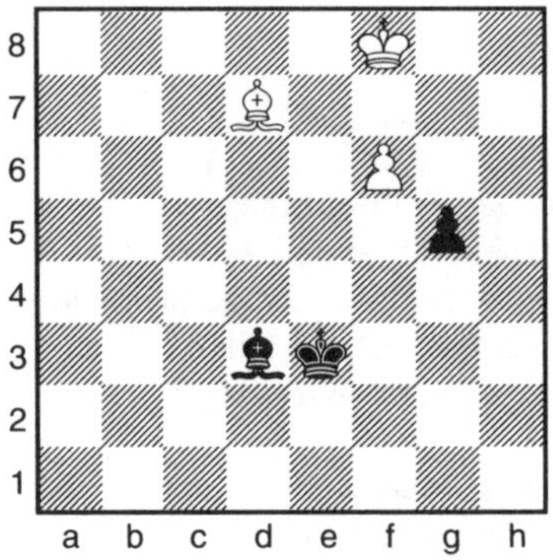

182

Geradliniges Spiel – 1.♔e7 ♗g6 2.♗e8 g4 3.♗:g6 g3 – führt hier nicht zum Erfolg, da sich Schwarz auch eine neue Dame holt. Zuerst muß eine Sperrung vorbereitet werden, indem der schwarze König auf die f-Linie gelockt wird, was Weiß das entscheidende Tempo gibt.

1.♔f7!

Jetzt kann auf 1… ♔f4 – 2.♔e7 ♗g6 3.♗e8 g4 4.♗:g6 g3 5.f7 g2 6.f8♕+ folgen. Es verliert auch 1… g4 2.♗:g4 ♔f4 3.♗e6 ♔g5 4.♔e7! ♗g6 5.♗f7 ♗c2 6.♗e8 ♗b3 7.♗d7 und 8.♗e6. Da Weiß mittels 2.♗e6 und 3.♔g7 die unmittelbare Bauernumwandlung droht, ist

1… ♗e2

erzwungen, um den Läufer auf die Diagonale e8-h5 zu bringen. Doch auch in diesem Fall muß der schwarze König wegen einer interessanten taktischen Operation die f-Linie betreten:

2.♔e7 ♗h5 3.♗e8 g4 4.♗:h5 g3 5.♗f3!

Das ist die Pointe.

5… ♔:f3 6.f7 g2 7.f8♕+

Weiß gewinnt.

■ Mehr Unannehmlichkeiten können die eigenen Figuren und Bauern bereiten, die sich auf wichtigen Aktionslinien befinden.

Kotow – Botwinnik
(Moskau 1955)

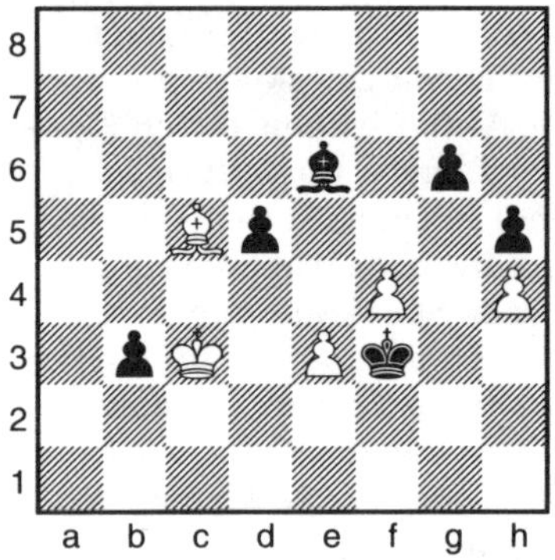

183

■ Endspiele mit ungleichfarbigen Läufern sind meistens remis. In diesem Fall gelingt Schwarz jedoch die Bildung eines Freibauern am Königsflügel.

1… g5! 2.fg

Unbefriedigend wäre 2.hg h4 3.♗d6 ♗f5 4.g6 ♗:g6 5.f5 ♗:f5 6.♔b3 ♔g2 oder 3.f5 ♗:f5 4.♔:b3 h3 5.♗d6 ♔:e3, und der König gelangt nach d4-d3 nach g2.

2… d4+!

Schwarz opfert kurzerhand den eigenen störenden Bauern. Die Erhaltung des Freibauern b3 ist wichtiger.

3.ed ♔g3

Weiß verliert, weil ihn sein eigener Bauer g5 behindert. Wäre dieser Bauer nicht auf dem Brett, könnte Weiß leicht mit 4.♗e7 das Remis halten. Jetzt hingegen würde auf diesen Zug 4… ♔:h4 5.g6+ ♔g4 folgen, und der h-Bauer ist nur unter Läuferopfer zu stoppen.

4.♗a3 ♔:h4 5.♔d3 ♔:g5 6.♔e4 h4 7.♔f3 ♗d5+

Weiß gab auf. Nach 8.♔f2 ♔g4 9.♔g1 ♔g3 10.♗d6+ ♔f3 11.♗a3 ♔e2 wäre weiterer Widerstand zwecklos.

Im folgenden Beispiel ist die Situation ähnlich, die Bauern behindern die eigenen Figuren und erlauben den Einbruch der gegnerischen Kräfte.

Baslawski – Kondratjew (Tallinn 1947)

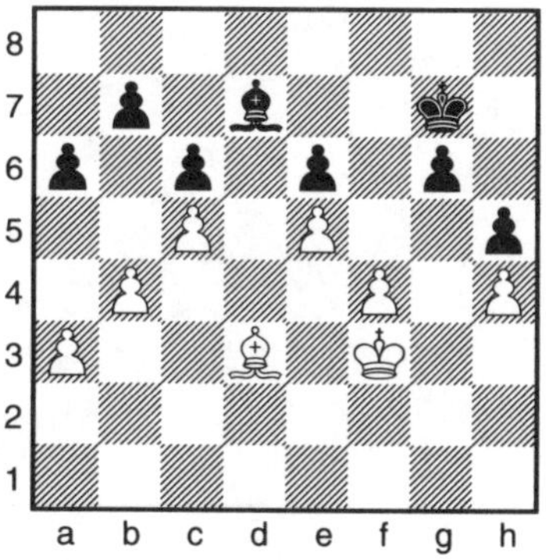

184

Die Aufgabe von Weiß ist klar – der König muß ins feindliche Lager einbrechen. Gleich gelingt das aber noch nicht. Deshalb verstärkt Weiß erst die Aufstellung seiner Figuren.

1.♔e3 ♔f7 2.♔d4 ♗e8 3.♔c3 ♔e7 4.♔b3 ♔d8 5.♔a4 ♔c7 6.♔a5

Der schwarze König ist nun an die Verteidigung des Punktes b6 gebunden. Jetzt muß die Position des Läufers bestimmt werden.

6… ♗f7 7.♗c4! ♗g8

Das hat Weiß angestrebt. Aber wie geht es weiter? Das verlockende Läuferopfer auf a6 reicht nicht zum Gewinn aus: 8.a4 ♗f7 9.♗:a6 ba 10.♔:a6 ♗e8 11.b5 cb 12.ab ♗d7!. Jetzt ist 13.♔a5 erzwungen, da 13.c6? an 13… ♗:c6 und 13.b6+ an 13… ♔b8 scheitert. Weiß trifft die richtige Entscheidung, dem Gegner noch eine zweite Schwäche zuzufügen – den Bauern b7.

8.a4 ♗f7 9.b5 ab 10.ab ♗g8

Schlecht ist 10.cb, wegen 11.♗:b5 ♗g8 12.♗e8 ♗h7 13.♗f7 ♔d7 14.♔b6.

11.b6+

Gegebenenfalls taucht die Drohung ♗a6 auf.

11… ♔d8 12.♔b4

Da der schwarze König wegen ♗a6 die d-Linie nicht verlassen darf, begibt sich sein weißer Gegenspieler auf den entgegengesetzten Brettabschnitt, um dort mittels eines Bauerndurchbruchs ins feindliche Hinterland einzudringen. Schwarz kann gegen diesen Plan nichts ausrichten, sein Läufer macht im Kerker der eigenen Bauern einen besonders traurigen Eindruck.

12… ♗f7 13.♔c3 ♔d7 14.♔d4 g5

Dieser Versuch, etwas Luft zu schöpfen, wird von Weiß schnell widerlegt. Aber auch nach dem „ruhigen" 14… ♔d8 würde Weiß leicht gewinnen: 15.♔e3 ♔d7 16.f5! gf 17.♔f4 ♗g6 18.♔g5 ♗e8 19.♔f6 f4 20.♗:e6+ ♔d8 21.♗h3 f3 22.e6 usw.

15.fg ♗g6 16.♔e3 ♗c2 17.g6! ♗:g6 18.♔f4 ♗f5 19.♗e2

Schwarz gab auf

■ Ein eigener Bauer wird auch in Turmendspielen oft zum Störfaktor. Besonders dann, wenn der Turm zum Angriff auf den gegnerischen König genügend Manövrierfreiheit braucht. Lehrreich ist das Ende der folgenden Partie.

Botwinnik – Najdorf (Moskau 1956)

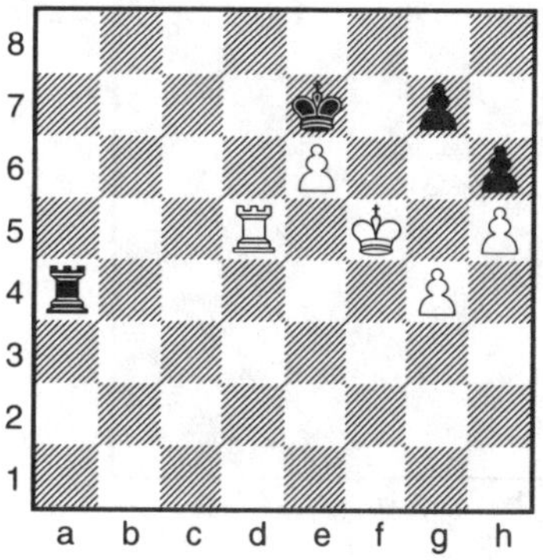

185

Es ist bemerkenswert, daß Weiß einen Bauern opfert, um sich dann hinter dem Rücken des schwarzen Mehrbauern vor den Schachgeboten des Turmes zu verstecken.

1.g5!

Das ist die einzige Möglichkeit, die Partie zu gewinnen. Nach 1.♖d7+ ♔f8 2.e7+ ♔e8 3.♖b7 ♖a5+ 4.♔g6 ♖g5+ oder 2.♖f7+ ♔g8 3.g5 ♖a5+ 4.♔e4 ♖a6 forciert Schwarz das Remis.

1… hg?

Das verliert. Besser war 1… ♖a7.

2.♖d7+ ♔f8 3.♖f7+ ♔g8 4.♔g6 g4 5.h6

Die eleganteste Lösung.

5… gh 6.e7 ♖a8 7.♖f6

Schwarz gab wegen 7… ♖e8 8.♖d6! und 9.♖d8 die Partie auf.

Zum Abschluß dieses Themas möchte ich Ihnen noch einen Leckerbissen präsentieren.

Studie von Selesnjow

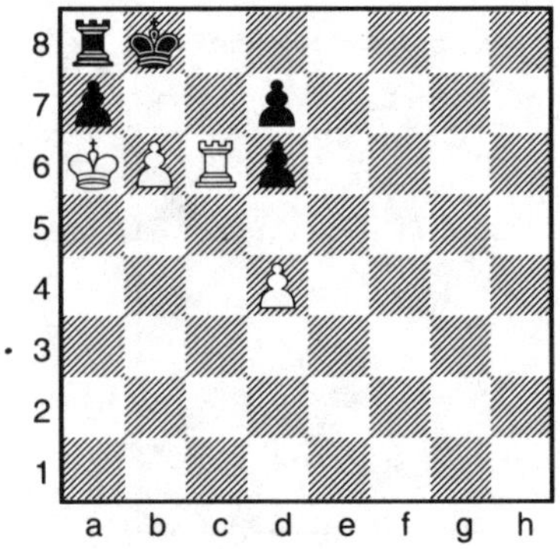

186

■ Weiß zieht und gewinnt.
1.♖c8+ ♔:c8 2.b7+ ♔b8 3.d5
Schwarz ist im Zugzwang. Der einzige Zug ist

3... ♔c7
Es ist klar, daß die Umwandlung des Bauern in eine Dame bzw. in einen Turm zum Patt führt. Ein Springer würde auf a8 gleich mit 4... ♔b8 gefangen. Es gewinnt nur
4.a8♗ ♔b8 5.♗b7!
Schwarz ist wieder im Zugzwang. Auf 5... ♔c7 gewinnt 6.♔:a7.
Dieses Beispiel illustriert zum wiederholten Mal den Nachteil einer beengten Figurenstellung. Statt die Figuren gleichsam übereinander auftürmen ist eine gute Koordination erforderlich.
Seien Sie deshalb einer starken Figurenkonzentration auf engem Raum gegenüber immer skeptisch, und stellen Sie sich die Frage: Stören sich die Figuren nicht untereinander?

Das haben wir in der 30. Lektion behandelt:
□ Behinderung durch gegnerische Figuren
□ Beseitigen von Hindernissen
□ Behinderung durch eigene Figuren
□ der Bauer als Störfaktor
□ die Koordination der Kräfte
□ die Sperrung unterbricht Wirkungslinien

Übungsaufgaben zur 30. Lektion

Aufgabe 129:
Weiß: ♔c2, ♖a6, ♙b5, c4
Schwarz: ♔f7, ♖b3, ♙e6, f3, f6
□ Schwarz am Zug. Wie würden Sie spielen?

Aufgabe 130:
Weiß: ♔e5, ♘c3, ♙a5, b4, f4, g3
Schwarz: ♔e7, ♗f1, ♙a6, e6, f5, g4
□ Weiß am Zug. Wie würden Sie spielen?

Aufgabe 131:
Weiß: ♔d4, ♗f3, ♙b4, f4
Schwarz: ♔d6, ♗e8, ♙b5, f5
□ Weiß am Zug. Die Mobilität von Schwarz ist eingeschränkt. Kann Weiß diesen Umstand ausnutzen?

Aufgabe 132:
Weiß: ♔c7, ♗d5, ♙e6, f5, h2
Schwarz: ♔e7, ♗h6, ♙d6, h4
□ Weiß zieht und gewinnt.

Aufgabe 133:
Weiß: ♔c6, ♗g4, ♙a6, c2, d3
Schwarz: ♔d8, ♗b6, ♙a7, c5
□ Weiß am Zug. Analysieren Sie diese Stellung! Wie geht die Partie aus?

Aufgabe 134:
Weiß: ♔f5, ♙b2, b4, g2, h2
Schwarz: ♔h5, ♙b6, b7, f6, h4, h6
□ Weiß zieht und gewinnt.

31. Lektion

Der Übergang ins Endspiel

Wir haben uns mit den Endspielmethoden auch deshalb so ausführlich befaßt, weil in weiten Schachkreisen die Meinung ziemlich populär ist, daß das Endspiel ein zweitrangiger Bestandteil der Schachpartie sei, und es seine Existenz überhaupt nur einer zu laschen Mittelspielbehandlung verdankt.
Jose Raoul Capablanca unterzog dieses Vorurteil in dem Buch „Letzte Schachlektionen" einer kritischen Betrachtung:
„Ich fühle mich in Verbindung damit immer an Janowski erinnert. Von 1901–1904 war er einer der gefährlichsten Meister. Er hielt sich selbst für den stärksten Schachspieler überhaupt. Er besaß in Eröffnung und Mittelspiel ein hervorragendes Positionsverständnis, aber er mißachtete das Endspiel. Diese Anomalie hatte eine psychologische Wirkung auf seine Einstellung zum Spiel und beeinflußte seine Resultate negativ … Ich versuchte ihm oftmals zu beweisen, daß seine Niederlagen auf schwache Kenntnis und mangelnde Tiefe des Endspiels zurückzuführen sind. Die Antwort war immer ein und dieselbe: ‚Ich verachte das Endspiel. Eine gut gespielte Partie sollte schon im Mittelspiel praktisch entschieden sein, dann braucht man kein Endspiel! Diese falsche Ansicht trug ihm nicht nur viele Verlustpartien ein, sondern, und das ist weitaus wichtiger, viele schwache Schachspieler nahmen seine Worte als eine Offenbarung auf."
Ich möchte noch hinzufügen, daß sich die Rolle des Wissens im Endspiel nicht nur auf die Kenntnis bereits ausgearbeiteter konkreter Stellungen mit geringer Figurenanzahl beschränkt.

■ Der „Schatten" des Endspiels schwebt unsichtbar über dem gesamten Partieverlauf, beginnend mit den ersten Zügen.
Viele Entscheidungen, die während der Partie getroffen werden, sind von Überlegungen begleitet, die auf die Chancen im Endspiel hinzielen.

■ Der Übergang ins Endspiel kann bereits aus der Eröffnung heraus erfolgen.
Die Seite, die diesen Übergang anstrebt, verläßt sich gewöhnlich auf die Stabilität der Situation, auf eine vorteilhafte Bauernstruktur, auf die lang andauernde Herrschaft über offene Linien oder Diagonalen.

Betrachten wir beispielsweise eine Position, die nach folgenden Zügen entsteht:
1.e4 e5 2.♘f3 ♘c6 3.♗b5 a6 4.♗:c6 dc 5.d4 ed 6.♕:d4 ♕:d4 7.♘:d4

Emanuel Lasker hielt die weiße Stellung wegen der Bauernüberlegenheit am Königsflügel für theoretisch gewonnen. Tatsächlich, wenn man alle Figuren vom Brett nehmen würde und nur noch Könige und Bauern übrigblieben, dann würde Weiß gewinnen. Die drei weißen Bauern am Damenflügel halten die vier schwarzen Bauern leicht auf, weil diese auf der c-Linie verdoppelt sind. Am Königsflügel könnte Weiß hingegen den entscheidenden Freibauern bilden.
Wilhelm Steinitz war hingegen der Meinung, daß die Chancen von Schwarz aufgrund des Läuferpaares und des freien Figurenspiels zumindest nicht schlechter seien. Nur die Konfrontation dieser beiden Ansichten in der Wettkampfpraxis kann die Frage beantworten, wer recht hat.

Partie Nr. 48
Damengambit
Aljechin – Euwe
Holland 1937, 24. WM-Partie

1.♘f3 d5 2.c4 e6 3.d4 ♘f6 4.♘c3 c5 5.cd ♘:d5 6.g3!? cd 7.♘:d5 ♕:d5 8.♕:d4 ♕:d4 9.♘:d4 ♗b4+ 10.♗d2 ♗:d2+ 11.♔:d2 ♔e7?

(Diagramm auf Seite 164)

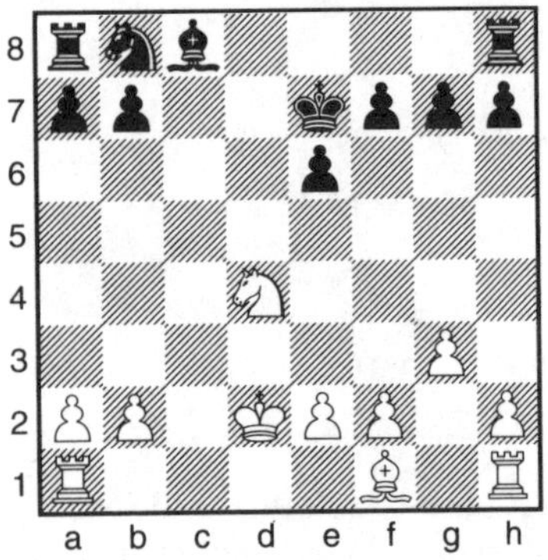

187

Weiß ließ sich in der Hoffnung auf die vielen Abtausche ein, ein Druckspiel am Damenflügel aufzubauen. Die Hauptrolle ist dabei dem Läufer g2 zugedacht. Außerdem nehmen König, Springer und Türme von Weiß die aktiveren Positionen ein. Euwe unterschätzte die weißen Drohungen. Sein letzter Zug ist ein Fehler. Besser war 11… ♗d7. Nach 12.♗g2 ♘c6 13.♘:c6 ♗:c6 14.♗:c6+ bc 15.♖ac1 0-0-0+ 16.♔e3 ♔c7 hätte Weiß lediglich einen minimalen Vorteil.

12.♗g2 ♖d8 13.♔e3 ♘a6

Das ist eine Folge des 11. Zuges von Schwarz. Der Springer ist auf a6 schlecht plaziert. Auch nach 13… e5 behielt Schwarz wegen 14.♘b3 ♘c6 15.♖ac1 ♗d7 16.♘c5 Probleme. Aber das wäre das kleinere Übel gewesen.

14.♖ac1 ♖b8 15.a3 ♗d7 16.f4 f6 17.♗e4!

Verhindert 17… e5, worauf nun 18.fe fe 19.♘f3 mit Bauerngewinn folgen würde.

17… ♗e8 18.b4!

Der weiße Druck wächst an. Es droht schon 19.b5 mit Springergewinn.

18… ♖d7 19.f5! ♘c7

Wenn 19… e5, so 20.♘c6, und es ist an der Zeit für Schwarz aufzugeben.

20.fe ♘:e6 21.♘:e6 ♔:e6 22.♗:h7

Weiß hat jetzt einen Mehrbauern. Der frühe Übergang ins Endspiel hat sich bezahlt gemacht (allerdings hat der Gegner etwas mitgeholfen). Es folgte noch:

22… f5 23.♖c5! g6 24.♗g8+ ♔f6 25.♖hc1 ♖e7+ 26.♔f2 ♗c6 27.♗d5 ♖be8 28.♖e1 ♗:d5 29.♖:d5 g5 30.♖d6+ ♔e5?

Besser ist 30… ♔f7.

31.♖ed1 g4 32.♖1d5+ ♔e4 33.♖d4+ ♔e5 34.♔e3 ♖e6 35.♖4d5+ ♔f6 36.♔f4 ♔g6 37.♖:e6+ ♖:e6 38.♖e5 ♖a6 39.♖:f5 ♖:a3 40.♖b5 b6 41.♔:g4

Schwarz gab auf. Auf 41… ♖e3 folgt 42.♖g5+ ♔h6 43.b5! ♖:e2 44.h4.

Partie Nr. 49

Grünfeld-Indische Verteidigung

Karpow – Kasparow

Leningrad 1986, 17. WM-Partie

1.d4 ♘f6 2.c4 g6 3.♘c3 d5 4.♘f3 ♗g7 5.♕b3 dc 6.♕:c4 0-0 7.e4 ♗g4 8.♗e3 ♘fd7 9.♖d1 ♘c6 10.♗e2 ♘b6 11.♕c5 ♕d6 12.e5 ♕:c5 13.dc ♘c8

Es ist eine bekannte Theoriestellung entstanden, die als ungefähr ausgeglichen galt. Karpow hatte im Zuge der Matchvorbereitung eine interessante neue Idee gefunden.

14.h3! ♗:f3 15.♗:f3 ♗:e5

Nach 15… ♘:e5 16.♗:b7 ♖b8 17.c6 ♘c4 18.♘d5 ♘:e3 19.fe ♘d6 20.♘:e7+ ♔h8 21.♖:d6! cd 22.♔e2 ♗:b2 23.♖b1 ♗f6 24.♘d5 ♗d8 steht Weiß auf Gewinn.

16.♗:c6 bc 17.♗d4!

Das ist die Pointe der weißen Spielführung. Nach dem Läufertausch bestimmt der Besitz der d-Linie in Verbindung mit der traurigen Postierung des Springers auf c8 den weißen Vorteil, trotz des Minusbauern.

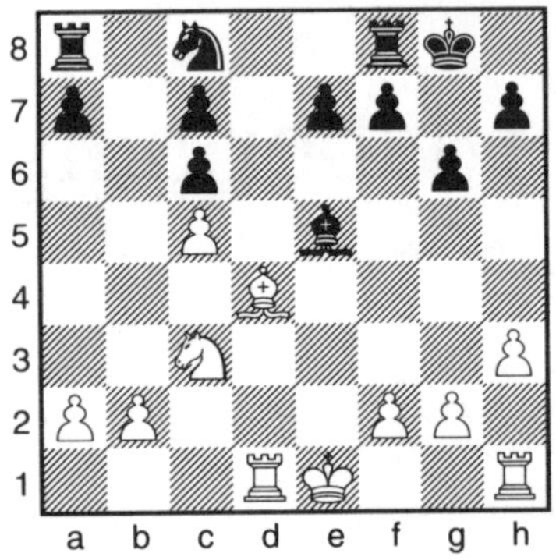

188

17… ♗f4

Die beste Antwort. Im Falle von 17… ♗:d4 18.♖:d4 ♖b8 (18… a5 19.♔e2 ♘a7 20.a4!) 19.b3 a5 20.♖a4 ist der weiße Vorteil schon sehr bedeutend.

18.0-0 a5?!

Das führt zu einer Verluststellung. Aber auch 18… e5 befreite Schwarz nicht von seinen Schwierigkeiten: 19.♗e3 ♗:e3 20.fe ♘e7 21.♖d7 ♘f5 22.♔f2! (Das ist stärker als 22.♖:c7). Auf 22… ♖ac8 folgt 23.♘e4 f6 24.♔e2 mit der Drohung 25.g4.

19.♖fe1 a4 20.♖e4 ♗h6 21.♗e5 a3 22.b3 ♘a7 23.♖d7 ♗c1 24.♖:c7 ♗b2 25.♘a4! ♘b5 26.♖:c6 ♖fd8 27.♖b6 ♖d5 28.♗g3!

28.♘:b2? ♖:e5

28… ♘c3 29.♘:c3 ♗:c3 30.c6 ♗d4 31.♖b7

Schwarz gab auf.

Natürlich ist es nicht immer nötig bzw. möglich, daß die Verbindung der Eröffnung mit dem Mittelspiel so unmittelbar wie in den betrachteten Beispielen hergestellt wird.

■ In der Mehrzahl der Partien zwischen starken Spielern werden die beiderseitigen Aussichten im Endspiel schon bei der Wahl der Eröffnung berücksichtigt. Nach den Zügen **1.d4 ♘f6 2.c4 e6 3.♘c3 ♗b4 4.a3**

♗:c3+ 5.bc c5 6.e3 b6 7.♘e2 ♘c6 8.♘g3 0-0 9.♗d3 ♗a6 10.e4 ♘e8 wissen die Spieler sehr wohl, daß für Weiß der Übergang in ein Endspiel wegen seines Doppelbauern unvorteilhaft wäre. Die Chancen von Weiß liegen vielmehr in einem Königsangriff.

■ Der Übergang vom Mittelspiel zum Endspiel ist bedeutend häufiger in der Praxis anzutreffen, als der von der Eröffnung ins Endspiel, und die entstehenden Stellungen sind in der Regel einer genaueren Einschätzung zugänglich.

Lassen Sie uns nun typische Fälle des geplanten Übergangs von der Eröffnung ins Endspiel betrachten.

■ In vielen Situationen sind forcierte Abtauschoperationen und der Übergang ins Endspiel das zweckmäßigste Mittel, ein **materielles Übergewicht zu realisieren.**

Zeschkowski – Geller
(Vilnius 1980)

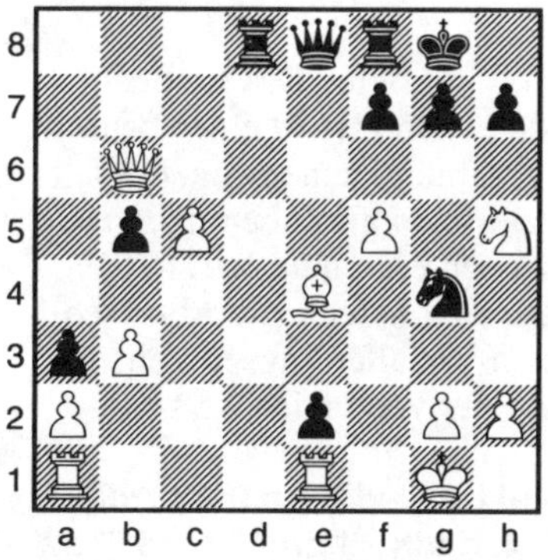

189

Die Lage ist sehr zugespitzt. Weiß hat eine Mehrfigur, aber seine Figuren sind verstreut und sein König ist verwundbar. Auf 1.♘g3 folgt 1… ♕e5, und es droht 2… ♕:a1 und 2… ♕:d4+. Auf 1.♖:e2 läßt die Doppeldrohung 1… ♕e5 Weiß schlecht aussehen. Witali Zeschkowski fand trotzdem einen vernünftigen Ausweg aus der scheinbar verfahrenen Lage – er gibt einen Teil der materiellen Beute zurück und forciert den Übergang in ein vorteilhaftes Endspiel.

1.♕c7! ♕:e4 2.♕f4

Erzwingt den Damentausch.

2… ♖fe8

Ungenügend ist 2… ♕:f4 3.♘:f4 ♖d4 4.g3 ♖c8 5.♖c1

3.♕:e4 ♖:e4 4.♘g3 ♖e5 5.♖ac1 ♔f8

5… ♖d2 scheiterte an 6.c6 ♖e8 7.♖:e2! Man kann eine Zwischenbilanz ziehen. Die Position hat sich stark gewandelt. Von der schwarzen Aktivität ist keine Spur geblieben, und Weiß besitzt einen gefährlichen c-Freibauern. Der schwarze Bauer e2 fällt.

6.♖:e2 ♖:e2 7.♘:e2 ♔e7 8.c6! ♘e5 9.♘d4 b4

9… ♖:d4 10.c7

10.c7 ♖c8 11.♘b5

Jetzt droht 12.♘a7.

11… ♔d7 12.♖d1+ ♔e7 13.♖d4 ♘c6 14.♖c4! ♔d7 15.♖:c6!

Schwarz gab auf. Nach 15… ♔:c6 16.♘a7+ ♔:c7 17.♘:c8 ♔:c8 18.♔f2 ♔c7 19.♔e3 ♔c6 20.♔d4 ♔b5 21.♔d5 siegt Weiß problemlos im Bauernendspiel.

■ Die letzte Variante demonstriert übrigens in klarer Form eine wichtige Besonderheit im Prozeß der Realisierung eines Vorteils – nämlich seine **Transformation.** Oft ist der optimale Weg mit Opfern bzw. der Umwandlung von materiellem Mehrbesitz in positionelle Vorteile gepflastert. Letztere gewährleisten dann in der Endabrechnung wieder das entscheidende materielle Übergewicht.

■ Die Entscheidung bezüglich des Überganges ins Endspiel beruht meistens auf der Hoffnung, bestimmte strategische oder taktische Vorzüge der Position auszunutzen, die in einem Mittelspiel nicht effektiv genug zu realisieren wären.

Fischer – Schweber
(Buenos Aires 1970)

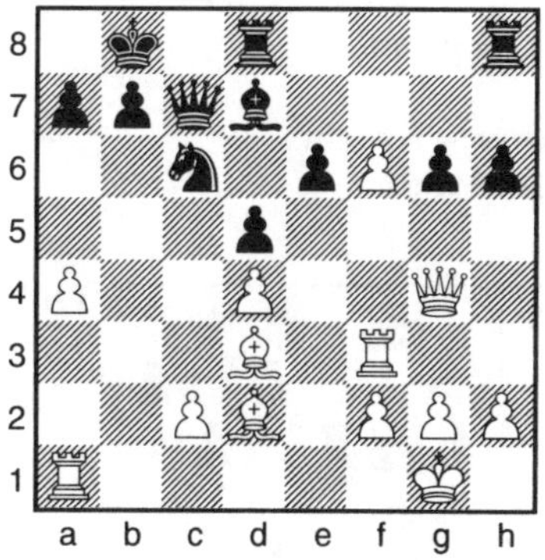

190

Weiß hat mit seinem letzten Zug 1.ef praktisch den Übergang in ein Endspiel forciert, in dem der Bauer f6, unterstützt von den Läufern, sehr stark sein wird. Es folgte:

1… e5 2.♕g3!

Aber nicht 2.♕:g6?, wegen 2… ♘:d4 3.♖g3 e4.

2… ♘:d4 3.♖e3 e4 4.♖:e4!

Auf dieser taktischen Feinheit beruht der strategische Plan von Weiß. Jetzt wäre 4… de wegen 5.♗f4 schlecht. Das Qualitätsopfer muß angenommen werden.

4… ♕:g3 5.♖:d4 ♕g4

Es gibt nichts anderes.

6.♖:g4 ♗:g4 7.♗:g6

Nun kann man erst einmal in Ruhe durchzählen. Man kann sich leicht davon überzeugen, daß der Freibauer nur unter Materialverlust zu halten ist.

7… ♖hg8 8.♗h7 ♖h8 9.♗d3 ♖de8

Auf 9… ♖hf8 folgt 10.♗:h6 ♖:f6 11.♗g5, und 9… ♖df8 wird mit 10.♗b4 ♖:f6 11.♗c3 beantwortet.

10.f7 ♖e7

10… ♖ef8 11.♗c3
11.f8♕+ ♖:f8 12.♗b4 ♖ff7 12.♗:e7 ♖:e7 14.f3 ♗d7 15.a5 ♔c7 16.♔f2 ♖f7 17.♔e3 ♔d6 18.g3 ♔c5 19.f4 ♗g4 20.♖b1 ♖e7+ 21.♔d2 b6 22.ab ab 23.h3 ♗d7 24.g4 d4 25.f5 ♖e3 26.f6 ♖f3 27.♖f1 ♖:f1 28.♗:f1 ♗e6
Schwarz gab auf.

Sacharow – Krogius
(Irkutsk 1966)

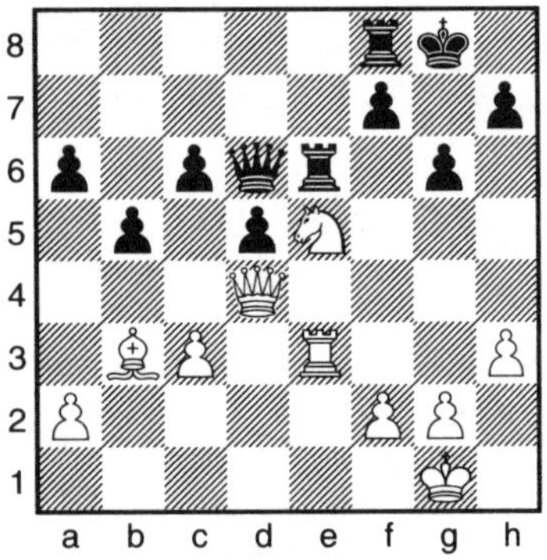

191

Schwarz setzte auf seine Freibauern. Es folgte:
1… c5! 2.D:d5 c4 3.♕:d6 ♖:d6 4.♗c2 ♖d2 5.♗e4 ♖:a2 6.g4 ♔g7 7.♗c6 ♖d2 8.g5 ♖d6 9.♗b7 a5 10.♔g2 a4 11.♗c6 f6 12.gf ♖d:f6 13.f3 a3 14.♖e2 ♖e6 16.♗:b5 ♖f5
Weiß gab auf.

Smyslow – Lilienthal
(Moskau 1942)

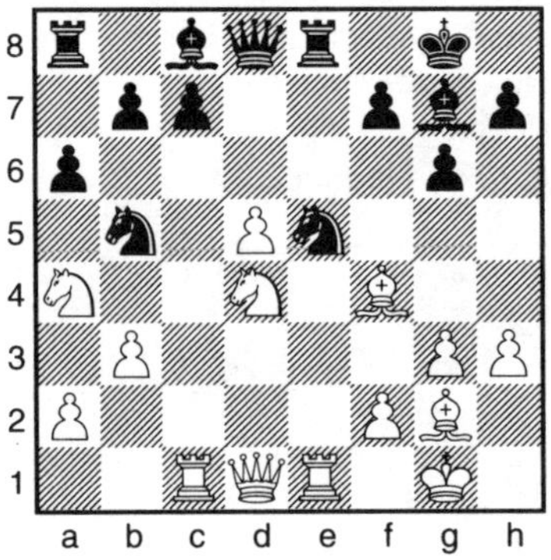

192

Der weiße Hauptvorteil besteht in seinen zwei Läufern. Diese brauchen aber freie Diagonalen. Wassili Smyslow forciert mit einer glänzenden Kombination den Übergang in ein vorteilhaftes Endspiel, in dem seine Läufer das gesamte Brett beherrschen.
1.♘e6! ♗:e6
Nach 1… fe 2.♗:e5 ed 3.♕:d5+ wäre es um Schwarz schlecht bestellt.
2.de ♖:e6 3.♘c5
Schwarz muß sich auf das Endspiel einlassen, da 3… ♖d6 4.♕e2 ♘d3 5.♘:d3 ♖:d3 6.♗:b7 ♘c3 7.♕f1 ♖a7 8.♗c6 absolut unbefriedigend ist.
3… ♕:d1 4.♖e:d1 ♖d6 5.♘:b7 ♖:d1+ 6.♖:d1 ♖b8 7.a4 ♘c3 8.♖d2 ♖e8 9.♘c5 a5 10.♖c2 ♘d1 11.♗d2 ♗f8
Stellt die Falle 12.♗:a5? ♘:f2 13.♔:f2 ♗:c5+ 14.♖:c5 ♘d3+.
12.♘e4! ♖b8 13.♗:a5 ♖:b3 14.♗:c7 ♘d3 15.♗f1 ♘1b2 26.a5 f5 17.♘d2 ♖a3 18.♘c4 ♘:c4 19.♖:c4 ♖a1 20.♗b6 ♘e5
Auf 20… ♗b4 würde 21.♖d4 folgen, und 20… ♘e1 wird mit 21.f4 beantwortet.
21.♖c3 ♗b4 22.♖c8+ ♔f7 23.♔g2
Schwarz gab auf. Auf 23… ♗:a5 geschieht 24.♗d4 ♖e1 25.♖c5. Allgemein bekannt ist der Ausspruch, „Ein Abtausch erleichtert die Verteidigung“. In der Mehrzahl aller Fälle ist dies gerechtfertigt.
■ Deshalb kann der Übergang ins Endspiel als eine der wichtigsten Verteidigungsmethoden angesehen werden.

Karpow – Kasparow
(Moskau 1985, 6. WM-Partie)

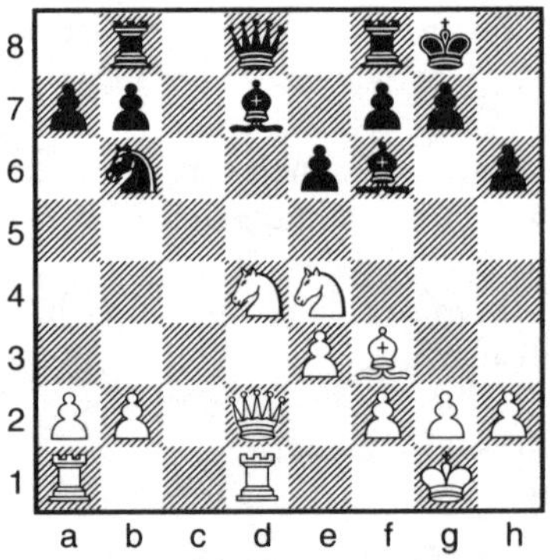

193

Kasparow schrieb: „Das weiße Druckspiel kann leicht einen bedrohlichen Charakter annehmen, deshalb muß Schwarz sofort neutralisierende Maßnahmen ergreifen. Ich startete hier eine weit berechnete Abtauschoperation, die allerdings mit einem Bauernopfer verbunden ist.“ Es folgte:
1… ♗:d4 2.♕:d4 ♗a4! 3.♕:d8 ♖f:d8 4.♖:d8+ ♖:d8 5.♘c5 ♖d2 6.b3 ♗c6 7.♘:b7 ♗:f3 8.gf ♘d7
Diese Position hatte Garri Kasparow eingangs vor Augen. Schwarz hat eine gewisse Kompensation für den geopferten Bauern – einen aktiven Turm und die Möglichkeit, den weißen Doppelbauern am Königsflügel zu attackieren.

9.♔g2 g5!
Fixiert die weißen Bauern. Aber auch Karpow bleibt seinem Gegner nichts schuldig, er macht einen genauen Zug an dem Flügel, an dem er stärker ist.
10.b4! ♘b6!
Beide spielen optimal. Die Situation hat sich gewandelt, der Springer hat auf e5 nichts mehr zu tun. Nach 10… ♘e5 hätte Weiß durch 11.♘c5 ♘g6 12.♘e4 ♖b2 13.a3 ♘h4+ 14.♔g3 f5 15.♘c5 e5 16.♘d3! f4+ 17.♔g4! ♖b3 18.♘:e5 fe 19.fe ♖:e3 20.f4 Gewinnchancen erhalten (gezeigt von Kasparow). Jetzt hingegen droht 11… Sd5, z.B., 11.♔g3 ♘d5 12.b5 ♘e7 13.e4 ♘g6 nebst h6-h5-h4 mit starkem Angriff. 11.a3 ist passiv. Nach 11… ♘c4 12.♔g3 h5 13.f4 h4+ 14.♔f3 f5 15:h3 e5 ist bei Schwarz alles im Lot.
Deshalb zog Karpow
11.♔f1
und nach
11… ♘d7! 12.♔g2 ♘b6
einigten sich die Kontrahenten auf ein Remis. Versuche wie 13. ♘a5 ♘e5 14.b5 ♘d3 sind gefährlich für Weiß.

■ Beachten Sie den aktiven Charakter der schwarzen Verteidigung! In der Regel verspricht gerade die Schaffung von Gegenchancen den gewünschten Erfolg der Verteidigung.

Ich möchte Ihnen ein weiteres Beispiel einer aktiven Verteidigung demonstrieren.

Smyslow – Keres
(Leningrad 1941)

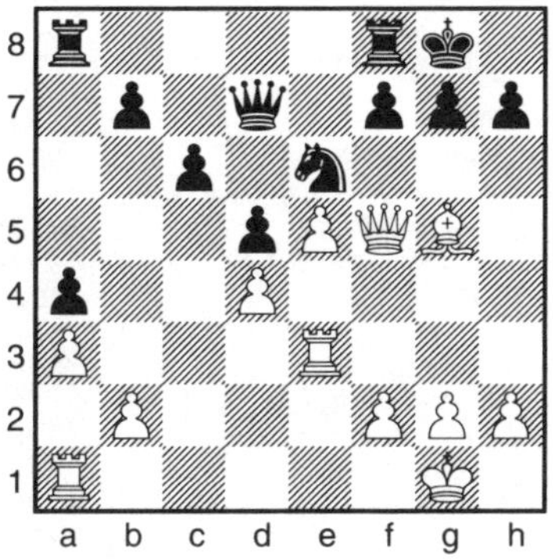

194

Die schwarze Stellung scheint gefährdet zu sein. Es droht 1.♖h3 oder 1.♗f6. Doch es folgte:
1… ♘c5!
Eine unerwartete Replik. Hier war nun 2.♕c2 ♘e4 3.♗h4 ♕g4 oder 2.♕:d7 ♘:d7 3.e6 mit jeweiligem Ausgleich möglich. Doch Weiß strebt nach Aktivität und gerät dabei in ein fein gesponnenes Netz.
2.g4? ♕:f5 3.gf f6!
Das ist des Pudels Kern! Weiß rechnete nur mit 3… ♘e4 4.♗e7 ♖fe8 5.♗b4 mit Vorteil. Nach dem Textzug hingegen zerbricht die weiße Bauernphalanx im Zentrum, und Schwarz übernimmt die Initiative.
4.ef
Andere Fortsetzungen sind noch schlechter: 4.♗:f6 ♘e4 5.♗h4 ♖:f5 oder 4.♗f4 ♘b3 5.♖d1 fe oder 4.dc fg 5.♖f3 g6 6.f6 ♔f7 und 7… ♔e6.
4… ♘e4 5.fg
Noch eine Ungenauigkeit. Sicherer ist 5.♗h4 ♘:f6 6.♖ae1.
5… ♖:f5 6.♗e7 ♔:g7
Im Ergebnis der durchgeführten Operation hat Schwarz ein günstiges Endspiel erhalten. Sein Springer ist stärker als der gegnerische Läufer.
7.f3 ♘d2 8.♔f2 ♖e8 9.♖ae1

Es droht 10.♗f6+. Schwarz muß sich von seinem starken Springer trennen, da ansonsten der weiße Turm auf die 7. Reihe eindringt, z.B. 9… ♔f7 10.♗b4. Übrigens vollzieht sich gerade eine Transformation des Vorteils – Schwarz wickelt in ein vorteilhaftes Turmendspiel ab.
9… ♘e4+ 10.♔g2 ♖:e7 11.fe ♖:e4 12.♖:e4 de 13.♖:e4 ♖b5 14.♖e2 ♖b3!
Der weiße König ist abgeschnitten und die Bauern b2, d4 und h2 sind schwach. Schwarz kann auf den Sieg hoffen.
15.♔f2 ♔f6 16.♔e1 h6 17.♖g2
17.♔d1 ♖d3+ 18.♖d2 ♖:d2+ 19.♔:d2 ♔e6 20.♔c3 ♔d5 21.♔d3 h5 22.h4 b5, führt zu einem verlorenen Bauernendspiel.
17… ♔e6 18.♔d1 ♔d5 19.♔c2 ♖h3!
Habgier (19… ♔:d4) wäre hier wegen 20.♖g4+ und 21.♖h4 fehl am Platze. Es ist wichtiger, Weiß nicht aus der passiven Stellung zu lassen.
20.♖d2 ♔c4 21.♔b1 h5 22.♔a2 ♖h4 23.♖f2 ♔:d4 24.♖f7 b5 25.♖f2 ♖h3 26.♖d2+ ♖d3 27.♖f2 ♔c4 28.♖c2+ ♔d5 29.♖g2 ♖h3 30.♖d2+ Kc5 31.♖c2+ ♔b6 32.♖f2 c5
Bereitet c5-c4-c3 gefolgt von h5-h4-h3 nebst Überführung des Turmes nach g2 vor.
33.♖f6+ ♔a5 34.♖f2 c4 35.♖g2 c3 36.b4+
Das ist ein Versuch, den gerade skizzierten schwarzen Plan zu stören. Aber auch das hilft nicht mehr.
36… ab+ 37.♔:b3 c2+ 38.♔:c2 ♖:a3 39.♔b2 ♖f3 40.♖e2 h4 41.♖d2 h3 42.♖e2 ♔a4 43.♔b1 ♖f1+ 44.♔c2 b4 45.♔d3 ♖d1+ 46.♔c2 ♖g1
Weiß gab auf. Ein lehrreiches Endspiel! Wir haben Beispiele betrachtet, in denen der Übergang ins Endspiel

Die lieferbaren Titel Schach

Alexander Koblenz
Schach spielend leicht kombinieren
Training mit Alexander Koblenz
152 S., 68 Diagr., geb.
DM 19,80
öS 145,–/sFr 20,80
ISBN 3-328-00241-3

Alexander Kotow
Ohne Bauern läuft nichts
176 S., 216 Diagr., geb.
DM 29,80
öS 218,–/sFr 29,80
ISBN 3-328-00553-6

Anatoli Mazukewitsch
Schach matt!
555 Reinfälle
264 S., 366 Diagr., Ln.
DM 29,80
öS 218,–/sFr 29,80
ISBN 3-328-00397-5

Jakow Neistadt
Erfolgreich angreifen
Der Damenflügel im Visier
174 S., 164 Diagr., Ln.
DM 24,80
öS 181,–/sFr 25,80
ISBN 3-328-00343-

Jakow Neistadt
Erfolgreich angreifen
Der König im Visier
192 S., 189 Diagr., Ln.
DM 19,80
öS 145,–/sFr 20,80
ISBN 3-328-00292-8

Jakow Neistadt
Zauberwelt der Kombination
188 S., 486 Diagr., Ln.
DM 19,80
öS 145,–/sFr 20,80
ISBN 3-328-00197-2

Albin Pötzsch
Spaß am Kombinieren
2. bearb. Aufl.,
192 S., 365 Diagr., Ln.
DM 19,80
öS 145,–/sFr 20,80
ISBN 3-328-00296-0

Lew Polugajewski
Im sizilianischen Labyrinth
Band I:
Eröffnung, Mittelspiel
224 S., 191 Diagr., geb.
DM 29,80
öS 218,–/sFr 29,80
ISBN 3-328-00555-2
Band II:
Strategische Geheimnisse, Endspiel
192 S., 173 Diagr., geb.
DM 29,80
öS 218,–/sFr 29,80
ISBN 3-328-00556-0

Lew Polugajewski/
Jakow Damski
Verteidigung im Schach
288 S., 311 Diagr., Ln.
DM 19,80
öS 145,–/sFr 20,80
ISBN 3-328-00168-9

Abram Roisman
333mal Schach dem König
272 S., 222 Diagr., Ln.
DM 24,80
öS 181,–/sFr 25,80
ISBN 3-328-00342-8

Aleksei Suetin
Modernes Mittelspiel
316 S., 218 Diagr., Ln.
DM 19,80
öS 145,–/sFr 20,80
ISBN 3-328-00235-9

Aleksei Suetin
Schachtraining
Stark bearb. Aufl.,
252 S., 126 Diagr., Ln.
DM 16,80
öS 123,–/sFr 17,80
ISBN 3-328-00247-2

Endspiele

Juri Awerbach
Bauernendspiele
416 S., 761 Diagr., Ln.
DM 29,80
öS 218,–/sFr 29,80
ISBN 3-328-00236-7

Juri Awerbach
Damenendspiele
Dame gegen Bauern · ~ Dame · ~ Turm · ~ Springer · ~ Läufer
444 S., 734 Diagr., Ln.
DM 29,80
öS 218,–/sFr 29,80
ISBN 3-328-00335-5

Juri Awerbach
Endspiele
Springer gegen Läufer · Turm gegen Leichtfigur
384 S., 629 Diagr., Ln.
DM 29,80
öS 218,–/sFr 29,80
ISBN 3-328-00294-4

Biographien · Monographien

Viktor Baturinski
Das Schachgenie Karpow
240 S., 130 Diagr.,
20 Tab., 12 Fotos, geb.
DM 29,80
öS 218,–/sFr 29,80
ISBN 3-328-00427-0

David Bronstein
Sternstunden des Schachs Zürich 1953
224 S., 190 Diagr., geb.
DM 39,80
öS 291,–/sFr 39,80
ISBN 3-328-00428-9

Isaak u. Wladimir Linder
Das Schachgenie Aljechin
320 S., 148 Diagr.,
15 Tab., 16 Fotos, geb.
DM 29,80
öS 218,–/sFr 29,80
ISBN 3-328-00495-5

Isaak u. Wladimir Linder
Das Schachgenie Lasker
288 S., 148 Diagr.,
15 Tab., 12 Fotos, geb.
DM 29,80
öS 218,–/sFr 29,80
ISBN 3-328-00399-1

Stefan Löffler (Hrsg.)
Challengers - So spielt Nigel Short
146 S., 72 Diagr.,
16 Fotos, Br.
DM 24,80
öS 181,–/sFr 25,80
ISBN 3-328-00586-2

Edmar Mednis
Wie schlägt man Bobby Fischer?
296 S., 200 Diagr.,
14 Fotos, geb.
DM 34,80
öS 254,–/sFr 35,80
ISBN 3-328-00588-9

Alexander Nikitin
Mit Kasparow zum Schachgipfel
310 S., 93 Diagr.,
29 Fotos, geb.
DM 39,80
öS 291,–/sFr 39,80
ISBN 3-328-00394-0

Raymund Stolze
Umkämpfte Krone
Die Duelle der Schachweltmeister von Steinitz bis Kasparow
224 S., 220 Diagr.,
300 Fotos, geb.
DM 29,80
öS 218,–/sFr 29,80
ISBN 3-328-00526-9

Aleksei Suetin
Das Schachgenie Botwinnik
302 S., 128 Diagr.,
16 Fotos, Ln.
DM 19,80
öS 145,–/sFr 20,80
ISBN 3-328-00340-1

Aleksei Suetin
Das Schachgenie Paul Keres
256 S., 248 Diagr., Ln.
DM 19,80
öS 145,–/sFr 20,80
ISBN 3-328-00206-5

Raj Tischbierek
Sternstunden des Schachs
30 x Olympia London 1927 bis Manila 1992
208 S., 150 Diagr.,
50 Fotos, geb.
DM 39,80
öS 291,–/sFr 39,80
ISBN 3-328-00554-4

Weitere Titel

Fritz Baumbach
52-54-Stop: Fernschach
Tips und Tricks vom Weltmeister
252 S., 140 Diagr.,
11 Fotos, 6 Zeichn., geb.
DM 29,80
öS 218,–/sFr 29,80
ISBN 3-328-00398-3

Karl-Heinz Siehndel u.a.
Problemschach
407 Aufgaben und Studien
3. Aufl., 252 S.,
320 Diagr., geb.
DM 19,80
öS 145,–/sFr 20,80
ISBN 3-328-00205-7

Stand: Mai 1997

SPORT VERLAG BERLIN

durch objektive Faktoren bedingt war: das Vorhandensein eines optimalen Weges der Vorteilsrealisierung, konkrete Erfordernisse der Verteidigung usw.
So manche Schachspieler forcieren jedoch den Übergang in ein Endspiel in Stellungen mit nicht so klaren Bewertungen. Dabei gehen sie von den Besonderheiten ihres Stils aus (z.B. Endspielleidenschaft, Unsicherheit in unklaren Mittelspielsituationen usw.) sowie von der Berücksichtigung der starken und schwachen Seiten des Gegners. So spielte man gegen Janowski und Bronstein „auf´s Endspiel“, da man deren Geringschätzung dieses Partiestadiums kannte. Was soll man von so einer Einstellung halten? Ich bin der Meinung, daß man psychologische Faktoren durchaus berücksichtigen sollte. Es ist nur wichtig, daß richtige Maß zu wahren und nicht etwa aus anderweitigen Erwägungen heraus, aus einer aussichtsreichen Mittelspielstellung in ein gleiches bzw. schlechteres Endspiel abzuwickeln.

Das haben wir in der 31. Lektion behandelt:

□ aus der Eröffnung ins Endspiel
□ aus dem Mittelspiel ins Endspiel
□ Übergang ins Endspiel realisiert Materialvorteil
□ Transformationen
□ der Übergang ins Endspiel als Verteidigungsmethode
□ Abtausch erleichtert Verteidigung

Übungsaufgaben zur 31. Lektion

Aufgabe 135:
Weiß: ♔g1, ♕c2, ♖a1, d1, ♗f4, ♘c3, d2, ♙a4, b5, f2, g3, h2
Schwarz: ♔g8, Da5, ♖c8, d8, ♗e7, g2, ♘d7, f6, ♙a7, c5, c4, f7, g7, h7
□ Weiß am Zug. Wie würden Sie spielen?

Aufgabe 136:
Weiß: ♔g1, ♖d2, ♗f1, a2, b3, c4, f3, g2, h3
Schwarz: ♔g8, ♖c7, ♗b1, ♙a5, c5, e6, f7, g7, h6
□ Weiß am Zug. Empfehlen Sie einen Plan für Weiß!

Aufgabe 137:
Weiß: ♔h1, ♕h4, ♖a1, e1, ♗c1, ♘f3, g5, ♙b2, d4, e5, f4, g2, h2
Schwarz: ♔g8, ♕d8, ♖b7, f8, ♗f7, g7, ♘d5, ♙b4, d6, e7, f5, g6, h6
□ Schwarz am Zug. Empfehlen Sie einen Plan für Schwarz!

Aufgabe 138:
Weiß: ♔g1, ♕c2, ♖c1, ♗b4, ♘c6, ♙a2, d4, e3, f2, g2, h2
Schwarz: ♔g8, ♕a6, ♖d7, ♗d6, ♘f6, ♙d5, f5, f7, g6, h7
□ Weiß am Zug. Wie würden Sie spielen?

Läufer nach b3 (1990)

V. DIE SELBSTÄNDIGE ARBEIT

Lektionen 32 bis 33

32. LEKTION

Wege der Vervollkommnung

Jeder Schachspieler strebt danach, sein Spiel zu verbessern und seine Erfolge zu steigern. Doch wie kann man den gewünschten Fortschritt erzielen? Natürlich muß man spielen, spielen und nochmals spielen. Die Bedeutung der praktischen Erfahrung kann gar nicht hoch genug eingeschätzt werden. Aber das ist nur die eine Seite der Medaille.

■ Die wahre Vervollkommnung ist ohne die kritische Aufarbeitung der praktischen Erfahrungen, ohne die ständige Erweiterung und Aktualisierung des Wissens, ohne die Auswertung der eigenen Fehler unmöglich. Bogoljubow berichtete, daß er einen Schachspieler kannte, der allabendlich den örtlichen Schachverein aufsuchte, aber noch nach Jahrzehnten immer auf ein und dieselbe Falle hereinfiel.
Deshalb liegt die notwendige Bedingung für eine progressive Leistungsentwicklung klar auf der Hand: die ernsthafte und systematische Arbeit am Schach.

■ Dem Schachspieler, der die Grundlagen der Schachtheorie beherrscht und der begonnen hat, regelmäßig an Wettkämpfen teilzunehmen, möchte ich zwei Trainingseinheiten in der Woche, jede 2–2,5 Stunden, anraten.

■ Die Methoden der selbständigen Arbeit sind vielgestaltig, aber die Meisterschaft im Schach besteht vor allem in der Kunst der Analyse.

■ Eine der grundlegenden Arbeitsmethoden ist das Studium von kommentierten Meisterpartien.
Am besten eignen sich dafür Partiensammlungen bedeutender Turniere und führender Meister. Bei der Analyse sollte man zweckmäßigerweise größtmögliche Selbständigkeit anstreben. Aaron Nimzowitsch gab einen wertvollen Rat. Er schrieb: „Ich nahm die von Siegbert Tarrasch kommentierte Partiensammlung des Nürnberger Turnieres von 1906 und gab sie einem Buchbinder mit der Bitte, daß er leere weiße Streifen zwischen die Textzeilen kleben solle. Dann erst begann ich die Partien zu studieren. Die gefundenen Erkenntnisse notierte ich sofort auf die Streifen. So „spielte" ich immer für eine der Seiten – mal für Weiß, mal für Schwarz, wobei ich immer selbst den besten Zug finden wollte. Erst danach sah ich mir den Zug an, der in der jeweiligen Partie tatsächlich gespielt wurde."
Seitdem haben einige Generationen von Schachspielern die Empfehlung von Nimzowitsch mit großem Nutzen für sich befolgt. Diese Herangehensweise aktiviert nicht nur das Denken des Trainierenden im Prozeß der Entscheidungsfindung, sondern zwingt den Schachspieler auch unweigerlich dazu (wenn der „eigene" vom „fremden" Zug abweicht), sich mit den Mängeln dieses oder jenes Zugvorschlages auseinandersetzen.

■ Bei der Anwendung der Nimzowitsch – Methode ist es nützlich, die prozentuale Übereinstimmung der „eigenen" und „fremden" Züge zu ermitteln. Eine Erhöhung der Übereinstimmung zeugt in der Regel von der gewachsenen Spielstärke des Trainierenden.

■ Eine andere wichtige Methode schachlicher Vervollkommnung besteht in der selbständigen Kommentierung sowohl einzelner Positionen als auch ganzer Partien aus der Schachpraxis. Hierbei wird der Schachspieler mit großen Schwierigkeiten konfrontiert, da die Orientierungsmaßstäbe (die Kommentare der Spezialisten) fehlen. Es bleibt nur, sich auf seine eigene Spielstärke zu verlassen. Diese Methode zwingt zu besonderer Akkuratesse bzw. Verantwortungsbewußtsein, denn es ist natürlich nicht so einfach, ohne ausreichende Erfahrung eine objektive Analyse einer gespielten Partie durchzuführen. Aber sogar der wenig erfahrene Schachspieler kann in der Analyse grundlegende Fehler entdecken und richtige Empfehlungen geben.
Ich möchte hier einige Beispiele anführen, mit denen Sie, davon bin ich überzeugt, auch selbständig klarkommen würden.

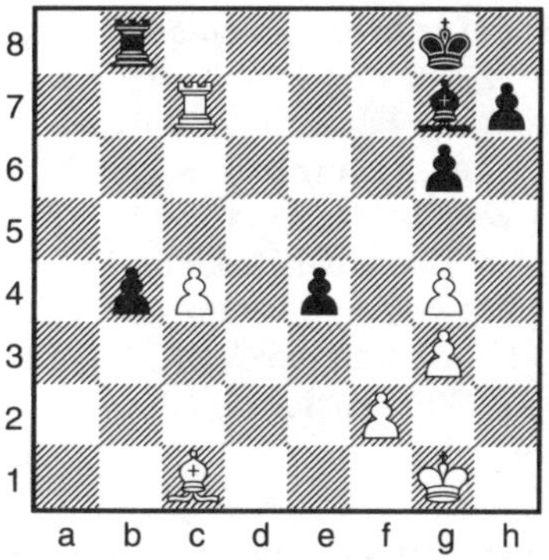

195

Weiß ist am Zug!
Die schwarze Stellung wirkt aussichtsreicher. Der schwarze Freibauer ist so stark, daß Weiß für ihn wohl seinen Läufer geben muß. Was kann man Weiß raten? Unbefriedigend ist 1.♖e7. Schwarz kann dann geradlinig spielen: 1… b3 2.♖:e4 b2 3.♗:b2 ♖:b2, was zum schrittweisen Gewinn führt (geplant ist ♖c2, ♗f8, ♗c5 und im richtigen Moment h6 und g5, wonach der weiße Turm das Feld d4 und damit den Bauern f2 oder c4 aufgeben muß), oder er kann den listigen Weg wählen: 1… ♖d8, was gegen den Läufer gerichtet ist. Nach 2.♔g2 ♖d1 3.♗f4! b3 4.♖b7 b2 5.♖:g7+ ♔:g7 6.♗e5+ ♔f7 7.♗:b2 ♖d2 8.♗c1 (sonst 8… e3) ♖c2 9.♗e3 ♖:c4 hat Schwarz ein gewonnenes Endspiel. Der scharfsinnige Rettungsversuch 1.♗f4 scheitert an 1… b3! 2.♖:g7+ ♔:g7 3.♗:b8 ♔f6 (aber nicht 3… b2?? wegen 4.♗e5+) 4.♗a7 ♔e5!
Deshalb bleibt nur die Hoffnung auf den c-Bauern.

1.c5! b3

jetzt wäre 1… ♖d8 nicht so effektiv: 2.♔g2 ♖d1 (2… b3 3.♖b7 ♖d1 4.♗a3!) 3.♖c8+ ♔f7 4.♖c7+ ♔f8 5.♖c8+ ♔e7 6.♗g5+ (Schlechter ist 6.♖c7+ ♖d7! 7.♗g5+ ♔e6 8.♖c6+ ♔d5, und Schwarz gewinnt.) 6… ♔e6 (6… ♔d7? 7.♖d8+) 7.♖b8 ♖b1 8.c6 ♔d6 9.♗e7+ ♔:c6 (9… ♔:e7 10.c7) 10.♖:b4 mit Remis.

2.c6 b2 3.♗:b2

Schwarz hat zwei scheinbar gleichwertige Möglichkeiten des Wiedernehmens. Aber die eine davon – 3… ♖:b2 – vergibt wegen 4.♖d7! den Gewinn. Auf 4… ♖c2 folgt 5.c7, und Schwarz hat nur eine vernünftige Antwort, nämlich 5… ♗f8. In dieser Position kann der Läufer wegen des Schachs auf d8 nicht wegziehen, der König ist auf der Grundreihe festgeklemmt und der Turm muß den c-Bauern bewachen. Der weiße König kann auf der 1. Reihe hin- und herziehen. Logische Folge – Remis!
Schwarz kann also nur mit

3… ♗:b2

um den Sieg kämpfen. Nach

4.♖d7 ♖c8 5.c7 ♗f6 6.♔f1 ♔f8!

beabsichtigt Schwarz mittels 7… ♗e7, 8… ♔e8 und 9… ♖:c7 den Übergang in ein gewonnenes Endspiel. Auf 7.♖:h7 folgt 7… ♗g7.
Das war die Analyse der Hauptvarianten dieser auf den ersten Blick so einfachen Position. Die Analyse wurde durch den Umstand erleichtert, daß das Spiel forcierten Charakter trug.

Bronstein – Winiwarter
(Krems 1967)

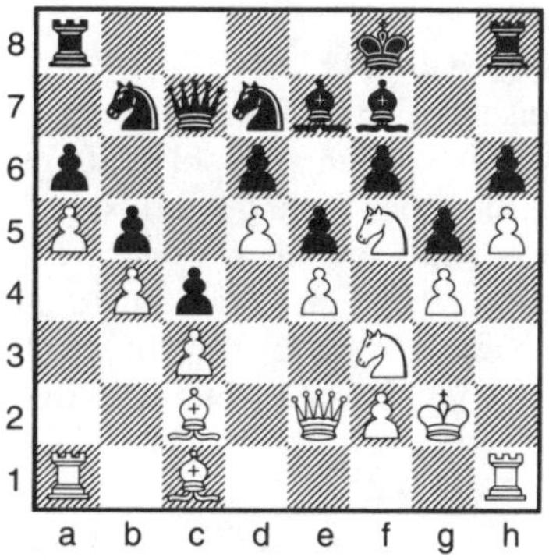

196

Es springt hier sofort der Raumvorteil von Weiß ins Auge.
Die schwarzen Figuren stehen äußerst beengt und haben keinerlei aktive Perspektiven.
Einen besonders bemitleidenswerten Eindruck machen die schwarzen Springer, die nicht in der Lage sind, die beiden letzten Reihen zu verlassen.
Allerdings trägt die Stellung einen geschlossenen Charakter und es ist noch nicht gleich zu sehen, auf welche Weise der Anziehende seinen Vorteil realisieren kann. Auf jeden Fall gibt es bislang noch keine forcierten Fortsetzungen.
Eine ausführlichere Analyse führt zu dem Schluß, daß ein Spiel auf Gewinn nur auf die Zerstörung der schwarzen Bauernkette hinauslaufen kann. Dafür wird man eine oder gar mehrere Figuren opfern müssen.
Das günstigste Angriffsobjekt ist der Punkt c4. Wenn Weiß hier opfert, erhält er zwei Bauern für die Leichtfigur und Angriff am Damenflügel.
Ausgehend von dem Gesagten, kann man nun den weißen Plan formulieren: das Opfer auf c4 muß zum günstigsten Zeitpunkt erfolgen, alle verfügbaren Kräfte sind auf dieses Feld zu konzentrieren. Dazu werden Dame und Läufer auf die Diagonale f1-a6 gebracht, die Springer gehören nach d2 und e3. Schwarz könnte Gegenschläge auf d5 oder h5 durchführen, aber das ist irreal, da sich daran nur Dame und Läufer beteiligen könnten.
In der Partie folgte:

1.♗e3 ♖h7 2.♘d2 ♗g8 3.f3 ♗d8 4.♗f2 ♗e7 5.♖hc1

Ein nützlicher Zug. Nach dem Opfer auf c4 wird der Turm auf der c-Linie gebraucht. Ich verweise darauf, daß Weiß in dieser Partie den entscheidenden Schlag störungsfrei vorbereiten kann, da Schwarz bar jeglichen

Gegenspiels ist und passiv abwarten muß, was der Gegner unternimmt.

5… ♗d8 6.♕f1 ♗f7 7.♗d1 ♗e8 8.♗e2 ♖c8 9.♘e3 ♘b8

Weiß hat die Angriffsvorbereitungen abgeschlossen:

10.♘d:c4 bc 11.♘:c4 ♗b5 12.♘b6 ♗:e2 13.♕:e2 ♗e7 14.♘:c8 ♕:c8 15.♗a7 ♘d7 16.♕:a6

Schwarz gab auf.

Die betrachteten Beispiele sind lehrreich, aber in beiden Fällen wurden Positionen analysiert, in denen die Fronten aufgrund der vorhergegangenen Partiephase schon so gut wie geklärt waren. Die Aufgabe des Kommentators bestand praktisch nur darin, die Wege zur Realisierung des Vorteils zu beschreiben.

Wenden wir uns deshalb einem Beispiel zu, in dem keine eindeutige Bewertung bzw. forcierte Varianten auf der Hand liegen und das reich an strittigen Entscheidungen und Fehlern ist.

Partie Nr. 50

Wiener Partie

Honfi-Unzicker

Bad Wörishofen 1991

1.e4 e5 2.♘c3 ♘f6

Weiß stellt in der Wiener Partie die Entwicklung seines Königsspringers vorerst zurück, um sich die Möglichkeit offenzuhalten, mit f2-f4 das Zentrum zu attackieren bzw. erst seinen Königsläufer zu fianchettieren. Bei der Kommentierung von Partien empfiehlt es sich, einen Blick in die Eröffnungsbücher zu werfen. Dort kann man erfahren, daß 2… ♘f6 die aktivste Fortsetzung ist, da sie auf 3.f4 einen sofortigen Gegenangriff gestattet. Die folgende Variante illustriert das: 3.f4 d5 4.fe ♘:e4 5.♘f3 ♗c5 6.d4 ♗b4 7.♕d3 (7.♗d2 ♘c6 8.♗d3 ♘:d2 9.♕:d2 ♗g4 10.♕f4 ♗:f3 11.gf ♕e7 mit gutem Spiel für Schwarz) 7… c5 8.dc ♘:c5 9.♕e3 ♘c6 10.♗b5 ♘e6 11.a3 ♗a5 12.b4 ♗b6, und Schwarz steht etwas besser. Aljechin empfahl 6.♕e2 (anstatt 6.d4), aber nach 6… ♗f5! 7.♘d1 d4 8.c3 (8.g4 ♗g6 9.♗g2 0-0 mit der Idee, 10.d3 mit 10… ♘f6 zu beantworten) 8… ♗b6 hat Schwarz eine aktive Stellung. Bei 2… ♗c5 3.♘f3 d6 4.d4 oder 2… ♘c6 3.f4 ef 4.♘f3 g5 5.d4 gestaltet sich das Spiel bald günstig für Weiß.

3.g3 d5

Der radikale Weg. Ansonsten nimmt Weiß den Punkt d5 unter Kontrolle.

4.ed ♘:d5 5.♗g2 ♘:c3

Schwächer ist 5… ♗e6, da Schwarz Sorgen mit der Verteidigung des Bauern e5 bekommt. Z. B.: 6.♘f3 ♘c6 7.0-0 ♗e7 8.♖e1 ♗f6 9.♘e4 0-0 10.d3 ♗e7 11.a3 ♘b6 12.b4 ♗g4 13.c3 a6 14.h3 ♗h5 15.♘c5, und Weiß steht etwas besser (Smyslow).

6.bc ♗d6 7.♘f3 0-0 8.0-0 ♘d7

Das ist die richtige Figurenaufstellung. Auf 8… ♘c6 ist 9.d4 unangenehm. Doch jetzt hätte Schwarz nach 10.d4 c6 11.♖b1 ♕c7 12.♖e1 ed 13.cd ♘f6 vollwertiges Spiel. Man kann die Bilanz des Eröffnungsverlaufes ziehen: Schwarz hat Ausgleich erzielt. Nach 10.d4 oder 10.d3 c6 11.♘d2 ♘f6 können interessante Positionen mit beiderseitigen Chancen entstehen.

9.♖e1 ♖e8 10.a4?

Ein typischer Fehler. Der Flügelangriff wird begonnen, obwohl die Lage im Zentrum noch nicht geklärt ist. Entweder sollte man dem Vorstoß e5-e4 mit 10.d3 begegnen oder mit 10.d4 ed (10… e4 11.♘g5 f5 12.♕h5) 11.♖:e8+ ♕:e8 12.cd Abtausche forcieren.

10… ♘f6 11.a5?

Wegen des sorglosen weißen Spiels tritt die Partie bereits in eine kritische Phase ein. Der Zug 11.a5? setzt das Spiel mit dem Feuer in der Pulverkammer fort. Richtig war es, mit 11.d3 (wenn 11.d4, so 11… e4 12.♘g5 ♗f5 mit der Drohung 13… h6) die Entwicklung voranzutreiben. Nach 11… e4 12.♘g5 ♗g4 13.♕d2 kann sich Weiß noch halten.

11… e4

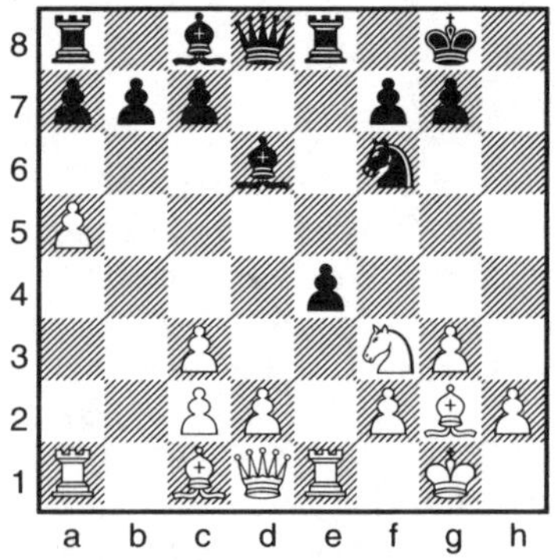

197

12.♘d4?

Besser ist 12.♘g5, um auf 12… ♗g4 mit 13.f3 ef 14.♖:e8+ ♕:e8 15.♘:f3 fortzusetzen. Aussichtsreicher für Schwarz ist 12… ♗f5 mit Initiative.

12… c5 13.♘b5?

Der letzte Fehler. Natürlich sieht 13.♘e2 ♗g4 14.d3 ♗e5 wenig verlockend aus, aber Weiß hatte keine andere Wahl. Jetzt gerät er in einen vernichtenden Angriff.

13… ♗g4 14.f3 ef 15.♖:e8+ ♕:e8 16.♘:d6 ♕c6! 17.♗:f3

Auch der „listige" Zug 17.♗h1 bot keine Rettung. Nach 17… ♕:d6 18.♗:f3 ♗:f3 19.♕:f3 ♖e8 (20.♕:b7 h5!) oder 17… f2+ 18.♔:f2 ♕:d619.♗f3 (19.♕f1 ♖e8) ♘e4+ 20.♔g2 ♗h3+ 21.♔g1 ♘:g3 hat Schwarz unabwendbare Drohungen.

17… ♗:f3 18.♕f1 ♖d8 19.♘f5 ♖e8 20.d3

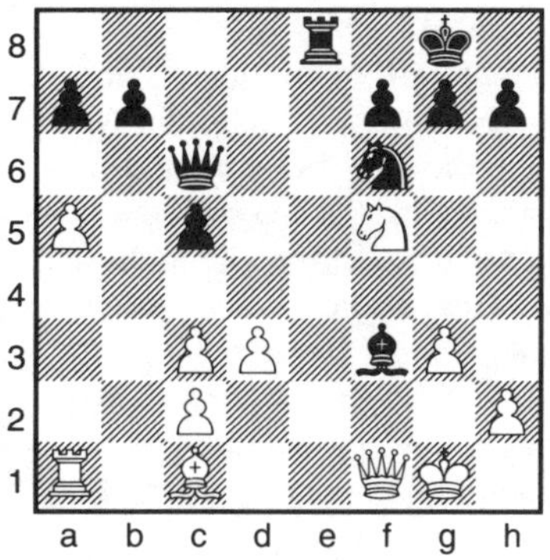

198

Wenn 20.♘e3, so 20… ♘g4, z. B. 21.♖b1 ♘:e3 22.de ♖d8 23.♗a3 ♖d2.

20… ♗g2 21.♕f2

21.♕:g2 scheiterte an 21… ♖e1+ 22.♔f2 ♖e2+.

21… ♘g4 22.♕d2 ♗h3 23.♗a3 ♘e5 24.♘h4 h6 25.d4 ♘f3+ 26.♘:f3 ♕:f3 27.dc g6!

Aber nicht 27… ♖e2? 28.♕d8+ ♔h7 29.♕d3+.

Weiß gab auf.

■ Der Schachspieler, der eine Partie kommentiert, muß folgende Dinge tun:

1. die Gründe erklären, die zum Partieergebnis führen (die Wahl des besseren Planes, die genaue Berechnung der Fehler in der Kombination usw.).
2. die Stellung nach der Eröffnung bewerten sowie die Gründe erläutern, warum eine Seite Vorteil bzw. Ausgleich erzielt hat;
3. die Wendepunkte des Kampfes herausfinden, d. h. alle Fälle der Veränderung der Stellungseinschätzung herausfinden (Wechsel des Vorteils, Verlust des Vorteils);
4. die Fehler herausheben (strategische und taktische), die Gründe für die Fehler klären;
5. konkrete Varianten anführen;
6. allgemeine Aussagen treffen, die nach Möglichkeit von konkreten Varianten gestützt werden sollten;
7. einige Theorievarianten, die die Partie ergänzen, anführen.

■ Wenn man über die Entwicklung der analytischen Fähigkeiten des Schachspielers spricht, sollte man auch den Nutzen des Lösens von Studien erwähnen. Nicht aber von Problemen, die meistens von der Schachpraxis sehr weit entfernt sind.
In Studien, vorzugsweise in denen mit geringer Figurenanzahl, werden viele taktische Verfahren und wichtige Ideen des praktischen Endspiels in nicht schablonenhafter und unterhaltender Form demonstriert. Deshalb haben viele berühmte Schachspieler (Em. Lasker, Schlechter, Bogoljubow, Reti, Keres, Smyslow, Petrosjan u. a.) das Lösen von Studien berechtigterweise als nützliches Mittel zur Schärfung des kombinatorischen Blickes und zum Studium des Endspiels angesehen.
Außer als Trainingshilfe hat die Beschäftigung mit Studien noch einen anderen Vorzug, sie führt den Schachspieler in die Welt der Schönheit ein, in der es Kunstwerke gibt, die niemanden gleichgültig lassen. Diese Berührung mit dem Schönen ist in unserer modernen Phase der Schachentwicklung besonders wichtig, da die Welle des Pragmatismus die Schachspieler zu Nachahmung und seelenloser Technik treibt. Doch das Schach ist nicht nur von „A" bis „Z" durchreglementiert und wegen der Punkte in der Turniertabelle mit Arbeit angefüllt, sondern Schach ist auch ein Spiel, das ästhetischen Genuß vermitteln kann. Wahres Schöpfertum und echte schachliche Erfolge sind ohne ein ästhetisches Empfinden unmöglich.

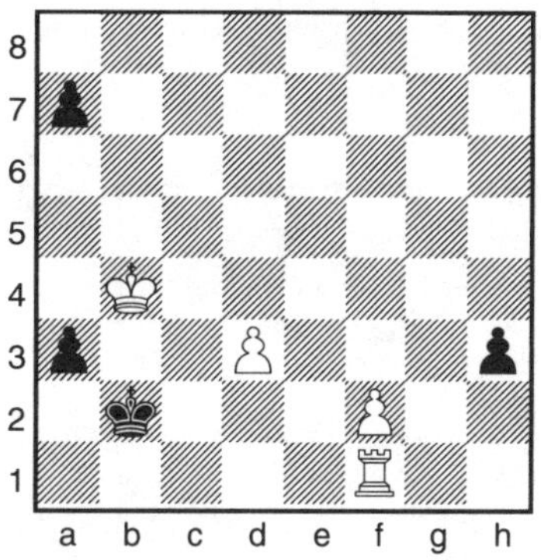

199

Wir haben eine Studie des bekannten deutschen Schachkomponisten Kremer vor uns. Weiß zieht und gewinnt.
Schon eine flüchtige Analyse zeigt, daß Weiß nichts erreicht, wenn er den d-Bauern laufen läßt: 1.d4 a2 2.d5 a1♕ 3.♖:a1 ♔:a1 4.d6 h2 5.d7 h1♕ 6.d8♕ ♕e1+, und Weiß muß bereits um das Remis kämpfen. Deshalb kann man versuchen, den Vormarsch des f-Bauern mit einem Angriff auf den König zu verbinden. Der erste weiße Zug scheint klar zu sein – 1.f4. Allerdings ist das der falsche Zug. Es gewinnt das nicht alltägliche

1.f3!! a5+

Es ist logisch, den weißen König abzulenken.

2.♔a4 a2 3.♖f2+ ♔b1 4.♔b3!

Das ist die Pointe der Idee von Weiß! 4… a1♕ scheitert an 5.♖f1 matt, und auf 4… ♘a1+ gewinnt 5.♔c3.

4… a4+ 5.♔:a4 h2

Nach 5… a1♕+ 6.♔b3 wäre Schwarz ohne Verteidigung, da der Bauer d3 das ansonsten mögliche 6… ♕a6 neutralisiert.

6.♖:h2 a1♕+ 7.♔b3

Weiß gewinnt. Wenn Weiß 1.f4? gespielt hätte (statt 1.f3!), könnte Schwarz in dieser Stellung mit 7… ♕a8 sogar gewinnen.
Die nächste Studie stammt von den

Amerikanern Kashdan und Horowitz. Weiß zieht und gewinnt.

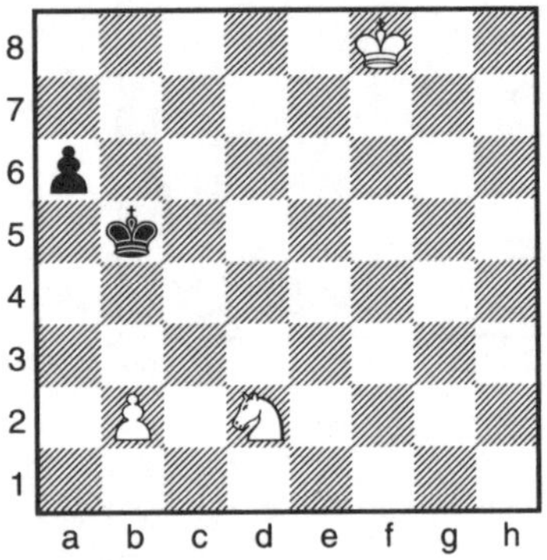

200

Der weiße König ist so weit entfernt, daß es irreal scheint, den Abtausch des letzten weißen Bauern zu verhindern. Aber…

1.♘b3! ♔b4 2.♘a1!! a5

Der Bauer b2 und der Springer a1 haben eine Festung errichtet, die dem schwarzen König nicht zugänglich ist. Es bleibt da nur der Marsch des a-Bauern.

3.♔e7 a4 4.♔d6 a3 5.♘c2+! ♔b3 6.ba, und Weiß gewinnt.

Ich hoffe, daß die Bekanntschaft mit den Studien am Leser nicht spurlos vorbeigegangen ist.

■ Für die selbständige Beschäftigung empfehle ich Ihnen Studien mit relativ geringer Figurenanzahl (9–10 insgesamt). Es gibt viele gute Studien, aber besonders nützlich sind die Kompositionen von Berger, Baxter, Isenger, Kling und Horwitz, Kubbel, Matison, Reti, Rink, Sarytschew, Selesnjow, und natürlich von Troitzki.

In dem Abschnitt, der dem Training der Variantenberechnung gewidmet war, wurden die Besonderheiten der Analyse ohne Ansicht des Brettes ausführlich beleuchtet. Die dort ausgesprochenen Empfehlungen kann man bei der Organisation der selbständigen Arbeit nutzbringend anwenden. Nicht zufällig betonte Tarrasch: „Jede Partie wird im wesentlichen blind geführt.“

Viele Stellungsveränderungen analysiert der Schachspieler im Geist, ohne sich auf die optische Wahrnehmung zu stützen.

■ Man sollte es anstreben, daß auch die Analyse ohne Brett ein fester Bestandteil des Trainings wird. Um sich diese Fähigkeit anzutrainieren, sollte man für den Anfang Kurzpartien „lesen“ (15–20 Züge).

Sie haben nun einige Methoden der selbständigen Arbeit des Schachspielers kennengelernt. Ich möchte die Optimisten vorwarnen. Der Fakt des Trainings im häuslichen Kämmerlein an sich garantiert noch keine echte Selbständigkeit des Denkens im Wettkampf. Trotz seiner Einsamkeit beim Training spürt der Schachspieler ständig den Einfluß fremder Ideen, fremder Autoritäten, der sich in Büchern, Artikeln, Kommentaren oder sogar in den Zügen widerspiegelt, die von anderen Schachspielern gemacht werden. Es sind nicht wenige Beispiele dafür bekannt, daß so ein Einfluß zum Mißtrauen der eigenen Stärke gegenüber führte bzw. zum blinden Befolgen der Empfehlungen der Autoritäten.

Natürlich sollte man den Urteilen von Spezialisten die gebührende Achtung zukommen lassen, doch alles braucht sein Maß. Auch Autoritäten können irren oder sich in diesen oder jenen Fragen nicht so gut auskennen. Deshalb ist ein kritischer Geist, sei er auch ein noch schwacher Schachspieler, nicht zu rügen, denn diese Eigenschaft befördert den schachlichen Fortschritt. In dieser Beziehung ist der Denkstil vieler führender Meister beispielhaft, insbesondere der von Boris Spasski. Er hatte die Angewohnheit, die Analyse einer beliebigen Position mit der Suche nach Fortsetzungen zu beginnen, die nicht der trivialen Herangehensweise und den bekannten Empfehlungen entsprachen. Erst wenn er sich vom Fehlen neuer Ideen und Ausnahmen überzeugt hatte, glaubte er den Einschätzungen der Anderen.

Emanuel Lasker schrieb: „Ich würde Schüler erziehen, die selbständig denken können und das vorhandene Material einer Kritik unterziehen.“ Ich hoffe, daß dieser Wunsch bei den Lesern Widerhall finden wird.

■ Die Vorbereitung des Schachspielers unter häuslichen Bedingungen ist mit verschiedenen Trainingsarten verbunden (Trainingspartien, Blitzpartien, Prüfung der Analysen mit Kollegen usw.) Die Meinung der Spezialisten zu diesen Spielarten ist uneinheitlich: viele bestätigen ohne Vorbehalte die methodischen Vorzüge des Fernschachs, lehnen aber wie Botwinnik das Blitzspiel als Trainingsmethode ab.

Ich glaube, daß man sich in dieser Frage nicht von Extremen leiten lassen darf. Das Blitzspiel, daß sich bei Schachspielern unterschiedlichster Qualifikation großer Beliebtheit erfreut, ist keine schlechte Sache. Aber natürlich gibt es auch hier ein Maß. 10–15 Blitzpartien in der Woche schaden nicht, denn blitzen hat seinen Nutzen: die Reaktionsfähigkeit wird geschult, die Unentschlossenheit beim Treffen von Entscheidungen wird überwunden. Keinerlei Einwände gibt es gegen das Fernschach vorzubringen. Aber man darf nicht vergessen, daß das Fern-

schach neben der Stimulierung zur analytischen Arbeit auch Bedingungen schafft, die mit der traditionellen Atmosphäre bei normalen Schachwettkämpfen nichts mehr zu tun haben. Beim Fernschach ist der Bedenkzeitverbrauch ganz anders geregelt, man kann sich mit Partnern konsultieren oder in Theoriewerken nachschlagen. Schließlich fehlt der „lebendige“ Gegner, was die psychologische Verfassung des Spielers stark verändert.
Ja, auch hier braucht alles sein Maß!

Das haben wir in der 32. Lektion behandelt:

- ☐ die Kunst der Analyse
- ☐ die Nimzowitsch–Methode
- ☐ wie man Partien kommentiert
- ☐ die Bedeutung von Studien
- ☐ Trainingsmethoden

Übungsaufgaben zur 32. Lektion

Aufgabe 139:
☐ Kommentieren Sie folgende Partie!
1.d4 d5 2.c4 e6 3.♘c3 c5 4.cd ed 5.♘f3 ♘c6 6.g3 ♗e6 7.♗g2 ♘f6 8.0-0 ♗e7 9.♗g5 ♘e4 10.♗:e7 ♕:e7 11.♖c1 ♘:c3 12.♖:c3 c4 13.♘e5 0-0 14.b3 ♕b4 15.♕d2 ♖ac8 16.♖fd1 b5 17.f4 ♘:e5 18.fe a5 19.bc ♖:c4 20.♖b3 ♕a4 21.e3 ♖fc8 22.♗f1 ♖c2 23.♕e1 b4 24.♗d3 ♕:a2
Weiß gab auf.

Aufgabe 140:
☐ Analysieren Sie folgende Position!
Weiß: ♔f2, ♖c1, e1, ♙a3, b2, d4, f4, g2, h2
Schwarz: ♔g8, ♖c8, e8, ♙b6, b7, d5, f5, f7, h7
■ Schwarz am Zug. Soll sich Schwarz auf die Fortsetzung 1… ♖:c1 2.♖:c1 ♖e4 einlassen?

Aufgabe 141:
Lösen Sie die Studie!
Weiß: ♔e5, ♗e6
Schwarz: ♔e3, ♙b4, h4
☐ Weiß zieht und remisiert.

Aufgabe 142:
Lösen Sie die Studie!
Weiß: ♔h8, ♖a2
Schwarz: ♔g1, ♙g7, h5
☐ Weiß zieht und gewinnt.

Aufgabe 143:
Spielen Sie diese Partie ohne Schachbrett nach!
1.e4 e5 2.♘c3 ♘c6 3.f4 ♗c5 4.♘f3 d6 5.f5 ♘f6 6.h3 d5 7.♘:e5 ♘:e4 8.♘f3 ♕h4+ 9.♘:h4 ♗f2+ 10.♔e2 ♘d4+ 11.♔d3 ♘c5 matt.

Aufgabe 144:
Spielen Sie diese Partie ohne Schachbrett nach!
1.d4 d5 2.c4 e6 3.♘c3 c5 5.♗g5 cd 6.♘:d4 e5 7.♘b5 a6 8. ♘:d5 ab 9.♘:f6+ ♕:f6 10.♗:f6 ♗b4+ 11.♕d2 ♗:d2+ 13.♔:d2 gf
Weiß gab auf.
☐ Wo hat Weiß den entscheidenden Fehler begangen?

33. LEKTION

Die Kunst der Vorbereitung

In der vorigen Lektion wurde das Problem der Vervollkommnung im Schach von der Position des allgemeinen logischen Herangehens an die Wissensaneignung betrachtet. Es wäre aber nicht richtig, es dabei zu belassen. Man darf nicht vergessen, daß es nicht um Computerprogramme, sondern um schachliche Schicksale von Menschen geht, die unterschiedliche Charaktere, Geschmäcker, Neigungen und Vorurteile haben. Deshalb ist es vernünftig und auch notwendig, die individuellen Besonderheiten von Schachspielern im Prozeß der schachlichen Vervollkommnung zu berücksichtigen. Es ist einleuchtend, daß der Mensch nicht rational handeln kann, ohne minimale Kenntnisse über sich selbst zu besitzen. Alexander Aljechin nannte als erste Voraussetzung für den Erfolg „das Verständnis eigener Stärken und Schwächen".

■ Den altbewährten Ratschlag „Erkenne Dich selbst" sollten nützlicherweise auch die Schachspieler unserer Tage befolgen.

Das erste, was es zu tun gibt, ist das akkurrate Sammeln und Aufbewahren aller Notationen der eigenen Partien. Das Studium der eigenen Partien ist eine der Hauptmethoden der Selbsterkenntnis. Diese Methode wenden in bestimmter Weise fast alle Schachspieler an, indem sie unmittelbar nach Beendigung einer Partie üblicherweise gemeinsam mit ihrem Gegner den Kampfverlauf ausführlich analysieren. Der Nutzen so eines Dialoges kann nicht geleugnet werden. Aber leider ist der Effekt so einer Kurzanalyse meistens begrenzt, da die Spieler noch zu stark unter dem Eindruck der gerade beendeten Schlacht auf dem Schachbrett stehen.

■ Ein Schachspieler, der ernsthaft an seiner Vervollkommnung arbeitet, sollte sich etwa ein bis zwei Wochen nach einem Turnier wiederum mit der Analyse der eigenen Partien befassen. Dann erst hat er den genügenden Abstand, der ihm seine Untersuchungen erleichtert.

■ Es ist nützlich, schriftliche Aufzeichnungen (Kommentare) der Analyse anzufertigen. Das diszipliniert nicht nur das Denken und macht die Bewertungen genauer, sondern erleichtert auch den zukünftigen Rückgriff auf die Analysen.

■ Die Vorgehensweise bei der Analyse der eigenen Partien ist der Kommentierung von fremden Partien analog (herausfinden der Gründe für das jeweilige Partieergebnis, die Wendepunkte des Kampfverlaufs, hervorheben der Fehler usw.).

Das Verhältnis zum eigenen Spiel muß dabei aber kritischer sein.

■ Besonderes Augenmerk sollte auf die Aufdeckung von Mängeln, die sorgfältige Analyse von Niederlagen, von Fehlern, von Unzulänglichkeiten in der Vorbereitung sowie auf das Erkennen von Wissenslücken gelegt werden.

An die Vorzüge seines Spiels sollte man erst in zweiter Linie denken. Jose Raoul Capablanca schrieb: „Es gibt nur wenig Gewinnpartien von mir, aus denen ich so viel gelernt habe, wie aus meinen Verlustpartien." Eine Aussage von Boris Spasski geht in die gleiche Richtung: „Es reifte die Idee in mir heran, ein Buch zu schreiben, daß ich meinen Fehlern auf dem Schachbrett widmen wollte. Das Studium von Verlustpartien bringt den größten Nutzen."

■ Das bevorzugte Suchen nach Mängeln ist keinesfalls eine Absage an die Objektivität. Die Sache ist die, daß es psychologisch gesehen schwieriger ist, Unzulänglichkeiten des eigenen Spiels zuzugeben, als die Vorzüge herauszuheben. Es ist allgemein gut bekannt, daß viele Schachspieler lieber ihre Gewinnpartien demonstrieren und sich an sie länger erinnern, während sie ihre Niederlagen weit schneller vergessen. Alexander Aljechin bemerkte dazu folgendes: „Wir lernen mehr aus den eigenen Fehlern, obwohl fremde Fehler oft scheinbar lehrreicher sind."

Ich möchte auf zwei oft anzutreffende Situationen hinweisen, in denen die Tendenz zur Überschätzung der eigenen Stärken bzw. zur Vernachlässigung der eigenen Mängel klar ersicht-

lich wird:
1) Die Partie entwickelt sich sehr ungünstig für den Spieler X. Wegen einiger Fehler bzw. starken Spiels des Gegners scheint die Niederlage von X. unabwendbar. Aber unerwartet begeht der Gegner einen groben Fehler, und X. gewinnt. „Über den Sieger wird nicht gerichtet“ entscheidet X., und hält es nicht für notwendig, seine schlechtesten Züge zu analysieren.
2) In einer guten Stellung übersieht einer der Kontrahenten (nennen wir ihn Y.) einen naheliegenden Zug und muß deshalb sofort kapitulieren. „Ein blöder Zufall, ein fatales Unglück“, sagte Y. nach Beendigung der Partie. Aber ist es denn wirklich so?
Der Moskauer Meister Panow erzählte, daß er einmal einen Turm auf a6 eingestellt hatte. „Bei der Partieanalyse wiederholte ich einige Male ein und denselben Fehler in verschiedenen Varianten, ich stellte den Turm immer wieder auf das Feld, auf dem er verloren ging. Das beweist, daß der Fehler nicht zufällig, sondern Folge irgendeines falschen Planes war, der sich da in meinem Gehirn eingenistet hatte und mit dem Turmzug nach a6 einherging. Somit war auch die Niederlage kein Zufall, wie es mir ehrlich gesagt damals vorkam, sondern eine logische Folge schlechter Form bzw. eines schlechten Planes.“ Panow liebte den Spruch: „Der Verlierer hat immer Schuld“. Die weiter oben angeführten Beispielfälle zeigen jedoch, daß auch ein etwas anderer Ausspruch zutrifft: „Der Sieger hat nicht immer recht, aber der Verlierer hat immer Schuld.“
Kehren wir zu der Analyse der eigenen Partien zurück. Nehmen wir einmal an, daß es dem Schachspieler gelungen ist, die eigenen Fehler herauszukristallisieren.

■ Die nächste Arbeitsetappe muß die **Systematisierung der eigenen Fehler** sein. Gewöhnlich unterscheidet man zwischen Fehlern
bei der **Variantenberechnung**
bei der **Stellungseinschätzung**
bei der **Wahl des Planes**
bei der **Durchführung von technischen Spielverfahren.**
Außerdem gibt es noch **Irrtümer,** die auf **Unwissenheit** beruhen.
Stellen wir uns folgende Situation vor: Ein Schachspieler läßt sich bewußt auf ein Endspiel mit zwei Springern gegen einen „nackten“ König ein. Er denkt, daß ihm der Sieg garantiert sein muß, da ihm in einer vorhergehenden Partie bereits ein einziger Mehrbauer den ganzen Punkt gebracht hatte. Aber natürlich stellt sich bald heraus, daß zwei Springer nicht mattsetzen können und der riesige Materialvorteil daher nur symbolischen Wert hat. „Das muß man wissen“ pflegt man in analogen Fällen zu sagen. Zur Vermeidung dieser Irrtümer gibt es nur ein Rezept, man muß seine Kenntnis der Schachtheorie systematisch erweitern.

■ Bei der Fehleranalyse sind besonders die Wiederholungsfälle aufschlußreich.
Natürlich tritt eine originalgetreue Kopie eines bestimmten Fehlers sehr selten auf, aber ähnliche Fehler sind in der Praxis ein- und desselben Schachspielers ziemlich häufig anzutreffen. In diesem Kontext versteht man unter Ähnlichkeit Fehler in analogen strategischen Strukturen bzw. einer Klasse von taktischen Operationen oder vergleichbaren psychologischen Inhalts (auf den letzteren Fall werde ich weiter unten konkreter eingehen). Ich selbst habe in meinen schachlichen Anfangsjahren durch Selbstanalyse herausgefunden, daß ich oft gegnerische Doppeldrohungen übersehen habe, zum Beispiel in folgender Stellung:
Weiß: ♔f1, ♕e2, ♗d1, ♙a2, b2, f2, g2, h3
Schwarz: ♔h8, ♕d7, ♘f8, ♙a7, b7, d2, g7, h2
Hier spielte ich 36.♕g4? und geriet zum wiederholten Mal in einen Doppelangriff – 36… ♕b5+ 37.♕e2 ♕:b2.
Von den typischen strategischen Strukturen brachten mir damals die mit einem isolierten Bauern im Zentrum die meisten Unannehmlichkeiten.
„Eine richtige Diagnose ist schon die halbe Heilung“, diese Floskel ist wahrscheinlich berechtigt. Auf jeden Fall konnte ich die angesprochenen Mängel sehr bald abstellen, nachdem ich einige Dutzend Übungsaufgaben zum Thema Doppelangriff gelöst und mich anhand von Gligoric- und Kotow-Partien mit zentralisierten Isolanis befaßt hatte.

■ Eine der Hauptbedingungen zur Überwindung eines Mangels besteht darin, daß man dessen Existenz überhaupt erstmal zugibt. Dafür ist schon etwas Courage erforderlich.
Die folgende Episode zu der Partie **Iljin – Shenewski – Botwinnik (Leningrad 1938)** ist lehrreich. Nach den Zügen **1.e4 e5 2.♘f3 ♘c6 3.♗b5 a6 4.♗a4 ♘f6 5.0-0 ♗e7 6.♖e1 b5 7.♗b3 d6 8.c3 0-0 9.d3 ♘a5 10.♗c2 c5 11.♘bd2 ♖e8 12.♘f1** spielte Schwarz den fehlerhaften Zug **12… ♗f8.** Es folgte weiter: **13.♗g5 h6 14.♗h4 ♘c6 15.♘e3 ♗e7**
Salo Flohr versah den Zug des Läufers zurück nach e7 mit folgendem Kommentar: „Dieser typische Botwinnik-Zug sagt außerordentlich viel über Botwinnik selbst aus! Der immer

selbstkritische Botwinnik sah ein, daß sein 12. Zug ein Fehler war und bügelte diesen mit 15… ♗e7 wieder aus. Das sagt einiges über seine Entschlossenheit aus. Nur wenige Meister hätten ebenso gehandelt. Zum Beispiel beging einst Max Euwe in einer Partie gegen Alexander Aljechin den Fehlzug ♖f1-e1. Zwei Züge später hätte er gut daran getan, den Bauern f2 bei solider Stellung durch ♖e1-f1 zu decken. Euwe hatte jedoch nicht den Mut, seinen Fehler einzugestehen und verteidigte den Bauern f2 mit dem schwächeren ♘d1. Der Zug Botwinniks spricht für sich."

■ Es reicht aber nicht, die Fehler zu erkennen, man muß auch vermeiden, daß sie sich wiederholen.
Ohne hier ins Detail zu gehen, möchte ich darauf verweisen, daß die Überwindung von typischen Fehlern eine entsprechende umfangreiche analytische Arbeit erfordert. Ein Schachspieler, der seine Wissenslücken im Turmendspiel festgestellt hat, muß natürlich besonders diesen Endspieltyp studieren. Aber das ist noch nicht alles.

■ Die „reine" schachliche Analyse sollte durch die Betrachtung der gesamten Wettkampfsituation begleitet werden, d.h. Anspannung des Kampfes, Ermüdungszustände, Zeitnot, Einwirkung des Gegners und ähnliche psychologische Faktoren.

Ich möchte dem Leser eine Partie zeigen, die ich in der Letzten Runde eines Halbfinales zur Meisterschaft der UdSSR spielte. Ich war damals ein junger Meisteranwärter, der erstmals an einem so bedeutendem Turnier teilnahm. Der Gewinn dieser Partie hätte mir den Meistertitel gebracht.

Partie Nr. 51
Holländische Verteidigung
Lissizyn – Krogius
Leningrad 1949

1.♘f3 f5 2.d3 ♘f6
Besser ist 2… d6, um 3.e4 mit 3… e5 zu beantworten.
3.e4 fe 4.de ♘:e4 5.♗d3 ♘f6?
Das gibt Weiß einen starken Angriff. Richtig war 5… d5.
6.♘g5 g6 7.h4 d6 8.h5 gh 9.♗:h7! ♘:h7 10.♕:h5+ ♔d7 12.♘f7 ♘g5
Schwarz gab auf.
Ich erinnere mich, daß es mir in dieser Partie nicht gelang, mich zu konzentrieren. Ständig dachte ich über die Notwendigkeit nach, diese Partie zu gewinnen. „Bringe es schnell hinter Dich!", flüsterte mir eine innere Stimme zu und zwang mich dadurch zu impulsiven Zügen.
Nach 5.♗d3 konnte ich diese Variante wählen: 5… d5 6.♗:e4 de 7.♕:d8+ ♔:d8 8.♘g5 ♔e8 9.♘:e4, aber ich verwarf diese Möglichkeit sofort, da sie Weiß einen kleinen Endspielvorteil versprach. Der Abtausch einiger Figuren machte die Stellung meiner Meinung nach hinsichtlich eines Spiels auf Gewinn perspektivlos. Anstatt meine Chancen in einem etwas schlechterem Endspiel zu suchen, ließ ich mich, in der Hoffnung den Gegner zu verwirren, auf ein leichtsinniges Abenteuer ein. Die gerechte Strafe ließ nicht lange auf sich warten!
Nach dem Turnier untersuchte ich sorgfältig diese Partie und fand einen Plan (2… d6 und 3… e5 usw.), der Schwarz eine aussichtsreiche und aktive Stellung verspricht. Mit dieser rein analytischen Prozedur war die kritische Nachbereitung der Partie dann auch abgeschlossen.
Man kann nicht sagen, daß diese geleistete Arbeit nutzlos gewesen wäre, zumal ich den neuen Plan ein Jahr später gegen Meister Schaposchnikow zur Anwendung brachte. Ich erhielt Eröffnungsvorteil und gewann die Partie. Ich bin jedoch davon überzeugt, daß die Arbeit noch weitaus nützlicher gewesen wäre, wenn ich damals nicht nur nach Varianten gesucht hätte, die die Eröffnungsidee von Lissizyn parieren, sondern wenn ich mir meine Verfassung klar gemacht hätte, in der ich mich vor und während der besagten Partie befunden hatte, denn gerade meine damalige psychologische Einstellung war die Wurzel allen Übels. Das Streben nach dem Sieg hatte ich mit der unbedingten Komplizierung des Kampfes, mit der Ablehnung von Abtauschen und mit der Absicht anzugreifen gleichgesetzt, ungeachtet aller Umstände. Die entstehende Übererregung verringerte das objektive Urteilsvermögen und verminderte die elementare Vorsicht auf ein Minimum.

■ Die Analyse meines Verhaltens in der beschriebenen Situation führt zu der Schlußfolgerung, daß ein „verzweifeltes" Spiel auf Gewinn irrational und faktisch ein Spiel auf Verlust ist. Logisch wäre nun der Schritt, sich mit positiven Verhaltensmustern in vergleichbaren Situationen zu beschäftigen.
Das Studium des Schaffens von Lasker, Aljechin, Bogoljubow und Keres zeigt, daß ein Spiel auf Gewinn Ausdauer, Kaltblütigkeit sowie eine vernünftige Verbindung von Aktivität und Mut mit einer Portion Vorsicht erfordert.
Ja, von all diesen Dingen ahnte ich damals noch nichts. In den entscheidenden Partien verhielt ich mich in psychologischer Hinsicht nach wie

vor falsch. Erst einige Jahre später kam ich nach einer Reihe von Mißerfolgen zu einem richtigen Verständnis der psychologischen Besonderheiten dieser Situation.

■ Die wohl beste Methode der Selbsterkenntnis, die die analytischen und psychologischen Elemente des schachlichen Kampfes verbindet, ist das Studium der eigenen Verlustpartien. Der Vorzug dieser Methode besteht in der höheren Konzentration der Fehler (eine Partie geht in der Regel nicht wegen eines, sondern wegen zwei bis drei Fehlern verloren).
Dem Leser, der diesen Rat beherzigt, möchte ich empfehlen, sich ein extra Heft für seine Verlustpartien anzulegen, in dem außer den Analyseergebnissen noch einige andere Momente festgehalten werden sollten:
– das Turnierstadium, in dem die Partie gespielt wurde (Start, Mittelphase, Finish);
– die sportliche Bedeutung der Partie (Kampf um die Turnierführung, Erfüllung der Qualifikationsnorm, Turnierplazierung zu diesem Zeitpunkt usw.)!
– die Einschätzung der Stärke des Gegners vor der Partie (stärker oder schwächer als ich, gleichwertig);
– das erwartete Partieresultat (Hoffnung auf Gewinn, Remis);
– die emotionale Verfassung vor der Partie bzw. während der Partie;
– der Bedenkzeitverbrauch (wieviel Zeit für fehlerhafte Züge verbraucht, Zeitnotphasen);
– die Reaktion auf die Niederlage.
Die erhaltenen Resultate rücken scheinbar unbedeutende Fakten ins Blickfeld. Der Bedenkzeitverbrauch für einzelne Züge, zum Beispiel für fehlerhafte Züge, zeigt an, welche Stellungstypen dem betreffenden Spieler nicht liegen.

■ Bei häufiger Zeitnot empfehlen sich in der Praxis Methoden der **Zeitnotprophylaxe.** Hauptmethoden sind folgende: Aufsparen einer Reservezeit von fünf Minuten falls im letzten Moment irgendwelche überraschende Wendungen eintreten; das schnellere Spiel in der Eröffnung (d.h. gute Eröffnungsvorbereitung); die Beruhigung des Kampfverlaufs bei drohender Zeitnot mittels Vereinfachung der Stellung (sogar unter gewisser Verschlechterung der Position); die Durchführung von Trainingspartien mit verkürzter Bedenkzeit (15 bis 30 Minuten pro Partie); das Blitzspiel (fünf Minuten pro Partie).

■ Bei Lampenfieber vor der Partie empfehlen sich einige Varianten, daß Denken in eine andere, außerschachliche Richtung zu lenken (zum Beispiel das Lesen von Kriminalromanen). Wenn das keinen Erfolg bringt, so kann man versuchen, die sportliche Bedeutung der bevorstehenden Partie künstlich herunterzuspielen. Eine Schachpartie ist schließlich keine Sache auf Leben und Tod.
Der Leser kann sich davon überzeugen, daß die Hinwendung zu Fragen der Psychologie dem Schachspieler reiche Möglichkeiten zur Selbstvervollkommnung liefert.

■ Das Studium der Besonderheiten des eigenen Stils ist die eine Seite. Der Schachspieler entdeckt mitunter Eigenschaften an sich, die er zuerst bei anderen Spielern bemerkt hat, d.h. er erkennt sich selbst erst im Vergleich mit anderen. Deshalb sollte man die Meinung über das eigene Spiel, die von anderen Spielern geäußert wird, nicht bedingungslos ablehnen, so ungerechtfertigt sie auf den ersten Blick auch scheinen mag. Doch ein Kritiker wird sich wohl kaum das Ziel setzen, uns unbegründet zu beleidigen bzw. in die Irre zu führen. Meistens enthält eine Kritik rationale Momente. Max Euwe, Michail Botwinnik und Tigran Petrosjan haben sich kritische Anmerkungen zu ihrem Spiel stets zu Herzen genommen. Alexander Kotow haben die heftigen, aber im großen und ganzen berechtigten Attacken des berühmten russischen Schachpädagogen Romanowski einen großen Dienst bei der Erkennung eigener Mängel in seinem schachlichen Schaffen erwiesen.

■ Mit einiger Skepsis sollte man jedoch dem uneingeschränkten Lob begegnen. Lobeshymnen sind besonders für junge Schachspieler gefährlich. Oft werden ihre ersten, eigentlich doch ziemlich bescheidenen Erfolge von Mannschaftskameraden, Funktionären oder Journalisten mit stark übertriebenen Worten bedacht. Die Prüfung des Ruhmes bestehen viele nicht. Im Ergebnis stagniert der Schachspieler in seiner Entwicklung und entwickelt ein hochmütiges, geringschätziges oder neidvolles Verhältnis zu anderen Spielern. Der progressierende Schachspieler braucht hingegen Unterstützung, Zustimmung, aber keine Schmeicheleien.

■ Bei der Vorbereitung auf den Wettkampf versuchen Spieler jedes Niveaus bewußt oder unbewußt, rechtzeitig die verwundbaren Punkte im Spiel des Gegners zu ergründen,

um dann darauf zu spielen. Natürlich hängt die Bestimmung und das Verständnis der schwachen Seiten des Kontrahenten von der Erfahrung und dem psychologischen Einfühlungsvermögen des jeweiligen Schachspielers ab. Einer meint zum Beispiel, daß der Gegner im Kombinationsspiel schwach sei, ein anderer geht schon mehr ins Detail (der Gegner meidet Positionen mit einem isolierten Bauern usw.). Trotz dieser Unterschiede richtet jeder sein Spiel auf die Achillesferse des Gegners aus.
Im Prinzip ist gegen diese Herangehensweise nichts einzuwenden. Es kommt dabei aber darauf an, einen weit verbreiteten psychologischen Fehler zu vermeiden, der sogar erfahrenen Schachspielern unterläuft.
Ich möchte dazu eine interessante Episode erzählen. In der Mittelphase des 30. Championats der UdSSR (Jerewan 1962) hatte ich mit den schwarzen Steinen gegen Michail Tal anzutreten. Als stärkste Seite des Exweltmeisters galt zurecht das Spiel in Stellungen, in denen er die Initiative hat. In der Verteidigung war er schwächer. In mir reifte folgender Entschluß heran: Man darf Tal um keinen Preis die Initiative überlassen, sondern muß ihn in die Verteidigung zwingen. Um dieses als Nachziehender zu erreichen, muß man schon in der Eröffnung zu außerordentlichen Mitteln greifen. Daher rührte auch mein Gedanke, den Marshall-Angriff zu wählen. Die Schachtheorie jener Jahre hielt diesen Angriff für ziemlich riskant, aber schätzte ihn als komplizierte und wenig erforschte Variante ein, in der Weiß zwar einen Mehrbauern hat, dafür aber mit einem gefährlichen Sturm auf seine Stellung rechnen muß.

Partie Nr. 52
Spanische Partie
Tal – Krogius
Jerewan 1962

1.e4 e5 2.♘f3 ♘c6 3.♗b5 a6 4.♗a4 ♘f6 5.0-0 ♗e7 6.♖e1 b5 7.♗b3 0-0 8.c3 d5
Dieser Zug leitet den Marshall-Angriff ein.
9.ed ♘:d5 10.♘:e5 ♘:e5 11.♖:e5 c6 12.d4 ♗d6 13.♖e1 ♕h4 14.g3 ♕h3 15.♗e3 ♗g4 16.♕d3 ♖ae8 17.♘d2 ♖e6 18.♗:d5 cd 19.a4 b4?
Dieser ernste Fehler ist nur mit dem ungenügenden Verständnis des schwarzen Angriffsrhythmus in dieser Variante zu verstehen. Man durfte keine Zeit verlieren. Gute Perspektiven verhießen 19… ba und 19… f5.
20.♕f1 ♕h5 21.c4 dc 22.♕:c4 g5 23.d5!
Binnen vier Zügen hat sich die Lage entscheidend gewandelt. Jetzt greift bereits Weiß an.
23… ♖h6 24.h4
Der weiße Vorteil ist offensichtlich. Auf 24… gh folgt 25.♗:h6 hg 26.fg ♗:g3 27.♘f1. Den Schlußteil der Partie lasse ich weg. Weiß gewann bald.
Obwohl die relative Schwachstelle im Spiel des Gegners ausfindig gemacht werden konnte, war der Partie kein Erfolg beschieden. Der Grund ist der, daß Schwarz alle seine Aktionen nur darauf abgestellt hatte, dem Gegner maximale Schwierigkeiten zu bereiten und dabei seine eigenen Möglichkeiten falsch eingeschätzt hatte. Ein scharfer taktischer Kampf, wie er für den Marshall-Angriff typisch ist, erfordert bei jedem Zug eine weite Variantenberechnung, die aber nicht zu meinen Stärken, sondern eher zu meinen Schwächen gehörte. Das Gift, das dem Anderen zugedacht war, hatte sich als tödlich für den Absender erwiesen!

■ Wenn Sie irgendwelche individuellen Besonderheiten des Stils des Gegners ausnutzen wollen, so berücksichtigen Sie auch Ihre eigenen Qualitäten in der beabsichtigten Kampfesart!
Wenn Sie an Ihre Überlegenheit glauben, so gebe Gott Ihnen den Erfolg! Eine vergleichende Analyse erlaubt jedoch bei weitem nicht immer die gewünschten Schlußfolgerungen. In diesem Fall kann ich nur empfehlen, nicht nach den Regeln des Gegners zu spielen und das Spiel nach den eigenen Neigungen und dem Verständnis eigener Vorzüge und Mängel auszurichten. Wenn beispielsweise Variantenberechnung und Stellungseinschätzung keine klare Aussage über die Richtigkeit eines Opfers zulassen und Ihnen das Gambitspiel nicht liegt, so nehmen Sie lieber davon Abstand!
Wie bemerkte doch Tigran Petrosjan treffend: „Wenn mich langsam Zweifel und Versuchungen überkommen, dann bin ich bestrebt, „wie Petrosjan“ zu spielen.“

Das haben wir in der 33. Lektion behandelt:
- ☐ die Selbstanalyse
- ☐ das Studium der eigenen Verlustpartien
- ☐ die Systematisierung der eigenen Fehler
- ☐ das Spiel auf die Achillesferse des Gegners

Lösungen der Übungsaufgaben

1. Lektion

Nr. 1

Nach 1… b4 2.♗:b4 ♖b8 3.a3 e5 4.ed ed 5.dc ♘e5 hat Schwarz starken Angriff.

Nr. 2

Die Zersplitterung der weißen Figuren läßt sich am besten wie folgt ausnutzen: 1… ♘:d3 2.♗:d3 ♗:d3 3.♖:d3 ♖:e4 4.♕f1 ♖e2 5.♗c1 ♗:c1 6.♖:c1 ♕a6 7.♖f3 ♘e4 mit Vorteil für Schwarz.

Nr. 3

Aussichtsreich ist der Plan, Freibauern im Zentrum zu bilden: 1.f4! ef 2.e5 de 3.♘e4 ♕h4 4.♕:e5 ♘h7 5.♘:c5 f3 6.♕g3 ♕d4+ 7.♕f2 mit Gewinnstellung.

Nr. 4

Der weiße Plan sieht den Abtausch der schwarzfeldrigen Läufer mit nachfolgendem Königsangriff vor: 1.♗h4 ♗d4+ 2.♔h1 ♔g7 3.♗f2 ♗:f2 4.♖:f2 ♕a5 5.♕e2 f6 6.♕b2 ♖f8 7.g4 h6 8.h4 g5 9.f4!

Nr. 5

Weiß will den Punkt d5 erobern: 1.♗g5 ♖fe8 2.♗:f6 ♗:f6 3.♘d5 ♗d8 4.c3.

Nr. 6

Der schwarze Plan ist auf die Schwächung des Bauernschutzes des weißen Königs gerichtet: 1… c4 2.♗:c4 ♘g4 3.g3 ♕h5 4.h4 ♘e5 5.♗e2 ♘f3+ 6.♔g2 ♗g4 7.♖h1 f5 8.♗f4 fe 9.♕:e4 ♖ae8.

2. Lektion

Nr. 7

1… ♔;h7 2.♕h5+ ♔g8 3.♘g5 ♕:g5 4.♕:g5 dc 5.0-0 ♘c6 führt zu Vorteil für Schwarz. Weiß sollte sich nicht auf das Läuferopfer einlassen, da die Schlußstellung dieser Variante unbefriedigend für ihn ist.

Nr. 8

Unklar ist 7.♗:d8?! ♗f6+. Es gewinnt das Zwischenschach 1.♗b5+.

Nr. 9

Diese Variante ist unvorteilhaft für Schwarz wegen 3.c6 bc 4.♘d4. Wenn 3… ♘b6, so 4.♗b5. Auf 3… ♘b8 ist 4.bc ♗:b7 5.♗a3 stark.

Nr. 10

Richtig ist 1… ♕b6. Zum Beispiel: 2.♗:b7 ♗:f2+ 3.♔f1 D:b7 4.♘:d7 (4.♖:d7 ♕h1+ 5.♔:f2 ♕:h2+ 6.♔f1 ♕:g3) 4… ♕h1+ 5.♔:f2 ♘g4 matt oder 2.♘:d7 ♘:d7 3.♗:b7 ♗:f2+ 4.♔f1 ♘c5 5.♕b4 ♘:b7 6.♘e4 ♗g1 7.♔g2 a5. 3.♖f1 ist etwas besser, aber nach 3… ♗:g2 4.♔:g2 b4 hat Schwarz Vorteil.

Nr. 11

Nach 1… ♖:c4! 2.♖hg1 (2.♗:c4 ♖f2) 2… ♖:b4 3.♕:b4 ♕:g1 4.♗:h7+ ♔h8 5.♖:g1 ab gewinnt Schwarz.

3. Lektion

Nr. 12

Naxh 1… ♖:g2? 2.♖:g2 ♗:f3 3.♖:f3 ♕:f3 4.♕c3+! ♕:c3 5.♖:g8+ gewinnt Weiß.

Nr. 13

Weiß: ♔e1. ♕b3, ♖a1, h1, ♗c1, f1, ♙a2, b2, c6, d2, e2, f2, g3, h2 Schwarz: ♔e8, ♕d8, ♖a8, h8, ♗b4, c8, ♙a7, b7, c7, d7, f3, f7, g7, h7

Nr. 14

1.♘f4+ ♔e4 (c4) 2.♘d3 ♔:d3 3.h7.

Nr. 15

1.♖d6 ♗:d6 2.♖:d6 ♕c5 3.♖d5 ♕b6 4.♕:c4+ ♕c6 5.♘b5!

Nr. 16

Nach 1.♘a6+ ♔a8 2.♘:c7+ ♔b8 3.♘a6+ ♔a8 4.♖b7 gewinnt Weiß, da es gegen 5.♖b8+ ♖:b8 6.♘c7 matt keine Verteidigung gibt. Die Stellung nach dem 4. weißen Zug ist folgende: Weiß – ♔a3, ♖b7, ♙a6, ♙b3, c2, c6, h3 Schwarz – ♔a8, ♖c8, f2, ♙a7, e3, f5, g6, h6.

4. Lektion

Nr. 17

Nach 1.d5 ♘d4 2.♕d3 ♘c2 3.♗b1! ♘:e1 4.♕:h7+ ♔f8 5.♗f5 ♕:d5 6.♖:e1 f6 (6… ♕e5 7.♕h8+ ♔e7 8.♖:e5+ ♔f6 9.♕h4+) 7.♗:c8 ♖:c8 8.h4, und Weiß steht auf Gewinn.

Nr. 18

Es verliert 1… ♗g6? 2.♕:g6! hg 3.♗:f7+ ♖:f7 4.♖h8+ ♔:h8 5.♘:f7+ und 6.♘:d6. Richtig ist der Zwischenzug 1… ♕b4 nebst 2… ♗g6 mit zuverlässiger Verteidigung.

Nr. 19

1.d5 ♘b:d5 2.♗g5! ♗e7 3.♗:f6 gf 4.♘:d5 ♗:d5 5.♗:d5 ed 6.♘d4 ♔f8 7.♘f5 mit Gewinnstellung.

Nr. 20
Notwendig ist 1… c6! Schwach ist 1… ed 2.ed, da nun 2… c6 nicht geht, und der Bauer d5 die schwarze Position einengt.
Nr. 21
Möglich ist 1.♘:d5 ♘:d5 2.♗:d5 cd 3.♕f4 ♖:e1+ 4.♖:e1 ♖c6 5.h5 ♕d6 6.♕e3 ♖c7 7.♕e7+ mit besserem Endspiel.

5. Lektion
Nr. 22
Zweckmäßig ist der direkte Angriff auf den isolierten Bauern: 1.c3 ♖c6, 2.♕d3 gefolgt von ♖ad1.
Nr. 23
1… Sb5! Nach 2.♕b4 (2.♗:f7 ♕:f7 3.♕b4 ♕:f3) 2… ♖:d5 3.♘d3 ♗g4 4.♘de5 ♖:e5 5.♘:e5 ♗:d1 6.♖:d1 ♖d8 hat Schwarz Druck gegen den Bauern d4.
Nr. 24
1… ♖:c3 2.♗:c3 ♖c8 3.♕e1 (3.♖e3 ♘:e3 4.♕:e3 ♘d5 5.♕d3 ♘:c3 6.♕h7+ ♔f8 7.♘e5 ♘e2+ 8.♔f1 ♘:d4 führt zu schwarzem Vorteil) 3… ♘:c3 4.♖e3 ♘bd5 5.♗e4 ♘:e4 6.♖:e4 ♘b4!, und Schwarz hat großen Vorteil.
Nr. 25
Nach 1… ♕d5 muß Weiß das Remis forcieren: 2.♖g5 ♕c4 3.♗:g6 hg 4.♖:g6+ ♔:f7 5.♖g7+ ♔f8 6.♖g6+. Schlecht ist 2.♘e5 wegen 2… ♖:g3 3.fg ♕:d4+ 4.♔h1 ♗d6 5.♗f4 ♘d5!

6. Lektion
Nr. 26
Der schwarze Plan beruht auf einem Königsangriff: 1… d4 2.ed cd 3.♘:d4 (3.♕:d4? ♘c5! oder 3.♕a5 ♘e5 4.♘:e5 ♗:e5 5.♘c4 ♖d5 6.♕d2?! ♗:h2+ mit Attacke) 3… ♕e5 4.♘4f3 ♕h5 mit ausreichender Kompensation für den Bauern.
Nr. 27
Nach 1.d5! ed 2.ed ♕e7 (2… ♗:d5 3.♕e5 f6 4.♕h5) 3.♘e5 f6 4.♕h5 g6 5.♘:g6 hg 6.♗:g6 ♕g7 7.♖d3 ♗d6 8.f4 hat Weiß starken Angriff.
Nr. 28
Zweckmäßig ist der Plan eines Angriffs am Damenflügel: ♘c3-a4-c5 und ♕a4. ♕d4-d5 oder e4-e5 bringt nichts ein.
Nr. 29
Nach 1.e5 h6 2.h4 (droht ♘g5, ♗h7+ und ♗g8) 2… c5 3.♖h3! hat Weiß starken Angriff. Zum Beispiel: 3… ♔h8 4.♗:h6 f5 5.ef ♗:f6 6.♗g5 cd 7.♘e5 ♘c6 8.♕e2 g6 9.♗:g6 ♔g7 10.♗h6+.

7. Lektion
Nr. 30
Der schwarze Plan zielt auf die Sprengung der Bauernphalanx ab: 1… f5. Nach 2.♗g2 ♘c7 3.♗f3 fe 4.♗:e4 ♘bd5 5.♔f2 ♗e8 hat Schwarz Vorteil.
Nr. 31
Der Plan 1.e4 ist verfehlt, da die Blockade der schwarzen Bauern nicht erreicht wird. Nach 1… d4 2.♘ce2 h5 3.f3 ♖fd8 4.b3 ♘d7 hat Schwarz die Initiative.
Nr. 32
Aussichtsreich ist 1… b5. Nach 1.cb cb 2.♕:b5 ♘b5 kompensiert die schwarze Initiative den geopferten Bauern.
Nr. 33
Im Falle von 1… e5 2.d5 ♘c4 3.♖e2 ♘d6 hat Schwarz deutlichen Vorteil. Im weiteren Verlauf gilt es, das Bauernübergewicht am Damenflügel auszunutzen.

8. Lektion
Nr. 34
Zweckmäßig ist der Plan, am Königsflügel anzugreifen (Türme auf der g-Linie, Läufer nach b2). Gut ist 1.♖g5.
Nr. 35
Aussichtsreich ist 1.dc dc 2.♖d1, um den Punkt d5 zu besetzen. Zum Beispiel 2… ♖ad8 3.♖d5 b6 4.♖fd1.
Nr. 36
Ein guter Plan ist die Überführung des Springers nach d4: 1… ♘g7 2.♔h2 f6 3.♗h3 ♗:h3 4.♔:h3 ♖ad8 nebst ♘e6.
Nr. 37
Der Kampf wird um den Punkt d5 geführt. Stark für Weiß ist 1.c5 und auf 1… bc – 2.d5. Im Fall von 2… c4 3.♗:c4 ♘:c4 4.♕:c4 c5 5.♕a6 ♗c8 6.♕c6 ♗d7 7.♕c7 ♖fc8 8.♗:f6 gf 9.♘f5 hat Weiß großen Vorteil.

9. Lektion
Nr. 38
Schwarz hat folgenden Plan: f7-f6, c6-c5, b7-b6, ♘d7-b8-c6-a5. Nach 1… f6 (schlechter ist 1… c5 wegen 2.f4) ist 2.c5 wegen 2… ♗b3 3.♖d2 a5 mit nachfolgendem a5–a4 und ♖a5 nicht gut.
Nr. 39
1.c5! Wenn 1… ♕:c5, so 2.♕:c5 bc 3.a5 a6 4.♗c4 mit Gewinnstellung.
Nr. 40
1.c5. Auf 1… dc? ist 2.♗e3 stark, und auf 1… d5 – 2.ed cd 3.♘:d5 ♘:d5 4.♕:d5 ♗:a4 5.♕e4+. Wenn 1… ♘c8, dann 2.♗e3 mit der Idee ♕d2 und ♖ad1.
Nr. 41
Schwarz hat Vorteil: die weißen Doppelbauern sind schwach, der Königsangriff ist ungefährlich. Am entschlossensten ist 1… d5 (2.ed cd).

10. Lektion
Nr. 42
Gut ist der Plan eines Direktangriffs auf die schwarze Bauernkette. Zum Beispiel: 1.ed ed 2.c4 bc 3.dc ♘f6 4.cd cd 5.♘e3 ♘e4 6.♖d1.

Nr. 43
Nach 1.e4! de 2.de ♘:e4 3.♘:e4 ♗:e4 4.♘e5 ♘:e5 5.♗:e4 ♘c6 6.♖fd1 ♕c8 7.♕a4 ♖d8 8.♖:d8+ ♕:d8 9.♗:c6 bc 10.♕:c6 hat Schwarz ein schwieriges Endspiel.

Nr. 44
Richtig ist 1.f3. Wenn 1… ♗:c3, so 2.♖:c3 ♖:c3 3.♗:c3 ♘b5 4.♗a1 D:d5 5.♕g5 ♕c5+ 6.♔h2 ♘d5 7.fe ♘:e3 8.♖f3 ♘:g2 9.♕f6 ♖c7 10.♖d3 mit Gewinn.

Nr. 45
1… b4 2.ab a3 3.b3 ♕b6 4.c4 (4.b5 ♕a5 5.♕d3 ♖c3 6.♕d7 ♖:f3) 4… ♕:b4 mit klarem Vorteil für Schwarz.

Nr. 46
Aussichtsreich ist 1… ♘b:d5 2.ed ♖:b2 3.♘g5 e4 mit gefährlichen Drohungen.

11. Lektion

Nr. 47
Nach 1.e6 ♕:e6 2.♘g5 ♕g6 3.♘:e4 de 4.♗f4 f5 5.♕c4 c5 6.♖ad1 hat Weiß starken Angriff.

Nr. 48
1… e4 2.♗:f6 ♕:f6 3.fe f4 mit Vorteil für Schwarz.

Nr. 49
Gut ist auch 1… d5. Wenn 2.ed ♘:d5 3.♘:d5 cd 4.♕:d5 ♗b7 5.♕d6 ♕h4+ 6.g3 ♕b4 7.♕d2 ♘c6, so hat Schwarz mehr als ausreichende Kompensation für den Bauern.

Nr. 50
Es ist nicht zweckmäßig, zur Verteidigung überzugehen {1… ♘f7). Besser ist 1… c5, was den Freibauern auf der c-Linie aktiviert. Zum Beispiel, 2.♕:d6 c4 3.♗e6 ♖b8 4.♔g2 ♖b2 5.♖d2 c3 oder 2.♖:d6 c4 3.♖a6 ♕d4 4.♖d6 ♕:e4 5.♖d7+ ♔h6 6.♕e7 ♕b1+.

12. Lektion

Nr. 51
1.♘:d4 ♗:c6 2.♘:c6 ♖ce8 3.♖c1 f5 4.♘d2 ♘f6 5.♘:a7 mit Vorteil für Weiß.

Nr. 52
Weiß droht ♘a4 und ♕c3. Deshalb ist 1… ♖d4 gut. Nach 2.♗:d4 cd 3.♘e2! c5 4.♘c1 sind die Chancen verteilt. Schwarz hat ausreichende Kompensation für die Qualität.

Nr. 53
Gut ist 1… ♖:c3 2.bc (2.♕:c3 ♘:g4 3.♗d4 ♘f2 4.♗:g7 ♘:d1 5.♕d4 e5) 2… ♗:e4 3.♗e2 ♗b7 mit Initiative.

Nr. 54
Der weiße Plan beruht auf einem Figurenopfer und der Bildung von verbundenen Freibauern: 1.♗:b5 ♘:e5 2.fe ♗h6 3.♗c1 cb 4.♘:b5 ♘d7 5.♘d6 ♖:a1 6.♕:a1 ♕a8 7.♕b2 mit Vorteil.

Nr. 55
Der weiße Plan beruht auf einem Figurenopfer auf e5 mit nachfolgendem Bauernvormarsch im Zentrum: 1.♘:e5 ♖:e5 2.♗:e5 ♕:e5 3.f4 ♕e6 4.e5 ♘e8 5.♕d3 g6 6.♘g3 ♘c6 7.f5.

Nr. 56
Nach 1… hg 2.♖:d8 ♖:d8 steht Schwarz aktiv. Es droht 3… ♗g4. Wenn 3.h3, so 3… g4. 4.♕e2 gh 5.gh ♗:h3.

13. Lektion

Nr. 57
Nach 1.b4 cb 2.♘a4 steht Weiß auf Gewinn. Zum Beispiel: 2… ♘c8 3.♘b6 ♘:b6 4.♗:b6 ♘c6 5.dc bc 6.c5 d5 7.♕a4 a5 8.ed ♕:d5 9.0-0.

Nr. 58
Aussichtsreich ist das Spiel auf die Isolierung des Läufers b7: 1.c5 ♕e7 (1… bc 2.dc ♘:c5 3.♕b4 ♕e7 4.♖dc1) 2.b4 ♖fd8 3.♕c2 ♘f6 4.♘e5 ♘d5 5.a3 mit Vorteil.

Nr. 59
1… Ke8 (1… ♘a8? 2.♗h5+) 2.♗:b6 ♔e7 mit Remisstellung.

Nr. 60
1.♗:d4? ♘:f5 2.♗c5 d6 3.♗a3 ♘fd4 – der weiße Läufer ist außer Spiel. Besser ist 1.♗:h6 ♖:f5 2.0-0 mit beiderseitigen Chancen.

Nr. 61
1.c7 ♔:c7 2.ab+ ♔b8 3.b7 mit Gewinn.

Nr. 62
Nach 1.f5 ♗d4 (1… ♘d4? 2.f6 ♗:f6 3.♖:f6) 2.♗:d4 ♘:d4 3.♘b5 ♘:b5 4.cb ist die schwarze Dame in Gefahr (5.♖a1 und 6.b4). Im Fall von 4… ♖:c1 5.♕:c1 0-0 6.e5 de 7.♕h6 e4 8.fg hg 9.♗c4 ♕a4 10.♕:g6+ ♔h8 11.♕h5+ gewinnt Weiß.

14. Lektion

Nr. 63
Das stärkste ist 1.♗:e6. Zum Beispiel: 1… fe 2.de ♗e7 3.♖hf1 ♖f8 4.♖:f8+ ♗:f8 5.♕f3 ♕e7 6.♕b3! ♖b8 7.♗d7+ ♕:d7 8.♖:d7 ♔:d7 9.♕f7+ ♗e7 10.e6+ ♔d8 11.♕:g7.

Nr. 64
1… e3! 2.♕:d7 ♖ac8 3.♕a4 (3.♕b5 ♖:c3 4.♕b2 ♖fc8 5.♖:c3 ♖:c3 6.g3 ♖b3) 3… ♖:c3 4.♖d1 ♖fc8 5.g3 ♖c1, und Schwarz steht auf Gewinn. Zum Beispiel: 6.♗:h3 ♖:d1+ 7.♕:d1 ♕c3+ 8.♔f1 ♕d2 9.♔g2 ♖c1.

Nr. 65
Nach 1.d5 ♕a6 2.d6 ♗d8 (2… ♗:d6? 3.e5) hat Weiß Vorteil.

Nr. 66
Gut ist 1… ♕d3. Auf 2.hg hg 3.♘:e5 folgt 3… ♗d6 4.♘:d3 ♗h2+ mit Dauerschach. Gefährlich für Weiß ist 4.f4 wegen 4… ♗c5+ 5.♖f2 ♗:f2+ 6.♔:f2 g3+ 7.♔g1 ♕:e4 8.d3 ♕h7 oder 4.♘:g4 ♘f6 5.♘:f6+ gf.

Nr. 67

Nach 1.ed ♘a7 sind die schwarzen Figuren zersplittert. Der weiße Plan sieht einen Angriff am Königsflügel in Verbindung mit einem Druckspiel auf der e-Linie vor. Zum Beispiel: 2.♗g5 ♖fe8 3.♖fe1 ♘b5 4.♖e4 mit der Drohung 5.♕e3 und ♖e1. Wenn 4… f5, so 5.♖h4 ♕c7 6.♕e3 ♕d7 7.♕e1 mit Vorteil.

15. Lektion

Nr. 68

Nach 1… ♘:e5 2.♗:c8 ♘f3+ 3.♔f1 ♗:c8 4.ef ♗h3+ 5.♔g1 ♕b4 6.b3 ♕c3 ist Weiß im Zugzwang. Im Fall von 2.de ♕b4+ 3.♔f1 ♕e4 4.♔g1 (4.♖g1 ♗:e2+) 4… ♗:e2 5.♕e1 ♖c2 hat Schwarz ebenfalls entscheidenden Vorteil.

Nr. 69

1.d5+ e5 2.♕b4. Diese Varianten sind möglich: a) 2… ♕:b4 3.♗:e5+ ♔h7 4.♖h3+ ♔g6 5.♖f6+ ♔g5 6.♖g3+ ♔h5 7.♖f5+ ♔h6 8.♗f4+ und 9.♖h5 matt; b) 2… ♕e8 3.♖f8+ ♕:f8 4.♗:e5+ ♔h7 5.♕:e4+ ♔h6 6.♖h3+; c) 2… ♖8c5 3.♖f8+ ♔:h7 4.♕:e4+ ♔g7 5.♗:e5+ ♔f8 6.♗g7+.

Nr. 70

Der stärkste Plan für Weiß wird mit 1.♗f6! eingeleitet. Es kann so weitergehen: 1… ♘e6 (1… ♔h8 2.♕g5 ♖g8 3.h4 ♖de8 4.h5 ♖e5 5.♗:e5 de 6.♕f6 ♘c8 7.h6) 2.f4 ♖fe8 3.f5 ♖d7 4.♖f4 h6 5.♖g4+ ♔h7 6.♕:h6+ ♔:h6 7.♖h4 matt.

Nr. 71

1.b3 ♗:b3 2.♖:b5 ♖aa8 3.♖a1 ♗c2 4.♖b2 ♗d3 5.♖a3 ♗c4 6.♖b4 ♗f1 7.♔f2 ♗:h3 8.♖a1 g5 9.♔g3 g4 10.fg mit Gewinn.

Nr. 72

1.♘c6! (1.♘d7? d3 2.♘f6 ♗b8+) 1… d3 2.♘:a7 (2.♘e5? d2 3.f4 ♗g1+) 2… d2 3.♘b5 d1♕ 4.♘c3 ♕d6+ 5.♔h1 und 6.♘e4 mit positionellem Remis. Es verbietet sich 5… ♔g5 wegen 6.♘e4+.

16. Lektion

Nr. 73

1.f4 ef 2.♘f3 ♕d8 3.♗c4 mit Vorteil. Zum Beispiel: 3… ♖f7 4.♘e5 fg 5.♗d4 ♘g5 6.♘:f7 ♘:f7 7.♖:b7 ♗g5 8.♖:f7.

Nr. 74

Am besten ist der Plan, die weißfeldrigen Läufer zu tauschen und einen Vorposten auf c6 zu schaffen. Zum Beispiel: 1.♘d4 ♗:g2 2.♔:g2 ♕c7 3.♕b3 ♖fc8 4.♖fc1 ♕b7+ 5.♕f3 ♘d5 6.e4 ♘5f6 7.b5! a6 8.♘c6 ♗f8 9.a4 mit Vorteil für Weiß.

Nr. 75

Nach 1.♖ad1 ♖:d2 (1… f5 2.♕f4) 2.♖:d2 ♕:c5 (2… e3 3.♖d6!) 3.♕:e4 ♕c7 4.♕d3 h6 5.♕d7 ♕c5 6.♖d3 a5 7.♖f3 hat Weiß Vorteil.

Nr. 76

1.e5! de (1…fe 2.f6 ♕:f6 3.♕:g4+ ♔f7 4.♗e4) 2.d6 c5 (2… cd 3.c5 mit der Drohung 4.♗b3+) 3.♗e4 ♕d7 4.♕h6 mit Gewinnstellung. Zum Beispiel: 4… ♘h7 5.♗d5+ ♔h8 6.♕g6 ♕d8 7.d7.

17. Lektion

Nr. 77

Nach 1… ♕e7 2.♕e6 (2.♕:e7+ ♔:e7 3.♖:a4 ♖d6 ist schlecht für Weiß) 2… ♖d6! 3.♕g8+ ♕f8 4.♕g3 ♕:h6 5.♖e2 ♗b3 mit Vorteil für Schwarz.

Nr. 78

Nach 1… g5 2.♗:g5 ♘:b2 hat Schwarz gute Gegenchancen.

Nr. 79

Nach 1.♗:c6 ♖:f2 2.♖:a5 ♖:g2+ 3.♗:g2 ♕b6 4.♖a3 f6 5.♖f3 entsteht eine bekannte theoretische Remisstellung.

Nr. 80

Nach 1… ♔g5! (Schlecht ist 1… ♖h5 wegen 2.♗c4) 2.♕:f5+ ♔h4 3.♖:h7 ♖:h7 4.♕:h7+ ♕:h7 5.♗:h7 ♗c5. Remis.

Nr. 81

Schwarz erhält eine sichere Stellung: 1… ♖:e3 (gefährlich ist 1… h6 2.♗d4 ♘e6 3.♗:g7 ♘:g7 4.♕:h6 f5 5.♖d3 mit starkem Angriff) 2.fe ♕e7 3.♗c4 h6 4.♖he1 ♗e6.

Nr. 82

Gegenangriff: 1… f4! 2.♖b8 (2.ef e3 3.fe ♗:c3 oder 2.gf ♗h3) 2… ♗h3 3.♖:f8+ ♕:f8 4.ef ♕b8 5.♘e2 ♕b1+ mit Gewinn.

23. Lektion

Nr. 83

Bei Weiß am Zug – remis (1.g4+ fg 2.hg ♔:g5). Auf die Annäherung des Königs an den a-Bauern folgen Turmschachs, auf g4-g3 reagiert Weiß nicht. Wenn Schwarz am Zug ist, gewinnt er mit 1… f4. Nach 2.gf gf 3.♔g2 entscheidet 3… f3+ (4.♔f2 ♖h1 5.♖:a2 ♖h2+).

Nr. 84

Nach 1… ♘e5 2.♗e6 (2.h6 ♘g4+ oder 2.♔:e5 ♔g7) 2… ♘f7 3.♔g6 ♔g8 4.♗:f7+ ♔h8 ist die Stellung remis. Schwarz hat diese bekannte Remisstellung angestrebt.

Nr. 85

Weiß gewinnt durch 1.f4 ef 2.d4 ♔e6 3.♔g2 ♔d7 4.♔f3 ♔c7 5.♔:f4 ♔b6 6.♔e4 ♔:b5 7.♔d5. Das weiße Spiel gründet auf der gegenseitigen Verteidigung der Bauern d4 und b5.

Nr. 86

Schwarz gewinnt, indem er den gegnerischen Läufer abdrängt: 1… ♗e5 2.♗b6 ♗d4 3.♗a5 c5 4.♔h2 c4 5.♔:h3 ♔e4 6.♔g2 (6.♔g4 ♔d3 7.♔f5 ♗e3 8.♔e6 ♗d2) 6… ♔d3 7.♔f1 ♗c3 8.♗d8 ♗b4 9.♗f6 ♔c2 10.♔e2 ♔b3 11.♗e5 ♗a3 12.♗f6 ♗b2 13.♗g5 c3 14.♗h6 c2 15.♔d3 ♗a3 16.♗g5 ♔b2 17.♔c4 ♔b1 18.♔b3 ♗c1 usw.

Nr. 87
1.d5! cd 2.a5 ♘f6 3.a6 ♘e8 4.♗d6! ♘:d6 5.a7.
Nr. 88
Weiß hat drei Reservetempi. Deshalb kann er den gegnerischen König am Brettrand blockieren: 1.♔c4 ♔a3 2.♔c3 a4 3.h3 ♔a2 4.♔c2 a3 5.h4 h6 6.h5. Remis.

24. Lektion

Nr. 89
Nach 1… ♔g3 2.f5 ♔g4 3.f6 ♔g5 4.f7 a2 5.f8♕ a1♕. Remis.
Nr. 90
Weiß hat nach 1.♔c3 Gewinnchancen. Wenn 1… ♘ab4, so 2.♘:b4 cb+ 3.♔b3 und ♘b6 nebst ♘d5. Wenn 1… ♔g7, so 2.♘d2 mit der Drohung 3.♔c4. Auf 2… ♘a5 folgt 3.♘b3 ♘b7 4.♘b6 ♔f6 5.♔c4 ♔e6 6.♔b5 ♘b8 7.♘:c5+.
Nr. 91
Der schwarze Plan beruht auf der Überführung des Königs nach c3. Zum Beispiel: 1… ♔c7 2.♔g3 ♔d6 3.♔f3 ♔d5 4.♔e2 ♔e4 5.♔d1 ♔d3 6.♔c1 ♔c3 7.♔b1 ♘d2+ 8.♔c1 ♘b3+ 9.♔b1 ♘d4! 10.♘a1 ♔d3 11.♔b2 ♔d2 12.♔b1 ♔c3 13.♔a2 ♘c2 mit Gewinn.
Nr. 92
Weiß erzielt remis: 1.g4 ♔f1 2.♔:e4 ♔g2 3.♔d3 ♔f3 (3… ♔:h2 4.♔c4 ♘a7 5.♔c5 h5 6.gh gh 7.♔b6 ♘c8+ 8.Kb7 ♘d6+ 9.♔c6 ♘c8 10.♔b7) 4.♔c4 ♘c7 5.a4 ♔e4 6.♔c5 ♔e5 7.♔c6 ♘a8 8.♔b7 ♔d6 9.♔:a8 ♔c7 10.h4 g5 11.h5.
Nr. 93
Weiß gewinnt: 1.a7 ♖a2+ 2.♔d3 ♖a1 3.♔d4 ♖a5 4.♔c4 ♖a3 5.♔c5 ♖a1 6.♔d6 ♖a3 7.♔e7 ♖a6 8.♔f7 ♖a3 9.♔g7 ♖a1 10.♔h6 ♖a6 11.♖b8 ♖:a7 12.♖b5+ ♔e6 13.♔:g6 ♖a8 14.♔:h5 ♖g8 15.g4 ♖h8+ 16.♔g6.

Nr. 94
1.♔e4 h2 2.♔f3 ♖a1 3.♖:h2 ♖a3+ 4.♔g4 ♖c3 5.♖e2 ♖:c5 6.♔f5 mit Gewinn.

25. Lektion

Nr. 95
Remis nach 1.♔d6 ♔c8 2.♖c1+ ♔b7 3.♖b1+ ♔a6 4.♔c6 ♔a5 5.♔c5 ♔a4 6.♔c4 ♔a3 7.♔c3 ♔a2 8.♖f1 h5 9.♔d3 h4 10.♔e3 h3 11.♖:f2+.
Nr. 96
Schwarz verteidigt sich durch einen Gegenangriff auf den weißen König: 1… ♖e2+ 2.♔f3 ♖:h2 3.♖b6+ ♔d5 4.♖:a6 ♖h3+ 5.♔f2 ♖h2+ 6.♔g1 ♖c2 7.♖:g6 ♔e4 8.♖g2 ♖c1+ 9.♔h2 ♘h4 10.♖g7 ♘f3+ 11.♔g2 (11.♔h3 h5) 11… ♘:e5 12.fe ♖c2+ 13.♔h3 ♖:b2 14.e6 ♔f5 15.e7 ♖e2 16.a4 ♔f6 17.♖h7 ♔g6 18.♖h8 ♖:e7.
Nr. 97
Weiß gewinnt: 1.♔d5! (1.♔b6? ♔e4 oder 1.b4 ♔e6 2.b5 ♔d7) 1… ♔f6 2.♔d6 ♔f5 3.b4 ♔e4 4.b5 ♔d4 5.b6.
Nr. 98
Nach 1.♔d4! (1.♔d5? ♔b4 2.f4 ♔c3 3.♔e5 ♔d3 oder 2.♔e5? ♔c4 3.♔f6 ♔d4 4.♔:g6 ♔e4) 1… ♔c6 2.♔e5 ♔c5 3.f4 ♔c4 4.♔f6 gewinnt Weiß.
Nr. 99
1.♔c4! (1.♔c5? ♔a4 2.♔c4 ♗b6 mit Remis) 1… ♔a4 2.♔c5 ♔b3 3.♔b5 ♔c3 4.♔a6 ♔c4 5.♔b7 führt zum Gewinn für Weiß.
Nr. 100
Wenn Weiß am Zug ist, gewinnt er wie folgt: 1.♔b7! ♔c4 2.♔b6 b3 3.♔a5 ♔c3 4.♔a4 b2 5.♔a3. Auf 1… ♔a4 folgt 2.♔b6 b3 3.♔c5 ♔a3 4.♔c4 b2 5.♔c3. Wenn Schwarz am Zug ist, schafft er ein Remis, indem er das Verfahren der Abdrängung anwendet: 1… ♔c5! 2.♔b7 ♔b5 3.♔a7 ♔a5!

Nr. 101
Remis nach 1.♔g4! (1.♔e5? ♔b4 2.♔d5 ♔b5 oder 1.♔f5? ♔b4 2.g6 fg+ 3.♔:g6 ♔c5) 1… ♔b4 2.♔h5! e5 3.♔g4 ♔c4 4.♔f5 ♔d4 5.♔f6.
Nr. 102
Remis nach 1.♔c8! b5 2.♔d7 b4 3.♔d6 ♗f5 4.♔e5 ♗c8 5.♔d4 ♗e6 6.c8♕ ♗:c8 7.♔c4.

26. Lektion

Nr. 103
Gewinn nach 1.♔f3! (1.♔e4? c5 2.♔d3 ♔e8 3.♔c4 ♔f7 ist remis) 1… c6 2.♔f4 c5 3.♔e4 ♔e8 4.♔d5 ♔d7 5.♔c4 ♔e8 6.♔:c5 d3 7.♔d6!
Nr. 104
1.♗:c5+ bc 2.h3 g5 3.fg ♔e5 mit Remisstellung. Weiß kann nicht 3.f5 spielen, da 3… h5 zum Sieg für Schwarz führt.
Nr. 105
Remis: 1.♔f2 ♔c5 2.♔g3 ♔b5 3.♔:g4 ♔a4 4.♔f5 ♔b3 5.a4 ♔:a4 6.♔e5 ♔b3 7.♔d4.
Nr. 106
Gewinn: 1.a6 ♗:d3 2.a7 ♗e4+ 3.f3 ♗:f3+ (3… ♔:f3 4.♗g6) 4.♔:h2 d4 5.♗h5 g4 6.♗:g4.
Nr. 107
Remis nach 1.d5+ ♔e5 2.♔c3 f5 (2… ♔d6 3.g4 und ♔b2) 3.d6! ♔:d6 4.ef gf 5.g4 fg 6.♔d4.
Nr. 108
Gewinn: 1.♘e7 ♘d7 2.♘c6+ ♔b6 (2… ♔a6 3.♘b8+ und 4.g7) 3.♘:e5 ♘f6 4.♘d7+ ♘:d7 5.e5.

27. Lektion

Nr. 109
Nach 1.c6 bc 2.♖b5! ab 3.b7 ♖:a5 4.b8♕+ ♔d7 5.♕b7+ ♔d6 entsteht eine theoretische Remisstellung.
Nr. 110
Remis nach 1.f5 ef 2.e6 fe+ 3.♔:g6 ♔b5 4.♖a1 f4 5.h5 e5 (5… f3 6.♖f1 a4 7.♖:f3) 6.♖e1 a4 7.♖:e5+ ♔b4

8.♖e4+ ♔b3 9.♖:f4 oder 6… ♖e7 7.♔f6 ♖e8 8.♔f7.

Nr. 111

Mit 1.h4 schafft Weiß die unabwendbare Drohung eines Durchbruchs. Zum Beispiel: 1… e3 2.♔d3 ♔:b5 3.g4! fg 4.f5 gf 5.♔:e3 ♔:c5 6.h5.

Nr. 112

Gewinn für Schwarz nach 1… f4 2.gf gf 3.♔d4 e3 4.fe (4.♔d3 f3 5.gf h4 6.♔e2 h3 7.♔f1 e2+) 4… f3 5.gf h4.

Nr. 113

Der weiße Plan besteht in der Bildung eines Freibauern am Königsflügel.

Eine Variante: 1.h4 ♖b8 2.g5 hg+ 3.♔:g5 ♖b3 4.h5 ♖:c3 5.h6 ♖c1 6.h7 ♖h1 7.♗g6 ♔f8 8.♔f6 ♖f1+ 9.♗f5.

Nr. 114

1.♘:b7! T:b7 2.♗:c6+ ♖d7 3.c5 ♔e7 4.♗:d7 ♘:d7 5.c6 ♘b6 6.c7 ♗f5 7.♖d8 e5 8.♖b8 ♘c8 9.b5 ♔d6 10.b6 mit Gewinnstellung.

28. Lektion

Nr. 115

Nach 1.c3 bc 2.b4 ♔e5 3.bc g5 (3… ♔d5 4.♖:c3 ♖:c5 5.♖:c5+ ♔:c5 6.♔f4) 4.♖:c3 spielt Weiß auf Gewinn.

Nr. 116

1.♔c4! ♔a3 2.♔c3 a4 3.h3! ♔a2 4.♔c2 a3 5.h4 h6 6.h5 führt zum Remis.

Nr. 117

1… ♔g4 2.♔b3 ♗d2 3.♔c4 ♗c3 4.♔b3 (4.♔d3 ♔:g3) 4… ♔f3 5.♔c4 ♔e3 6.h5 ♔d2 7.♔b3 ♔d3 8.h6 ♔d4 9.g4 ♔c5 10.g5 ♗d2 11.h7 ♗c3 mit Gewinn.

Nr. 118

1.♔b6 ♗h6 2.♔b7 ♗g7 3.♗e7! ♔:e7 4.♔c7 ♔f7 5.d6 ♗f8 6.d7 ♗e7 7.d8♕ ♗:d8+ 8.♔:d8 ♔f8 9.♔d7 ♔f7 10.♔d6 ♔f8 11.♔e6 ♔g7 12.♔e7 mit Gewinn.

Nr. 119

1.♘d8+ ♔d6 2.♖f7, und Weiß gibt Dauerschach (♘b7, ♘d8). Wenn 2… b5, so 3.♘b7+ ♔c6 4.♘d8+ ♔b6? 5.♖b7+ ♔a6 6.cb+ ♔a5 7.♖:a7+, und Weiß gewinnt.

Nr. 120

Nach 1.♖c2! ♖:a4 2.♖c7 ♖g8 (2… ♔g6 3.♖cg7+ ♔f6 4.♖d7) 3.♖:h6+ ♖g6 4.♖6h7 ♖a3 5.♖cd7 ♖a6 6.♔f1 ♖g8 7.♖h6+ muß die Partie remis enden.

29. Lektion

Nr. 121

Zum Remis führt 1… ♖g2 2.♔h6 ♖g5 3.♖a5 ♔d7 4.a4 ♔c7 5.♖b5 ♔c6 6.♖e5 ♔b7 7.a5 ♔a7 8.a6 ♔a8! 9.♖b5 ♔a7 10.♖a5 ♖g1.

Nr. 122

Gewinn nach 1.♖c5 f3 2.♖c3.

Nr. 123

1.♗e6 ♔e7 2.h6 ♔f6 3.♗f5 ♔f7 4.♗h7 ♔f6 5.♔f4 ♔f7 6.♔g5 ♔f8 7.♔f6 mit Gewinn.

Nr. 124

Gewinn nach 1.a5 ♔d6 2.a6 ♔c6 3.♘d5 f4 4.♔:f4 ♗b1 5.♔e5 ♗h7 6.f4 ♗b1 7.f5.

Nr. 125

1.f7 ♔g7 2.♗e7 ♔:f7 3.♗b4 mit Gewinn.

Nr. 126

Nach 1… ♔e4? 2.♗c8 ♔f4 (2… ♘d3 3.♗f5+) 3.h4 ♘f3 4.h5 ♘g5 5.♗f5! ♘f3 6.h6 ♘g5 7.♔g6 verliert Schwarz wegen Zugzwang. Zum Remis führt 1… ♔d6 2.♗e3 ♘d7+ 3.♔f7 ♔e5 4.h4 ♘f6 oder 1… ♘d3 2.h4 ♘f4 3.♔f5 ♔d6.

Nr. 127

Gewinn nach 1.h4 ♔d5 2.c4+ ♔e4 3.c5 ♔f5 4.♔d3 ♔g4 5.♔c4 ♔:h4 6.♔b4 ♔g5 7.♔a5 ♔f6 8.♔b6 a5 9.♔:b7 a4 10.c6 a3 11.c7 a2 12.c8♕ a1♕ 13.♕h8+.

Nr. 128

Weiß verliert nach 1.♕f4 ♕d1+ 2.♕c1 ♕d3+ 3.♔a1 ♕e2 4.f4 ♕f2 5.g4 ♕:h4 einen Bauern.

30. Lektion

Nr. 129

1… ♖b1 2.♔:b1 f2 mit Gewinn.

Nr. 130

1.b5 ab 2.a6 b4 3.♘d5+ ed 4.a7, und Weiß gewinnt.

Nr. 131

Nach 1.♗b7 ♗d7 (1… ♗f7 2.♗c8 ♗g6 3.♔e3 ♔c7 4.♗e6 ♔d6 5.♗b3 ♗e8 6.♔d4 – Zugzwang) 2.♗d5 ♗e8 3.♗b3 ♗d7 4.♗d1 ♗e6 5.♗e2 ♗d7 6.♗d3 verliert Schwarz wegen Zugzwang.

Nr. 132

1.f6+ ♔:f6 2.♔d7 ♗f8 3.♔e8 ♗e7 4.h3 mit Gewinn.

Nr. 133

Nach 1.c4 ♔e7? 2.♗h3 ♔d8 3.♗f5 ♔e7 4.d4 cd 5.c5 ♗a5 6.♔b7 ♔d8 7.♗d3 ♔d7 8.c6+ ♔d6 9.♗b5 ♗b6 10.c7 ♗:c7 11.♔:a7 ♔c5 12.♔b7 ♗b6 13.♗d3 gewinnt Weiß.

Zum Remis führt 1… ♗a5! 2.♔:c5 ♗b6+ 3.♔c6 ♗e3 4.c5 ♗f2 5.♔d6 ♗g3+ 6.♔d5 ♔c7 7.♔c4 ♗e5 8.d4 ♗f6 9.d5 ♗e7 10.d6+ ♗:d6 11.cd+ ♔:d6.

Nr. 134

1.b5 h3 2.g4+ ♔h4 3.b3 h5 4.g5 fg 5.b4 g4 6.♔f4 g3 7.hg matt.

31. Lektion

Nr. 135

Nach 1.♘:c4 ♕b4 2.♘a2 ♗e4 3.♘:b4 ♗:c2 4.♘:c2 ♘b6 5.♖:d8+ ♗:d8 6.♘2e3 ♘:c4 7.♘:c4 hat Weiß Vorteil.

Nr. 136

Weiß bildet einen Freibauern am Damenflügel. Möglich ist 1.a3 ♖b7 (1… a5 2.♖d8+ und 3.♖b8) 2.♖b2 ♗g6 3.b4 ♔f8 4.♔f2 usw.

Nr. 137

Der Übergang ins Endspiel ist vorteilhaft für Schwarz. Gut ist 1… e6

2.♘:f7 ♕:h4 3.♘:h4 ♔f7 4.♘f3 de 5.de ♖c8 usw.

Nr. 138

Der einfachste Weg der Vorteilsrealisierung: 1.♘b8! ♗:b8 2.♕c8+ ♕:c8 3.♖:c8+ ♔g7 4.♗f8+ ♔h8 5.♖:b8.

32. Lektion

Nr. 139

Die wichtigsten Momente:
1) Es wurde die Tarrasch-Verteidigung gespielt, in der Schwarz für seinen isolierten Zentralbauern aktives Figurenspiel hat;
2) Die Entwicklung des Läufers nach e6 ist verfrüht – man mußte eine möglichst schnelle Rochade anstreben;
3) Weiß konnte Vorteil erhalten: 9.dc ♗:c5 10.♘a4 ♗e7 11.♗e3 0-0 12.♖c1 ♘e4 13.♘d4 oder 9.dc ♗:c5 10.♗g5 ♗e7 11.♕a4 0-0 12.♖ad1 ♕b6 13.♗:f6 ♗:f6 14.♘:d5 ♗:d5 15.♖:d5 ♕:b2 16.♖b5 ♕:e2 17.♖:b7!
4) 9… ♘e4! führt zum Ausgleich;
5) Wenn 11.♘e5, so 11… ♘:c3 12.♘:c6 ♘:d1 13.♘:e7 ♔:e7 mit gleichem Spiel;
6) 14.b3 – ein Fehler, da Weiß dort aktiv wird, wo er schwächer ist. Besser ist 14.♘:c6 bc 15.e4.
7) 14… ♕b4!
8) 16.♖d1?! – Besser ist 16.a3. Zum Beispiel 16… ♕e7 17.f4;
9) 20.♖b3? Der entscheidende Fehler. Notwendig war 20.♖:c4 ♕:d2 21.♖:d2 bc 22.e4 mit Gegenspiel.

Nr. 140

Schwarz kann sich mittels 1… ♔g7 erfolgreich verteidigen. 1… ♖:c1? ist ein ernster Fehler. Nach 2.♖:c1 ♖e4 3.♖c7 ♖:d4 4.♔e3! ♖e4+ 5.♔d3 ♖:f4 6.♖:b7 ♖f2 7.♖:b6 ♖:g2 8.a4 ♖:h2 9.a5 ♖h1 10.♖b3! gewinnt Weiß. Zum Beispiel 10… ♖h3+ (10… ♖a1 11.♖a3) 11.♔c2 ♖h2+ 12.♔b1 ♖e2 13.a6 ♖e7 14.♖a3.

Nr. 141

1.♔d6! ♔d4 2.♔c6 ♔c3 3.♔d5 b3 4.♔e4 b2 5.♗a2 mit Remis.

Nr. 142

1.♔h7! h4 2.♔g6 h3 3.♔g5 h2 4.♔g4 h1♕ (4… h1♘ 5.♔f3 g5 6.♖b2 g4+ 7.♔:g4 ♘f2+ 8.♔f3 ♘d1 9.♖b1) 5.♔g3 mit Gewinn. Ohne den Bauern g7 würde Schwarz mit 5… ♕h8 gewinnen.

Nr. 143

Die Wiedergabe der Partie ohne Ansicht des Brettes.

Nr. 144

Der entscheidende Fehler ist 8.♘:d5? (Besser ist 8.♗:f6 gf 9.♘a3).

Partienregister

(die Zahlen geben die Nummer der Partie an)

Eröffnungsregister

(Die Zahlen geben die Partienummer an)

Schach
Das Lexikon ist ein aufregendes Lesebuch

»Schach ist ein See, in dem eine Mücke baden und ein Elefant ertrinken kann«, so ein indisches Sprichwort. Es spiegelt so recht jene Situation wider, in der sich vor allem Schach-Einsteiger immer wieder befinden. Ihnen kann jetzt geholfen werden, wenn Sie auf dieses neue Schach-Lexikon gewissermaßen als »Lotsenbuch« vertrauen, weil Sie dort einfach alles finden, was Sie suchen!

368 Seiten, gebunden DM 39,90

ISBN 3-328-00665-6 · Stand: Mai 1997

Aus dem Inhalt

- **Mehr als 200 ausführliche Porträts der wichtigsten Schachmeister mit originellen Partiebeispielen**
- **Alle wichtigen Schacheröffnungen im Überblick**
- **Rund 400 Fachtermini, leicht verständlich erklärt**
- **Eine systematische Darstellung der bedeutendsten Schachturniere**
- **Völlig neuartige Themenkomplexe wie Biorhythmus und Schach oder Hypnose und Schach**

SPORT
VERLAG
BERLIN